本书为国家社科基金项目
“和谐社会的福利伦理问题研究”（批准号：10BZX070）最终成果

国家出版基金项目
NATIONAL PUBLICATION FOUNDATION

当代中国社会道德理论与实践研究丛书

主编 吴付来

福利与伦理：基本理论与实证研究

陈燕 臧政 著

Welfare and Ethics: Basic Theory and Empirical Research

中国人民大学出版社
·北京·

总　序

加强思想道德建设，凝聚道德力量，是中国特色社会主义文化建设和精神文明建设的重要内容与中心环节，是建设社会主义核心价值体系的必然要求。正如习近平总书记所指出的："国无德不兴，人无德不立。必须加强全社会的思想道德建设，激发人们形成善良的道德意愿、道德情感，培育正确的道德判断和道德责任，提高道德实践能力尤其是自觉践行能力，引导人们向往和追求讲道德、尊道德、守道德的生活，形成向上的力量、向善的力量。只要中华民族一代接着一代追求美好崇高的道德境界，我们的民族就永远充满希望。"

我们党和国家历来重视道德建设。特别是改革开放以来，我们党先后通过了《关于社会主义精神文明建设指导方针的决议》、《关于加强社会主义精神文明建设若干重要问题的决议》以及《公民道德建设实施纲要》。习近平总书记在多次讲话、多篇文章中都强调加强道德建设的重要性，党的十九大报告也对道德建设做出了全面的论述和部署："加强思想道德建设。人民有信仰，国家有力量，民族有希望。要提高人民思想觉悟、道德水准、文明素养，提高全社会文明程度。广泛开展理想信念教育，深化中国特色社会主义和中国梦宣传教育，弘扬民族精神和时代精神，加强爱国主义、集体主义、社会主义教育，引导人们树立正确的历史观、民族观、国家观、文化观。深入实施公民道德建设工程，推进社会公德、职业道德、家庭美德、个人品德建设，激励人们向上向善、孝老爱亲，忠于祖国、忠于人民。"道德的力量是国家发展、社会和谐、人民幸福的重要因素，思想道德建设解决的是整个中华民族的精神支柱和精神动力问题。

实现中华民族伟大复兴的中国梦，需要道德建设的保驾护航。当前中国的发展既面临机遇，也面临挑战。然而，在多元文化的冲击下，人们的道德观念和行为准则正在不断发生变化，原先的道德基础受到严重冲击。在此情况下，道德建设需要全体国民集体参与，需要全体国民成为道德的守护者、监督者和表率。只有全面地了解、反映当代中国社会道德的现状以及遇到的新问题，并结合相关理论提出解决对策，才能真正提高全体国民的道德素质，才能不断改善社会和国家的道德环境，才能实现中华民族伟大复兴的中国梦。

道德建设是一个实践问题，更是一个理论问题。面对世界范围内各种思想文化交流、交融、交锋的新形势，加快建设社会主义文化强国、增强文化软实力、提高我国在国际上的话语权，迫切需要哲学社会科学更好地发挥作用。伦理学作为与人类道德发展密切相关的哲学分支学科，需要跟上时代进步的步伐，从理论上解决实践提出的问题。

为此，在加强社会主义道德建设的宏观背景下，为推动社会主义道德建设，弘扬社会主义核心价值观，实现中华民族伟大复兴的中国梦，推动伦理学的研究和发展，我们策划了“当代中国社会道德理论与实践研究丛书”。这套丛书是一套开放的丛书，首批出版10卷，集中研究当代中国社会最关切的伦理道德的理论与实践问题，对市场经济条件下陌生人之间的伦理、日常生活伦理、公务员道德建设、信息伦理和网络社会伦理、消费伦理、福利伦理、分配正义以及规范性和道德推理问题进行系统的研究与探讨。丛书的主要内容集中于以下几个方面：

首先，建立社会主义市场经济体制是我国经济体制的根本性创新，是全面建设小康社会的重要途径，市场经济条件下陌生人之间的关系有哪些规律，人们日常生活伦理有哪些特点等，这套丛书首先对这些问题进行了研究和探讨。

其次，政德建设是当代中国最具先导性的道德建设领域之一，对全社会的道德建设具有重要的引领作用，这套丛书不仅对公务员道德状况进行了研究概述，而且对中国特色政德建设的一般规律、重要问题进行了探究。

再次，当今时代，信息伦理和网络社会伦理的公德问题日益突出，这套丛书对数字化生存的道德空间、网络道德建设问题表达了重要关切，进行了深入探讨。

又次，消费、福利、分配是经济伦理的重要内容，随着我国建设小康社会进程加快，人们物质生活水平逐步提高，收入分配差距日渐拉大，经济领域中的消费、福利、分配问题日益成为伦理学研究和关注的对象。因此，这套丛书对这三个问题进行了系统的研究。

最后，社会道德建设归根结底离不开道德规范的有效性和道德行为选择的理性化，这套丛书专门从伦理学基本原理研究角度选择了这两个与道德建设密切相关并具有一定学理深度的理论问题进行研究，探讨了规范性和道德推理问题。

这套丛书得到了中国人民大学伦理学与道德建设研究中心的学术支持，得到了国家出版基金的资助，中国人民大学出版社学术出版中心的编辑为丛书的出版付出了艰辛的努力，在此一并致谢。书中难免存在疏漏，恳请学界同仁批评指正。期待这套丛书作者和编者的辛勤努力能够得到广大读者的理解与回应，产生良好的社会影响。

吴付来

2018 年 9 月 15 日

目　　录

第二部分　实证研究

导　论

一、为什么要研究福利伦理？

（一）选题的理论与现实意义

福利问题已经成为当今社会科学中的一大主题。它在 19 世纪就开始引起各学科的关注，二战之后逐渐成为理论热点问题。今天，无论是政治学、经济学、社会学还是哲学，都将福利视为本学科的一个核心论题。

从根本上说，福利伦理研究是从价值合理性的角度考量社会福利制度及其相关问题。西方国家很早就从这个角度来研究社会福利制度，并提出，各项社会福利制度的建立，蕴涵着促进社会公平的价值取向。我国的福利伦理研究尚处于起步阶段，目前对社会福利的研究大多采取经济学、社会学或政治学的角度，很少从整体上和宏观上研究社会福利的伦理价值体系，更少从伦理的角度来具体分析我国各个领域、各种层面的社会福利问题。但就社会福利的研究而言，伦理学应该发挥为其他学科的研究提供价值导向的作用；对于应当如何建设和完善社会福利制度，伦理学如果不能提供一个基本的把握，那么其他学科的社会福利研究就缺乏明确的价值依据。

社会福利状况显示了一个国家的国民生活水平和社会文明程度。从伦理角度看，社会福利状况是通过这样的过程而达成的结果：各国政府基于特定的分配正义原则，分配与调整社会总体利益，由此来稳定社会秩序，巩固各种伦理关系。研究福利伦理问题，就是要分析和思考社会福利背后的价值支撑，进而形成合乎社会要求的福利伦理价值体系。我国正处于强调民生幸福、建设社会主义和谐社会的关键时期。改革开放以来，社会分化问题日益凸显，提高社会福利的需求日益迫切。当务之急是，我们应该努力探索构建社会福利制度背后的伦理精神，初步形成福利伦理价值体系，由此来分析社会福利领域中存在的主要问题，为政府的相关决策和社会福利制度建设提供理论参考和价值支持。

因此，对社会福利伦理问题进行深入研究，既是伦理学本身的一个重要研究课题，也是社会主义各项福利制度建设的必然要求。

（二）社会福利：民生幸福与社会和谐的核心论题

每个人都乐于以社会的方式生活，其目的无非有二：共同安全和每个人的特定幸福。但是，经济学家更多关注的是资源配置，多少忽视了人类的这些动机；社会学家更多关注的是福利结构与社会政策，同样缺乏对其伦理动机的深层思考。诺贝尔经济学奖得主阿马蒂亚·森（Amartya Sen）指出，我们“有很好的理由不把手段与目的混为一谈，不把收入与财富本身看得很重要，而是出于它们能帮助人们达成包括好生活与有价值的生活在内的目标，而予以有条件的重视”①。收入、财富、社会福利及其政策制度虽然重要，但都仅仅具有工具性的价值，是人寻求安全保障与人生幸福的手段。我们在重视社会财富与社会福利的同时，还必须清楚其背后应该蕴涵着人类所珍视的更有价值的东西，如幸福、和谐等。平等与自由是社会福利所要保障的人的基本权利，而民生幸福与社会和谐则是社会福利需要实现的目标。对于个体而言，幸福便是与福利最直接相关的价值。

从古到今，人类一直将幸福视为一种生活目标。尽管人人都渴望幸福，但“幸福是什么”却是个仁者见仁、智者见智的问题。一般而言，人们倾向于认为，获得自己想要得到的东西，过上自己希望过的生活，就可以算是幸福。由此，幸福这个概念便指向“人们欲想的和值得欲想的一切”②，即把幸福看作是人的欲望的满足。可是，人的欲望是多元的，且不同的人有不同的欲望，这就使得人们对幸福的理解也趋向多元。有的人

① Amartya Sen. The Idea of Justice. Cambridge, Massachusetts: The Belknap Press of Harvard University Press, 2009: 226.

② Nicholas White. A Brief History of Happiness. London: Blackwell Publishing, 2006: vii.

把幸福理解为物质上的满足，有的人理解为精神上的知足，“甚至同一个人在不同时间也把它说成是不同的东西：在生病时说它是健康；在贫困时说它是财富；在感到了自己的无知时，又对那些提出他无法理解的宏论的人无比崇拜”[①]。这样一来，以欲望的满足来解释幸福就变得难以捕捉，因为人的欲望不仅多，而且处于不断的变化中。意识到人的欲望的这种特性后，柏拉图对幸福与欲望之间的关系提出了新的理解，他不是将欲望的满足，而是将“目的之间的和谐”视为幸福。他认为，如果不将幸福表述为一种“和谐”，那就没有人能够明智地阐述它。在柏拉图的眼中，所谓非常幸福的人就是这样的：其所拥有的灵魂与个性，能够使自我内部的各个要素各司其职、各行其是。这样的人既完整又和谐，实现了他所说的“正义”德性。[②] 柏拉图处理社会关系的方式亦是如此。城邦的各个组成部分各司其职、互不干扰，城邦就处于和谐之中，由和谐而生正义。

柏拉图的“和谐—幸福”思想对于我们理解社会福利非常有益。对于个人来说，在诸多的欲望中，到底满足哪些才能达成幸福，这是个需要思考的问题。如果个体不能很好地处理自己相互冲突的各种欲求，那他的人生便与幸福无缘；对于社会而言，在资源有限的条件下，哪些人的哪些欲望应该得到满足，同样需要认真对待。一个社会如果因资源分配不公而导致少数人的绝大多数欲望都能得到满足，而绝大多数人的基本欲求都无法得到满足，那这并非一个幸福的社会。个人根据实际条件追求自己的理想，平衡自己的欲望，是个人实现幸福的方式。而社会根据现有的资源与文化条件，使经济财富增长并合理分配社会资源，这是社会促进民生幸福的基本途径。本书的主题是社会福利，因而我们更关注民生幸福。

人们一般倾向于认为，富裕国家的国民幸福程度高于贫穷国家的国民。其实这只是一种仅凭理论推想做出的预期，而非现实，因为一个国家的富裕程度不能与这个国家的国民幸福状况画上等号。如果一个国家的国内生产总值（GDP）很高，但普通民众并没有分享到国家富裕的蛋糕，而是生活在贫富差距较大的背景中，那这个国家民众的幸福感与 GDP 之间

---

① 亚里士多德. 尼各马可伦理学. 廖申白，译. 北京：商务印书馆，2003：9.

② Nicholas White. A Brief History of Happiness. London：Blackwell Publishing，2006：19－20.

就没有形成预期中的关系。美国哲学家玛莎·纳斯鲍姆（Martha C. Nussbaum）指出，一些经济学家与政府在解决贫困问题时总是试图让民众相信这样一种理念："只有当一个国家的人均国内生产总值增长时，这个国家国民的生活质量才能提高。"在这种思想主导下，一些发展中国家全力以赴地投入经济建设，而没有同时"关注本国穷人的生活水平，更没有处理医疗与教育等问题"①。可是，无论是穷人的恶劣处境，还是国内的医疗、教育等社会福利问题，都不会随着经济的增长而自然解决，它们需要政府通过设计制度与制定政策的积极方式予以改善。

我国自发展社会主义市场经济体系以来，依次提出小康社会、和谐社会与民生幸福等社会发展目标。在我们看来，小康主要是靠社会的经济增长来实现，和谐针对的是社会关系，而民生幸福在很大程度上却靠社会福利体系的建设。这三者之间关系密切。没有小康的物质基础，就不可能满足社会成员的基本需要（福利）；社会成员的基本需要得不到满足，那社会就不可能达到和谐。

和谐是指系统内部各要素之间关系的一种协调状态，而和谐社会指的是社会内部各要素（包括人与人、人与社会等）之间处于协调稳定的健康状态。② 在一个和谐的社会中，"各种材能、各种职业的人都有适当的位置，发挥适当的作用，人人都同样地感到满意，彼此没有冲突"③。人类自古就向往和谐社会，无论是柏拉图的"理想国"，还是我国史籍中的"大同社会"，都是对和谐社会的具体描述。"中和"甚至是我国儒家文化的一个核心价值。《中庸》讲："致中和，天地位焉，万物育焉。"将由天地万物组成的理想宇宙秩序视为"中和"状态。荀子认为，社会不和谐的原因在于"欲多而物寡"④，应以制礼明分的方式调节人的欲望，让社会各阶层的人各安其分，各守其道，这样社会也就达到了和谐状态。

与传统社会的等级和谐思想不同，今天我们所追求的是以社会主义的

---

① Martha C. Nussbaum. Creating Capabilities: The Human Development Approach. Cambridge, Massachusetts: The Belknap Press of Harvard University Press, 2011: preface.

② 陈燕. 公平与效率：一种经济伦理的分析. 北京：中国社会科学出版社，2007：238.

③ 冯友兰. 中国哲学简史. 北京：北京大学出版社，1996：150-151.

④ 荀子：富国.

平等与自由原则为基础，以民生幸福为目标的和谐社会。中国社会科学院发布的《2015 年中国社会蓝皮书》明确指出："中国构建和谐社会的总体目标应该是：扩大社会中间层，减少低收入和贫困群体，理顺收入分配秩序，严厉打击腐败和非法致富，加大政府转移支付的力度，把扩大就业作为发展的重要目标，努力改善社会关系和劳动关系，正确处理新形势下的各种社会矛盾，为建立一个更加幸福、公正、和谐、节约和充满活力的全面小康社会而奋斗！"① 由此可见，提高人民生活水平与缓和社会矛盾是理解和谐社会的关键。

我国改革开放以来，在效率优先原则的主导下，虽然经济得以迅速发展，但贫富差距却不断拉大，2008 年，我国的基尼系数已达到 0.491。②如前所述，贫困、教育、医疗等问题不会随着经济的增长自发地解决。就人类现有的方法看，建立一整套由国家主导的社会保障体制，通过制度调节的途径来满足社会成员最基本的需要，是缩小社会差距、缓和社会矛盾的最有效方法。世界上最富裕的国家鲜有饥荒，不是因为这些国家不存在贫民，而是因为这些国家的社会福利体制能够为其国民提供最低限度的保障。像英国和美国那样的发达国家，今天如果没有社会保障体系，其贫困与失业状况会使许多人处于饥饿，甚至有可能发展成饥荒。为社会中处境最差的人提供最基本的保障是和谐社会的最低门槛。如果连这一底线都无法得到满足，那就根本谈不上所谓的社会平等。社会主义国家发展经济的最终目标是让全体社会成员都能过上幸福安康的生活，实现人的自由全面发展。这是社会主义的本质要求，也是我们走向和谐构建社会主义福利体系的伦理价值所在。

2008 年后，我国的社会福利事业已有长足进步，体现贫富差距的基尼系数已有所回落。这一结果与我国在社会福利上不断加大扶贫投入密不可分。"目前世界各大国中，美国、俄罗斯、印度等大国的收入差距都在扩大，只有中国和巴西出现了转折。"③ 虽然我国的现实经济状况还不足

---

① http://www.china.org.cn/chinese/jingji/727598.htm.

② 2015 年中国社会蓝皮书. http://webcast.china.com.cn/webcast/created/20288/152_1_0101_desc.htm.

③ 同②.

以使每一个国民都过上富足的生活，但是，对和谐社会的渴望与对民生幸福的追求会使我们不断完善社会福利制度体系，逐渐从不均衡、不和谐走向均衡与和谐。

二、国内外研究现状述评

（一）国内研究现状述评

国内现在尚缺乏以“福利伦理”为主题的系统研究，与“福利伦理”相关的内容主要体现在四个方面：

第一，经济伦理研究方面的成果。20 世纪 90 年代后期以来，伦理学界出版了许多以“经济伦理”为主题的著作与文章，如万俊人所著《道德之维》（2000），章海山所著《经济伦理论：马克思主义经济伦理思想研究》（2001），王福霖、刘可风所编《经济伦理学》（2001），王小锡、朱金瑞所著《中国经济伦理学 20 年》（2005），等等，这些著作或多或少探讨了福利伦理的一些相关内容。

第二，在研究西方福利伦理相关思想方面所取得的成果。近 20 年来，罗尔斯（John Rawls）、诺齐克（Robert Nozick）、德沃金（Ronald Dworkin）、阿马蒂亚·森、玛莎·纳斯鲍姆以及一些分析马克思主义者的著作逐渐被汉译，并且有许多学者对他们的思想进行了深入研究，如厉以宁的《西方福利经济学述评》（1984）、何怀宏的《契约伦理与社会正义》（1993）等。值得一提的是，仅在这方面存在少量直接研究福利伦理的文章，主要有两方面：对阿马蒂亚·森福利伦理思想的研究以及对福利经济学中伦理思想的解析。

第三，对公平与效率问题的集中研究。从 1986 年左右开始，公平与效率问题就一直是我国学界的一个热门话题。以“公平、效率”为主题的文章众多，而且已经出现了几十本以“公平、效率”为主题的著作，如忠东的《平等与效率的对话》（1993）等。但是我国对这个问题的研究长期滞留在对公平与效率“是否统一”这个层面，而没有发展出关于“如何统一”的较全面的价值理论。

第四，对社会保障与分配正义问题的研究。相比前三项，伦理学领域中这部分成果最少。较有影响的是汪行福所著《分配正义与社会保障》

(2003)，该书系统梳理了社会保障产生以来的各种分配正义理论，分析了西方福利国家的得失，并针对我国社会保障制度改革，从伦理的角度提出一定见解。在这方面，我国社会学领域的一些学者从社会学学科视角出发，在思考我国社会福利制度中存在的问题及其模式选择时，涉及了一些福利伦理问题。如景天魁的《底线公平福利模式》(2013)，提出了以最低生活保障、教育与医疗保障体系为基本内容的底线公平福利模式。

总体上看，尽管我国学术界近二十多年来在与福利伦理相关的理论方面取得了一定成就，但研究成果大多停留在宏观层面或对西方道德原则与马克思主义道德原则进行分析论证方面，所聚焦的问题主要在于分配正义，而没有将福利伦理问题具体化并针对社会福利提出伦理原则。因此，相关研究存在理论基础薄弱和缺乏系统性这两方面的不足。

（二）国外研究现状述评

福利伦理是涉及伦理学、经济学、社会学等多学科研究领域的一个理论和实践问题。国外的相关研究成果非常丰富。

自 1971 年罗尔斯的《正义论》出版后，分配正义成为伦理学的核心问题之一。寻求建立社会制度和分配社会资源的正义原则成为政治伦理和经济伦理研究的一大目标。罗尔斯在《正义论》及《作为公平的正义》中提出了平等、自由原则，这条原则基本成为当代西方学者的价值共识。但罗尔斯提出的差别原则后来却成为伦理学的理论争端之一。之后，诺齐克、德沃金等人在批判罗尔斯的基础上写了一系列著作，如诺齐克的《无政府、国家与乌托邦》(1974)、德沃金的《至上的美德》(2000)，分别提出持有正义原则和矫正原则以及平等的权利原则。尽管这些思想家并没有系统地论述福利伦理，但是，他们为建立正义的社会制度所解析的平等与自由的价值原则，却成为以后各学界解决福利伦理问题的理论标志，由此可区分出相异的理论取向。

近几十年来，对福利伦理问题的突破性研究应当归功于经济学家阿马蒂亚·森。阿马蒂亚·森以强调能力平等为目的，在其福利经济理论中表达了对人类生活的深切的伦理关怀。其诸多颇具影响的著作，如《贫困与饥荒》(1981)、《选择、福利与测量》(1982)、《论经济不平等》(1985)、《以自由看待发展》(1999)、《伦理学与经济学》(2000)、《正义的理念》

（2009）等，无一不透露着对下层人民生活福利的伦理关怀，为各国解决福利伦理问题提供了一种新的思维模式。玛莎·纳斯鲍姆与阿马蒂亚·森一样致力于人的能力平等理论，她不仅从哲学的角度论证了能力理论，还将能力具体化为可操作的范畴，并将其设定为解决国际贫困问题的准则。她的代表作有《正义的前沿》（2006）、《创造能力》（2011）等。除了阿马蒂亚·森与纳斯鲍姆之外，西方的一些分析马克思主义者，如G. A. 柯亨（Gerald Allan Cohen，又译G. A. 科恩、G. A. 科亨）、约翰·罗默（John Roemer）、J. 埃尔斯特（Jon Elster）、艾伦·伍德（Ellen Wood）等，对马克思的分配正义思想进行了争论与分析，出版了一些颇有影响的著作，如柯亨的《自我所有、自由与平等》（1995）、《如果你是平等主义者，为何如此富有?》（2000）、《拯救社会正义和平等》（2008）、《为什么不要社会主义?》（2009），罗默的《社会主义的未来》（1994）、《经济效率与社会公平：从边沁到西季威克——功利主义思想在经济学中的发展》（1995）、《分配正义论》（1996），埃尔斯特的《理解马克思》（1985），等等。

以平等为基本福利伦理原则，一些具体研究领域也发展出了许多颇有特色的相关理论研究。以女性主义为例，20世纪70年代以来，自由女性主义、激进女性主义和马克思主义女性主义都从不同角度为争取女性的政治和经济平等地位、提高妇女福利待遇提出各自的观点。这个时期出现了大量相关著作，如沃尔夫（N. Wolf）的《火与火：新女性的权力与其对21世纪的变革》（1993）、海尔德（V. Held）的《正义与关怀》（1995）、萨菲奥蒂（Peggy Saffioti）的《女性权力和男性主宰：论性别不平等的起源》（1981）、纳斯鲍姆的《女性与人类发展》（2000）等。

近十几年来，国外有一批专门以“福利伦理学”为主题，对福利伦理问题直接进行研究的学者，而且出版了不少直接以福利和伦理为主要内容的著作，如萨姆纳（L. W. Sumner）的《福利、幸福与伦理》（1996）、泰勒（Taylor）和弗朗西斯（Francis）的《伦理学与社会福利》（2007）、哈特利·迪安（Hartley Dean）编著的《福利伦理学》（2004）、威廉·巴尼特（William A. Barnett）编的《社会选择、福利与伦理》（1995）等。可以说，西方的福利伦理研究业已形成一个相对独立的研究领域。

三、主要观点与基本框架

本书以构建社会主义和谐社会为理论背景，以民生幸福为目标，在考察、分析、借鉴中西方传统福利制度及其伦理理念、现代社会的分配正义理论的基础上，提出以马克思的人的自由全面发展为目标，通过比较和综合多种富有代表性的福利伦理理论，结合我国具体情况，提出相关的福利伦理准则，以作为构建我国社会主义福利制度的价值指导。

福利伦理应该成长为一门独立的应用伦理学科。对它的研究不应该停留在抽象地研究价值原则的层面，而必须充分利用现有的社会学调查成果，用价值原则直击中国福利领域突显出来的问题，为建立合乎伦理的现代社会福利制度提供理论资源。以此为目标，我们提出如下观点：

第一，马克思的人的自由全面发展理论为人类社会的政治经济制度建设指明了终极目标，罗尔斯所提出的正义原则、阿马蒂亚·森与纳斯鲍姆的能力平等原则在某种意义上都是对马克思这一思想的不同视角的阐发。将马克思的人的自由全面发展目标与他们的分配正义理论相结合，探讨和谐社会的福利伦理基本原则，为构建以民生幸福为目标的社会主义福利伦理制度提供价值指导，是一种很有意义的理论尝试。

第二，社会福利追求的价值目标是社会公平，但是，社会公平作为价值目标既内含平等、效率、稳定等社会正常运转的基本价值，又高于这些基本价值。社会公平是动态与静态的统一状态，其实质就是在各个系统、各种价值之间维持一种道义上的均衡。

第三，我国弱势群体的福利状况不佳，其表层原因在于经济利益和能力培养得不到保障，其深层原因在于国民对“人”自身的价值缺乏自觉。因此，解决这些问题，不仅需要在当下的福利制度建设中强调向弱势群体的利益倾斜，更重要的是要恰当理解西方启蒙运动以来形成的关于“人”的平等、自由的哲学理念，确认人的基本权利是福利伦理需要维护的核心价值，这是加速合乎伦理的福利制度建设的重要途径。

本书的主要内容和基本框架分为两部分：基本理论与实证研究。

基本理论部分共四章。第一章主要辨析一些基本概念，提出福利伦理需要解决的主要问题。第二章具体梳理中西传统社会福利制度及其伦理观念。第三章主要阐释当代各种颇具影响力的分配正义理论，包括功利主义、自由主义、马克思主义以及最新的能力理论。通过分析，我们确定了以马克思的人的自由全面发展理论为目标，吸取各种分配正义理论之精华的基本理论思路，希望为我国的社会福利制度建设提供伦理指导。第四章主要阐释伦理制度与社会福利之间的关系，梳理当代西方福利国家的社会福利制度建设及其伦理观念，以及新中国成立后社会福利事业的建设及其伦理观念的演变，试图确立以民生幸福为目标的底线公平的福利伦理模式。

实证部分主要运用福利伦理基本价值，对我国社会福利建设中存在的主要问题进行伦理分析。本部分嵌入了一个完整的以福利伦理问题为诉求的调查报告，试图运用实证分析的方式厘清中国民众特别是弱势群体的福利状况及其存在的伦理问题。通过对全国四个样本城市弱势群体和农民群体在“收入与分配公平”、“安全水平”、“社会保障水平”、“福利性公共服务与支出水平”和“发展公平与机会均等水平”五类指标的调查，将社会在保障社会成员基本生存质量前提下所提供的实现自身价值的机会和条件纳入对中国弱势群体社会福利水平的评估，进而对中国当下福利制度安排中的不足之处进行伦理分析。

第一部分

基本理论

第一章　福利概念及其相关伦理问题

福利是常识道德的核心，也是所有伦理理论的基本问题。但不同的伦理理论赋予福利概念以不同的理解：有的理论视福利为唯一有终极价值之物，而有的理论将其视为众多价值中的一种；有些理论的福利保障对象为每一个人，而有些理论的福利保障对象却是某个种族或民族、某个团体或某个阶层；等等。可以说，在当前的伦理理论之中，很少有概念像“福利”一样表现出如此之多的含义分歧。

第一节　三个易混淆的概念

在我国学术界，福利、社会福利与社会保障这三个概念之间经常混淆使用，很多时候，人们在使用“福利”这个概念时，指的其实是“社会福利”；而使用“社会福利”这个概念时，其内容说的又仅仅是“社会保障”。所以，在阐述福利伦理理论之前，有必要先对这三者做简要的区分。

一、福利

在日常生活中，福利是一个使用频率非常高的词。但这并不意味着人们非常清楚福利的内涵，恰恰相反，许多时候，不同的人往往在不同的意义上使用福利这一概念。这主要是因为福利这个概念具有高度的理论复杂性。理论上说，不同学科给福利所下的定义都不同，迄今为止，还没有一个得到各个学科公认的福利定义。

在历史上，福利被理解为一种个人或社会的道德选择，“并等同于慈善、救济、施舍等观念”①，其施与对象是社会弱势群体。在《大美百科全书》中，对福利的界定是：“最常指分门别类的制度与服务，其主要目的在维护和提高人们身体的、社会的、智力的或情感的福祉；同时亦指大学的、政府的或私人的方案，这些方案涉及社会服务、社会工作和人群服务等领域以达到助人的专业目的。”② 在此，福利被直接理解为“社会福利”，指的是维护人们的福祉的制度与服务。福利经济学的创始人庇古（Arthur Cecil Pigou）将福利与效用相联系，将经济福利理解为“能与货币尺度建立联系的满足和不满足”③。维克·乔治（Vic George）和罗伯特·佩奇（Robert Page）认为：“福利在本质上是指个人的幸福或健康状态，在一般语言中，它首先指个人需要的满足。”④ 这两种理解应该说最接近福利的内涵。

从上面两位学者对福利的界定中，可以概括出福利的两层内涵：一是人的主观感受或满足度，二是人的物质生活状态。这两层内涵可以通过分析福利的英文字义来佐证。福利的英文是“welfare”，由“well”与“fare”这两个词组成，意为“过得好”或“活得好”。然而，“过得好”或“活得好”仍比较宽泛，具有较大的解释空间。有的人物质生活得到满足，就觉得过得好；而有的人只有心灵上或道德上知足，才觉得快乐或幸福。这是由于价值观的不同，每个人往往是根据自己的价值观来判断自己过得好与不好。而这正是伦理学要关注的问题。

从伦理学的角度看，福利与善（good）相关。西方伦理思想史中，伦理学要回答的初始问题是苏格拉底所说的“人应该怎样生活”，而近代以来，又将所有规范伦理的问题概括为两个：活得尽可能好的条件是

---

① 陈银娥．社会福利．北京：中国人民大学出版社，2009：2.

② 大美百科全书．光复书局大美百科全书编辑部，译．台北：光复书局，1990：121.

③ 庇古．福利经济学：上卷．朱泱，张胜纪，吴良健，译．北京：商务印书馆，2006：29.

④ 马广海，许英．论社会福利：概念和视角．山东大学学报（哲学社会科学版），2008（5）.

什么？我们必须做什么？前一个问题是关于“善”，后一个问题是关于“正当”（right）。① 如何处理善与正当之间的关系，是近代西方规范伦理学聚讼纷纭的一个焦点问题。我们看到，福利是“活得好”，而善的问题是“活得尽可能好的条件”，那善与福利之间的关系可见一斑。

既然善与福利相关，那什么是善呢？孟子说，“可欲之谓善”，即值得欲想的就是善。值得欲想的对象从英文中与“善—福利”相关的概念中可以意会，“well-being”（福祉）、“happiness”（幸福）、“interest”（爱好）、“benefit”（利益）、“profit”（获利）、“advantage”（有利）等词汇都与我们正在分析的福利概念密切相关。这些词汇的存在使我们界定福利变得简单。因为，虽然明确地定义福利这个概念不容易，但是要清楚福利包括什么却并不困难，只有满足了以上所有词汇涵盖之意才能说是满足了好生活的条件。因此，所谓福利，就是能使人活得好的各种条件。

其实，我们在此下的定义也并不具备普遍性，只是界定了诸多福利概念中的某种共性。原因很简单，一个概念虽然有其共性，然而，不同学科或不同理论在使用一个概念时，除了这些共性，还会加入满足自身体系需要的特性，这个概念的内涵也由此有了相对意义。要确定一个理论体系对一个概念的理解是否合理，需要进行一种全面考量，其目的在于弄清该概念共性之外的特性理解是否有助于理论体系的建立。所以，对于每一种福利伦理理论而言，预设一个什么样的福利概念非常重要，对这一概念的预设是展开整个理论的前提条件，可以说，有什么样的福利概念，就会有什么样的福利理论。概念是否健全是理论是否合理的前提。正如学者萨姆纳在其《福利、幸福与伦理》一书中表达的那样：

> 福利这个概念与诸如福祉、利益、善、好处、收益、益处此类同宗概念及其各种反义词在分析上相联系。一种福利理论必须保持这一分析的关联网；如果它没能做到这点，那它就是一种某些其他概念的解释。因为存在许多这种联系，我们将会对一种候选理论进行许多替代测试。无疑我们的概念框架的各个条目之间存在差异，这将解释为何

① 史蒂文·卢坡尔. 伦理学是什么. 陈燕，译. 北京：中国人民大学出版社，2014：23.

在某些事例中适用一些而非另一些。但只有当一个理论能够支持所有这些同宗判断时，一般才会说它给了我们成真的条件。①

正是因为学科与理论的特性，大多伦理理论在使用“福利”这个词时，与经济学将其理解成“效用”有些不同，它更多指的是“福祉”(well-being)，其指向的是幸福，甚或是至善。由此，达到幸福或至善的所有条件都成为福利伦理需要考虑的因素。

二、社会福利

同福利概念一样，社会福利也是个复杂的概念。福利从最初的理解到后来的解释有一个明显的变化，起初是针对个人欲望的满足与人的生存状态，后来，随着福利国家的诞生，福利在一些国家，特别是在福利国家中，已经变成了社会工作，尤其是国家所提供的社会服务的代名词。不仅如此，“社会福利”这个概念还常常跟“福利国家”“福利政策”这些概念相混淆。事实上，这个时候人们所说的福利应该是特指社会福利。

那么，什么是社会福利？根据《中国百科大词典》，社会福利是：“国家和社会为增进与完善成员尤其是困难者的社会生活的一种社会制度。旨在通过提供资金和服务，保证社会成员一定的生活水平并尽可能提高他们的生活质量。”② 从这个定义可以看出，社会福利是从社会层面理解一个社会或一个国家的民众的生活状态。它被明示为国家采取一定的手段调节国民的生活水平，达至社会和谐。社会福利既是一种社会制度的选择，也是一个国家调节社会各阶层之间关系的工具。如果说，福利本身泛指的是个人之善、个人幸福与社会之善、社会幸福的混杂，那社会福利就是为个人之善、个人幸福创造各种实现的条件，其指向的就是个人之善和个人幸福的总和，即社会之善与社会幸福。

按照庇古的观点，社会福利由非经济福利和经济福利两部分构成。他指出：“人类本身既是目的，也是生产工具。一方面，人被自然美或艺术

---

① L. W. Sumner. Welfare, Happiness, and Ethics. Oxford: Clarendon Press, 1996: 11.

② 《中国百科大词典》编委会. 中国百科大词典·社会学卷. 北京：中国大百科全书出版社，2004：40.

美所熏陶……其本身即是现实世界伦理价值的一个重要因素；其感觉的方式和思想的方式实际上构成了福利的一部分。另一方面，人能从事复杂的工业活动……因而是很适于生产物品的工具，其使用产生福利。”① 前者提供的是非经济福利，而后者提供经济福利。非经济福利，指受人的认知、情感和欲望以及人类伦理价值影响的一些福利。比如人若生存于很差的环境中，认知、情感与欲望都会受到影响，最终影响的其实是人的福利状况。同样，若能够充分享有平等与自由，那就能获得主观上的满足，这种满足亦是一种福利状况的满足。因此，人的这些非经济福利无法以货币等经济工具来衡量。而能够直接或间接以货币方式测量的社会福利就是经济福利。但是，经济福利状况却对非经济福利有着重大的影响。一个社会在非经济福利与经济福利之间如何取舍，左右着这个社会的整体社会福利状况。如庇古所说，如果一个社会选择了集中致力于经济福利，就会不自觉地牺牲非经济福利。② 如果相反，经济福利就会受挫。这在现实生活中已经得到证实。自由主义经济将经济效率视为压倒一切的标准，资源的最佳配置方式是其最终目标，经济福利的多少完全通过国民生产总值（GNP）显现。这样一来，就会忽视分配，进而损害人的一些非经济福利。而将经济平等作为目标的平等主义立场又会损害社会的经济效率。20世纪90年代以来，一些福利国家面临的困境恰恰说明了这点。在某种意义上，经济效率与社会平等之间的矛盾就是非经济福利与经济福利之间矛盾的一个焦点。就此而论，社会福利状况本质上就是政府介入社会分配，以某些伦理价值为依据，调和社会的非经济福利与经济福利之间矛盾的结果。

三、社会保障

在国内学术界，将社会福利与社会保障这两个概念混为一谈的情况并不少见，但这并不准确。社会保障只是社会福利的一部分，是一个国家的政府为保障国民或某些特定群体的基本权利而采取的一些措施。在《中国

---

① 庇古．福利经济学：上卷．朱泱，张胜纪，吴良健，译．北京：商务印书馆，2006：18.

② 同①.

百科大词典》中，与社会保障相对应的是“狭义的社会福利”，指的是：“当社会成员因年老、疾病、生理或心理缺陷而丧失劳动能力，出现生活困难时所提供的服务措施。”①《新大不列颠百科全书》认为：“在国际上，社会保障这一术语意味着所有已经为立法建立的集体措施，以便当个人或家庭的部分或全部收入来源受到损害或中伤时，或当他们有大笔的开支必须支付时（如抚养子女或支持医疗费用），维持他们的收入，或对他们提供收入。因此，社会保障可能是对病残、失业、作物歉收、丧偶、妊娠、抚养子女或退休的人提供现金待遇。对医疗、康复、家庭疾病护理、法律帮助和丧葬的待遇可能以现金也可能以实物（服务）的形式提供。”②

从以上定义中，可以看出社会保障与社会福利的差异。如果将社会福利理解为有广义与狭义之分，那社会保障所涵盖的是后者，其外延要比社会福利小得多。可以说，社会保障是社会福利的底线，也是维持社会稳定的底线。从人的权利的角度看，社会保障维护的是人的最基本的生存权，而社会福利不仅涵盖生存权，也包括了人的发展权。罗尔斯的差别原则所体现出的伦理价值就是支撑社会保障的依据。他指出，社会的和经济的不平等应这样安排，使它们适合于最少受惠者的最大利益。③ 这里的“最少受惠者”就是社会弱势群体，即社会保障的主要对象。所以，社会保障不能涵盖社会福利，却是社会福利的一个基础性的组成部分。可以说，衡量社会福利状况的晴雨表，应该是社会保障，而不是经济福利。社会保障是要保护社会成员的最基本的权利，其依据则往往源自与之相对应的底线伦理。

第二节　福利伦理诸问题

庇古在叙述哲学家卡莱尔（Thomas Carlyle）的观点时，曾表达过这

---

① 《中国百科大词典》编委会．中国百科大词典·社会学卷．北京：中国大百科全书出版社，2004：40.

② 陈银娥．社会福利．北京：中国人民大学出版社，2009：4.

③ 约翰·罗尔斯．正义论．何怀宏，何包钢，廖申白，译．北京：中国社会科学出版社，2009：61.

样一种观念：好奇是哲学的起点，但不是经济学的起点，经济学的起点在于“对陋巷的厌恶以及对衰弱生命哀愁的社会热情”。[①] 然而，改变社会的贫困状态最多只能说是古典经济学或规范经济学的目标之一。自经济学家罗宾斯（Lionel Robbins）在 20 世纪 30 年代那场关于“经济学是否应该涉及价值判断”的争论中获胜之后，经济学家的研究已无庇古所说的那种“社会热情”，事关分配的贫困问题几乎已被踢出了主流经济学的研究领域，直至受到 1998 年诺贝尔经济学奖获得者阿马蒂亚·森的重新关注。而对于哲学尤其是道德哲学，好奇虽是学者们的研究动机之一，但其更大的动机却是找寻一种解释或解决问题的方法，以达到社会发展的理想状态。对于福利或社会福利，主流经济学家关心的是稀缺性资源如何达到最有效的配置，而伦理学家更关心的是为什么要提供社会救助，谁应该成为社会福利的受益者，谁又应该成为社会福利的主导者，应该采取哪种道德原则对社会福利进行分配，等等。

一、社会福利的伦理依据：为什么要提供社会福利?

对于为何要提供社会福利这个问题，不同的福利理论与不同的福利制度体系的依据不同，支持与采取的福利政策也就不同。福利国家的倡导者认为，在市场经济的大背景下，由于市场机制运行的不可预测性，个人很难或无法控制其命运，因此，人人皆能自足的理想对于有些人、有些群体来说根本无法实现。而且，由于运气与环境等因素的影响，存在人们不能，也不应该对自己的困境负责的情形。这样一来，为了保障人的基本权利，国家就有必要干预市场分配，尽可能让更多的人享受经济繁荣的成果，将市场失灵的负面影响降到最低。以这种思想为主导的国家，往往采取高福利政策，其国民的社会福利水平相对较好。而对于经济自由主义国家而言，市场就是社会福利的依据。一个国家国民福利的状况完全应该由市场来决定，即使贫富分化严重，也是人们自由选择的结果。如果国家出面采取各种手段干预市场分配，就是对人的自由的干涉。在这种观念占据主导地位的国家，其国民的福利状况相对较差；政府除了制定最基

① 庇古. 福利经济学：上卷. 朱泱，张胜纪，吴良健，译. 北京：商务印书馆，2006：9.

本的社会保障政策之外，国民的福利状况都是由其参与市场竞争的结果决定的。

尽管这两种社会福利政策或制度所持的理由表面上截然不同，但有趣的是，支撑这些理由的伦理价值却是相同的，即对人的平等与自由权利的保障。之所以在福利政策或制度的选择上存在很大差异，是因为理解平等与自由的视角不同。

自文艺复兴以来，平等与自由已逐渐深入人心，成为民主国家的政治与经济制度的价值理念。人生而平等更是被许多国家写入宪章。尽管在人应该平等上已经达成共识，但这并不意味着在何谓平等这个问题上也达成了共识。由于存在对平等的多种理解，而且平等有着多重面相，如何分配彼此的权重也成为平等实践的一个难题，由此使得多种平等的观念及其实践之间矛盾重重。道格拉斯·雷（Douglas Rae）在《诸平等》中认为："在抵制平等方面，比秩序、效率或自由更为强有力的是'平等本身'。"[①] 具体地说，平等有机会平等、结果平等、起点平等与条件平等，这些平等观的支持者都固执己见，彼此反对，造成了平等的内部冲突。如，一些思想家所说的平等指的是机会均等，即每个人有同等的发展机会；而有些思想家主张只有结果平等才是平等的本质，每个社会成员都应该同等地享受社会财富。

虽然作为社会福利依据的平等本身存在混乱的一面，但这并不影响抽象的平等在社会福利理论与实践中的伦理地位。

经济学家弗里德曼（Milton Friedman）曾经说过："前程为人才开放……出身、民族、肤色、信仰、性别或任何其他无关的特性都不决定对一个人开放的机会，只有他的才能决定他所得到的机会。"[②] 然而，在主张机会均等的同时，他也认识到真正的机会均等是不可能的。因为人生而平等归根结底只是人类社会的一个理想。在现实生活中，人从出生一刻起，天赋与家庭出身就存在差异，这在很大程度上决定了人的能力发展不可能平等。以此作为平等的起点显然并不公平。因为即便市场真的向所有

---

① 葛四友. 平等、责任与运气. http://www.doc88.com/p-73348528495.html.

② 米尔顿·弗里德曼. 自由选择. 胡骑，席学媛，安强，译. 北京：商务印书馆，1982：135.

人开放，一个富人家庭的孩子与一个贫困家庭的孩子的人生际遇也根本无法同日而语，即使面对同一个机会，也无法被判定为真正的平等。需要注意的是，弗里德曼的机会均等思想与其在经济学领域广为人知的新自由主义主张是一致的，他和经济学家哈耶克（Hayek）都是资本主义自由市场经济的坚定支持者。在自由至上主义者看来，个人主义是西方社会的根本价值，其核心要求就是自由。在市场经济下，只要人的行为不违犯法律，做什么都不应该受到干涉，即使是道德问题，也应该任由个人选择。自由是绝对优先的，每个人如何使用自由与他人和社会无关。以此为由，在面对各种福利诉求时，除了维系社会正常运行并保障人的基本安全之外，他们反对任何形式的政府干预。至于个人的贫困，无论是其运气不好，还是家庭出身较差，都与社会无关，贫困只是个人在市场竞争中失败的后果而已。同理，如果一个人在经济萧条时期失去了工作，与社会也无关，因为这是自由的代价。国家不应该采取社会保障制度的方式去干涉市场及其参与者的选择。弗里德曼和哈耶克等人的自由至上主义正是现在许多奉行低福利政策国家的伦理依据。

相对于机会均等，结果平等较为复杂。一些学者直接将结果平等理解为平均主义，即无论市场运行结果如何，为了体现人的平等权，应该平均分配财富。然而，这种平均主义因其不切实际，目前无论在学术界还是在实践领域都鲜有人支持。现在学者所理解的结果平等主要是实现实质性的机会均等。这种结果平等的前提是人们的起点相对平等，即不会受天赋、出身等不可控因素的影响，或者在赋予每个人平等的机会之前，社会已竭尽所能地弥补了人们因上述原因造成的不平等，将各种影响机会平等因素的作用降到最低。这样一来，就达成了实质上的机会均等。满足了上述条件后，实质性机会均等所产生的任何结果相对而言都是公平的。

阿马蒂亚·森指出："触动我们的不是认识到世界难以达到彻底的正义——很少有人有此期待，而是认识到身边存在我们想要消除的、显然可矫正的不正义。"① 正是出于矫正不正义的目的，一些国家才会采取一些

① Amartya Sen. The Idea of Justice. Cambridge, Massachusetts: The Belknap Press of Harvard University Press, 2009: vii.

政策与手段去促成实质意义的机会均等，而这恰恰是二战后福利国家采取高福利政策的伦理依据，其所建立的福利制度以"'损有余而补不足'的方式——如经济上的税收用作济贫或教育基金——来调节社会起点上的不公。借此缩小人际分配上的差距，达到结果上的相对公平，以纠正单纯形式上强调机会均等所造成的更大的社会不公"①。

二、社会福利的受众与施与者

（一）社会福利的受众：谁应该成为社会福利的救助对象？

哪些人应该享有社会福利？对于他们接受社会福利的行为该如何进行道德判断：接受社会福利是其道德失败的结果，还是作为社会成员的道德权利？弄清这些问题是决定一个国家的福利政策与制度的前提，也是福利伦理学家立论的基础。

一般而言，社会福利的对象分为两类：一是全体社会成员，二是社会弱势群体。在此基础上可做进一步分类：依其所要达到的目的，可将社会福利分为救助型与保障型；而依其满足人需求层次的不同，又可将社会福利分为基本型与发展型。概括地看，这些分类的深层依据可以归结为两点：一是人的基本权利，二是人的需求的满足。正是这两点决定了对"社会福利应该面向哪些人"这个问题的回答。

其实，解释社会福利的伦理依据已隐含了对社会福利接受者的部分认知。从人道主义的视角看，人生而平等，每个人在人格上都是平等的。为了实现人的这种平等，社会需要建立一套以人为中心的制度与体系，以落实关怀人、爱护人与尊重人的人道主义精神。与之相对应，政治上需要承认并保障人的基本权利。享有这些权利只需要一个条件：只要是人。尽管每个人生而不同，但生存权、人身平等、思想自由、收入与财产、自尊等权利是任何人都需要的。如果这些需要得不到满足，人就不能保持其尊严，维持最基本的体面生活。因此，人的基本权利应该平等地予以分配。与之相应，社会福利应该首先满足人享有基本权利所需要的条件，这就是

① 陈燕．公平与效率：一种经济伦理的分析．北京：中国社会科学出版社，2007：45-46.

为什么要将社会全体成员确定为社会福利的接受对象，保障人权是社会福利分配的根本目的。可是，人的基本权利于社会福利而言毕竟较为抽象，要保障人的基本权利最终还要落实为满足人的需求。

人有哪些需求？社会福利又应该满足其中哪些方面？马斯洛（Abraham H. Maslow）的需求层次理论对此颇有启发。心理学家马斯洛将人的需求按照由低到高的次序分为五个层次，即生理需求、安全需求、社交需求、尊重需求和自我实现需求。其中，生理需求和安全需求属于生存层面的需求，是其他层次需求的基础；社交需求和尊重需求是人的情感与归属层面的需求；自我实现需求是发展层面的需求。这五种需求人人都有，但因迫切性不同而分高低。一般只有低层次的需求得到满足后，才会考虑高层次的需求。比如，人的生理需求一般包括饮食、性欲等，安全需求包括人身安全，免于痛苦、威胁或疾病等。这两种需求都属于人的低层次需求，其中除性欲之外的生理需求更为根本，它的满足与人的生存息息相关。在人的生理需求得到满足之前，其他任何需求都是次要的。人类的道德观念在这个需求得到满足之前无法发挥作用。当人极度饥饿时，会采取各种手段去攫取食物，而不管这些手段是否合法或合乎道德。所谓“仓廪实而知礼节”就是这个道理。相对于生理需求与安全需求，社交需求与尊重需求层次较高，它们是作为社会成员的个体在人际关系中寻找归属、肯定自我的需求，如果没有得到满足，就会觉得自我的存在没有价值，生命的意义便会大打折扣。自我实现需求，包括马斯洛提到的自我超越是最高层次的需求，它是在满足前四个需求的基础上衍生的。这一需求突显的是作为自我的人。如果说社交需求与尊重需求聚焦的是处于关系中的个人的存在感，那么自我实现需求无疑是在寻求对这种关系的突破，力图在关系中突显自我价值的独特性。

以上五个层次的需求是每个人都有的，所以一个社会或国家的社会福利应该尽可能地满足所有成员的这些需求，以保障人之为人的基本权利。然而，正如人的需求有高低层次之分，社会福利对这些需求的满足也有第一层级与第二层级之分。社会福利的目标之一是维系社会稳定，人的最基本需要能否得到满足是社会能否稳定的基础性条件，因而社会福利首先应考虑满足人的生理需求与安全需求。这些需求是哲学家戴维·米勒（David Miller）所界定的能使人在社会中过上一种体面生活所需要的最低条件。[①] 这些条件的满足属于社会福利的第一层级。至于社交需求、尊重需求与自我实现需求，作为体现幸福指数的需求，虽然也是社会福利应该满足的对象，可相对于生存层面的需求，它们属于社会福利的第二层级。社会福利两个层级的划分并不是绝对的。不同社会、不同国家的物质文化发展水平不同，社会福利分层的界限也将随之变动。具体来说，一个社会对其成员需求的满足水平与该社会的综合实力密切相关。一个经济发展状况与文化教育水平相对较高的社会，物质资源相对充足，其社会福利的供给绝不应该仅限于满足生存需求，而是要将社会成员较高层次的需求纳入必需的范围。由是，发展中国家的社会福利应该以保障人的生存层面需求为主，发达国家则应该兼顾人的社交、尊重与自我实现等需求的满足。

无论是发达国家还是发展中国家，总有一部分人处于弱势地位。如果社会不予以一定的援助，其生理需求与安全需求就根本无法得到满足。因此，社会福利就有了面向弱势群体的社会保障，它以救助为目标，专门针对病残、年老、失业、子女教育、退休或丧失劳动能力等提供经济援助。绝大多数国家的社会保障满足的是人的底线福利，即满足人的生存层面的需求。

以上分析说明，社会福利的接受者是全体社会成员。在一个物质发达的社会，社会成员五个层次的需求在社会福利保障中都应该有所考虑。而在一个欠发展的社会，社会福利的保障底线应该是其成员的生存需求。由于社会物质财富分配不均，社会福利首先需要保护的是弱势群体的基本需求，即弱势群体在社会福利分配中具有优先性。从伦理角度看，作为社会福利的受众，无论是全体成员还是弱势群体，接受社会福利的行为都是道德的，他们是在享受人之为人的基本权利，可以说是“得其所应得”[②]，这是社会分配正义的体现，无损于福利接受者的道德人格。这一点可以借助罗尔斯的正义原则进行解释。罗尔斯的理论涉及分配正义，他把分配物品称为“基本善”，对应的是人的上述基本权利。其正义第一原则是这样

① 戴维·米勒．社会正义原则．应奇，译．南京：江苏人民出版社，2001：234.

② 参见穆勒对“公道”的解释：约翰·穆勒．功用主义．唐钺，译．上海：商务印书馆，1957：48。

表述的：

> 第一原则：每个人都应有平等的权利去享有与所有人享有的类似自由体系协调一致的、由平等的诸基本自由构成的最大总体系。①

虽然罗尔斯的正义第一原则并没有直接考虑社会福利的分配问题，且该原则对于福利与效率具有优先性，但是，没有社会福利的支撑，正义第一原则的优先性就是无效的。因为平等的自由原则的优先性是建立在社会经济发展到一定水平的基础之上的。② 在这种经济状况下，人们的基本需求已经得到满足，有能力平等地运用自己的基本自由。否则，即使规定了每个人的自由权利，一些人也无法有效地运用它。然而，一个国家的经济发展水平较高，并不意味着其民众的基本需求都能得到满足。一个贫富差距很大、社会福利水平较低的国家无论有多富裕，平等的自由原则也根本无法实施。因此，为了保障平等的自由原则的有效性，社会福利需要以二次分配的方式满足所有社会成员，特别是弱势群体的基本需求。这样一来，虽然平等的自由原则优先于福利与效率的考虑，但它却需要以社会福利为先决手段，社会福利是保障人的政治权利与自由真实有效的必要条件。从这个角度看，如果认可罗尔斯的正义原则，就等于承认了社会成员享有接受社会福利的道德权利。

然而，二战后以英国为代表的西方福利国家实施高福利政策以来产生的一些问题，使得一些人将接受社会福利的行为与接受者的道德品质联系起来，对福利接受者的道德品行提出了某些质疑。

二战后，西方一些发达国家采取“从摇篮到坟墓”的全民福利制度，以满足绝大多数社会成员的基本需求。然而耗资巨大的高福利制度逐渐成为政府支出中的最大负担。20 世纪 70 年代以来，福利国家的矛盾逐渐暴露，许多学者直接将福利国家经济衰退的原因归之于福利制度，要求政府紧缩开支、削减福利。不仅如此，许多人认为，福利的全面化和均等化造

---

① 罗尔斯. 作为公平的正义//威尔·金里卡. 当代政治哲学. 刘莘，译. 上海：上海译文出版社，2015：71. 此处之所以没有引用罗尔斯《正义论》中的表述，原因参见《当代政治哲学》第 71 页译者刘莘的注释。

② 石元康. 罗尔斯. 桂林：广西师范大学出版社，2004：42.

成了一批自愿失业、依靠社会福利的“懒汉”。一些有劳动能力的人不愿劳动，坐享纳税人的成果。这不仅挫伤了劳动者的工作热情，还破坏了人类的自立、自尊等道德价值观。从这个角度看，接受福利是“懒汉型”福利接受者道德失败的结果。正因如此，在一些福利状况较好的国家，比如英国、美国，公众对于福利申领者普遍怀有敌对情绪。① 在我国，有学者甚至直接以此为由批判福利国家，认为福利国家“会把人们的心思引向不劳而获。在没有福利照顾时每个人都必须为自己多赚钱，努力去创造财富。有了福利时大家想的是如何逃避交税，同时多占些福利照顾，因为的确有空子可钻。所以福利国家会培养懒汉，整体上的生产下降，国家陷入福利陷阱”②。这样一来，似乎高福利与道德失败之间有着直接的因果关系。果真如此吗？

仔细思考不难看出，该结论暗含着对贫困主体的这样一种理解：贫困者的贫困与社会和他人无关，每个人都应该为自己负责，接受福利是放弃自身责任的一种体现。对于这种理解，以迈克尔·哈林顿（Michael Harrington）为代表的学者表示愤慨。哈林顿指出，在一些人眼中，害怕工作是那些申领福利的公民选择贫困的原因，然而真实的解释却是，因为他们错误地投胎于“问题父母、问题地区、问题行业或是问题种族或民族”。一旦这无可选择的事情发生，他们中的大多数就无法摆脱成为弱势群体的可能。而且，相对于处境生而有利的人，他们更易生病，更易缺衣少食，更易接受低水平的教育，也更难获取一份稳定且有尊严的工作。那些心怀敌意的人主观上选择忽视这一事实的同时，也拒绝接受这一点：有可能正是因为社会不公平才导致了这些人的贫困，也是因为贫困扭曲了贫困者的意愿与道德追求。如哈林顿所说：“那些生活在道德选择之下的人们，他们淹没在贫困之中，以至于根本不可能讨论自由选择问题。关键不在于让他们保家卫国，而是社会应该在他们能够自助之前首先帮助他们。”③ 基

① 艾伦·肯迪．福利视角：思潮、意识形态及政策争论．周薇，译．上海：上海人民出版社，2011：7.

② 茅于轼．福利国家的利与弊．http://www.caijing.com.cn/2010－01－25/110365511.html.

③ 同①120.

于此，将不负责任、懒惰等恶德直接归之于福利接受者本身就是无视公平的偏见。

退一步讲，撇开以上因素，即便我们把福利接受者区分为基于贫困的申领者与基于懒惰的申请者，也不能简单地谴责后者。趋利避害乃人之本能，与社会福利的高低并无直接关系，人类生活的任何一个领域都掺杂着人性的这种成分，它既可能致善，也可能致恶。社会福利的目的在于满足人的基本需求，保障人的基本权利，从道德上看这没有任何问题。一个社会的福利水平越高，每个社会成员自由全面发展的可能性就越大，这无疑是任何一个社会都应该追求的价值目标。如果因为存在一些挖空心思钻制度空子的人而否定能够给大多数社会成员带来极大善的福利制度，无疑是采取了一种因噎废食的思维模式。即使是一种总体上极为优良的福利制度，也难免附带一些负面效应，甚至产生极为有害的个别行为。如果由于后者的存在就简单地否定总体，显然不是我们希望看到的结果。这种思维模式采用的是“滑坡论证”方法：在极为有害的行为与无可反对，甚至值得肯定的行为之间原本不存在明晰的界限。可是，如果允许后者会导致前者的话，为了阻止不该发生的事，那索性连后者也应该一并禁止。然而，这并不是一个解决问题的好办法。因为真正应该做的不是禁止可允许的行为，而是将两者之间的界限规定得更为清晰。福利制度与一些人的道德失败之间亦是如此。社会福利并非导致一些人道德失败的原因，要减少或制止一些好吃懒做者的坐享福利行为，不应该仅聚焦于削减福利，而是应该将福利制度制定得更为精细，将那些有能力的弱者通往道德滑坡的大门关得更严，这才是解决该问题的根本方法。

需要指出，以上分析并不意味着个体社会成员只有单向接受社会福利的道德权利。到目前为止，笔者仅从保障人的基本权利与基本需求的角度论及了个体接受社会福利的道德性。然而，这只是问题的一个方面。近代西方政治理论在实践中一直存在一个不足，即将人的基本权利仅仅立足于生物学意义上的人。西方的政治民主制度归根结底保护的也是生物学意义上的人，而忽视了人的道德主体性的一面。由此直接导致的后果是，人们仅凭借人的生物特性去主张自己的权利，进而将其演化成自己获取福利的一种资格，这两个理由无论哪一个都会诱使个体倾向于将获取社会福利视为理所当然。这亦是导致一些人在接受社会福利时成为“懒汉”的原因之一。

从伦理的视角看，除了生物学意义内涵外，个体作为福利受众的道德可接受性其实也被纳入其作为道德主体的考量。依康德的理论，我们应该尊重人，然而康德所说的人是具有道德主体性的人。这种主体性体现在三个方面：“第一，道德能力，或是理清我们的责任并据此行动的能力；第二，道德负责，即按照我们的责任行动的意愿；以及第三，自决，这包含选择价值，为自己确立目标，并据此塑造我们的生命。”① 这意味着，在社会福利方面，社会应该尽量为个体创造可促进其道德主体性发展的条件；而作为道德主体，每个人都有自我完善的责任，即我们必须尽可能地发展自己的道德能力。因此，与社会福利促进个人道德主体性发展条件相应的是，个人必须承担起自我完善的义务。权利与义务是相对的。对于拥有道德能力的个人来说，躺在他人的劳动成果上享受人生无疑是一种只享受权利，而不履行义务的行为，这的确是一种耻辱。但是，无论如何，社会福利的供给不能以个人是否有道德耻感为前提。而要改变“福利懒汉”这一状况，仅靠道德教育是不够的，应致力于改变社会的政治文化背景。换句话说，需要重新思考文艺复兴以来政治理论与政治体制中所塑造的有关“人”的理念，淡化对于生物学意义上的人的强调，将道德主体意识植入政治文化意识之中。这将是一个长期而浩大的工程。

（二）社会福利的施与者：谁应该成为社会福利的提供者？

谁应该成为社会福利的提供者？20 世纪之前，这个问题一直没有得到关注，因为此前的福利来源虽然众多，但主要以家庭为主自行解决。少数处于极度困境中的人或者依靠私人慈善，或者指望教会与其他民间组织的救济。而政府在福利供给中所起的作用微乎其微。只有在社会发生大的灾害，靠家庭、教会或其他民间组织已无法解决处于灾难中的社会成员的生存问题时，政府才会出面以赈灾的形式实施有限救济。20 世纪中叶以来，这种情况发生了变化，人们在理论层面上就福利的提供者逐渐达成了一种共识：政府应该为其民众负责，它应该成为社会

① 史蒂文·卢坡尔. 伦理学是什么. 陈燕，译. 北京：中国人民大学出版社，2014：206.

福利供给的主要来源。[①] 不仅理论上如此，20 世纪 50 年代以来，许多国家的政府事实上已经成为除家庭外社会福利的主要提供者。

作为社会结构最基础的细胞，家庭有两个基本功能：种的繁衍与福利保障。在 20 世纪之前，人的基本需求与供给基本由家庭承担。之所以没有产生疑问，就是因为相对于政府、教会与其他慈善组织而言，福利供给被视为家庭应有的内在功能，且以血缘与情感为纽带来提供这种保障显得更为人性化、更为自然。家庭的福利保障作用是通过抚养子女和赡养老人来实现的。即便是古希腊时期以严苛的军事化管理著称的斯巴达城邦，男孩在 7 岁之前也是由父母抚养。由于血缘与亲情关系，家庭在主观上自愿提供福利保障，其合理性在道德上早已达成共识。

教会与一些非营利性质的民间组织在社会福利的发展中亦扮演重要角色。在西方福利史中，教会一度是社会福利最重要的提供者之一。然而，与其说教会是提供社会福利，不如说主要是从事济贫活动。相对于民间个人自发的、具有浓厚的自愿性和不稳定性的慈善活动而言，教会的救济建立在其内部济贫法的基础之上。在基督教一些教义中，贫穷与富有并不对立，要视其与德性的关系来确定其善恶。富有而无德是不值得肯定的，相反，贫穷却一直受到赞誉。这是因为，贫穷者更易依从主的意旨追求美德，相比富人，穷人通往天国的可能性更大，所以很多修行者会选择弃其财富而甘享清贫。在教会眼中，教会的所有财产都不属于教会，而是向世人显示上帝仁慈的手段。济贫与慈善是相伴的。济贫体现了上帝对子民的爱，帮助穷人既是基督徒的义务，也是贫民应该享有的权利。“教会法特别重视改善贫民的法律地位，赋予贫民相应的权利保护，其中受到特别关注的是贫民获得救济的权利和社会经济权利。”[②] 从这个角度看，教会的慈善事业是宗教伦理的实践要求。

近代以来，一些非营利的民间组织在社会福利的供给方面发挥的作用越来越大。这些民间组织，通过筹集民间资金，在社会各个领域从事公益活动。比如国际红十字会，自 1863 年创立起，便在全世界范围内开展各

---

① 诺曼·巴里. 福利. 储建国，译. 长春：吉林人民出版社，2005：序.

② 赵博阳. 中世纪教会济贫法律研究. 上海：华东政法大学，2015：30.

种人道主义活动，不断向各国处于自然灾害或战争灾难中的弱势者提供各种救济。这类非营利组织往往以人道主义为主旨，以扶贫救困为手段。它们不以营利为目的，相比于企业的一些捐赠活动，其道德价值往往更易得到民众的肯定。

虽然家庭、教会与一些非营利组织在社会福利支持方面都有着不可替代的地位，但必须承认，它们都有很大的局限性。家庭在对抗大的天灾人祸方面明显不足；无论是教会还是非营利组织针对的都是特殊人群。即使是济贫，个体与这些组织所能做的也相当有限，更不用说普遍地满足社会成员的基本需求。因为社会福利涉及的不仅仅是救助，更重要的是社会基本益品的分配。

在现代社会，社会福利普遍被视为一种公共物品，这种公共物品与个体的主观欲求相关，它无法通过市场的自发运行得以满足。虽然最初人们无法把社会福利与国防、法律、秩序这些公共物品画上等号，但随着资本主义自由市场机制表露出失灵的一面，人们逐渐认识到，依照经济自由主义的内在逻辑，人的基本欲求根本无法得到普遍满足。

根据经济自由主义，国家的角色仅限于"守夜人"，其功能在于维持社会秩序，保障公民安全。一旦国家超出这个范围行动，干涉市场运行，就背离了其职责。至于各种因素导致的失业与贫困问题，如果市场无法自行解决，那就应该依赖个人的仁慈。然而，"由于个人所面对的动力结构的问题，它不能被自愿地供给。每个人对济贫所做的贡献是微不足道的，以至于不值得那样做。如果这种贡献很大，它就会需要许多个人的合作，在给定所有自由个人主义思想都接受的行为的情况下，人们可能会背叛任何自愿的协议。因此，尽管福利供给确实依附个人的利他主义偏好，但私人市场在技术上无法有效率地记录这些偏好"①。经济自由主义在某种程度上的确无法满足人们的期许。

与此同时，人们发现，社会福利与原本认定的公共物品之间的界限并没有那么明显："那种认为国防、法律和秩序、洁净水之类的东西因为没有人有动力来供给所以必须集体性地供给的观点是人们比较熟悉的；而人

---

① 诺曼·巴里．福利．储建国，译．长春：吉林人民出版社，2005：67.

们不那么熟悉的则是认为福利和济贫也可以类似地供给：福利是一种公共物品，国家供给的正当性可以根据完全相同的个人主义和主观主义的理由来证明，这些理由支持集体供给国防和洁净水等更为传统的公共物品。”①这意味着，社会福利也应该纳入公共物品的范围，并且同样可以借助道德理论来证成。利己主义否认该慈善行为的利他主义动机，认为所有人都是出于利己之心而选择帮助他人。从基于私利的契约论（contractarianism）看，既然个人可以出于自我利益最大化的动机将权利转让给政府，并遵守共同协议中的道德条款，那由政府承担满足每个人的基本需求的责任有无可能成为协议结果呢？这显然有利于每一个人，也包括从事慈善活动的个人主义者。如果仅靠个人无法满足这一点，那国家为什么不会成为个人的集体选择呢？答案显然是肯定的。

其实，在20世纪，西方许多国家已经承认并确立国家在社会福利分配方面的主导地位，这得益于凯恩斯革命。1936年，经济学家约翰·梅纳德·凯恩斯（John Maynard Keynes）的《就业利息和货币通论》一书的出版，标志着凯恩斯革命的开始。该书将亚当·斯密（Adam Smith）以来的经济自由主义及其经济政策视为20世纪30年代资本主义世界大型经济危机的主要原因，从而反对当时各国奉行的自由放任的经济政策。凯恩斯主张国家直接干预市场、解决失业问题。他指出：“我们生存其中的经济社会，其显著缺点，乃在不能提供充分就业，以及财富与所得之分配有欠合理。”②“就我本人而论，我相信的确有社会的以及心理的理由，可以替财富与所得之不均辩护，可是不均得像今日那样厉害，那就无法辩护了。”③针对这些问题，他指出，国家只有采取各种方法有效刺激需求，才能缓解因贫富差距过大而产生的各种社会冲突。凯恩斯的国家干预主义经济理论成为二战后福利国家构建社会福利制度的理论基础。

随着福利国家矛盾的不断暴露，在质疑福利国家的经济政策的同时，一些学者也开始思考国家在社会福利中的主导地位，有人甚至提出社会福

---

① 诺曼·巴里. 福利. 储建国，译. 长春：吉林人民出版社，2005：66-67.

② 凯恩斯. 就业利息和货币通论. 徐毓枏，译. 北京：商务印书馆，1983：317.

③ 同②318.

利私人化模式，力图转变政府在社会福利供给中的角色，实现社会福利经济制度的改革。还有人提出改变政府分配社会福利的方式，在功能上由“供给”转变为“投资”，从而将社会福利由“负担”变成“资产”。无论有何理论建议，在过去几十年间，政府作为除家庭之外的社会福利供给主体的地位已得到各国民众的普遍认可，因此，这些问题的争论也许最终会回归到改革社会福利制度、调整社会福利供给方式与供给数量分配的权衡上，而不会撼动民众对政府主导社会福利的道德期望。

三、公平抑或效率？

通过上面对社会福利的伦理依据的解释，可以看出，社会福利的目标指向社会公平。虽然世界各国的社会福利保障模式各不相同，但剔除其表面差异，我们就可以看到背后的共同之处：无论何种模式的社会福利都是为了解决社会公平与经济效率，或者说经济发展与社会公平之间的矛盾，力图在两者之间实现一种相对均衡。

公平与效率问题的存在历史悠久，但作为一对矛盾关系提出是资产阶级革命以来的事。这是因为：“公平与效率问题的产生有两个要件：一是经济的快速发展导致经济收入的巨大差异；二是平等自由作为一种基本权利得到普遍的认可。”① 这两个条件决定了尽管在资本主义社会之前，也存在财富上的巨大差距，但并没有选择以普遍的社会福利来平衡社会各阶层关系。社会福利是社会财富再分配的一种手段，相对于代表经济效率的市场机制而言，它是社会公平的实施手段之一。

20世纪70年代以来，公平与效率的矛盾成为政治哲学领域讨论最多的问题。在此之前，西方经济学内部也有过颇具影响的探讨，它是由福利经济学的创始人庇古揭开序幕的。在庇古的理论中，和公平、效率相对应的是平均分配与资源最佳配置，国民收入有效增长与收入合理分配是旧福利经济学的核心问题。社会福利最大化是福利经济学的主要目标，而要实现这一目标需要两个条件：其一，国民收入总量最大化；其二，国民收入分配均等化。与前一个条件相对应的是经济效率，与后一个条件相对应的

---

① 陈燕．公平与效率：一种经济伦理的分析．北京：中国社会科学出版社，2007：322.

是社会公平。如前所述，庇古用效用来界定福利，将其理解为“人们对享受或满足的心理反应或主观评价”。根据边际效率递减规律，个人的货币收入越多，边际效用也就越小。比如，一百元在富人那里的边际效用明显小于穷人，如果将之从富人那里转移给穷人，无疑会增加社会效用总和。这意味着，经济利益的平等分配是增加社会福利总量的必要手段。然而，这种手段要发挥作用，必须建立在社会资源最佳配置的基础之上，只有国民收入总量增加了，才能更有效地增加社会福利。庇古将个人福利与社会福利紧密地联系在一起，将社会福利视为评价经济效率的关键因素之一。

经济学家罗宾斯在20世纪30世代批判了庇古的思想，认为效用在个人之间无法比较，庇古的分配平均化的结论没有任何意义。之后，一些新福利经济学家，如勒纳（Ari Lerne）、卡尔多（Nicholas Kaldor）等，循着罗宾斯的路线，认定收入分配问题与福利经济学无关，在社会福利增长标准上采用了只涉效率、无关公平的“帕累托最优”。根据帕累托准则，在追求资源最优配置的过程中，不管是否会导致贫富差距过大或社会分化严重，只要没有人的状况变差就是对的。这一选择将社会贫困问题推出了经济学的视野，直到20世纪70年代，经济学家阿马蒂亚·森改变了这一状况。阿马蒂亚·森批判了新福利经济学家仅聚焦于个人福利的视角，认为“经济学不应局限于单纯地研究收入和产出，应该更多地关注人的权利和能力，关注保障人类最基本生活的一些条件，让更多人有拥有食品、住房，能够接受基础教育和健康医疗等”①。近20年来，阿马蒂亚·森一直关注社会底层人员的贫困与饥荒现象，更多地将社会正义问题纳入经济学的思考范围。其成果对经济学、政治哲学以及伦理学的影响颇大。关于阿马蒂亚·森的思想，我们将在第三章考察。

经过旧、新福利经济学的认知以及阿马蒂亚·森的批判与发展，当代福利经济学的一般看法是：提高经济效率可以为实现平等提供条件，纠正一些不平等的福利措施也能促进经济效率的提高，两者之间是相互影响、相互支持的关系。

---

① 陈燕．公平与效率：一种经济伦理的分析．北京：中国社会科学出版社，2007：151.

以上是从经济学角度谈关于公平与效率问题的认知与发展，但将公平与效率问题仅仅置于经济学领域显然不足以刻画该问题的本质。作为一个伦理概念，社会公平有经济公平与政治公平之分，而经济公平与政治公平不过是社会公平在经济领域和政治领域的不同体现。近代以来公平与效率矛盾的实质，是经济效率与社会公平之间由失衡向均衡过程的博弈。要理解公平，必须首先弄清楚公平与平等的关系。我国学界在使用公平与平等这两个概念时，存在关系不清的现象。其实，社会公平是基于人的平等权利对社会利益分配状况进行的道德评价，正如哲学家弗兰克纳（William Frankena）所说："公正的分配的首要标准……是平等。"① 一个社会是否公平与该社会对人的平等权利的保障成正比。可以说，"平等既是公平的前提，也是公平的结果"②。评价一个社会的分配体制是否公平，要以其实现平等的程度为标准。然而如前所述，由于平等有机会平等、条件平等与结果平等之分，不同的理论由于选择的平等标准不同，所以理论体系的立论基础往往也不同。例如：自由至上主义（Libertarianism）支持的平等是机会平等，如弗里德曼、哈耶克与诺齐克；平等至上主义（Egalitarianism）支持的是结果平等，如柯亨；平等主义的自由主义（Liberalism）支持的是条件平等，如罗尔斯③。正因为公平与平等之间的这种紧密关系，一些哲学家直接用"平等与效率"的提法代替"公平与效率"。

---

① 威廉·弗兰克纳．善的求索：道德哲学导论．黄伟合，包连宗，马莉，译．沈阳：辽宁人民出版社，1987：107.

② 陈燕．公平与效率：一种经济伦理的分析．北京：中国社会科学出版社，2007：27.

③ 所谓条件平等，指的是个体在参与社会各项活动的起点上所具备的条件相等，这里的条件包括天赋、能力、家庭、受教育程度等。从弗兰克纳的一段话可以看出机会平等也是有条件的，他说："只有当每一个人都有平等的机会获得他能够获得的所有那种美德时，承认任何一种美德作为分配的基础才是合理的（不能假定人们全都已经有了这种机会，因为人们并不是全都有这种机会）。如果那些竞争财物、地位等的个人，没有平等的机会取得他们有能力得到的一切美德，那么，美德就不能成为在人们中间分配这些东西的合理基础。如果是那样的话，那么，至少在人类社会控制范围内能做到的情形下，必须首先平等地分配获得美德的条件，然后，才能合理地把美德作为分配的基础。"（威廉·弗兰克纳．善的求索：道德哲学导论．黄伟合，包连宗，马莉，译．沈阳：辽宁人民出版社，1987：106-107）由此，我们应该能够理解，条件平等在一定程度上应该成为机会平等的前提。罗尔斯在《正义论》中所主张的天赋运气也应该被平等地分配，是典型的条件平等。具体解释请参见：陈燕．公平与效率：一种经济伦理的分析．北京：中国社会科学出版社，2007：42-43。

与经济效率相对的社会公平，既包括机会平等，又涵盖条件平等与结果平等。由于自洛克（John Locke）以来的自由至上主义一直是资本主义市场经济体系的价值基础，而效率又是市场经济所追求的目标，因此，经济效率与机会平等是一致的。市场经济被证明为迄今为止最佳的资源配置体制，它不考虑人的天赋、能力与教育等条件的差异，将各种生产要素通过竞争与运气配置到能使产出最大化的成员手中，在实现最高经济效率的同时，确定了财富的初次分配。尽管就经济本身的良性运转而言，与机会平等相对应的市场分配不乏价值上的合理性，它既为每一个市场参与者提供了平等地努力工作的机会，又为社会财富最大化提供了平台。但是，当市场经济的分配结果成为政治平等，进而成为社会公平的障碍时，我们就不得不认真反思效率这一价值的应有地位。

政治公平与经济公平之间关系非常密切，公平的政治制度为市场的良性运转提供了保障，而经济公平的效率成果又是政治公平的物质基础。如果社会的经济效率成果只掌握在少数社会成员的手中，就会阻碍政治民主制度的发展。一个“富者愈富，贫者愈贫”的社会是谈不上任何市场外的平等与自由的，因为金钱既可以购买权力、影响平等，也可以限制自由。而那些在经济上处于劣势地位的人，正是由于经济上的贫困或相对贫穷而无法真正地享有平等的政治权利。这意味着，经济效率的提高并不必然会成为社会成员通往平等之路的加速器，反而有可能成为专制与腐败的温床。这就是为什么当代社会在民主进程中普遍要求进行二次甚至三次分配的原因，虽然社会福利并不能完全涵盖社会公平，但是除了用福利改善的方式纠正贫富巨差的恶性影响之外，目前我们还没有找到更好的途径。

需要指出的是，我们不能把社会公平简单地视为一种价值标准，尽管大多数政治哲学家都试图通过寻找正义原则或标准的方式最终确定社会基本善的分配，社会公平却是要在当前的社会背景条件下找到多方都可接受的那个点。从这个角度看，社会公平是一个相对意义的概念，它是对涉及分配正义的诸价值的一种整合，其目标是达到平等、自由与效率等价值的均衡。如果说效率、平等和稳定等是社会正常运转的基本价值要求，那么，“社会公平就是动态与静态的统一，其实质就是在各个系统、各种价值之间维持一种道义上的均衡”①。如果一个国家因太过追求效率而导致社会失衡，社会公平就要求向处境不利的人倾斜，以增加平等的砝码；如果一个国家因过于追求平等而挫伤效率时，社会公平就要求刺激市场，以增加效率的比重。社会公平需要解决的问题是，如何既不使经济效率的结果损害平等，又不使平等成为抑制经济发展的障碍。理想的社会公平状态是，在经济高速发展的同时，社会尽可能地满足所有社会成员的基本要求。显然，这一点需要社会福利的支持。因此，社会福利就是社会公平的调和器，当社会因贫富差距过大、民众幸福感缺失时，就需要加大福利投入，将贫富差距控制在社会成员的可接受范围内。当过高的福利支出影响到经济发展，走向社会公平的反面时，就需要紧缩福利，以重新焕发经济发展的动力。因此，平等与效率的均衡就是实施社会福利的最重要的目标。

四、社会福利分配应该依据哪种道德原则？

无论是政治哲学领域还是经济伦理领域，20 世纪 70 年代以来关注福利的学者越来越多，分出的学派及提出的理论也越来越多。但无论是哪个流派抑或哪种理论，其所探讨的问题都是共通的，其中聚焦最多的就是社会福利的分配原则问题：根据什么原则来分配包括收入、财富、平等、自由以及自尊等在内的社会基本善才算公平？

没有什么比多元化能够更准确地描述 20 世纪 70 年代以来的分配正义的理论趋势，虽然绝大多数思想家都承认自由与平等的基本价值，可是在两者位置的摆放上却没有达成共识。换句话说，无论是自由主义还是平等主义都主张平等待人，承认每个社会成员应该得到平等的关怀与尊重，然而，在如何才算是平等对待这个问题上却出现了分歧。思想家们各据理由，提出了各有特色的分配正义理论及与之配套的正义原则。这样一来，留给福利伦理的难题就是，在诸多分配正义理论与正义原则中，我们应该做出何种选择？哪种理论与原则应该得到相对于其他理论的优先权？这个问题就如金里卡（Will Kymlicka）所说的那样：“如果每种理论都分享‘平等主义共识’，即是说，如果每种理论都试图对平等对待其社会成员的

---

① 陈燕．公平与效率：一种经济伦理的分析．北京：中国社会科学出版社，2007：96.

社会的、经济的、政治的条件进行界定，那么，我们或许能够证明，其中的某一种理论比其他所有理论能更好地吻合它们所共同认可的标准。”①由于各派思想家理解福利的视角不同，其福利所要达到的目标也不同，因此他们所强调的人类价值往往会产生冲突。在众多以平等为追求的理论中，获得优先权正是所有理论家的目标。对于一个国家的福利政策制定者而言，在诸多平等理论中选取一种作为福利伦理基础，其政策在实践中的得失无疑是检验该理论是否成功的最直接的方式。

任何一种分配正义理论，都以寻求正义原则为核心目标，其理论无论采取什么视角、何种论证方法，都是为了有利于得出与整个理论体系配套的根本原则。根据金里卡的总结，当代最有影响的相关理论有：功利主义、平等主义的自由主义、自由至上主义、马克思主义、社群主义以及女性主义等。由于我们将在第三章详细论述社会福利的各种有影响的伦理原则，在此只对各种理论及其原则做一简介。

在某种意义上，功利主义可以被称为“福利主义”（welfarism），即将福利本身视为内在善的，且是唯一一个因其自身而善的价值。我们重视其他价值，最终都是为了获得福利。在功利主义那里，善是快乐、愿望的满足或幸福，判断一个行为或一个政策对错的根据在于它能否实现最大多数人的最大效用或幸福。所以，从功利原则出发，判断一个社会的政治或经济政策好坏的理由就在于它是否实现了该社会全体成员的最大善。在所有可选政策中，只有那个符合功利原则的才是应当选择的。由此，国家有义务采取能够使福利最大化的政策。

尽管平等主义的自由主义与自由至上主义都隶属自由主义阵营，然而在论证平等倾向、处理分配正义问题以及正义原则的选择上却存在巨大差别。如上所述，无论是平等主义还是自由主义都重视平等待人。对“权利平等”与“机会平等”的维护是所有打上“自由主义”标签的理论最突出的特性，然而在自由主义阵营内部，描述两种平等理念时侧重却不同。对于自由市场经济所带来的财富分配上的不平等，平等主义的自由主义与自由至上主义的态度是对立的。这种对立源于两者对“应得”与“不应得”

---

① 威尔·金里卡. 当代政治哲学. 刘莘，译. 上海：上海译文出版社，2015：5.

的理解不同。“应得”与“不应得”是西方哲学思想对正义与公平的界定。如穆勒（John Stuart Mill）所说：“所谓公道牵连着应得之报这个观念……人公认每个人得到他应得的东西为公道；也公认每个人得到他不应得的福利或遭受他不应得的祸害为不公道。”① 诺齐克、哈耶克与弗里德曼等自由至上主义者认为，只要持有与获取手段不违背道德，无论结果有多么不平等都是公平且应该接受的；而在罗尔斯与德沃金等人的眼中，不平等的结果是否可接受，需要视条件而定。如果分配结果是在最有利于境况最不利者的情况下产生的，那就是公平且可接受的。平等主义的自由主义者强烈要求把“运气”因素纳入“应得”与“不应得”的考量范围，如罗尔斯所认为的那样，正义的安排应该“使任何人都不会因为他在自然资质的分配中的偶然地位或者社会中的最初地位得益或受损，而不同时给出或收到某些补偿得益”②。这就是其“差别原则”所要解决的对处于自然劣势的群体的补偿问题。诺齐克反对罗尔斯的这一主张，指出“不管人们的自然资质从道德观点看是否是任意的，人们对其自然资质是有权利的，对来自其自然资质的东西也是有权利的”。将人的自然资质视为“集体的资产”，是对人的权利的侵犯。③ 因此，诺齐克主张的是“持有正义原则”。

马克思主义的分配正义思想是建立在对资本主义制度的批判的基础之上的。与其他理论相比，马克思是从生产力与生产关系的矛盾出发去批判资本主义制度。因为马克思认为，资本主义思想家们所强调的人的平等与自由权利是抽象的、空洞的。从唯物史观的角度看，既没有抽象的权利，也没有抽象的人性。人的本质是社会性的，是私有制导致了人对物的异化。他之所以强调废除私有制，是为了纠正人的异化，以回归其社会性本质。然而，只有在共产主义社会才能够真正达到回归人的本质的人的自由全面发展。其中贯穿的理念是：物应该服务于人，而不是人受控于物，只有在人不受制于物的条件下，才能真正回归人的本质。为了实现人的自

---

① 约翰·穆勒．功用主义．唐钺，译．上海：商务印书馆，1957：48.

② 约翰·罗尔斯．正义论．何怀宏，何包钢，廖申白，译．北京：中国社会科学出版社，1988：97.

③ 罗伯特·诺齐克．无政府、国家与乌托邦．何怀宏，等译．北京：中国社会科学出版社，1991：228-229.

由全面发展，在物的分配问题上，马克思提出了两个适应于不同时期的分配原则，其一是按劳分配（贡献原则），其二是按需分配。前者仅适用物质产品还没有极大丰富的资本主义社会，后者是产品极大丰富的共产主义社会的分配原则。按劳分配原则是马克思所提出的用以对抗资产阶级思想家的抽象的正义原则，其焦点不在于抽象的权利，而在于人的劳动。劳动者对劳动权利的主张是改变其不公平的社会地位的关键。然而，按劳分配只是一种过渡，真正意义的平等只有在“各尽所能，按需分配”的共产主义社会才能实现。

社群主义是 20 世纪 80 年代新兴的一种关注共同体价值的理论，在强调人的社会性和背景性这一点上它与马克思主义有共同之处。社群主义批判自由主义强调个人与自我以及强调个人权利，且由于自由主义用一种外在于历史的标准理解正义，所以社群主义并不认可自由主义思想家的各种正义理论及其原则。严格地说，社群主义并没有具体的福利分配原则，一些社群主义者认为，对共同体价值的重新重视本身就能解决问题，“在真正的共同体中，正义原则是不必要的”。真正重要的不是指向个人权利的正义，而是共同体与集体权利。迈克尔·桑德尔（Michael Sandel）认为：“如果人们能够出于爱或共同目标而对他人的需要予以自发的关注，就没有必要去强调自己的权利。因此，在某些情况下，对正义的关注越多，就越反映了道德状况的恶化，而不是标志着道德的提升。”① 比如家庭可以被视为一个小型的共同体，维系家庭和谐的不是正义，而是爱。一种分配模式是平等还是不平等，某种意义上是相对于社会、相对于文化而言，因为无论是个人的福利还是个人的自由都必须在共同体中才能获得。

女性主义从产生至今已经有两三百年的历史，然而它开始关注政治伦理却是 20 世纪中叶之事。尽管资产阶级革命以来，人们已经普遍接受人权这一概念，但女性主义普遍认为，这里的“人权”其实指的是男性的权利，不包括女性的。整个人类历史就是一部男性史，一部女性的屈从史。因此，女性主义从产生那刻起，就致力于消除男女之间的不平等。随着社会的发展，目前绝大多数学者已接受女性与男性有着同样的道德能力与权

---

① 威尔·金里卡. 当代政治哲学. 刘莘，译. 上海：上海译文出版社，2015：267.

利基础。然而，现实中这种认知并没有为女性带来真正的性别平等，尤其是女性在工作机会与福利待遇方面。即使在一些发达国家，如美国和加拿大，女性在收入上也普遍比男性低。哈佛大学法学教授凯瑟琳·麦金农（Catharine A. MacKinnon）指出，性别平等的法律对于女性获取想要之物而言根本无效。① 由性别差异所产生的一系列社会障碍使得女性在诸多方面无法实现自身的目标，如在政治领域无法充分表达女性的诉求，在怀孕生养期间无法得到应有的福利保障，在职业机会与待遇上无法实现机会均等与同工同酬，等等。目前，在诸多女性主义理论中，就社会福利的分配而言，接受程度最大的是差异论，即在承认性别差异的基础上，要求平等对待。任何一种差异对待如果无法在道德上提供合理的依据，那无疑是不平等的体现。由于女性主义的理论分支较多，有马克思主义的女性主义、自由主义的女性主义、激进的女性主义以及关怀伦理等，在福利分配原则问题上并没有取得共识。然而，这并不意味着女性的福利诉求就不重要，相反，这恰恰是在揭示一种不足，即对女性在社会福利分配中所处的弱势地位的思考不足，融入女性视角的性别平等因素的政治、伦理、经济理论的不足。

对于以上各种福利分配伦理思想，我们在此仅仅是进行了一个最简略的概括，更多的内容将在第三章呈现。相对而言，要在众多理论中确认哪种更为合理，可能性非常小。每种理论都有其合理的一面，但如果因此而将某一理论认定为社会福利政策制定与制度设计的基础，无疑已被两三百年的福利史所否定。我们需要做的是，厘清各种理论及其原则的优势，在其中尽可能地找出最大限度的基本共识，或许这些基本共识就是我们制定社会福利政策与制度的理论依据。

---

① Catharine A. MacKinnon. Feminism Unmodified：Discourses on Life and Law. Cambridge：Harvard University Press，1987：32.

第二章　社会福利制度及其伦理观念的历史演进

在人类社会早期历史中，早已存在对各种福利问题及其解决方式的制度安排与理论思考。中西方的福利制度安排及其伦理观念存在很大差异，这在很大程度上是由于文化背景的差异。了解社会福利制度及其伦理观念的历史演进，在对比中西方福利制度安排及其伦理观念的基础上，辨析出中西福利伦理的共性与个性，无疑能够为我们探寻合理的福利伦理价值与适应当前中国社会的福利伦理制度提供借鉴。

第一节　中国传统福利制度及其伦理观念的演进

中国古代有许多与社会福利制度相关的规定，并且大多数思想家都有与社会福利相关的思想论说。

一、大同世界：中国传统社会的理想之国

关于“大同”，最早见于《礼记·礼运篇》中所记录的孔子的一段话：

大道之行也，天下为公。选贤与能，讲信修睦。故人不独亲其亲，不独子其子，使老有所终，壮有所用，幼有所长，矜寡孤独废疾者，皆有所养。男有分，女有归。货，恶其弃于地也，不必藏于己。

力，恶其不出于身也，不必为己。是故，谋闭而不兴，盗窃乱贼而不作。故外户而不闭，是谓大同。

这段话的大意为：大道施行之时，天下为人所共有。人们选拔出德性高尚和能力出众之人，彼此讲求诚信，力求和睦。人们不单单赡养自己的父母，不单单抚养自己的子女，所有老者皆能颐养天年，所有青壮年皆能为社会所用，所有孩子皆能健康成长，鳏寡孤独残疾之人皆有人供养。男子皆有其职，女子皆有归宿。钱财之物，人们只是不愿让它白白地扔在地上，倒不一定非藏到自己家里不可。对于气力，人们生怕不是出在自己身上，倒不一定是为了自己。由此，一切阴谋诡计都不会兴起，盗窃谋乱之事也不会发生。这样，家家户户的大门都不用关了，这就是所谓的大同社会。它不仅代表了儒家的社会政治理想，亦是历朝历代农民起义的口号。

所谓“大道之行”，与其说是孔子追述的黄金时代，不如说是儒家所寄托的天下大治的社会理想。虽然孔子相信大同社会曾经存在过，但它很可能只存在于文献之中。孔子之后，大同世界更多的是作为一种理想社会而追求，作为思想家与普遍民众心目中的理想国而存在。当然，历史上也曾有人力图将大同世界变为现实，却往往以失败告终，其中最著名的就是太平天国运动，其颁布的《天朝田亩制度》达到了历朝历代农民起义追求大同的最高境界。《天朝田亩制度》提出要建立一个理想社会，在这个社会中所有人都“有田同耕，有饭同食，有衣同穿，有钱同使，无处不均匀，无人不饱暖”。而且，这一愿景并没有只停留于幻想，而是真实地实践过。太平天国内部实行的是圣库制度，所有人都没有个人财产，有需要就去圣库领取。鳏寡孤独与病残者都由国家来奉养。虽然太平天国运动最终失败了，但它所追求的目标却表达了我国民众心中对于大同社会的向往。

孔子心目中的大同世界是一种“福利社会”，它蕴涵着以下几层意思，其一，百姓的福利不只是百姓自己的事情，更是整个社会需要解决的问题；其二，百姓的福利是国家与社会运转的核心；其三，社会的福利水平达到相对高度，老百姓会有一种安全感、幸福感与归属感 。其实，今天人们所说的福利社会，在某个层面就带有大同世界的味道。比如，有学者所理解的福利社会，就是“一个使所有人在其中都能够获得良好的生活状况的社会。社会政策学科的奠基者理查德·蒂特马斯（Richard Titmuss）在1968年就在此意义上使用了这一概念，并把它看成是与所谓的‘福利世界’相等同的概念”①。

需要指出的是，这段话中的养老抚幼，一方面表达了孔子对心目中曾存在过的理想社会的缅怀，另一方面也为后世的社会福利之礼制定下了基调。无论是春秋战国时期还是后世，养老抚幼都是社会福利制度的焦点。中国传统社会中与福利伦理相关的思想都是围绕着大同社会理想而思考，社会福利安排也都是以大同社会为目标，这可以通过以下内容加以说明。

二、中国古代社会福利制度的相关规定

我国历史上各个朝代都非常重视厚待鳏寡孤独以及灾祸期间的赈济与抚恤。

《礼记》记载了夏、商、周时期的一些与社会福利相关的礼制，《内则》：“凡养老，有虞氏以燕礼，夏后氏以飨礼，殷人以食礼，周人脩而兼用之。凡五十养于乡，六十养于国，七十养于学，达于诸侯。”《王制》：“少而无父者衣之孤，老而无子者谓之独，老而无妻者谓之矜，老而无夫者谓之寡。此四者，天民之穷而无告者也，皆有常饩。喑、聋、跛、躃、断者、侏儒，百工各以其器食之。”对于老人，在招待他们时秉持之礼因朝代不同而不同。五十岁的老人就可以参加在乡学中举行的敬老宴，六十岁的老人就可以参加在王宫小学中举行的敬老宴，七十岁的老人就可以参加在大学中举行的敬老宴，从天子到诸侯都适用这条规定。其中蕴涵着这样的意思：孤、独、矜、寡这四类人，上天赋予他们生命，却衣食无告，应该给予他们经常性的粮食使其存活。喑、聋、跛、躃、断者、侏儒皆为残疾之人，应该让他们从事力所能及的职业，以便养活自己。

春秋时期的一些政治家亦非常重视养老抚幼。以晏子和管子为例。《晏子春秋》卷五记载了这样一件事：晏子陪同齐景公出游时，景公看到一个老人面露饥色地背着柴，生出怜悯之心，故而感慨。晏子趁机对景公

① 林卡．“福利社会”：社会理念还是政策模式?．学术月刊，2010（4）．

说："圣主见到贤达之士便敬重之，见到可怜之人便同情之。我请求大王对无人赡养的老弱之人，没有家室的鳏寡之人，由国家予以救助。"齐景公答应了晏子的请求，齐国的老弱之人便得以供养，鳏寡之人便有了家。管仲在齐国任相时，提出了一系列社会福利政策，具体内容有九条："老老"、"慈幼"、"恤孤"、"养疾"、"合独"、"问疾"、"通穷"、"振困"以及"接绝"。在国都各个城邑都设有负责老、幼、孤、残疾、鳏寡、疾病、贫穷的专门机构，且明文昭示该如何对待这些弱者。比如针对"老老"的规定是：凡七十岁以上的老者，一个儿子可以免于征役，每三个月定量送肉给他们；八十岁以上的老者，两个儿子免于征役，每个月都送肉给他们吃；九十岁以上的老者，全家免征，每天都有酒有肉。若去世，由国家提供棺椁。针对"慈幼"的规定是：在士民有幼弱之子养不起的情况下，如果有三子，免于征用妇女；如果有四子，全家免征；有五子，则由国家提供保姆，发放两个人的口粮，直到他们能工作为止。对于残疾人的规定是：聋盲、喑哑、跛足、偏瘫等无法自理之人，由国家收而养之，给他们提供衣食，直至终老。如此等等。除了以上针对特殊个体的规定之外，还规定了灾年战乱时的处置。比如在灾荒之年，国家刑罚处置要有所松弛，赦免一些有罪之人，开仓赈济灾民。①

汉代的社会福利措施尤为重视抚恤鳏寡孤独，许多帝王都曾针对这一群体专门颁布诏令。汉文帝期间，因为要立窦氏为皇后，特地赐给所有鳏寡孤独、八十岁以上老者、穷困之人以及九岁以下的孤儿布帛肉食。《汉书》卷六《武帝纪》记载了汉武帝所下的一系列社会福利诏令。"(元狩元年夏四月丁卯）诏曰：'……朕嘉孝弟力田，哀夫老眊孤寡鳏独或匮于衣食，甚怜愍焉。其遣谒者巡行天下，存问致赐。曰："皇帝使谒者赐县三老、孝者帛，人五匹；乡三老、弟者、力田帛，人三匹；年九十以上及鳏寡孤独帛，人二匹，絮三斤；八十以上米，人三石。……县乡即赐，毋赘聚。"'""(元狩六年）六月，诏曰：'……今遣博士大等六人分循行天下，存问鳏寡、废疾，无以自振业者贷与之……'"汉宣帝期间，也颁布了类

---

① 王子今，刘悦斌，常宗虎. 中国社会福利史. 武汉：武汉大学出版社，2013：33-35.

似诏令，《汉书》卷八《宣帝纪》“（地节三年春三月）又曰：‘鳏寡孤独、高年贫困之民，朕所怜也。前下诏假公田，贷种、食。其加赐鳏寡孤独、高年帛。二千石严教吏谨视遇，毋令失职。’”宣帝在位期间，时时出台抚恤鳏寡孤独的政策，相关记载在《汉书》中颇多。之后虽然汉朝统治日益没落，但体恤鳏寡孤独与老年人的措施却一直不断。

隋唐期间，社会福利有了很大的进步，隋代在前朝已有的民间互助形式基础上，由政府出面，劝说当地组织捐助钱粮，首次成立了义仓，以备灾荒，实施救助。后来义仓逐渐由官方接管，转化成了官仓。① 唐太宗在位期间，国家刚刚结束战乱，且自然灾害不断，然而贞观之治是我国历史上的盛世，这一时期官方实行的社会福利政策是其太平盛世的保障。唐太宗期间不仅在恤孤救疾上与前朝相仿，甚至出现由官府出面处理弱势者的嫁娶之事。《新唐书》记载贞观元年（627）：“二月丁巳，诏民男二十、女十五以上无夫家者，州县以礼聘娶；贫不能自行者，乡里富人及亲戚资送之；鳏夫六十、寡妇五十、妇人有子若守节者勿强。”

宋代除了沿袭前朝的优敬老者、怜恤鳏寡孤独之外，已经开始正式建立各有分工的官方社会福利机构，分别是广惠仓、安济坊与居养院。其中广惠仓主要是由官府收集粮食，分配给老幼病贫等生活无法自理的人；安济坊是官方创办的免费救治因贫困而无法就医的患者的场所；居养院负责收容无家可归又陷入困境的乞丐，尤其是孤独之人，不仅负责衣食，还能让他们受到教育。

明代专司社会福利的机构是养济院。《明史》卷七七《食货志二》中记录明太祖朱元璋设置养济院，专收贫穷无告者，每月拨给粮食。至明宪宗年间，养济院得到了进一步发展。《明宪宗实录》卷二百六中记录了这样一件事：成化十六年（1480）重申存恤孤老之令。户部上奏说，顺天府宛平、大兴二县收养孤老七千四百九十余人，每年提供粮食二万六千九百余石，布匹按照人数分发。然而，由于官员失职，出现了一些弊病。户部提出了健全养济院制度的方案。宪宗批复道：之所以设养济院收养孤老无

① 王子今，刘悦斌，常宗虎. 中国社会福利史. 武汉：武汉大学出版社，2013：120-123.

告之民，是为了体念上苍好生之德，以尽到身为人君的管理人民之责。之后表达了对失职官员的不满，严令纠正。

清代的社会福利机构及设施已经比较完备。其社会福利主要集中于两类，其一是赈灾，每逢涝旱蝗震等天灾，政府便采取减免税收、提供钱粮等手段进行救济；其二是救助鳏寡孤独、疾病贫困之人，政府设有专门机构收养资助这类弱势群体。从机构设置看，“有综合性的，如养济院、栖流所，有针对某一类弱势群体的，如育婴堂、恤嫠会；从主办者来看，有官办的，有民办的，还有官民合办的；从机构设置的期限上看，有常年性的，如养济院、育婴堂，也有季节性的，如粥厂。这些福利机构和设施有的是沿袭前代的，但大多是清代新创的”①。清代的社会福利已经在法律中有明确的规定。《大清律例·收养孤老》规定：“凡鳏寡孤独及笃疾之人，贫穷无亲属依倚，不能自存，所有官司应收养而不收养者，杖六十。若应给衣粮额官吏克减者，以监守自盗论。”“凡被灾最重地方饥民外出求食，各督抚善为安辑，俟本地灾祲平复，然后送回。”这些律令实施的好坏，成为考核官员的一个标准。康乾盛世期间，清代的社会福利事业达到了高峰。然而，随着后来清政府的日益败落，内有农民起义，外有列强欺凌，以官方为主的社会福利事业也日渐衰败。清代后期，民间福利与洋人举办的教会福利在济贫、救助、育婴、开办教育等方面发挥了一定作用，但由于财富与地域的限制，作用有限。

三、中国传统福利伦理思想

中国是一个注重德治的国家。从西周开始，便有了“以德配天”“敬德保民”之说。统治者如何处理道德与保民、惠民之间的关系，是对其进行评价的依据。这里的保民、惠民主要就是给民众创造和谐的生活环境，并在其困难时，提供救助，也就是今天所说的社会福利。中国传统福利伦理思想主要体现在以下两个方面：

（一）孝为德本，家国一体

从上述内容可以看出，中国传统社会非常重视社会福利，有较为明确

① 王子今，刘悦斌，常宗虎．中国社会福利史．武汉：武汉大学出版社，2013：202．

的、一脉相承的社会福利制度。尽管如此，在传统社会中，真正起到提供福利、稳定社会功能的是宗法制度及与之配套的以孝为核心的家庭伦理观念。

宗法制度是一套维系血缘关系的政治制度，家国同构是我国传统政治伦理最鲜明的特点。家族和家庭是宗法制度中的两个基本单位，家族是因同一个男性家长而沿袭下来的具有血缘关系的群体，而家庭则是家族下面的单个分支。每个人在家族中都不是一个纯粹的个体，而是作为一个家族成员存在。维系家族秩序的是伦理纲常，它不仅明确了权力的分割与财富的分配，还规定了理顺家族成员关系的道德规范。这种以血缘关系为纽带的家族关系对于每个家族成员而言不仅意味着一种约束，同时也是一种保障。可以说，今天社会福利所涵盖的绝大多数项目在传统社会都是由家族或家庭完成的，如《礼记·礼运》中所讲，“天下为家，各亲其亲，各子其子，货力为己”，家族承担着养老育幼、教育子女、财产继承、安排生产、灾祸救助等任务。

需要指出的是，如果将家族的福利功能仅仅视为一种制度安排，那是远远不够的。因为在中国传统文化的作用下，家族承担这些功能具有自愿性，且以一种温情脉脉的方式展现。这一点不仅是靠制度，更主要是靠道德来实现的。自殷商统治者将君权与天命联系至一起，宣称君主是天之子后，国家就被视为家族的延伸。相对于天，君主是儿子；相对于百姓，君主则是君父，地方官被称为百姓的父母官。统治者通过稳定家族达到稳定社会的目的。维系宗法内部秩序的主要是一些纲常伦理，如三纲、五伦，而最基本的德性就是孝。

孝在中国传统伦理中有着根本性的地位。《孝经·三才章第七》明确道出了孝的重要性：“子曰：‘夫孝，天之经也，地之义也，民之行也。’”曾子曾经问孔子，圣人之德中有没有比孝更重要的，孔子回答说：“天地之性人为贵，人之行莫大于孝，孝莫大于严父。”（《孝经·圣治章第九》）即人乃天地之贵，人的德性中没有比孝更重要的。孝具体体现在顺、敬、养这三个方面。顺与敬或许难以完全做到，但养却是根本，是所有为人子女者都必须做到的。“谨身节用以养父母，此庶人之孝也。”（《孝经·庶人章第六》）孝在平民百姓身上的体现就是节省用度，积累足够的财物，以奉养父母。在父母患病时，还要尽心侍奉。正是传统的孝道使得家族承担了主要的社会养老工作，而只有那些老无所养的人才需要官府安排。

从上面对中国传统福利制度的介绍可以看出，养老敬老在传统社会福利中居于核心位置，一来这是父权制社会为了维护家长地位做出的选择，二来这也是家族内部和睦相处、共事生产、创造更多财富的要求。从根本上看，这对于统治者是极其有利的。通过家族满足其成员基本需求的方式，解决了社会绝大多数民众的福利问题，为整个社会提供稳定的经济基础。并且，最重要的是，在家国一体的社会中，孝起着稳定民心、安定社会的作用。如果每个人都能达到传统主流文化所倡导的孝，不仅能够很好地处理家族内部的人际关系，也能更好地处理社会中的各种人际关系，这样的人更容易移孝于忠，成为不危及社会秩序的良民。正如孔子的弟子有子所说："其为人也孝弟，而好犯上者，鲜矣；不好犯上，而好作乱者，未之有也。君子务本，本立而道生。孝弟也者，其为仁之本与!"（《论语·学而》）这才是思想家们所要达到的最终目的。

（二）以民为本，兴天下利

中国历史上自有统治者以来，治国的伦理理念都是以民为本。尽管私有制产生之后，这种以民为本是以君主的权力而非人民的权利为基础，但为了达到自身统治稳定秩序的目的，它一直是君主实施德政的前提。

据说在上古时期，人类过着自得其乐的生活。《抱朴子·诘鲍》中说："曩古之世，无君无臣，穿井而饮，耕田而食，日出而作，日入而息。泛然不系，恢尔自得，不竞不营，无荣无辱，山无蹊径，泽无舟梁。川谷不通则不相并兼，士众不聚则不相攻伐。"那时没有君臣之分，也无所谓的伦理道德。虽然文中所描述的是人的一种"好生活"状态，但它多出于早期人们的想象，因为这一描述忽视了自然环境的残酷性。人类进入氏族社会后，最初实行的是氏族民主制。部落首领的产生与其德性及给部落民众带来福利的能力相关，其产生就是选贤与能的结果。历史文献中所载尧、舜、禹这些圣人的事迹大多是围绕着德与创造福利能力而展开的。由于当时的部落首领并不以自己的利益为核心，其管理措施自然包含以民为本的内涵。至于德与福利之间的关系，在思想家们的眼中其实非常简单。只有德性高尚的人，才有可能推行德政，而只有德政才能够做到以民为本，真正重视百姓的利益。

周公是中国历史上第一个提出敬德思想之人。所谓敬德，包含两层意思：其一是保民、惠民，其二是慎罚。孔子深受周公影响，一生试图恢复周礼，他所强调的仁，就是受周公敬德思想影响的结果。孔子在总结前贤思想的基础上，提出了“为政以德”（《论语·为政》）的主张。他称赞郑国的政治家子产：“有君子之道四焉：其行己也恭，其事上也敬，其养民也惠，其使民也义。”（《论语·公冶长》）在他看来，子产所做到的这几点，都可以归为君子之道，也可说是德政的应有之意。孟子继承了孔子的仁政思想，认为一个好的君主就应该关心百姓疾苦，做到“老吾老以及人之老，幼吾幼以及人之幼”（《孟子·梁惠王上》）。

《尚书》记载了我国最早的以民为本的典故。《尚书·五子之歌》中启的五个儿子追述大禹的告诫：“皇祖有训，民可近，不可下，民惟邦本，本固邦宁。”意思是，人民可以亲近，但不可以看轻，只有人民才是国家的根本，根本稳固了，国家才能安宁。孟子则进一步提出了“民为贵，社稷次之，君为轻”（《孟子·尽心下》）的主张，将人民置于社稷和君主之上。

既然以民为本，人民最迫切需要的就是安定的环境与富裕的生活。因此，除了佛家、道家之外，历史上绝大多数思想家都将“兴天下利”视为统治者的为政之本，其中尤以墨家为最。墨家的义，就是天下之大利，其基本含义是“利天下”“利人”。所谓“利天下”，可以用墨子的这句话来解释：“古者上帝鬼神之建设国都、立正长也，非高其爵，厚其禄，富贵（淫）佚而错（措）之也，将以为万民兴利除害，富贵贫寡，安危治乱也。”（《墨子·尚同中》）这就是说，古时的上帝鬼神之所以设国都、授官长，不是为了让官吏过骄奢淫逸的生活，而是让他们为万民兴利除害，使贫穷的人富裕起来，排除危难，稳定社会。其主旨大体可归结为两点：一是重利，二是重视社会平等。儒家在利的认识上与墨家有很大区别，往往是指个人私利，在此意义上提倡“先义后利”“以义制利”。然而，对于公利和天下之利的态度，儒家与墨家却是殊途同归的。在儒家那里，公利在某种意义上就是义。因此当子贡问孔子，如果有人可以“博施于民而济于众”，可以算得上“仁”吗？孔子的回答是：岂止是“仁”，简直是“圣”了，连尧、舜都未必能做到。① 由此可以看出儒家对于兴天下利的基本态度。

儒家与墨家之所以要兴天下利，究其原因在于对治国与富民关系的认知。对于重视教育的儒、墨思想家而言，民心决定国家的兴亡，要得民心就必须保障人民的基本生活要求，在此基础上对其进行教化。正如管仲所说：“仓廪实则知礼节，衣食足则知荣辱。”（《管子·牧民》）孟子说得更为直接：“无恒产而有恒心者，惟士为能。若民，则无恒产，因无恒心。”因此，英明的君主就应该“制民之产”，使他们能够“仰足以事父母，俯足以畜妻子，乐岁终身饱，凶年免于死亡”（《孟子·梁惠王上》）。只有这样，民众才能归心，江山才能永固。

第二节　西方传统福利制度及其伦理观念的演进

如果探究像幸福这类福利伦理的核心概念，我们可以追溯到古希腊的伦理思想，然而，探究古希腊时期的福利思想、制度历史却很难找到相关资料。在我们所接触的古希腊文化思想中，鲜有提及贫困与救助。当然，从亚里士多德等哲学家对慷慨、仁慈等德性的论述中，似乎可以看到一些对乐善好施的鼓励，但若把它视为福利救助思想的一种源头，似乎只是猜测。贫困真正成为一个社会需要面对的重要问题是自基督教那里开始的，因此，西方早期的社会福利制度及其思想与基督教的福利规定和思想密切相关。

需要指出，虽然德国是西方历史上第一个建立社会保障体制的国家，但英国的福利制度及其思想的发展在西方社会福利制度与思想史上更具代表性。

① 《论语·雍也》：“子贡曰：‘如有博施于民而能济众，何如？可谓仁乎？’子曰：‘何事于仁，必也圣乎！尧、舜其犹病诸！夫仁者，己欲立而立人，己欲达而达人。能近取譬，可谓仁之方也已。’”

一、西方社会福利制度的历史演进

与中国传统社会福利制度不同，在17世纪之前，西方社会的福利安排并不是以国家，而是以教会为主导的。1601年英国颁布的《伊丽莎白济贫法》可以视为国家正式主导社会福利事业的开端。因此，我们可以17世纪初为分界线，将西方社会的福利制度分为17世纪之前与17世纪及其之后这两个阶段来论述。

（一）17世纪之前的宗教济贫制度

与中国传统社会主要关注鳏寡孤独及其社会救助不同，西方传统社会在福利方面最关注的是贫穷及其救助问题。西方一般把济贫分为官方济贫与民间济贫两种，宗教济贫被视为民间济贫的一种。基督教在西方社会济贫史中曾发挥过巨大作用，这与基督教的起源密切相关。

基督教起源于公元1世纪，由于最早的信徒大多是奴隶与贫穷的人，所以基督教对于贫穷的态度从一开始便怀有善意。在《圣经》中，拥有私有财产与富有往往应受谴责，而贫穷却得到赞扬。早期的基督徒都倾向于依照《圣经》过克制欲望、严守清贫的修道生活，将财富视为通往天国的障碍。虽然神职人员被要求过清贫生活，但教会却非常重视保护贫民，认为得到救助是贫民应有的权利，帮助他们则是教会的义务。《旧约·耶利米书》中有这样的神谕：“你们当为贫寒的人和孤儿伸冤。当为困苦和穷乏的人施行公义。当保护贫寒和穷乏的人，救他们脱离恶人的手。”《格氏律》第二部分有一条规定：“凡圣职人员拥有的，皆属于穷人，他们的房屋应该属于公有。”①《格氏律》最有影响的批注者格拉蒂安也说：“主教们应该向寡妇和孤儿们的呼求提供教会的帮助，不该拒绝帮助他们对抗强暴欺凌。”② 按照宗教规定，教会救济“包括七大项：给饥饿者以食，给口渴者以饮，给无居者以宿，给裸者以衣，给病者以慰，给狱犯以访和给死者以葬”③。中世纪时期的教会法学家普遍认为，教会的财产属于公有

---

① 赵博阳．中世纪教会济贫法律研究．上海：华东师范大学，2015：63.

② 同①31.

③ 张佳生．十六世纪英国的贫困问题与民间济贫．北京：中国社会科学出版社，2012：38.

财产，贫民有权自公有私产中得到救济，教会不过是上帝派在人世管理公有财产的仆人。对于神职人员而言，超出其生活基本需要的财产，都应该拿出来济贫。除了以上主要济贫规定外，12 世纪末，教会还开始主张贫民的受教育权，要求各教堂为其辖区的贫困学生提供物力帮助，以使他们能够完成学业。不仅如此，这一时期的教会还关注贫民的起诉权，并为那些无力聘请律师的穷人提供司法援助。

中世纪教会的济贫活动主要通过建立专司慈善的机构完成。每逢宗教节日，教堂都会向贫困者发放衣食物品。为了救助贫穷者，教会还专门建立了慈善院与施舍坊这样的济贫机构，专门负责接济与收容贫困者。1216 年至 1350 年，英国已有近 700 个慈善院。“在 14 世纪时，坎特伯雷有 8 个慈善院，伦敦有 17 个，诺里奇有 15 个，埃塞克斯有 4 个，到 15 世纪有更多的慈善院被建立。”① 教会用于济贫活动的善款主要有三个来源：其一是各种捐赠。除了一些人主动捐款给教会之外，教会还不断游说富人与薄有资产的平民献出财产，或死后将所有财富都留给教会以救济贫民。其二是教会的自有收入。教会拥有大量的土地与产业，能够为其带来丰厚的经济收益，这些收益中一部分用于慈善救助。其三是教会向居民征收的什一税。

其实，在 14 世纪中期之前，对于贫民的生活救助主要是由教会和封建庄园共同承担的。封建庄园是自 9 世纪起开始形成的一种基层的、能够自给自足的农业经济单位。封建领主负责管理庄园内具体事务，维持庄园的正常秩序。他们对生活在其领域内的所有农奴都有责任。如果有家庭陷入困境，领主往往会提供救助或协调解决。而且，生活在同一庄园区域内的人，彼此之间也相互扶持，当邻居陷入窘境时亦会伸出援助之手。那时教会在济贫活动中虽然作用很大，但庄园在福利安排上所扮演的角色也不容小觑。可以说，在中世纪中期，以教会和封建庄园为主体的济贫工作对社会稳定做出了巨大贡献。

然而，14 世纪之后，由于教会在与世俗王权争斗过程中节节败退，

---

① 张佳生．十六世纪英国的贫困问题与民间济贫．北京：中国社会科学出版社，2012：45.

加之教会内部的多次分裂，教会由鼎盛走向衰落。1536—1549 年，亨利八世先后颁布《小修道院解散令》与《小教堂法》，关闭了 1 000 多个修道院与大量的施舍坊。这种做法不仅极大削弱了教会的济贫功能，也加剧了当时英国的社会贫困问题。与此同时，14 世纪中叶席卷整个欧洲的黑死病摧毁了封建庄园制度的基础，逐渐瓦解了整个西方的农奴制。在农奴制受到侵蚀的同时，英国的新兴资产阶级与新贵族将大量的农民从土地上赶走，强占他们的土地及公用地，这就是历史上著名的圈地运动。圈地运动迫使大量农民离开家园，成为流民。失去土地的农民为了生存，不得不乞讨、偷窃甚至抢劫，继而引发了大量的社会问题，致使解决乞丐与流民问题成为这一时期英国福利事业的主要任务。16 世纪的英国史学家哈利逊（Harrison）在描述圈地运动的后果时写道，贵族们通过养羊发财了，而农民却破产了，变成了乞丐与流浪人。“在欧洲没有一个国家没有穷人，但在我们英国，穷人是太多了，他们可分为三类：第一类是无劳动能力的穷人，如孤儿、老人、残废以及癫疾者；第二类是遭遇不幸事件而变成穷人的，如受伤的士兵和地主——这一类人数特别多；第三类是那些放荡成性、不可救药的穷人，如流浪人、骗子、娼妓、叛乱者。”显然，第二、三类中的大多数就是深受圈地之苦的人。当时流民的人数非常难以统计，但就伊丽莎白一世时期的伦敦而言，居民总数仅 20 万，而流民人数就超过了 5 万。① 大量的乞丐与流民给英国社会的稳定带来了巨大威胁，除了偷窃与抢劫案例不断增加之外，这个时期也发生了多起农民反抗运动，如 1549 年诺福克郡的凯特起义。为了镇压贫民反抗运动，解决流民与社会贫困问题，国家开始严厉整治流民与乞丐问题，出台了一系列法律法规，国家也逐渐开始承担济贫工作。

英国对被剥夺土地的贫民进行惩治开始于亨利七世时代，然而，在此之前，就已经有了相关的工作条例与乞讨规定。1349 年，英国国王爱德华三世颁布《劳工条例》，禁止行乞，且不得随意施舍；1359 年，伦敦发布命令，严令伦敦市内乞丐离开，否则将遭监禁；1388 年英格兰颁布法

① 施脱克马尔. 十六世纪英国简史. 上海外国语学院编译室，译. 上海：上海人民出版社，1958：8.

令，禁止乞丐与劳动者流动，无劳动能力者只有在出生地就近领取救济，否则将被遣返；1495年，亨利七世颁布《流民与乞丐法》，规定将流浪者与乞丐套上枷锁，不给吃喝；1503年，颁布关于流浪与乞丐惩治的法律，只允许身体残疾者与无劳动能力者行乞；1536年，英国国王亨利八世颁布《亨利济贫法》，要求严惩身体健康的乞丐，救助值得救济的贫民；1538年之后，伦敦、林肯、奇切斯特等市纷纷建立慈善院、救济院与感化院等机构；1557年之后，英国各地开始征收济贫税，一开始时为自愿交纳，1563年以后变成了强迫交纳；1576年，英国政府颁布法令，开始建立由政府提供救助的济贫制度；1597年，英国颁布《济贫法》，开始规范以往相关救济制度。这些济贫法规的颁布，为1601年颁布的《伊丽莎白济贫法》提供了前期准备。①

从以上法令颁布的年代顺序及内容看，从14世纪到17世纪，英国的济贫制度经历了一个由单纯惩戒到有所救济的过程。起初，英国当局对待贫民的态度是鄙视与厌恶，所以采取最简单与最粗暴的方法进行压制。然而，关押、鞭笞与烙印等残酷的惩戒方法并没有取得预期的效果，反而日益加重人民的反抗情绪。爱德华六世继位初期，发生了诺福克郡的凯特起义。虽然起义最终失败，然而随后几十年，各地不断地发生小型农民起义与骚乱，这些反抗或多或少迫使英国政府对待贫困的态度有所改变。政府开始区别地对待流民与乞丐，将他们分为值得救济者与不值得救济者，对于前者，由政府制定政策进行救济。

在对待贫穷者的态度上，中西方传统存在较大差别。中国古代的福利救助主要针对鳏寡孤独以及特殊时期的灾民，对于受救助者的德性并没有太多质疑。但是西方社会很早便将救济建立在对受施者个人德性的道德评价基础上，即依德性将受施者界分为值得救助者与不值得救助者。其实，这种区别在中世纪早期的宗教思想中已有提及，只不过当时圣徒们更为关注施与者的德性，而没有过多聚焦于受施者的德性。经过几百年的讨论，中世纪中期时教会法学家在受施者的道德划分上基本达成了共识：四肢健

① 丁建定．英国济贫法制度史．北京：人民出版社，2014：附录　英国济贫法制度大事年表．

全却因懒惰而不愿意工作的人是不值得救济的贫民，而那些孤独、老弱病残等没有劳动能力的人是值得救济的贫民。然而，有学者指出，教会鼎盛时期的这种划分与黑死病和圈地运动之后的英国政府的划分存在背景上的差别。在教会鼎盛时期，不存在大规模失业，一个身体健康的人如果愿意劳动，一定可以养活自己。① 因此，教会的这种划分有别于后来英国政府的冷酷、无情的态度。然而，中世纪中期对受施者身份划分的认知与宗教的变革有关。16 世纪宗教改革之后，开始强调个人责任，将工作视为每个人的天职，反对乞讨。加尔文教亦是将工作视为每个人对上帝的义务。这种观念直接促成了有罪贫穷与无罪贫穷的划分。根据马克斯·韦伯的观点，正是新教的这种天职伦理观促进了资本主义的原始积累。受此影响，中世纪晚期后，英国主流社会又衍生出了施与者资格这一概念，先做了有罪贫穷与无罪贫穷的区分，进而发展成所谓的次等资格，以解决谁有资格领取救济问题。这样一来，政府在实施救济之前，首先要做的事就是对贫困者进行资格认定，政府的责任仅限于为那些有资格领取救济的人提供救助，这些人包括年老体弱者和无劳动能力者。对于那些身体健康、四肢健全却懒于工作者，即次等资格者，政府不仅不应该提供救助，反而应该采取严厉的手段逼迫他们劳动。回顾上一章所述以英国为代表的当代福利国家对福利受施者个人道德品性的质疑，与此处相联系即可看出，自中世纪早期到 17 世纪之前所形成的以受施者的道德评价为前提而提供救济的方法，对后来西方福利思想及其制度还是有一定影响的。

到目前为止，我们对 15—17 世纪英国济贫制度的阐述多聚焦于其对贫民的残酷性上。然而，从 16 世纪中期英国济贫法令开始强调惩治与救济并重以来，政府已逐渐确认自身的福利角色与救助义务。虽然反对任意救助，但在为那些被鉴定为值得救助者提供救济上，还是做出了较大努力。通过各种渠道筹集济贫款，各地政府纷纷成立慈善机构。除了为贫困家庭提供补助并为那些有劳动能力的人安排工作之外，还安排 14 岁以下的儿童进入一些好的职业领域当学徒，等等。这些举措无疑在很大程度上维护了社会的稳定，使资产阶级革命得以顺利进行，为英国由封建社会向

---

① 赵博阳．中世纪教会济贫法律研究．上海：华东师范大学，2015：88.

资本主义社会转型提供了保障。

（二）17世纪及其之后英国的福利制度

1601年，英国颁布《伊丽莎白济贫法》，标志着英国济贫法制度的正式建立。这部济贫法在英国福利史中被称为旧济贫法，是对以往半个多世纪英国所颁布的各个济贫法令的总结与继承。沿袭以往济贫法令的做法，《伊丽莎白济贫法》将贫民划分为三类：有劳动能力者、儿童以及无劳动能力者。有劳动能力者，必须按照法律的规定参加工作，自力更生，如果拒绝工作，就要受到严惩。无劳动能力者由政府采取院外（居家）救济的方式进行救助。对他们的救济一般采取定期发放救济金的方式，其对象主要包括老年人、寡妇与残疾人等。孤苦无依的儿童由政府送到寄养所或某些家庭寄养，到了一定岁数就去做学徒。该济贫法所确立的基本原则是：让那些有劳动能力的人工作，自我谋生；为那些无劳动能力的人提供救助。该法是西方历史上第一部系统地规定了福利制度的法律，并一度被英国政府宣布为永久性法令。在它颁布后的二百多年时间里，英国社会的福利安排一直是以此法的基本原则为指导，直到1834年英国议会通过《济贫法修正法》（新济贫法），确立了新的济贫原则为止。

17世纪初期，英国继续推行圈地运动，社会贫困问题不断加重。与此同时，1608之后的几十年，英国屡次出现粮食歉收的情况，不断上涨的粮食价格致使大量有工作的贫民都无法养家糊口。有学者指出："17世纪20—40年代的英国是极端贫困的，这一时期可能是这个国家曾经历过的最痛苦的时代。"① "整个17世纪，15%—25%的英格兰成年男子是依靠慈善救济为生的贫民，他们中既有鳏夫、老年人和失业者，也有学徒、仆人和手工业者。"② 因此，这一时期英国的济贫工作形势更为严峻。

随着英国资产阶级革命的爆发，整个17世纪的失业与社会贫困问题日趋严重，各地政府的济贫支出增加，济贫工作难以为继。英国政府一方面扩大了济贫工作的覆盖范围，另一方面不断提高济贫税，整治慈善院，希望济贫法能够尽可能地发挥最大作用。由于政府救济资金不足，这一时

① 丁建定．英国济贫法制度史．北京：人民出版社，2014：47.

② 同①49.

期，英国的贵族、商人与贸易公司也参与到济贫事业中，他们所捐赠的资金大大超过了政府所收取的济贫税，在很大程度上弥补了政府济贫资金的不足。17 世纪上半叶，英国政府与民间力量建立了大量的收容院、儿童院、感化院与救济院，使得各种济贫机构遍布全国，在很大程度上解决了无劳动能力者与儿童的生存问题。不仅如此，在此期间，为身体健康者提供劳动救济的方式也越来越多，例如，英国政府出台一些法令，禁止一些行业的商人随意解雇工人；建立习艺所，特地聘请专门技术人员在感化院教授儿童手艺；为贫困家庭提供劳动原料进行加工，赚取基本生活费；为一些失业者建立集体工场；鼓励雇主积极雇用贫民，并为其提供一定补助；等等。可以说，这些济贫措施非常有益于英国顺利完成资产阶级革命。

17 世纪英国政府逐渐强化济贫工作的管理体系。1630 年，英国枢密院派人前往全国各地调查济贫法实施状况，结果于次年以枢密院的名义颁布了《命令集》，不仅提出了 12 项救济贫民的具体要求，还进一步加强并细化了治安法官及管理人员的职责。17 世纪 40 年代后，大量的清教徒担任了各地治安法官，由于信仰之故，他们对济贫工作相当尽职。比如，“1645—1660 年，曾担任沃维克郡治安法官的 20 人之中只有 2 人具有贵族头衔，其他的人均为清教徒”。在此期间，“沃维克郡的 20 位治安法官在季节法庭用 1 130 天的时间，处理了比 1625—1640 年同样数量的治安法官用 1 413 天的时间所处理的济贫事务还要多”①。到 17 世纪末，从事济贫工作的官员已经有了较强的管理意识。

18 世纪英国完成资产阶级革命之后，进入了工业化革命时期。机器取代一些手工劳动，造成了更多工人失业，而且大量的工人后备军使劳动工人变成了廉价劳动力，工资越来越低。在这种情况下，英国的济贫制度也开始有所变化。1782 年，英国颁布《吉尔伯特法》，放宽了救济条件，将一些靠劳动收入无法养活家族成员的人也纳入救济范围，这一点在 1795 年出台的斯宾汉姆救济制度中得到了进一步确认。该制度规定，应该为所有勤奋工作但收入仍达不到最低标准的家族提供社会救助。到 19

① 丁建定．英国济贫法制度史．北京：人民出版社，2014：79.

世纪初期时，受施者中大部分都是有劳动能力的人及其子女。这一时期英国还针对一些特殊贫民，如精神病与麻风病患者，建立了济贫机构，强化了救济的针对性。

然而，英国福利制度的这些良性变化却产生了一系列社会问题。由于斯宾汉姆救济制度的实施，英国接受救济的人数暴增，致使社会福利支出大增。在这种情况下，英国政府不得不一次次提高济贫税。交纳高额济贫税后的资本家利用福利制度对有工作的贫民补助，将工人工资压到最低。而此时福利制度对家庭子女增加的救助却在某种程度上淡化了许多贫民的责任意识，造成了他们的福利依赖，甚至错误地以为，生育的孩子越多，家庭生活水平就越能得到改善。于是，18 世纪英国人口暴增。1804 年，英格兰总人口为 900 万，1830 年到了 1 300 万；威尔士的总人口也从 1801 年的 60 万涨到了 1831 年的 90 万。① 这恰是马尔萨斯写作《人口原理》一书的社会背景。在马尔萨斯之前，一些学者普遍认为，人口越多，国家就会越富裕。然而，马尔萨斯却从英国的人口剧增中看到了当时英国济贫制度的弊端。虽然其理论后来遭到了马克思的无情批判，其由计算而产生的结论也被证明为错误的，但他的理论真实地反映了当时英国社会福利制度所存在的漏洞。也正是这个原因，他的理论才成为英国新济贫法的理论基础。针对当时英国济贫制度存在的问题，经济思想史学家马克·布劳格（M. Blaug）写道："不管我们查阅哪本关于 19 世纪英国济贫法的学术权威，都会产生同样的结论：旧济贫法败坏了工人阶级的道德，促进了人口增长，降低了工资，减少了租金，毁掉了自耕农，加重了纳税人的负荷。旧济贫法越济贫，它就越诱发其所救济的贫困。设计一个有效的公共救济制度这一问题，最终是由 1834 年通过'严苛却有效'的《济贫法修正案》来解决的。"②

1834 年的《济贫法修正案》是在英国第一次工业革命即将完成时出台的。与旧济贫法相比，1834 年的新济贫法有很大的变化。从布劳格的话中，我们可以看到大多数学者对新济贫法的评价，即"严苛却有效"。

---

① E. Royle. Modern Britain：A Social History，1750－1985. London：Arnold，1988：42.

② M. Blaug. The Myth of the Old Poor Law and the Making of the New. Journal of Economic History，Vol. 23，No. 2 (June 1963)：151.

新济贫法的主要内容是，建立济贫法委员会，明确济贫法委员会、济贫监督员和监督官员的权力与职责。济贫法委员会是统筹全国济贫事业的官方主要机构，凡涉及济贫工作的所有相关事务，均由该委员会管理。在全国范围内建立济贫院，建立联合济贫教区及济贫法监督局。为了消解旧济贫法在救济贫民中存在的救济依赖与贫民道德败坏问题，新济贫法将旧济贫法的院外救济改为院内救济，规定想要得到救济的所有贫民都必须住到济贫院里面。然而，这种院内救济的模式推行得并不顺利。一方面，尽管当时英国不断新建济贫院，但是面对庞大的贫民数量，济贫院还是远远无法满足需求；另一方面，为了防止有工作能力的、懒惰的贫民进入救济院，救济机构将济贫院的物质条件规定到最低点，且非常不人性。绝大多数贫民不到最后关头绝不选择进入它。恩格斯在谈到新济贫法时指出，旧济贫法时的“一切金钱的或实物的救济都取消了；只承认一种救济方式——把穷人收容到已经在各处迅速建立起来的习艺所里去。这些习艺所（workhouses），或者如人民所称呼的‘穷人的巴士底狱’（poor-law-bastilles）的规则，足以吓退每一个还有一点希望可以不靠这种社会慈善事业过活的人”①。因此，在新济贫法主导社会福利事业期间，英国的贫困状况恶化到了极点。

自19世纪70年代开始，整个西方资本主义世界不断爆发经济危机，比如，1873年、1882年、1890年、1900年、1907年都爆发了经济危机。随着经济危机的发生，失业与贫困问题比以往更为严重。马克思和恩格斯论述资本主义社会中工人阶级的悲惨命运就是以这一时期的社会生活状况为背景的。恩格斯在《英国工人阶级状况》一书中写道：“伦敦有5万人每天早晨醒来不知道下一夜将在什么地方度过。”② 他转引了当时伦敦最大的一个工人居住区教堂牧师的一段话：“这里有1 400幢房子，里面住着2 795个家庭，共约12 000人。……由于这样拥挤，往往是丈夫、妻子、四五个孩子，有时还有祖母和祖父，住在仅有的一间10—12英尺见方的屋子里，在这里工作、吃饭、睡觉。……只要亲眼看一下这些不幸的

① 马克思恩格斯全集：第2卷. 北京：人民出版社，1957：576.

② 同①311.

人们的苦难，看一看他们吃得多么坏，他们被疾病和失业折磨成什么样子，我们面前就会显现出这样一个无助和贫穷的深渊，仅仅是这个深渊有可能存在，像我们这样的国家就应该引以为耻。”① 这就是1834年新济贫法出台之后英国贫民的生活状况，这种状况直到20世纪初亦没有丝毫改善。

从这个层面看，新济贫法并没有改善社会贫穷状况。故自它产生之日起，英国社会就不断有思想家对其进行批判，贫困工人与农民亦不断地掀起反对它的社会运动。在这种情况下，英国政府从19世纪末到20世纪初期采取了一系列措施，出台了一系列法律，开始由济贫法时代进入现代社会保障制度的建设时期。1896年，英国地方政府事务部决定对院外老年贫民提供救济；1901年，英国地方政府事务部宣布向所有值得救济的老人提供救济；1905年，英国颁布《失业工人法》；1908年，英国实施免费养老金制度，老年贫民不再依靠济贫法提供的救济为生；1911年，英国颁布《国民保险法》，建立失业保险和健康保险制度；1918年，英国对复员军人和公务员实施免费失业津贴制度；1925年，英国实施《寡妇、孤儿和老年人缴费养老金法》。② 二战期间，经济学家贝弗里奇（William Beveridge）受英国战时内阁政务大臣阿瑟·格林伍德（Arthur Greenwood）的委托，在对英国社会福利状况进行大量调查的基础上，于1942年提交了名为《社会保险和相关服务》的报告，即著名的《贝弗里奇报告》，为英国乃至世界二战后制定社会福利政策提供了社会保障的理论基础。

其实，在英国制定并实施济贫法制度的几百年间，西方其他国家也有相应的济贫法制度，只不过英国是世界上第一个完成资产阶级革命的国家，且是第一个以国家的名义出台相关福利法律的国家。虽然17世纪之后，法国、美国、瑞典、德国等国也曾相继出台并实施与济贫法相关的法律与政策，但与英国济贫法制度的建设状况相比则远远落后。以法国和德国为例。法国在大革命之前，社会济贫工作主要由地方政府各自处理，其间教会和贵族在济贫活动中发挥着重要作用。在19世纪之前，法国的济

① 马克思恩格斯全集：第2卷．北京：人民出版社，1957：309．

② 丁建定．英国济贫法制度史．北京：人民出版社，2014：附录　英国济贫法制度大事年表．

贫院已经比较普遍。法国大革命之后，人权理念已经深入民心，其公民的社会福利权也得到了宪章的保护。然而，由于长期动荡，法国社会福利制度的建设远远跟不上其卓越的人权理念的步伐。德国是直到 18 世纪末 19 世纪初，才开始出现由政府制定的社会救济制度与政策。19 世纪 70 年代，为了缓解社会矛盾，德国俾斯麦政府系统制定了包括工人养老金与各种社会保险在内的国家福利制度，成为西方历史上第一个系统建立社会福利制度的国家。

二、西方传统福利伦理思想

尽管个人主义一直是西方社会最根本的伦理理念，但是在西方社会福利制度的发展过程中，真正起引导与评价作用的却是西方社会的宗教伦理及与宗教伦理相关的情感主义。可以说，自宗教产生起直到 19 世纪末期，西方福利制度与福利思想的发展都与基督教伦理思想息息相关。

（一）爱——基督教的伦理总纲

西方社会早在国家出台济贫法之前，基督教内部就一直存在宗教济贫制度。对于教会而言，之所以从事慈善事业，完全是出于对上帝的爱以及出于完成上帝爱的诫命之故。爱或博爱是基督教的伦理总纲，亦是其他所有法则的前提。教会与教徒的一切善行都是在上帝之爱的感召之下进行的。《圣经·马太福音》第 22 章中记载，一个律法师试探性地问耶稣，律法上最大的诫命是哪一条？耶稣回答：“你要尽心、尽性、尽意爱主你的神。这是诫命中的第一，且是最大的。其次也相仿，就是要爱人如己。这两条诫命是律法和先知一切道理的总纲。”这句话直接道出了爱在基督教义中的核心地位。国内有学者认为，与中国儒家传统所说的有差等的爱相比，基督教所说的爱无差等体现了一种平等主义之爱。其实，这种看法忽视了基督教之爱的顺序性与工具性内涵。顺序性是指，对上帝的爱是首要的，其次才是爱他人，而爱上帝是爱人如己的前提。工具性是指，对他人的爱不是因为他人是人，是值得爱的万物之灵，而是因为这是上帝的意旨。爱人如己不过是体现自己信仰的手段。只有先信上帝，才会爱人如己。由此，教会实施救济不过是遵从了上帝爱人的命令。基督教早期对贫困的态度既决定了修道之人的行为，也促成了教会对穷人的慈善救济事业的发展。

上文已经提及，基督教缘于贫穷者，它对贫困的态度一开始就存有善意。《圣经》多处谴责富有，褒扬贫穷，将富有视为一种通往天堂的障碍，将贫穷视为基督徒应有的美德。《圣经·路加福音》第6章中，耶稣对门徒说："你们贫穷的人有福了，因为上帝的国是你们的；你们饥饿的人有福了，因为你们将要饱足。"《旧约·箴言》第13章又说："富人的钱财只是性命的赎价，穷人却没有这样的威胁。"正因如此，基督教早期出现了许多主动追求贫穷的教徒，如圣奥古斯丁、方济各会的创始人方济各、多明我会的创会者多明我等。他们相信，人在一无所有状态下才有可能培养出爱的德性。又因为人生而有罪，只有在贫困中修道才能涤清这种罪恶。追求贫困是修士们接近天国的方式，而怜悯贫者却是展示上帝之爱的方法。基督教教义中神常常指示人们要怜悯、救济贫穷之人，比如《旧约·箴言》中说："怜悯贫穷的，就是借给耶和华，他的善行，耶和华必偿还。"（第19章）"戏笑穷人的，是辱来造他的主；幸灾乐祸的，必不免受罚。"（第14章）"周济贫穷的，不致缺乏。佯为不见的，必多受咒诅。"（第28章）《旧约·利未记》说："在你们的地收割庄稼，不可割尽田角，也不可拾取所遗落的。不可摘尽葡萄园的果子，也不可拾取葡萄园所掉的果子。要留给穷人和寄居的。"正是因为贫穷本身并非一种不道德的选择，所以在基督教早期那里接受救济不仅不是一种罪恶，反而是上帝之爱的体现。不仅如此，无论是教会所从事的济贫实践，还是其所宣扬的仁慈、怜悯、宽容、正义等德性，都源于基督之爱。

在基督教的世界中，上帝的诫命是世俗道德的依据，是上帝创造了道德，亦是上帝使得人们拥有德性与践行道德成为可能。所有道德法则与道德情感的根源都在于爱。上帝为什么创造道德？因为他爱人类。人类为什么要遵守上帝所颁布的道德法则？因为他们爱上帝。德性伦理学家所强调的仁慈、同情与怜悯等德性都是爱的次级规定，正义亦是如此。20世纪以来我们在讨论福利伦理之时，往往将其归入正义理论的一部分。而在宗教伦理学家看来，作为一种德性，正义隶属于爱。上帝为人类所打造的世界是和谐而正义的，贫困者能够得到救济体现了宗教对于正义的基于爱的理解。如基督教伦理学家白舍客（Karl-Heinz Peschke）所说："凡是正义所要求的，也就是爱所要求的，虽然其反过来的说法不能成立。这就意味着，爱是更加广泛全面的德性，而正义的要求只是构成了它的最低限度。正义与爱之间的基本关系就在于，所有正义的义务都是爱的义务，尽管不是每个爱的义务都是正义的义务，因为爱超越了正义。由此可见，正义作为一种道德德性决不会违背爱。任何同爱相矛盾的要求都不能成为正义的要求。"① 从这段话中可以看出，虽然正义被今天的许多伦理学家视为制度的首要价值，但却被宗教伦理定性为最低限度的道德。然而，需要指出的是，从白舍客的观点中根本无法推导出今天的正义伦理与基督教伦理之间的关系，因为当代伦理中的正义理论不需要诉诸任何宗教理由。

中世纪时期，所有学科都覆盖在宗教理论之下，无所谓哲学、经济学、政治学之分。将道德从宗教中独立出来是启蒙运动的结果之一，以人的理性代替神的意旨，这就是为什么在宗教逐渐式微的过程中，以宽容的态度救济贫民变得越来越不为社会所容忍。当支撑宗教济贫事业的上帝之爱渐行渐远时，随之而去的不仅仅是宗教对世俗道德的掌握，同时还有与宗教之爱相伴的同情、怜悯等道德情感，这些情感恰恰是17—19世纪西方济贫事业的伦理思想基础。

（二）18世纪英国情感主义伦理思想

启蒙运动在西方伦理思想史上促生了两种思潮，其一是理性主义，其二是情感主义或曰道德感理论。其中，后者对于17—18世纪西方社会济贫制度的建立与变迁的影响不容忽视。18世纪以来英国济贫法制度对贫民态度的缓和，很大程度上是受了当时情感主义伦理思想家们的影响。

英国道德感理论的主要代表人物有昆布兰（Cumberland）、沙夫茨伯里（Shaftesbury）、哈奇森（Hutcheson）、巴特勒（Bulter）、休谟（Hume）与亚当·斯密等。尽管沙夫茨伯里被公认为情感路线的第一人，然而在他之前的神学哲学家昆布兰早已将眼光投向了以仁爱为基础的人性理论。在道德感理论产生之前，以霍布斯（Thomas Hobbes）为代表的理性主义已颇具影响，成为与昆布兰与沙夫茨伯里等人对抗的主要理论。

---

① 卡尔·白舍客．基督宗教伦理学：第二卷．静也，常宏，等译．上海：上海三联书店，2002：267.

作为启蒙运动的早期代表人物，霍布斯抛弃了对道德的宗教解释，将人的自然利己本性视为人的一切行为的出发点，并据此设想了一个野蛮粗糙、竞相逐利的自然状态，作为人类道德产生的自然背景。在他的理论中，人类社会的道德是理性设计的结果，为了生存与安全，人们协议产生了集体有益的公约，约定的内容就是每个人都必须遵守的道德义务。霍布斯的伦理利己主义理论的提出既与启蒙运动所高扬的理性价值相关，也与17世纪上半叶英国贫困状况相关。我们或许可以做此推测，即霍布斯的理论体现了当时英国社会济贫思想的转变。在他将利己心视为人的自然本性的背后，其实流露出英国社会对济贫责任的重新认识。在启蒙运动之前，神学视野中穷人贫困的责任并不在于穷人自身，救济穷人是教会的一种义务。而启蒙思想家在将人性从神性中解放出来的同时，很大程度上将贫困的责任归之于贫困者自身。这样一来，社会救济就从应该变成了施舍，变成了由社会或政府去承担本该由贫困者自己承担的责任。将霍布斯的理论用于分析贫困与济贫，就会得出这样的结论，即贫困是穷人追逐私利失败的结果。这种思想上的变化或许可以解释当时英国官方对于流民与乞丐的极为苛责的态度。

为了驳斥霍布斯的利己主义，昆布兰提出了基于仁爱的人类幸福主张。他指出，仁爱就是“追求各人自己幸福与他人幸福的一个意志”，是人的幸福之源。① 每个人对全人类所怀有的仁爱构成了人类最幸福的状态，因此全人类的共同利益就是道德的最高法则。然而，昆布兰所说的仁爱，是上帝所设置的人性，并非人的自然情感。真正将道德从人的理性转向自然情感的是沙夫茨伯里。如西季威克（Henry Sidgwick）所说，诉诸人的自然社会情感而非道德法则去制约人的利己之心，这条路线是从沙夫茨伯里开始的。在他之前“没有一个伦理学家把自然情感作为其伦理学体系的基点；没有人明确地把伦理学的注意力从理性转移到情感冲动上来，把对抽象的道德原则或神圣的法律规则的领悟看作是为了激起人们履行社会义务的冲动”②。沙夫茨伯里所开创的流派之所以以道德感著称，是

① 周辅成．西方伦理学名著选辑：上卷．北京：商务印书馆，1996：735．

② 西季威克．沙夫茨伯里的伦理思想．薛燕，译．哲学译丛，1986（5）．

因为他们都诉诸人的内在感官判断人的德性及其行为，这种类似于良心的内在感官被沙夫茨伯里称为“内在之眼”(inner eye)，它赋予我们一种与生俱来的辨识道德对错的能力。沙夫茨伯里同样以批判霍布斯的利己主义为出发点，他认为霍布斯所说的利己之人，只有在个人被孤立地理解的情况下才有可能，而霍布斯所说的基于利己之心的善也并非真正的善，因为要“在道德感方面判断一个人的德性或者善，我们需要察觉该人对其所属系统的影响”[①]。也就是说，只有将个人置于群体之中，才能理解善，因为“善首先意味着无私的情感，它的直接目的是利他”[②]。沙夫茨伯里将仁慈与怜悯视为人的自然情感的一种。一个人因仁慈而从事善行，会得到精神上的最大满足，他在给社会带来最大利益的同时，也实现了自我利益。

道德感理论经由哈奇森的系统化阐述，成为18世纪英国伦理思想的主流，并直接或间接地影响了休谟与亚当·斯密。哈奇森认为，道德感是人生而有之的，人们是根据道德感而非理性来判断行为的对错。道德感所赞成的，首先是“对他人幸福的平静的、一般性愿望”。道德上值得赞赏的行为动机，是仁爱，而不是出于义务的想法。用哈奇森的术语来说，道德感是证成性的理由之源，而不是激发性的理由（exciting reasons）之源。[③] 他非常重视人的仁爱之情，并将其理解为一种为他人福利打算的意图。[④] 在某种意义上，仁爱是哈奇森构建世界道德秩序的最基本的美德。由于仁爱的对象是他人善与普遍善，因此，那种能够带来最大多数人的最大善的行为是最好的。

与哈奇森一样，巴特勒同样强调仁爱之情。他认为，人行为的动机中主要有两种情感，一种是关注自我利益的自爱，另一种是关心他人利益的仁爱。他承认人首先关注自我利益，所以自爱发展得更为充分，但他却认为我们更应当充分发展指向他人的仁爱。虽然巴特勒认为自爱和仁爱是一

---

① Julia Driver. The History of Utilitarianism. The Stanford Encyclopedia of Philosophy, Winter 2014.

② 西季威克. 沙夫茨伯里的伦理思想. 薛燕，译. 哲学译丛，1986（5）.

③ Antti Kauppinen. Moral Sentimentalism. The Stanford Encyclopedia of Philosophy, Spring 2014.

④ 弗吉利亚斯·弗姆. 道德百科全书. 戴杨毅，等译. 长沙：湖南人民出版社，1988：201.

致的，但他却给出了一个超越自爱与仁爱之上，被赋予最高权威的良心，而“良心是美德的源泉”。正是因为良心，人们才会同情与怜悯陷入困境中的人。基于此，巴特勒批判了霍布斯的这一观点，即以人的利己心去理解人的善行，将人的仁爱之举视为一种以自我满足为目的的行为。人是出于良心，出于仁爱之心而怜悯，“只有怜悯才以镇静与关心的态度使我们去援助不幸的人”①。巴特勒的观点既可以视为对当时盛行的利己主义的一种反击，也可视为对当时日益增多的贫困者的一种伦理态度。

休谟是继哈奇森之后，道德感理论最著名的大师。道德感理论在休谟那里有了一个不小的变化。之前沙夫茨伯里等人是以利己主义为批判对象，试图以内在感官论（道德感）取代霍布斯的外在感官论（人的动物性），而休谟则将道德感理论的批判矛头直指理性主义，他在区分事实与价值问题的同时，将道德确定为与理性无关，只是人的内在情感的表达，即道德不是理性判断的对象，而是情感感觉的对象。休谟将人的德性划分为自然之德与人为之德，自然之德是由人的没有经过深思熟虑和反思的自然冲动产生的德性，而人为之德则是为了适应人类社会生活而有意图设计的德性。仁慈、博爱、慷慨等有利于促进人类整体福利的德性都属于自然之德。休谟对仁慈这一德性的评价非常高，认为：“没有什么品质比慈善和人道，友谊和感激，自然感情和公共精神，或发端于对他人的温柔同情和对我们人类种族的慷慨关怀的东西，更有资格获得人类的一般的善意和赞许。这些品质无论出现在哪里都似乎在某种程度上潜移默化于每一个注目者中，并在他们自身唤起它们所施加于周围所有人的同样那些愉悦和亲切的情感。”② “按照休谟的观点，“‘正义’包括一个人对他全部或远或近的邻人所负责任的绝大部分”③。人们之所以能在一起生活，正是因为有了正义。休谟认为，自然之德与人为之德都强调利他倾向，都是能够为他人带来福利的德性。不同之处在于，前者的利他性体现于个体单个的行为中，而后者的利他性则在于社会总体福利。正义这种源于人的共同利益感的美德起着稳定社会的作用。

---

① 弗吉利亚斯·弗姆．道德百科全书．戴杨毅，等译．长沙：湖南人民出版社，1988：59.

② 大卫·休谟．道德原则研究．曾晓平，译．北京：商务印书馆，2001：30.

③ 同①196.

作为哈奇森的学生，亚当・斯密深受其影响，也将道德建立在情感的基础之上。与以往的道德感理论家不同，斯密直接将同情视为人的本性。尽管他在《国民财富的性质和原因的研究》中将人性视为自私的，然而他却认为，无论一个人有多自私，他的本性中总存在关心他人、希望他人幸福的情感，这种情感就是同情。每当他人处于困苦中时，我们就会不自觉地产生同情与怜悯之心。人们在同情的基础上会培养出各种德性，比如审慎、正义、仁慈等。斯密将正义与人的同情心、救助贫困、社会整体幸福结合在一起。他指出："社会最大部分成员境遇的改善，决不能视为对社会全体不利。有大部分成员陷于贫困悲惨状态的社会，决不能说是繁荣幸福的社会。"① 因此，其经济理论一改以往经济学专注于国家财政的性质，而将目光投向了国民财富（富民）这个方向，这无疑有利于民众社会福利的改善。

尽管以上道德感思想家们的理论非常丰富，但基于福利这一主题，这里只选取了他们理论中的情感基础与仁慈或仁爱的德性。18 世纪的西方社会贫穷现象非常普遍，在这种情况下，伦理学家们纷纷强调仁爱、同情与怜悯，无疑在价值导向上是有的放矢的。客观地看，资产阶级革命与工业革命期间，面对穷人不断增加、贫困状况日益恶化的情势，各国政府均出台了一系列与济贫相关的法律，且一定程度上救助了一些无劳动能力的人。然而，18 世纪之前的济贫法针对受施者所设定的苛刻条件与济贫法实施的不佳效果说明，政府对社会救助工作的责任意识不强且救助明显不足。正如哈佛大学教授罗伯特・赖克（Robert Reich）所说："在 18 世纪以前，很少有国王、政治家或政治哲学家认为，国家应当为其人民的经济福利负起责任，两者是必然相联系的。国家的财富仅仅从属于君主——属于国王、王后，以及那些设计、资助、指导各种方案来积累外国财富，以便发动战争及增加其权力和威望的臣僚——而不是属于这个国家普通人的福利。"② 在这种背景下，道德感理论家们宣扬情感的重要性，其目的

① 亚当・斯密．国民财富的性质和原因的研究：上卷．郭大力，王亚楠，译．北京：商务印书馆，1974：72.

② 罗伯特・赖克．国家的作用——21 世纪的资本主义前景．上海市政协编译组，东方编译所，编译．上海：上海译文出版社，1998：11.

显然在于解决社会福利问题。如果仁爱与同情之类的美德能够得到政府与民众的普遍认知和实践，就可以在社会济贫问题上发挥很大的作用。一方面，如果政府接受这种以情感为主导的价值，无疑有助于政府改变对于社会贫困现实与贫困者的消极态度，并认清自己在社会救助工作中的责任；另一方面，如果民众受到这种价值观的影响，在政府救助力量不足的情况下，就会自发地捐赠济贫款，并尽力救济周围的贫民，这样就会鼓励民间慈善事业的发展，并有利于形成一个互助型的社会氛围。

这里需要指出的是，18 世纪的道德感理论家大多都是功利主义的先驱。沙夫茨伯里以能否提高公共善作为衡量德性的一个标准。每个人的利益和善的目的都是促进总体善。从事有德行为的同时拥有公共善观念，才能被视为有德性的人且值得我们尊敬。哈奇森在《道德善恶探究》中，清楚地阐释了行为选择的功利原则。他明确指出，当我们比较行为的道德属性时，在道德感的引导下会这样进行判断：如果行为产生的幸福程度相等，德性取决于幸福所波及的人数；如果人数相同，德性取决于幸福或自然之善的程度；或者德性在于幸福程度与享受人数的混合。那种能获得最大多数人的最大幸福的行为是最好的，引起最大多数人的最大痛苦的行为是最坏的。然而，哈奇森为这一最大化标准加了一个限制：尊严或人的道德重要性可以弥补人的数量。这意味着，我们对他人有义务，在他人的尊严与道德人格受到威胁时，幸福人数与总量的衡量标准就要退居次位。① 休谟虽然认为自利是人行为最初的动机，但对公益的态度才是德之所向。正义这一人为之德的最终目的是“人类社会的利益和幸福”②。休谟的思想深刻地影响了功利主义创始人边沁及其继承者穆勒。功利主义在西方福利制度建设过程中发挥了极大的价值引导作用，它所聚焦的评价标准——“最大多数人的最大幸福”原则，成为西方各国政治与经济制度的最大考量因素，这一点我们可以从西方，尤其是英国福利制度的发展变化中看出来。

从英国的济贫事业的发展史中，我们可以看出英国社会福利制度思路

---

① Julia Driver. The History of Utilitarianism. The Stanford Encyclopedia of Philosophy, Winter 2014.

② 大卫·休谟. 道德原理探究. 王淑芹，译. 北京：中国社会科学出版社，1996：25.

的转变：由以教会为主的民间救济转向以政府为主导的济贫制度；由只救助无劳动能力者与病残老者慢慢地过渡到对失业者的有限救助，进而至20世纪的全民福利。德国19世纪70年代建立的以权利和义务为核心的社会保障体制为其他国家的福利体制提供了模板，在这之后直到西方各个福利国家的建立，对受施者的限制越来越少，福利涉及的面越来越广。种种变化无不体现着对人的基本权利的保障与对社会整体善的追逐。可以说，除了资产阶级革命以来的人文主义思想之外，英国自17世纪开始出现的功利主义思想的价值影响作用是最大的。人文主义提供的人权主张是西方社会福利体制的基础，而功利主义的“最大多数人的最大幸福”成为社会福利事业的终极目标。虽然就福利伦理原则而言，功利主义远远不能囊括一切，但无论思想家们如何批判，其价值标准都是现有物质条件下各国政府出台政策最重要的考量要素。

本章主要梳理并阐述了中西方社会福利制度及其伦理观念的历史演进，关于功利主义的福利伦理原则，我们将在下一章进一步阐释，二战之后的制度建设及相关思想将在第四章进行探讨。

第三章　社会福利分配的伦理理论视域

福利问题是许多学科的研究主题，但不同学科研究福利问题想要达到的目标却不同。比如经济学试图通过福利研究提高经济效率，社会学试图通过研究福利探讨理想的社会结构模式，而伦理学的目标却是分配正义与社会均衡。

分配正义是数十年来伦理学的理论焦点，然而，正义要求平等分配的对象到底是什么？用 G. A. 柯亨的措辞就是：什么是正义的“硬通货”？这个问题的答案比较多样，最具代表性的答案当从罗尔斯的正义论中得出，即基本权利与经济利益。然而，人的基本权利与经济利益和福利之间有着直接关系，用福利作为分配正义的对象则更为贴切。理由有二：其一，福利对应的是人的生活过得好不好的问题，它既统摄了经济利益的分配，也内含了基本权利的主张，从这个意义看，福利是分配正义的“硬通货”。其二，作为实践理性，伦理学的最终目标在于为人的行为、为社会政策制定提供价值理论上的指导，人的福利状况是人应该如何行为的先决要素之一，而福利更是制定社会政策的核心要素。因此，除了基本权利之外，福利就是分配正义的主要对象。

在确定了分配正义的对象之后，接下来的问题是，如何分配才算正义？这个问题更加复杂。对于分配正义的讨论最集中地体现了麦金太尔（Alasdair Maclntyre）所说的当代道德语言的特征，即无休止的分歧与争论，且无法达成所有思想家都认可的结论。前面说过，当代绝大多数思想家都持有自由平等的分配正义理念，只不过对何谓平等分配的主张不同。

几乎所有有影响的理论都有自己的理论前提，而这些前提虽说某种程度上都具合理性，却常常彼此对立。比如罗尔斯与诺齐克之争，罗尔斯正义理论的前提是平等的自由，而诺齐克却是自由至上，基于不同的前提，衡量平等与自由的标准不同，得出的主张亦不同，甚至截然相反。但是，若决然地断定一种理论优于另一种理论，就会走向独断的一面。由此，当代的分配正义理论虽多，但由于没有任何公认的方式可以对其进行裁决，我们只能基于福利这一主题选取并阐释近代以来影响最大的几种分配正义伦理理论，期望能从中发现福利伦理的基本共识，找出适合我国福利制度建设的伦理原则。

第一节　作为福利主义的功利主义

在所有的规范伦理理论中，功利主义与福利之间的关系最直接，如果将功利主义所主张的价值——幸福视作所有个人乃至社会的福利目标，那功利主义就会呈现出哲学上的福利主义（welfarism）特色，且随着功利主义对效用的界定从快乐转向福祉与福利，福利主义就成为其必然选择。并且，对于大多数理论家而言，功利主义就是后果论加福利主义。①

一、功利主义的善与福利

从古典功利主义到福利主义，经历了一个核心价值概念的转变。古典功利主义有三个趋同的基本概念：善、快乐与幸福。功利主义的创始人边沁将人的苦乐经验视为建立一切理论与原则的前提，他所定义的“功利”（即“效用”），针对的是有感觉能力的存在物生而具有的苦、乐本性。如他所说，任何具有功利这种性质的客体（泛指一切具有苦乐感受的对象）“倾向于给利益有关者带来实惠、好处、快乐、利益或幸福（所有这些在此含义相同），或者倾向于防止利益有关者遭受损害、痛苦、祸患或不幸

① Tim Mulgan. Understanding Utilitarianism. London：Acumen Publishing Limited，2007：131.

(这些也含义相同)；如果利益有关者是一般的共同体，那就是共同体的幸福，如果是一个具体的个人，那就是这个人的幸福”①。由此可见，在边沁那里，善、快乐、幸福是同义词，适用功利原则时并无区别。在回答“什么是善?”这一问题时，边沁的继承者穆勒指出，幸福是唯一一个作为目的而值得欲求的东西，其他任何东西之所以可欲，都是因为其能够成为实现幸福的手段。由于幸福这一概念在古典功利主义那里直接等同于快乐，因此，早期的功利主义者都是快乐论者（hedonist)。边沁和穆勒都认为，幸福就是快乐与无痛苦，最好的生活方式就是充满快乐的生活方式。判断一个行为的好坏，标准在于能否给行为者与利益相关人带来最大快乐。然而，随着后来人对快乐主义理论的质疑，将幸福与快乐视为唯一有终极意义的目的善这一主张受到越来越多的批评，致使现在几乎没有功利主义者再以快乐主义为理论基础。许多学者认为，古典功利主义对幸福的解读存在问题，像友谊、爱这些东西，我们之所以欲求它们，并不在于它们是实现幸福与快乐的手段，而在于它们本身就是有价值的。将人类所珍视的一切价值均归因于快乐，无疑违背了我们的道德直觉。而且，针对快乐主义，诺齐克提出了一个思想实验。设想一台可以满足你所有欲求的“体验机器”，连在机器上可以宛如现实般地感受任何能使你快乐的事情，你甚至不知道自己与机器相连。在这种情况下，你愿意与机器相连地过活吗？大多数人都拒绝这一选择，这在某种意义上宣判了快乐论者的失败。正因如此，现代功利主义者普遍放弃了快乐主义，转而寻求其他概念替代幸福与快乐。他们选择了一些更为中性的术语，如福祉（well-being)、福利（welfare)，以及经济学家喜爱的效用（utility)。② 这种变化使功利主义多少摆脱了快乐主义必须面对的麻烦。

福祉与福利是现代功利主义者用以替代快乐的两个概念，由于福祉与幸福的联系更紧密，所以这个概念被运用得更多。最大效用原则由此指向了最大福祉或福利。在中文语境中，福祉是幸福、福气、安乐、利益满足等群概念的集合，理解起来与幸福的意会感更强。不过，借助于英文的构

---

① 边沁．道德与立法原理导论．时殷弘，译．北京：商务印书馆，2000：58.

② Tim Mulgan. Understanding Utilitarianism. London: Acumen Publishing Limited, 2007：61.

词法，我们可以更为直观地把握这一概念。英文中福祉“well-being”是由“well”和“being”这两个词合成，连在一起意指“好的生存或存在”，即“好的生活状态”。在中文的运用中，福祉与福利尽管关系密切，甚至在特定语境下可以互换，但它们所表达的侧重点还是有差异的。福利更偏重表达主体需求满足的客观的一面，即更多指向幸福的客观状况与满足幸福的物质条件，而福祉则是主客观的统一，它包含福利的内涵，但外延却更广，除了物质条件、生存环境、个人利益的满足之外，福祉亦涵盖人的主观幸福感。就这两个概念的中文理解看，福利替代不了幸福与快乐，它只是实现幸福的条件，而福祉却可以。福利、利益、快乐等都可以成为实现福祉的手段。然而，我们在第一章曾指出，英文中的福利（welfare）一词亦有好生活、过得好之意，因此，对于一些西文经典原著中福祉和福利这两个概念经常等同且互换使用的情况，我们必须背景化地理解，以免引发概念上的混乱。

福祉与人的欲望的满足有着直接的关系。对于快乐主义者而言，满足人们的欲望只是令他们获取更多快乐，而对于拒绝快乐论的功利主义而言，快乐只是福祉的构成要素之一，而非全部。不同的人有着不同的欲望或偏好，满足人们的欲望或偏好就是在提高人们的福祉或福利。由于现代功利主义普遍认为福祉或福利是唯一目的善的东西，因此被贴上了福利主义的标签。所谓福利主义，就是认为对于伦理学而言，只有福利才是终极的或根本重要的价值，在伦理理论中，善应该被赋予优先地位。福利主义就是一种关乎善的理论，在其善的清单上，最基本的价值只有一个，那就是福祉。① 金里卡指出，功利主义有两个极其吸引人的特征：其一，它并不诉诸上帝或任何超验的东西，而是直接诉诸尘世的幸福。它所追求的善、幸福或福祉正是人们在日常生活中最为看重的东西。其二，作为一种结果论，功利主义认为，只有那些能够改善人类生活状态的行为才有道德意义，只有立足于善的道德评价才能在生活中真正发挥作用。这两大特征之所以吸引人，是因为它们符合我们日常生活中的两个直觉：“第一，人

---

① L. W. Sumner. Welfare，Happiness，and Ethics. Oxford：Clarendon Press，1996：184－185.

的福祉是重要的；第二，道德规则必须依其对人的福祉的后果而受到检验。”① 这样，功利主义判断行为正当与否的标准就可以表述为：如果福利就是人类道德最重要的善，那么“道德上最好的行为就只能是：在同等程度地关注每个个体福利的前提下最能增加人类总体福利的行为”②。由此可见，功利主义是迄今为止最直接的福利伦理理论。

二、功利主义与人的基本权利

自18世纪始，功利主义就是西方政治、伦理、经济、法律等领域的显学，很少有道德理论能像功利主义那样涵盖如此之广。在微观领域它可以为个人提供行为的指导原则，在宏观领域它又可以为社会提供制定政治、经济、法律制度的价值原则。然而，自产生之日起，功利主义就不断面对来自各个领域思想家的批判，这一方面是因为其显赫地位与广泛应用更易招致批判，而另一方面更主要的则在于功利主义理论本身存在令人难以信服的缺陷，人的基本权利问题就是其中之一。

在人的权利问题上，功利主义一直遭到反对者的指责，认为功利主义与社会的正义理想相冲突。为了证明这一点，哲学家们设想了许多情境质疑功利主义对人的基本权利的忽视，比如哲学家麦克劳斯基（H. J. McCloskey）虚构了一个案例：一个功利主义者在参观一个种族冲突地区时，发生一起黑人男子强奸白人妇女的案件，该案使整个区域陷入种族骚乱，白人在警察的默许下开始迫害黑人。如果此时这个功利主义者站出来指证一个黑人为强奸犯，骚乱就可以终止。虽然这个黑人是无辜的，但他的死却可以使许多黑人免受迫害。根据功利主义的观点，在这种情况下，这个功利主义者就有做假证的义务，因为这是实现最大多数人最大效用的最有效的途径。③ 然而，将一个无辜之人定罪，这似乎与我们的道德直觉相背离。不幸的是，这似乎就是一些功利主义想要表达的真实意思。对于文艺复兴以来所主张的各种权利，边沁的一句话道出了功利主义的初始态度：

---

① 威尔·金里卡．当代政治哲学．刘莘，译．上海：上海译文出版社，2015：14-15.

② 同①15.

③ H. J. McCloskey. A Non-Utilitarian Approach to Punishment. Inquiry，1965，8（1—4）：249-263.

“天赋权利纯粹是无稽之谈：天然的及不可侵犯的权利［是］夸夸其谈的无稽之谈。”① 在边沁看来，权利也要受制于效用，如果保护人的某种权利对社会整体有益，就应该保护它；如果无益或不能增加社会总效用，那就不存在不应该废除的权利。这意味着，作为一种后果论，功利主义对善的考虑优先于正当，它在鼓励人们为了较大利益舍弃较小利益，鼓励人们追求社会整体善的同时，亦将人类珍视的所有价值都转化为效用的计算，乃至无视人的基本权利。毕竟一个人的权利与大多数人的幸福相比效用要小得多。然而，自由、平等、正义等人权早已深入人心，成为现代社会的道德信念。功利主义这种处置方式，显然会引起非功利主义者的不满。在众多反对声音中，罗尔斯《正义论》中的一段话最具代表性：“每个人都拥有一种基于正义的不可侵犯性，这种不可侵犯性即使以整个社会的福利之名也不能逾越。因此，正义否认为了一些人分享更大利益而剥夺另一些人的自由是正当的，不承认许多人享受的较大利益能绰绰有余地补偿强加于少数人的牺牲。所以，在一个正义的社会里，平等公民的各种自由是确定不移的，由正义所保障的权利决不受制于政治的交易或社会利益的权衡。”② 这段话传递的信息是：即使功利主义以实现社会总福利为目标，但违背正义所得到的任何福利都不具有道德价值。不仅罗尔斯批判功利主义对人的权利的否定，政治哲学领域大多数有影响的非功利主义哲学家，如诺齐克、德沃金、桑德尔等人都从不同角度批判了这一点。

然而，尽管边沁有上述言论，但是功利主义与人的基本权利之间的冲突不能一概而论。一些功利主义者在抗辩时指出，反对者批判功利主义时往往将理论推向极端化或采用假想的而非事实的案例对其进行攻击，其所针对的并非功利主义的真实思想。从另一角度看，功利主义并不反对人的一些权利，反而是接受，甚至建立在平等主义的基础之上。功利主义理论的一个出发点是，应该平等地关注人类福利，它包含两层意思，其一，应该平等待人；其二，道德应该关乎人的福利。而许多批判功利主义的学者

---

① 史蒂文·卢坡尔．伦理学是什么．陈燕，译．北京：中国人民大学出版社，2014：165.

② 约翰·罗尔斯．正义论．何怀宏，何包钢，廖申白，译．北京：中国社会科学出版社，2009：3.

往往忽视了第二层意思。我们从边沁的理论中可以看到他对平等的重视。边沁在给出其效用计算方法时说，“每个人都算作一个，无人被算作一个以上”[①]，这意味着每个个体在效用计量中地位平等，无论个人有何偏好，也无论个人的身份、地位如何，对其效用都应予以同等程度的重视。努力增进社会总福利与在实现这一目标的过程中平等地对待每一个社会成员是一致的。然而，反对者却指出，平等待人在功利主义那里只是一个手段，而不是目的。根据边沁的思想，功利主义判断行为正当与否的标准在于是否“效用最大化”，人的权利是否应当得到保障是以能否提高总效用为标尺，所以，功利主义所倡导的平等待人只有工具意义。为此，边沁严守后果论立场，从不将人的自由或自主视为立法的最终依据。或许一些行为因为侵犯了他人的自由而被判为不当，但由于自由之善只具工具意义，而非内在的善，因而，这些行为的不当性是以工具意义而非终极意义的理由推导出来的。[②] 对于功利主义来说，提高社会总福利才是人的首要义务，也是立法的最终依据。

不仅如此，更成问题的是，当平等待人与福利最大化之间发生冲突时，功利主义根本无法给出令人信服的解决方法。以麦克劳斯基的那个假想案为例，平等待人意味着所有人的生命、自由、财产等权利都应该得到同样的保护，如果靠牺牲一个无辜的黑人来实现最大善，那无疑是对平等待人的反讽。然而，由于功利主义赋予最大福利以优先权，所以，个体的平等权利根本无法得到保障。由此可以推导出，尽管功利主义声称重视人的福利，但这里的人不是指称任何一个个体，当个人福利与总福利发生冲突时，功利主义会选择牺牲个人福利，这与功利主义理论所具有的严苛性特征相关。功利主义持行为者中立的立场，它要求每个个体以理想判断者的身份进行选择，严格地公正无私、不偏不倚。威廉·葛德文（William Godwin）的那个著名的“燃烧的建筑物”之例充分显示了其理论的苛刻性。在你的母亲与对社会有巨大贡献的大主教同时被困火海，且你只能救

---

① 史蒂文·卢坡尔．伦理学是什么．陈燕，译．北京：中国人民大学出版社，2014：166.

② Julia Driver. The History of Utilitarianism. The Stanford Encyclopedia of Philosophy, Winter 2014.

出一人的情况下，为了最大化社会福利，你只能选择救助大主教而放弃你的母亲。这一结果使功利主义被哲学家威廉姆斯（Bernard Williams）指控为破坏了我们的“人格完整性”。强迫个人放弃他人生中最值得珍视的某些特殊关系，就等于破坏了其整个人生规划。这样一来，功利主义以福利为目标，反而走向对个体福祉的致命毁损。

客观地看，对功利主义的这类指控虽然大多趋于极端，且并非功利主义者的初衷，却的确是其理论的缺陷所在。功利主义为何会陷入权利的困境呢？究其原因，是因为功利主义缺乏对分配正义这一维度的关注。古典功利主义者虽然提出平等待人，但在如何平等待人上内容非常匮乏。除了在计算效用时将每个人都平等地计入之外，平等待人没有更多的蕴涵，甚至没有考虑最大多数人与最大幸福之间的冲突。西季威克后来在关注人口增长问题时，提出了被许多功利主义者所忽视的总效用和平均效用的区分。给定现存者的平均幸福量，如果预见到人口增长会导致平均幸福量的降低，或者相反，平均幸福量的提高伴随着人口数量的减少，那功利主义者该如何取舍？按照功利主义的逻辑，整体福利而非个人福利才是行为的终极目的，这样人们应该做的就是，计算新增人口的福利增量与其余人的福利减量，如果前者与后者相减是正值，那就应该允许人口增加，否则就不允许。① 虽然西季威克从总效用中分出了一个平均效用，但由于其目的在于影响社会人口增长政策，因此它与公平分配并无直接关系。

对于功利主义，公平分配只是服务于效用最大化的诸选项之一而已。阿马蒂亚·森曾指出：“功利主义的平等概念，可以从应用于分配问题的功利主义的善的概念派生而来。……功利主义的目标是不考虑分配，而只追求在总体上获得最大功利，亦即要求使每个人的边际效用平等，这里的边际效用是每个人从多得到的蛋糕中所能够获得的渐增的功利。按照这一种解释，这种边际效用平等体现着对每个人的利益的平等对待。”② 就此而言，公平分配与不公平分配皆有可能成为功利主义的选择，只看哪个选项能够取得相对于其他选项更高的福利值。旧福利经济学家庇古基于效用

① Julia Driver. The History of Utilitarianism. The Stanford Encyclopedia of Philosophy, Winter 2014.

② 阿马蒂亚·森. 什么样的平等?. 闲云，译. 世界哲学，2002（2）.

最大化原则，运用经济学中的边际效用递减规律得出结论：只有更为平等的财富分配才能达到社会效用最大化。比如，一百元钱对于穷人的边际效用要大于富人的，如果不断地将钱从富人那里转给穷人，就能增加社会总效用，如果穷人与富人的边际效用相等，社会总效用就达到最大。庇古的结论看上去似乎支持公平分配，可这并不是事实，他所支持的分配并不必然是功利主义的选择。只要我们能够证明极端不平等的分配可以提高社会总效用，那么即使贫富极其不均的社会也会成为功利主义的选择。正是因为功利主义将社会总福利视为终极道德标准，所以它“不可能真正地关注人、关注人与人之间的平等问题，在边际效用之外，它对分配问题其实是持漠视的态度”。这一趋势在后来经济学的帕累托准则中表达得更为直接。为了打造一种效用最大化的福利科学，新福利经济学家帕累托（Vilfredo Pareto）直接将分配这种非经济学主题从社会经济福利计算中踢了出去。①

如第一章所述，人的基本权利是现代社会福利制度安排最根本的价值依据，分配正义是福利伦理的必然目标，而功利主义对权利的处理方式显示了其在福利伦理理论方面的局限，这使其无法独自胜任现代社会福利伦理的价值基础。正因如此，一些政治哲学家在比较功利主义与其他权利理论后，得出“能否保障权利和公平资源份额的平等观要优越于功利主义的平等观”② 这样的结论。对于功利主义者来说，是否应该重新认识人的权利，进而在其理论中补充一种公平分配理论，这是他们必须考虑的问题。然而，一旦加入基于权利的公平分配向量，重新安排分配正义的核心价值，功利主义是否还能维持理论上的融贯，这一直是困扰当代功利主义者的大问题。不过，这已不是本书所瞩目的了。

三、作为制定福利政策的道德原则的功利主义

虽然功利主义在权利问题上存在一定缺陷，但这并没有妨碍它在社会福利政策与制度安排中发挥巨大作用。

古典功利主义者都很关心社会改革。作为一名政治激进主义者，边沁

---

① 陈燕．公平与效率：一种经济伦理的分析．北京：中国社会科学出版社，2007：148.

② 威尔·金里卡．当代政治哲学．刘莘，译．上海：上海译文出版社，2015：59-60.

创建功利主义的初衷并不仅仅在于建树一套道德理论，而是“渴望见到无用的、腐败的法律以及社会风俗的改变”[①]，为革除社会的政治、法律弊病提供一个简明有效的价值判断标准。他将社会的一切可评价行为都置于功利原则的关怀之下，既为一般民众提供行为选择的标准，也为立法者提供价值目标。他认为，为了实现效用最大化，法律应该尽可能地不限制人的自由，除非一种自由危及他人。[②] 和边沁一样，穆勒也试图用功利主义影响法律和社会政策。穆勒曾以功利主义为依据为妇女的受教育权、选举权和言论自由权进行辩护。尽管他并不认为女性的这些政治权利源于与男性平等的人的属性或是一种天赋权利，但他的确认为为了增加社会总效用应该赋予女性受教育权、选举权等。时至今日，当理论家们谈起功利主义的功绩时，无不提及穆勒在社会制度建设方面的巨大贡献。

自功利主义产生后，它就一直是各国政治决策过程中最重要的价值原则，相对于其他理论，功利主义的操作性更强，它的理论在直觉上更符合民众对政府的预期，且更便于政府行为方式的选择与决策目标的设定。一个国家的制度安排与政府决策行为的道德性问题无疑非常复杂，对其评价需要考量多种伦理元素，如品格、意图、动机、结果等。在边沁之前，许多思想家，如休谟，往往将品格或德性视为道德评价的对象，这种评价因在运用中存在较大模糊性而为边沁所不喜。由于边沁的目的在于制度变革，故他更关注评价的可实践性。对他来说，与其以某种抽象的、难以把握的东西为评价依据，不如选择某种客观的、易理解的、经验的东西。相比于品格、动机或意图，社会制度与决策的评价标准如果聚焦于行为乃至行为结果，事情会简单得多。

根据功利原则，道德价值是根据行为产生的结果来确定的，无论行为者是个人还是政府，也无论其动机是好还是坏。那么，对于社会制度安排与政府政策制定来说，什么是好的结果呢？功利主义从人性论出发来回答这个问题。趋乐避苦是人的本性，每个人都受苦乐主宰。快乐、幸福、福

---

① Julia Driver. The History of Utilitarianism. The Stanford Encyclopedia of Philosophy, Winter 2014.

② James Rachels, Stauart Rachels. The Elements of Moral Philosophy. 7th ed. London: The McGraw-Hill Companies, 2011: 101.

利或福祉等是每一个人都欲求的善物，制定社会制度与政策应该以增进或满足每个社会成员的这些喜好为目标，这亦是政府工作的伦理目标。在此，功利主义的逻辑是：从快乐、幸福或福利是人人欲求的出发，推出社会制度安排与政策制定就应该指向每个人的快乐、幸福或福利。既然每个人都欲求这些善物，那么这些善物也是整个社会应该欲求的。由此从个人善过渡到社会善，将制度安排与政策制定的道德合理性指向了社会整体善，以提高社会总效用的方式最大化地满足人的欲望、偏好与福利。① 这样，功利主义就完成了将自身确认为社会变革的道德指引者的任务。

对于功利主义的这一思想，一些哲学家在批判功利主义的最大化满足人的欲望与偏好，进而满足人的福利这一理论时提出了异议。他们指出，由于人的欲望与偏好各异，在实践中无法以功利主义为标准制定出能够满足所有人欲求的政策，所以功利主义无法成为政府制定政策的依据。然而，功利主义却认为，政府可以采取一种间接而非直接的方式应对人们之间的偏好差异，因为“政府用不着检查不同个体的具体偏好，政府只需为创造这些具体偏好提供各种适宜的条件”②。这里需要对人的偏好产生差异性的原因进行区分。人们之间的偏好差异有些是因为生理原因或非社会因素导致的，有些却源于社会生存背景的差异。前者比如，在物质条件相当的情况下，一些人喜欢苹果，而另一些人喜欢菠萝；一些人喜欢静静地欣赏艺术品，而另一些人却更喜欢看动作片。产生这些偏好不同的原因在于生理上或心理上的差异，不应该成为政策考虑的因素。只有当这类差异

---

① 功利主义出于经验论的论证存在非常大的漏洞。边沁的理由是，共同体利益就是个人利益的简单相加，增进共同体利益就是在增进个人利益。如何从个人利益过渡到共同体利益，边沁并没有讲清楚。穆勒倒是对其进行了论证，但他的论证引发的批判更多。穆勒的论证分为两个步骤：第一步，从“人们欲求某物”走向“某物是值得欲求的”；第二步，从“每个人的幸福对每个人来说是善的”走向“总体幸福对整体人来说是善的”。摩尔批判了穆勒的这一论证，认为两个推导都不成立。从人们欲求某物推不出某物是值得欲求的，从每个人都追求自己的幸福也推导不出每个人应当追求社会幸福。但有人认为，摩尔对穆勒的批判不公平，因为摩尔期望的是一个周密的逻辑推理的证明，而作为一个经验主义者，穆勒没有这样的野心。“他只是想找寻一个在具体情境中经验可以提供的最好的证明”。具体参见：乔治·摩尔. 伦理学原理. 长河，译. 上海：上海人民出版社，2005. Tim Mulgan. Understanding Utilitarianism. London：Acumen Publishing Limited，2007。

② 威尔·金里卡. 当代政治哲学. 刘莘，译. 上海：上海译文出版社，2015：24.

可以区分为有益偏好与有害偏好时，政府才应该介入干涉。然而，形成偏好差异还有另外一层社会性原因，而这是政府需要以制度或政策干预的方式处理的。现实生活中人们之所以在偏好上存在巨大差异，一个更直接的原因是，受生存环境与成长背景所限。比如，贫困者的偏好与富裕者的偏好或许有很大差异，但这恰恰是社会环境的不公所导致的。从这个角度看，尽管政府无法彻底消除这类偏好差异，但至少可以逐步改善或消除产生这类偏好的不公平的社会背景。因此，尽管政府并没有特别关注个体差异的细节，但我们却不能得出功利主义无视个体差异的结论。

功利主义倾向于认为，如果不纠结于个体福利偏好上的差异，政府在福利政策制定上可以处理得更为普遍化。从它的视角看，不纠结于这些差异细节，而专注于提升满足所有人福利诉求的公共益品，这亦是以增进社会总效用的方式满足每个个体的偏好，重视这些公共益品的价值就是重视个人福利的差异。个人福祉与社会背景的关系一直是穆勒理论的一个中心议题。因为个体存在差异，所以人们之间的偏好亦不同，要将所有人的偏好与欲望都纳入效用计量无疑极不可能。然而，人们表达其差异性的最重要的方式就是选择自己的生活方式，而生活方式的选择必然要置于特定的社会背景下。尽管偏好各不相同，但实现每个人偏好的背景却存在共性。为社会成员打造一个能展示其各不相同的偏好并有利于其偏好满足的背景，亦是增进社会总福利的一种方式。这样一来，面对社会成员偏好与欲望的细节上的差异，政府的功能就是：为所有成员提供一个平等的、自由的社会环境，让每个社会成员都能平等地享受这一背景所提供的公共益品。功利主义不再直接计较个体效用的得失，而是计较满足所有社会成员偏好与欲望的手段。这样其运行便不再像非功利主义者所批评的那样，因计算个体效用太过烦琐而变得不可行，“而是通过最大限度地增加通用益品，从而间接地使人们的偏好满足最大化”①。

笔者认为，功利主义这样一种处理个人福利与社会总福利的方法颇具合理性，毕竟社会制度安排与政府制定政策的确无法如哲学家们所希冀的那样面面俱到。尽管进行到这里，功利主义依然没有通过处理个体偏好差

---

① 威尔·金里卡. 当代政治哲学. 刘莘，译. 上海：上海译文出版社，2015：25.

异的方式弥补其公平分配理论的不足，但为了满足其理论的系统性与融贯性，这种取舍也是不得已而为之。类似这样的理论缺陷不仅功利主义有，其他理论也有。任何理论都无法做到完美无缺，不过是缺陷不同。这亦是罗尔斯提出“重叠共识”的背景与原因。到目前为止，现实生活中功利主义一直是政府行为的主要原则，这是任何人都不能否认的事实。我们无法想象一个国家的制度安排与福利建设不以增进整体善为目标就能得以持续发展的情况，或许这就是我们接受功利主义的最直接的理由。但是，我们同样也无法认可，在人的基本权利已成为普遍共识的社会，一种缺乏基于权利的正义考量的理论会成为社会结构建设的唯一依据。因此，合理的选项可能是，不以终极价值的方式保留功利主义的社会整体善目标，而是对功利原则的应用有所限制。将功利主义统合到所有基本共识的价值范围之中，是我们期待发生的事。

第二节　契约论方法与两种自由主义

在与福利相关的分配正义理论中，自由主义的影响最大。作为一种思潮，自由主义历史悠久，但它真正受到西方学界广泛关注却始于 20 世纪 70 年代。这与罗尔斯在重塑规范伦理学时，基于道德视角探讨自由主义的合理性直接相关。自由主义有两大阵营，一个是平等的自由主义，当代最有影响的代表人物是罗尔斯和德沃金，这一阵营沿袭并发展了康德主义路线；另一个是自由至上主义，其当代代表人物是诺齐克、哈耶克与弗里德曼等人，他们沿袭并发展了斯密路线。无论隶属哪个阵营，都对功利主义持批判态度，都持有这样一个核心立场：人的平等与自由的权利神圣不可侵犯。从权利出发回归权利的保障是所有自由主义的共同特点，自由主义者之间的区别仅在于权利的侧重不同，以及所选择的通往权利的路径不同。但是，作为自由主义出发点的权利，如平等与自由，并非如某些哲学家所认定的那样是一种道德事实，更多的是一种约定，这种约定使得两种自由主义或多或少与西方思想中的契约论传统相关联。

一、平等理念与契约论方法

自16世纪以来，对人的平等、自由权利的承认基本上已是世界各国人民的一种共识。《世界人权宣言》开篇就指出："对人类家庭所有成员的固有尊严及其平等的和不可剥夺的权利的承认，乃是世界自由、正义和平等的基础。"① 当我们读到这句话时，往往会自然而然地接受它，因为在大多数人的心中，人与人之间的平等是有充分理由的。但是，如果略加思考，我们就会惑于这种权利背后的理由的充分性。人为什么是平等、自由的？它们是一种道德事实吗？

对于人的平等的探讨历史悠久。亚里士多德可能是最早探讨平等的哲学家，尽管他的初始点是人生而有别，但他却试图确立平等待人的标准。其平等所依据的是人的德性。根据人的德性的高低予以区别对待是亚里士多德平等观的核心内涵。② 后来，一些宗教学家将上帝视为人与人平等的依据；启蒙运动时期，一些人文主义者从人的肉体或生理特征出发论证人的平等，而一些理性主义者则将理性本身视为平等的依据。但是，这些论证基本上都不成立。首先，作为平等依据的上帝，其自身的存在无法证实。其次，以人的自然生理为依据，既能得出人生而平等的结论，亦能得出人生而不平等的结论。无论哪种结论都存在逻辑上的问题：人在生理构造上的相同或差异是一个事实，而人的平等与自由是一种价值，从事实中无法推导出价值。最后，以理性作为平等或自由的依据也存在问题。比如，康德是以理性作为人的权利的依据。在他那里，作为道德法则的平等是理性自身或自由意志的选择。道德法则是人的思想实验的结果，更确切地说，是所有有理性的存在者达成的一种共识。从这个角度看，与其说平等是以理性为依据，不如说是理性存在者的共同约定。

通过对以上平等、自由权利的几种不成功的论证的考察，我们或许可以得出两个无法共生的结论：其一，存在能够证成这种权利的论据，只不过迄今为止思想家们并没有发现它；其二，平等与自由本身是无法证成

---

① 曼弗雷德·诺瓦克. 民权公约评注：上. 毕小青，孙世彦，译. 北京：三联书店，2003：3.

② 陈燕. 公平与效率：一种经济伦理的分析. 北京：中国社会科学出版社，2007：33.

的。从以往论证的效果看，我们更倾向于第二个结论，即人的这些权利无法证成。那么，人们普遍接受这些权利的依据又何在呢？我们觉得，以契约论方法来解释人们的这种共识或许更为合理。

并非所有的契约论都可以成为平等、自由权利的依据。近代契约论采取了两条不同的路径：一条是以霍布斯为代表的基于自利的契约论（contractarianism），另一条是以康德为代表的基于权利的契约论（contractualism）。① 对人的平等与自由权利的预设是后者而非前者的选择。两条路线的契约论都从一个无政府、无法则的自然状态出发。霍布斯所设想的是一个野蛮残暴的自然状态。在这种状态下人自私而又无安全保障。为了使自我利益最大化，就有可能接受道德约束与同意政府权力。在霍布斯的继承者高希尔（David Gauthier）看来，道德是只关注自我利益的人之间讨价还价的结果。这一路线的契约论者没有预设任何平等的前提。

基于权利的契约论始于卢梭与洛克，但真正奠定关于人的平等与自由权利基础的却是康德。这一路线当代最有影响力的代表人物是罗尔斯与托马斯·斯坎伦（Thomas Scanlon）。在基于权利的契约论那里，平等体现在两个方面，一方面，平等是作为缔约背景或者说初始状态下人的缔约条件；另一方面，平等是人的应该受到保障的基本权利。这是契约论的论证结果。

所有的契约论者都将平等视为缔约背景的一个必要条件，因为他们认为，人们在不平等或被迫的条件下签署的协议是无效的。卢梭将自然状态描绘成一个人人平等的世界；洛克直接将“自由、平等、独立”赋予自然状态下的人。对此，罗尔斯与斯坎伦处理得更为谨慎一些。罗尔斯将原初状态中的人置于“无知之幕”之后，假设缔约者在缔约之前不知道自己在社会中的任何信息，包括身份地位、“资质、能力、智力、体力等方面的运气”，甚至包括自己的价值观与心理倾向。② 与罗尔斯不同，斯坎伦将

---

① “contractualism”这个词由托马斯·斯坎伦第一次使用。该词的使用有广义与狭义之分。广义上是泛指源于卢梭、洛克与康德这一路线的所有基于权利的契约论；狭义上是专指托马斯·斯坎伦的契约论思想。具体参见：Elizabeth Ashford，Tim Mulgan. Contractualism. The Stanford Encyclopedia of Philosophy，Fall 2012。

② 约翰·罗尔斯. 正义论. 何怀宏，何包钢，廖申白，译. 北京：中国社会科学出版社，2009：13.

初始状态下的人设想成信息充分且不受强迫的。他们清楚地知道自己的处境、背景、目标以及各种与缔约相关的信息，并在此条件下自主、自愿地缔约。尽管两种假设看上去截然不同，但却都是为了将缔约者彻底置于一个平等的背景中。在他们看来，只有将缔约者置于平等状态下，才能缔结出公平的正义原则或无人能合情理地拒绝的道德原则。

除了假想的平等状态外，人的平等、自由的权利也是契约论方法论证的结果。康德则将人的平等的道德地位立足于人的理性的、自主的主体性能力上。康德并没有关于自然状态的设想，关于人的平等的道德地位的思想隐含于其人性公式和目的王国公式中，而这些公式是通过思想实验来证明的。人性公式的要点在于，我们永远都不应当把他人仅仅当作一种手段来对待，而应把他人作为目的本身来对待。这一公式内含最深刻的人的平等的道德理念，即我们要平等地尊重每一个人的道德主体性。目的王国是不同的、拥有道德主体性的理性存在者在道德法则下的联合王国。在这个王国中，“每一个成员都平等地拥有作为普遍法则的立法者的地位，因此必须始终把他们自身视为目的”，并且，由于目的王国的每一个成员都平等地拥有为其共同体订立这些原则的理性能力，因此这些法则“能得到具有完全理性的行为者组成的共同体的接受”①。可见，正是因为人的自主的道德主体性能力，才使得人拥有平等的道德地位，并得到平等的尊严与关怀；也正是因为人的这种能力，才能订立为共同体所有成员都认可的道德法则。道德就是这样一种协议：在我们尊重人的平等的道德主体性的情况下，必然会同意的、对我们有约束力的那些法则。

无论是罗尔斯还是斯坎伦，在对平等的认知上，都深受康德的影响。从某种意义上看，他们都是从不同角度阐发了康德的人性公式与目的王国公式。在罗尔斯那里，经由契约方法得出的正义第一原则，即平等的自由原则，具有绝对的优先性；同时，他的差别原则也被一些思想家视为倾向于平等主义。斯坎伦通过契约论方法所推导出的无人能合情理地拒绝的道德原则，在一些思想家眼中，甚至比罗尔斯更接近康德。其实，无论是康

① Robert Johnson，Adam Cureton. Kant's Moral Philosophy. The Stanford Encyclopedia of Philosophy，Fall 2016.

德还是罗尔斯、斯坎伦，都是在寻求一种能够阐释自由与平等的人类协议。罗尔斯的正义理论探讨的是社会制度，契约式的论证是为了得出正义制度的基本内容，其目的是在社会的政治领域实现人的平等与自由；而斯坎伦的契约论虽然仅仅是一种道德理论，但它的契约论论证方法在推导出道德原则的同时，再一次证明了人的道德主体性及其平等的道德地位。

通过上述内容，我们可以看到，人的平等与自由其实并不像以往一些思想家所认为的那样是一个事实。基于权利的契约论迄今为止在权利理论方面影响最大，但是在契约论思想家那里，平等或者是一种假设，或者是一种约定。无论哪种，似乎都不属于道德事实。它的合理性在人们质疑契约论的同时也受到了质疑。首先，许多学者批判契约发生的真实性。历史上是否人们真的签署过协议？如果契约真的发生过，那么，休谟指出，“一个人的祖先的协议不能约束那个人自己”；如果这个契约只是一个假设，那么，德沃金又说“假想的协议根本不是协议”。这样一来，契约对于我们还有意义吗？针对这一点，像高希尔那样的假想式的契约论者抗辩道，尽管假想的契约对人并没有直接约束力，但这种方法提供了一种人们可以借以发现实践理性要求的“思想实验”。[①] 德沃金的处理方法是，直接回避契约历史的真实性问题，仅仅以“澄清关乎人们道德平等的道德前提的意义”赋予契约。在此，契约论作为一种思想模型，或纯粹作为一种手段，目的在于“展示人的道德平等的理念”。[②] 一般而言，思想家们运用契约论方法仅为导出其认为合理的理论，如罗尔斯的目的在于推导出正义原则。就契约的真实性进行指责，无异于无的放矢。我们需要考虑的不应该是历史上是否真的存在过契约，而是它是否达到了它所想要达到的目的。

至于平等与自由是不是道德事实，我们认为，罗尔斯对此问题的解释较为合理。自休谟以来，许多哲学家认为只有自然科学认定的事实才是事实，价值的东西因不具有客观性而与事实无关。然而，或许我们不应该将事实仅限定在自然科学界定的范围之内，除了科学事实，或许还存在另一

① Ann Cudd. Contractarianism. The Stanford Encyclopedia of Philosophy, Winter 2013.

② 威尔·金里卡. 当代政治哲学. 刘莘，译. 上海：上海译文出版社，2015：79.

种事实，那就是道德事实。罗尔斯是“根据合情理性（reasonableness）来界定道德的客观性”。假想的契约就是合情理性的人们为了达到合作的目的，在一起平等地对话，最终达成的一致意见。他们一致同意的协议条款就是道德原则。“这些原则确定要做的正确的事，即道德事实。”① 由于缔约者并非仅从自我利益出发，他们只有站在道德中立的立场才能得出所有人都认可的道德条款。这样的道德条款相对于个人来说，已然具备了客观性的特点，由此得出的道德原则必然对所有的缔约者都有约束力。人的平等与自由就是在这种情况下得出的，因此，尽管它只是一个约定，但是对于所有的社会成员来说，它就是有约束力的道德事实。

二、两种自由概念

自由是最为自由主义所重视的价值，但自由却是个多歧义的概念。根据英国哲学家以赛亚·伯林（Isaiah Berlin）的说法，思想史家对自由曾提出 200 多种界定。现代自由主义者对自由的理解通常基于伯林对自由的界定。他从自由的诸多理解中界分出了两种自由：消极自由与积极自由。其论述所涉及的主要是政治自由。

消极自由是人的最低限度的自由，如果一个人在一定范围内没有群体或他人限制、束缚他去做自己想要做的事情，那他就是自由的。不受限制与束缚的范围越大，他就越自由。反之，如果该范围被群体或他人压缩到最低限度以下，那他就处于受强制或奴役状态，是不自由的。② 不受干涉是消极自由最根本的要求。如果群体或他人在我没有伤害他人的情况下干涉我的活动，那就是在剥夺我的自由。这种干涉或束缚既包括身体上的强制，如坐牢，也包括国家法律制度的限制，如超出最低限度的纳税。

积极自由用一句话来表达，就是“做自己的主人”。按照伯林的界定，自由的积极意义“源自个人想要成为自己的主人的期望。我希望我的生活与选择，能够由我本身来决定，而不取决任何外界的力量。我希望成为我自己的意志，而不是别人意志的工具。我希望成为主体，而不是他人行为

---

① 史蒂文·卢坡尔. 伦理学是什么. 陈燕，译. 北京：中国人民大学出版社，2014：45.

② 以赛亚·伯林. 自由四论. 陈晓林，译. 台北：联经出版事业公司，1986：230.

的对象；我希望我的行为出于我自己的理性、有意识之目的，而不是出于外来的原因。……我希望我的人性角色，是自己设定自己的目标和决策，并且去实现它们”①。一个拥有积极自由的人，不受任何外在因素的影响，可以自主地规划自己的人生。从伯林的这段话中，可以读出康德的主体自主的思想。不同的是，康德的主体自主性更多地体现为一种意志自由，而伯林却指向政治自由。他所说的外来原因，既包括生存处境的低下，也包括天赋资质的不足。拥有积极自由的人不会因为自己物质上的匮乏或生理上的缺陷而无法行使自己的政治权利。这意味着，人只有在一种充足的情况下，才可以说拥有了这种积极自由。

由于许多自由主义者不愿将人因经济匮乏而无力做自己想做之事视为不自由，所以他们并不支持积极意义的自由。如伯林所说，贫穷就像是疾病，使人无法做自己想做的事情，这种无法做的情况不能被视为缺乏自由，更谈不上是缺乏政治自由。② 在他看来，除非我的贫穷是别人刻意安排的结果，否则就不能视为不自由。以干涉他人自由的方式为一些人提供实现积极自由的条件，是自由主义不能容忍的行为。在这里，刻意安排的蕴涵并不清晰。在我们眼中，所有的社会制度是人为设计并安排的结果，自由市场经济也不例外。如果自由市场经济制度的运行结果是一些人极为富裕，而另一些人极度贫穷的话，不知这在伯林那里算不算刻意安排？一些自由主义者看到现实生活中少数人富有而大多数人身处贫困中，也会感到不安。他们觉得一些人的自由是以另一些人的奴役为代价的。如果不先为匮乏者提供享受自由所需要的基本条件，那确认自由权对他们又有何意义呢？在现实生活中，人们已普遍接受政府以影响社会制度的方式保障社会成员的基本福利，特别是以社会救济的方式对一些弱势者进行补助。如果说自由是不受束缚地做自己想做之事，那么，一些因贫困、天赋不佳或运气较差等因素的影响而处于社会底层的人，必然会因为困顿或无知而无法实现自己所想，甚至根本不敢去想。以社会福利的方式改善他们的处境，无疑为他们实现自由提供了条件。因此，这类社会制度的安排可以说

---

① 以赛亚·伯林．自由四论．陈晓林，译．台北：联经出版事业公司，1986：241.
② 同①231.

既增进了平等，也增进了自由。可是，这并不是伯林、诺齐克与哈耶克等人的看法，因为在两种自由中，他们将终极价值赋予了消极自由。面对上面的问题，伯林的回答是："自由就是自由，不是平等、公平、正义，不是文化，也不是人类的幸福或平静的良心。如果我自己或我的阶级或我的国家的自由，是建立在许多人的不幸上面，则促成此事的体制就是不公正、不道德的。但是，如果我为了减少不平等的耻辱，因而去削减或者丧失我的自由，却又没有能借此具体地增益别人的个人自由，那么，所发生的是自由的'绝对丧失'。"① 也许有人会认为，尽管一些人丧失了一部分个人自由，但是他人与社会却增进了自由，因此，这种个人自由的丧失是有价值的。可是，伯林却认为这是在混淆价值。如果自由真的是神圣而不可侵犯的最高价值，那就找不到任何其他价值可以弥补自由的丧失。

在自由与平等之间，自由主义者无疑会选择自由。支持消极自由的人一般认为，现代国家常常以追求积极自由为名，而行平等主义之实。比如，在《两种自由概念》中，伯林在概念上将积极自由与平等视为类似的东西，与消极自由相对立。对于他们来说，现代社会对平等的追求往往以损害消极自由为代价，因此，自由与平等之间的冲突在某种意义上就是积极自由与消极自由的冲突。

正是因为对两种自由的选择不同，自由主义被划分为两大阵营。伯林、诺齐克与哈耶克等人站在了捍卫消极自由的自由至上主义一边，而罗尔斯与德沃金在肯定消极自由的价值之外，将更多的注意力放到了积极自由之上，并由此通向了平等的自由主义。

三、平等的自由主义

20 世纪 70 年代，罗尔斯的《正义论》一经发表，便被誉为二战后最重要的政治哲学与伦理学论著，也是最好或最重要的分配正义理论。玛莎·纳斯鲍姆认为："罗尔斯的正义论是我们所拥有的最强有力的政治正义理论。"② 金里卡也在对比分析了当代最有影响的几种政治哲学理论

---

① 以赛亚·伯林. 自由四论. 陈晓林，译. 台北：联经出版事业公司，1986：234.

② 玛莎·C. 纳斯鲍姆. 正义的前沿. 陈文娟，谢惠媛，朱慧玲，译. 北京：中国人民大学出版社，2016：17.

后，更倾向于罗尔斯的理论。当代政治哲学领域关于平等、自由、公民资格等热点问题的争论，很大程度上都要归功于罗尔斯。正是其《正义论》的发表引发了四十多年以来政治哲学与伦理学领域百家争鸣的理论态势。

无论是罗尔斯还是德沃金，都试图平衡平等与自由之间的关系。不同的是，罗尔斯提出差别原则的方式，在资源分配上更偏向于处境最不利的群体。而德沃金则采取从平等中导出自由、视平等为自由的基础的方式，否认了自由与平等之间的矛盾。在许多自由主义理论家将自由确定为终极价值的时候，他们选择了以平等补充或平衡自由的路径。

在证明其理论的过程中，罗尔斯采用了被称为反思平衡的方法，即试图通过对理论体系中的判断和原则进行反复比较、限制修改的方法，得出一个在理论上深思熟虑、在实践中贴近人们一般信念的正义体系。罗尔斯将自己的理论视为公平的正义理论，其所说的公平主要体现在两个方面：第一，缔约背景的公平；第二，缔约结果的公平。在逻辑上前者是后者的必要条件。为保证缔约背景的公平，罗尔斯为他的原初状态设计了无知之幕。虽然不知道自己在社会中会处于什么地位，会有怎样的人生，但一些能使每个人获得优质生活的东西却是所有人都想要的。人人都希望自己在社会中处于优势地位，希望在政治上享有更多权利，在物质上分有更多份额。无知排除了每个理性的、只关心自我利益的人在设计社会基本结构并分配各种益品时会受天赋、兴趣、爱好与社会背景等因素的影响。比如，一个人若知道自己在社会中会列入富人之列，他可能就不同意以提高社会福利为目的的税收政策。贫者的立场刚好相反，他们可能会非常支持这种政策，并希望加大纳税额度。这样一来，人们就达不成公平的、一致同意的正义原则。在排除各种影响因子的情况下，人们会将各种可能，尤其是最糟糕的情形纳入考虑，以便达成对所有人都有利的契约。这样得来的正义原则才是公平的。罗尔斯认为，为了体现平等，“体现作为道德主体、有一种他们自己的善的观念和正义感能力的人类存在物之间的平等”，对缔约者的这些限制都是合理的。在剔除了功利原则后，他得出了他认为所有人会一致同意的正义原则。他“坚持认为，处在原初状态中的人们将选择两个相当不同的原则：第一个原则要求平等地分配基本的权利和义务；

第二个原则认为社会和经济的不平等（例如财富和权力的不平等）只有在其结果能给每一个人，尤其是那些最少受惠的社会成员带来补偿利益时，它们才是正义的”①。这两个原则对应了人在社会中所处地位的两个方面：其一，作为一个公民应该享有的基本政治权利必须平等；其二，一个公民在社会财富与收入的分配中所处地位如何，以及这一地位是否影响其享受人的基本权利的水平。罗尔斯的正义第一原则在学术界并没有引发什么争论，但其处理社会与经济不平等的差别原则因表现出平等主义倾向而成为学者们争论的焦点。

影响社会经济分配的公平性的因素很多，但最主要的因素是人的不同的天赋、家庭出身与运气。自由主义一般强调机会均等，但条件不平等前提下的机会均等并不是真正意义上的公平。正如阿瑟·奥肯（Arthur Okun）所说：“机会不均等的起跑线一方面是天赋能力的遗传，另一方面显然是家庭的不利地位。”② 在推导正义原则时，罗尔斯是从最小受惠者的视角看待公平，考虑的是，什么因素使得一个人成为最小受惠者。思考后他认为正义原则首先需要排除的是人们在追求政治和经济利益时的自然天赋和社会环境等偶然因素的影响。

诺齐克、弗里德曼等自由至上主义者所支持的前程向才能开放是一种机会平等的自由市场逻辑。不管每个人的出身与天赋如何，市场的大门平等地向所有社会成员开放，每个人都可以自由地进入与退出。在这一背景下，无论竞争的最终结果如何，都是公平的。但罗尔斯认为这是不公平的，因为它允许那些非常任性专横的因素影响最终分配结果。这些因素就是天赋、家庭出身与运气。按照市场逻辑进行的分配，被他称之为自然抓阄，是一种自然的贵族制观念。无论是天赋还是家庭出身，都是人无可选择的东西。家庭对个人成长的巨大影响早已被心理学家与教育学家所证实。富裕家庭为孩子提供的优渥条件足以让贫困家庭的孩子输在起跑线上，即使打着前程为人才开放的幌子也不能证明竞争结果的公平性。所谓公平，在罗尔斯看来，就是“在社会的所有部分，对每个具有相似动机和

---

① 约翰·罗尔斯. 正义论. 何怀宏，何包钢，廖申白，译. 北京：中国社会科学出版社，2009：12.

② 阿瑟·奥肯. 平等与效率. 王奔洲，等译. 北京：华夏出版社，1999：73.

禀赋的人来说，都应当有大致平等的教育和成就前景。那些具有同样能力和志向的人的期望，不应当受到他们的社会出身的影响”①。正因如此，罗尔斯才在其正义第二原则中，将差异原则置于机会平等原则之前，赋予差异原则以优先性。②

事实上，长期以来，人的这些偶然因素一直在参与并影响社会分配，人们早已被迫接受这种现象，很少有人质疑它的道德性。但是，罗尔斯却将人靠天赋等偶然因素获取比他人多的利益视为道德上不应得的。尽管这一点受到哈耶克那样的自由主义者的质疑，可是却极具合理性。从道德的视角看，人不应该为自己无法选择的事情负责。康德有一个为人们普遍接受的观点：应当蕴涵能够。既然人无法选择自己的出身与禀赋，就不应该为这些因素产生的后果负责。这一点与酒后驾车行为是不同的。因为在喝酒之前人尚是一个有理性行为能力的人，他可以选择喝酒，也可以选择不喝酒。因此他应该为自己的选择负责。但是，如果从一开始，他就不是一个有理性能力的人，比如是一个白痴，那么人们可能就不会对他后来的行为进行道德评价。因为白痴是人非自愿选择的结果。这种看法一直为社会法律制度深信不疑。人的出身与天赋亦是如此。一个社会如果允许这些因素参与社会分配，并且这些因素往往在很大程度上影响最终分配结果。那么，质疑这种分配体制的公平性就理所当然了。

不过，即使罗尔斯把家庭、天赋等要素视为个人不应得的资产，他也明白要想彻底避免偶然因素的作用是不可能的，唯一能做的就是以正义原则对它加以限制。这就是他提出差别原则的目的所在。③ 正义第二原则的

---

① 约翰·罗尔斯. 正义论. 何怀宏，何包钢，廖申白，译. 北京：中国社会科学出版社，2009：56-57.

② 罗尔斯的正义第二原则中包括有利于最少受惠者的“差异原则”与“机会均等原则”这两部分，具体表述是：“社会和经济的不平等应该这样安排，使它们（1）被合理地期望适合于每一个人的利益；并且（2）依系于地位和职务向所有人开放。”他的解释是，在没有满足差异原则之前，不考虑机会均等原则。参见：约翰·罗尔斯. 正义论. 何怀宏，何包钢，廖申白，译. 北京：中国社会科学出版社，2009：47-58。

③ 差别原则与其说是对人的自然差异的弥补，不如说是在将人的自然禀赋视为社会共同资产的基础上，让所有社会成员都能够享受由天赋较高的人和家庭出身好的人所带来的好处。

第一条是："社会和经济的不平等应该这样安排，使它们（1）被合理地期望适合于每一个人的利益"①。如何做才能够保证社会的经济不平等能被所有人接受？一般而言，一个哈耶克等人所支持的社会，平等仅限于机会均等，贫富分化的分配结果肯定受那些靠偶然因素胜出的人的欢迎，但却为那些处于社会底层的人所不喜。要想达到让每个人都接受是不可能的。罗尔斯并不是一个平均主义者。他并不拒绝一些人拥有比另外一些人更多的财富，或享有比另外一些人更高的报酬，只不过这些必须建立在一个前提条件之下，即这种结果必须有利于每一个社会成员。差别原则是从最少受惠者的视角出发的。要让一个社会中的弱势群体接受贫富差距，只有一种可能，那就是这种差距对他们有利。用这一思路去解释社会的高福利政策是有效的。一个不考虑人的出身与禀赋差异的社会，在经济上完全按照市场规则运行，必然会出现贫富两极分化的结果。对这一结果，市场赢家自然会接受，但是那些无力参与竞争者或竞争失利者必定心生怨恨。根据基尼系数，一旦贫富差距超过一定指标，就预示着社会不稳定或有动荡的可能。为了稳定社会，政府往往采取提高底层福利的方式来平息民愤。这已经是历史上统治者用惯了的手段。不过，历史上的情况是，统治者一边提高民众福利，一边觉得这是实施仁政，是在彰显自己的德性。于统治者而言是施舍，于民众而言并非应得。但是，客观地看，社会原本就是一个合作体系，如果社会发展的绝大部分经济成果落入少数人的囊中，而绝大多数的社会成员或挣扎于贫困之中，或只能解决温饱，即便再宣扬自由，贫困的自由也无多大价值。久而久之，他们必然会产生负面情绪。这于合作本身就不利。处于优势地位的人拿出一部分所得分给那些处于弱势地位的人，既是出于自身利益的考虑，也是公平的正义要求。这从另一角度也可以说明国家征收较高一点的个人所得税，并将这些税用于提高弱势群体福利的合理性。

需要指出的是，罗尔斯的正义原则的目的并不在于规定每笔交易、人的每项经济活动该如何进行或如何分配，而旨在为构建社会基本结构提供

① 约翰·罗尔斯. 正义论. 何怀宏，何包钢，廖申白，译. 北京：中国社会科学出版社，2009：47.

公平的正义原则。基于公平的正义原则所建构的社会就是人类活动的基本背景，人们在这种背景下进行的任何活动，无论结果如何，都是公平的。的确，如果一个国家的所有制度都基于一种为所有人都接受的原则，那生活在其中的社会成员无疑是幸福的。

与罗尔斯相比，德沃金倾向于平等的力度更大。如果说罗尔斯的理论更看重为社会基本结构提供一个宏观的道德准则，那么，德沃金的理论则更为切实。他试图拿出一个既能消解人的自然劣势，又尊重人的自由选择的分配方案，并期待以此方案评估现实社会中的福利分配与政策制定，解决社会中所存在的分配极为不公的问题。

德沃金认为，每个人都应当得到平等的尊重与关切，为了体现平等对待，他设想了一套分配方案。该方案的核心思想是："我们想象最初有一种平等的资源份额，这种平等的资源份额经过假想的保险（这能够针对不平等的境况为人们提供保护）和假想的竞拍选择（这能够敏于选择）的调整，就使我们能够确定一种公正的资源分配。"① 他的想法是，与其让人们直接以一种不平等的身份进入社会，不如在背景中先设计好如何补偿人的自然劣势的方案。人的自然禀赋对人后天生活的影响无法让人们真正地平等。为了避免这一点，他修正了罗尔斯的无知之幕。设想我们在无知之幕下给予每个人同等的资源。在每个人不知道自己进入社会后是否会处于自然劣势的情况下，询问他们愿意从初始资源中付出多少为自己购买保险，作为自己万一处于自然劣势的保障。因为没有人能保证自己没有那种可能，所以所有人都愿意拿出一部分资源作为保障。如果所有人都愿意拿出资源的30%购买保障，那么在现实生活中政府向高收入者征税的额度就可以是30%，通过制定有利于自然劣势者的社会福利政策为他们提供保障。然后，人们用手中平等的资源，比如100个蛤壳，参加一场拍卖，通过竞买去选择符合自我人生规划的那些资源。如果拍卖顺利的话，每个人在拍卖结束时都应该对自己买到的资源感到满意，因为他拍到了自己最想要的东西。在此，人们在拍卖会上选择的东西，被喻为一个人为了实现其人生理想所需要的资源。我们可以看到，德沃金的这一设想是建立在充

① 威尔·金里卡．当代政治哲学．刘莘，译．上海：上海译文出版社，2015：104.

分尊重人的自由的基础之上的，并且考虑到了人们之间的不同偏好。在拍卖中，尽管人们之间彼此存在偏好上的差异，所选择的生活也不同，但他们得到了平等的对待。

对于平等与自由之间的冲突，德沃金的态度是："自由与平等之间任何真正的竞争，都是自由必败的竞争。"① "平等与自由之间任何真正的冲突——在自由和抽象的平等原则的最佳观点之间的冲突——都是自由必败无疑的冲突。"② 从他上面的方案中，我们可以看出他赋予平等以首要价值，强调应该在平等的前提下进行自由选择。德沃金将政府是否能够做到对所有公民平等对待、一视同仁，视为评判政府合法性的依据。他指出，每个人都有权利要求得到政府平等的关怀与尊重。如果一个政府对全体民众的命运没有表现出这种关切，那它就不是合法的政府，就不配得到民众的忠诚。但是，平等对待并不意味着给每个人分配以同等分量的物质或提供同等的机会。比如，父母一般对自己的孩子应该一视同仁。但是，如果孩子中有一个生病了，那父母就应该给予这个孩子更多的关怀与照顾。这种情况并不意味着父母没有一视同仁。同样的道理，在现实社会中，一些人极为富裕，处于社会链的上游，而一些人非常贫困，挣扎在社会的底层。这种情况下，如果政府给予后者更多的关怀与照顾，也不应该被视为区别对待或与平等待人相左。或许这一思想就是他的福利分配方案的价值基础。

许多学者从不同角度对罗尔斯与德沃金的理论进行了质疑。比如，认为罗尔斯的正义原则忽视了人的自由选择，提出自然禀赋等因素对人的影响，却没有任何补偿措施；德沃金虽然提出了补偿方案，但是对于如何界分优势者与自然劣势者却没有好的方法；等等。但是，正是罗尔斯与德沃金这样的平等的自由主义理论家的努力，使得越来越多的理论者开始关注社会分配的正义问题，越来越多的理论者将视线投向社会弱势群体。与此同时，也有越来越多的社会政策的理论家与制定者开始思考如何将平等的自由主义的分配正义理论运用到社会实践中去。如金里卡所说："在过去

---

① 罗纳德·德沃金. 至上的美德. 冯克利，译. 南京：江苏人民出版社，2003：139.

② 同①142.

二十年里，关于分配正义的最有意义的工作都立足于德沃金的基本前提，并且，这些工作都试图使我们‘敏于志向和钝于禀赋’的理念变得更为精确。”① 罗尔斯与德沃金的平等的自由主义学说都发表于20世纪70年代，那时正是二战后西欧各国纷纷建立福利国家的时期，他们的理论为福利国家的高福利政策提供了哲学上的论证。具体关联我们将在第四章中详细阐述。

我们必须明白，要想得到一套完美的理论是不现实的，人类的思想虽然是在苛求中得到发展，但太过苛求则于实践无益。如果在现有的理论中能够找到一些最适合当下社会的需求、最有望以其为指导来解决社会现存问题的理论，那对人类来说也算是一种满足。这就如同经济学中对最优的一种追求，往往只能以选择次优为结果。或许，罗尔斯与德沃金的理论可以成为我们可选择的次优吧！

四、自由至上主义

在两种自由概念中，自由至上主义者选择的是消极意义的自由，即在一定的范围内不受干涉，没有束缚。自由至上主义有两个基本立场：支持资本主义自由市场体系，反对政府以纳税等方式进行社会福利再分配。他们将社会当成一个大的自由市场，约束人的行为的只有最基本的市场制度。在自由市场中，人所能做的就是在法律允许的范围内自由交换。整个市场体系保障的核心是人的基本权利，国家只是维持市场正常运行的管理者。对于自由与平等的冲突，自由至上主义者是将优先权赋予自由，而将平等置于从属地位。平等对于他们来说只意味着市场机制中的机会平等，或曰形式平等。

在罗尔斯的诸多批评者中，最著名的当属罗伯特·诺齐克。政治哲学领域中的罗尔斯与诺齐克之争，根本上源自两种对立的自由主义立场。罗尔斯的《正义论》发表于1971年，仅三年之后（1974），诺齐克便出版了极具影响的《无政府、国家与乌托邦》一书，他在此书中完全站在罗尔斯的分配正义思想的对立面，坚定地捍卫了古典自由主义。因此，本部分我

---

① 威尔·金里卡．当代政治哲学．刘莘，译．上海：上海译文出版社，2015：113.

们将以诺齐克的思想为主来阐述自由至上主义的分配正义理论。

诺齐克批判了罗尔斯关于人的自然禀赋与出身为个人不应得资源的观点。人们在自然禀赋与出身上的差异早已存在，以往并没有成为分配正义的考虑因素，这是因为在许多思想家的眼中，人与人在出身与天赋上的差异是一个事实，无所谓公平，也无所谓不公平。由天赋而引发的分配结果差异也与此类同，不应该成为正义考虑的内容。即使有人从公平与否的角度质疑天赋的道德性问题，自由主义者也以捍卫自由权利为由，否认了这种质疑。比如，哈耶克认为，从个人主义出发，几乎没有理由为实现所谓的起点公平而不允许人们享有靠偶然性因素得来的好处。① 诺齐克也不赞同罗尔斯的将自然禀赋社会化的观点。他认为罗尔斯的自然偶然因素理论犯了一个错误，即将人的成功完全归之于外在的、偶然的因素，忽视了人的自我选择能力。并且无论从道德的角度看人的自然资质是不是任意的，人对其都是有权利的，因而对借由它而获得的益品也同样有权。“人们拥有他们的自然资质并不侵犯到任何别人的（洛克式）权利。”② 将天赋视为集体资产是侵犯了人的权利。退一步讲，如果所有偶然的、任意产生的东西都没有道德意义，那么从精子和卵子结合的偶然性看，是否人的存在也无任何道德意义？所以，诺齐克认为罗尔斯的论证并不成立。

诺齐克的理论可以被称为基于权利的持有正义理论。他拒绝使用分配正义这一概念，用持有代替了分配。因为他认为，“分配”这个词已经表示了某种凌驾于个人之上的强权。“如果所有人对分配在其份下的持有都是有权利的，那么这个分配就是公正的。”③ 只要持有者的财富不是靠偷窃、抢劫或欺骗等不正当手段而来，那其持有就合乎正义。即使这种持有造成了其他人的贫困与较大的经济差距，也不影响持有的合法性。任何人、任何群体，包括国家，都不能以平等为借口剥夺属于他的物品，否则就是对他的权利的最大侵犯。在此，我们用一个案例来说明他的思想。案例开始于与德沃金的初始资源平等类似的情形。我们假想一个由 100 人组

① 石元康. 罗尔斯. 桂林：广西师范大学出版社，2004：55.

② 罗伯特·诺齐克. 无政府、国家与乌托邦. 何怀宏，等译. 北京：中国社会科学出版社，1991：228-229.

③ 同②157.

成的有 1 000 万总资产的小社会。一开始，分给每个人 10 万元初始资产让他们各自去过想过的生活。由于偏好不同，所以每个人的资产会花费在不同方面。有的人喜欢休闲旅游，钱都花在购买旅游产品与旅费上；有的人喜欢听音乐会或看球赛，钱都花在门票上；有的人喜欢读书上进，钱都花在购买图书与参加培训课上；少数人喜欢赚更多的钱后再享受，在别人休闲的时候，他们想着各种主意将钱从别人手中赚过来。比如，在别人观看音乐会时，他们批发各种小吃在门口推销；别人喜欢旅游，他们就制造各种旅游产品为他们提供服务；等等。一年过后，1 000 万总资产已经集中在少数人手中，他们过着比大多数人好得多的生活，而大多数人都处于贫困之中。在这种情况下，我们能否说这个小社会的资产分配结果不公平，应该从少数富有者手中拿出来一部分资产转移到穷人那里？按照罗尔斯的逻辑，由于这种分配结果受到了天赋等自然偶然因素的影响，因此有必要以差别原则对其进行干预。而按照诺齐克的逻辑，这种结果没有任何不公平，那些富有者没有靠偷盗或欺骗获得他人的资产，其富有是努力加运气的结果，所有这一切都是个人自由的选择。采取任何一种手段将一部分人的资产向另一部分人转移都是对个人权利的践踏。当然，诺齐克并非反对一切财富的转移，他只是反对非个人自愿的财富转移。如果一些富有者出于仁慈而自愿地将持有之物的所有权馈赠、捐献或转让给他人，这种行为不仅不违背正义，而且是值得鼓励的。

以诺齐克为代表的自由至上主义反对以国家为主导，采取二次分配的方式为社会成员提供社会福利。这就牵涉到国家应否有福利分配功能的问题。应该说，在国家保障公民的基本权利这一功能上，平等的自由主义与自由至上主义之间并不存在分歧。两者主要的分歧点在于，国家是否有权干预经济分配。罗尔斯与德沃金等人对此持肯定态度。在某种意义上，平等的自由主义的分配正义论证了国家经济功能的合理性。为了实践其正义理论，罗尔斯还专门设想了一些政府部门来调整社会福利的分配。如确定最低受惠值的转让部门，征收并调整税收的分配部门，等等。从宏观看，这些部门存在的目的在于以制度的方式缩小社会成员之间的贫富差距，进而将差别原则付诸实践。然而，自由至上主义沿袭自斯密以来经济自由主义所理解的最弱意义的国家，将国家的功能严格地限制于“守夜人”这一角色。国家只需保护公民基本安全，维持市场正常运转，让市场中不存在偷窃、欺诈与暴力，强制并惩罚那些不愿履行自愿签署的契约的人。如果政府超出这些职能去干涉市场通过自愿交换所产生的分配结果，就属于越权。诺齐克指出，"没有任何集中的分配，没有任何人或团体有权控制所有的资源，并总的决定怎样施舍它们"①。在自由至上主义者看来，只有"最弱意义的国家"才是"道德上可取的国家、道德上唯一合法的国家、道德上唯一可以忍受的国家"②。哈耶克的态度更为坚定，他指出："不存在任何理由使用与平等地对待人民截然不同的方法试图使他们平等。个人主义……否认政府有权限制靠能力或运气所得到的成果。它同样反对任何对个人可能取得的地位的强硬限制，不管这一权力是用来长久地维持不平等，还是用来创造平等。个人主义的主要原则是，任何人或集团都无权决定另外一个人的情形应该怎样，并且认为这是自由的一个非常必要的条件，决不能为了满足我们的公平意识和妒忌心理而牺牲掉这样的条件。"③政府并非不能纳税，但是纳税的额度只限于维持政府上述功能所需的最低限额，超出这一额度多征一分钱，都是不正义的。

需要指出的是，对政府职能的理解和一个与福利有关的个人责任的认识有直接关系。两种自由主义学说对个人责任的理解是不一样的。对于罗尔斯而言，由于影响人的分配结果的出身与自然禀赋等因素在道德上不应得，所以社会中处于最不利地位的那些人不该为自己的贫困或弱势负完全责任。这并非在为贫困者推卸责任，而是认为个人只应该为其控制范围内的自愿选择行为负责，而不该为由自然或社会的偶然因素导致的非选择结果负责。这部分责任可以由政府来承担。然而，自由至上主义者并不这么看。从伯林对消极自由的界定中，我们可以看出，他将这个意义上的自由纯粹理解为个人的事情。这种自由的作用范围也属于私人空间。政府干预得越少，个人自由的空间就越大。在这个空间里，只要没损害他人的利

---

① 罗伯特·诺齐克. 无政府、国家与乌托邦. 何怀宏，等译. 北京：中国社会科学出版社，1991：155.

② 同①330.

③ 弗里德里希·奥古斯特·冯·哈耶克. 通往奴役之路. 王明毅，冯兴元，马雪芹，等译. 北京：中国社会科学出版社，1997：29.

益，个人就享有完全的自由。资本主义的自由市场就是个人实现自由的最佳背景。在确定自由范围的同时，个人的责任范围也随之确定了。有多大的自由，就承担多大的责任。在自由作用的范围之内，一切后果都应由个人承担。以这一思路来理解富有者的成功与贫困者的失败，就会得出这样的结论：勤奋、努力加运气，是成功者富有的关键；而失败者就是因为缺乏这些品质，才导致其处境不利。以诺齐克的理论来解析，即：罗尔斯等人所强调的天赋、出身和制度背景等因素与个人的贫困无关。在持有正义的前提下，贫困者当下的贫困是其自由选择的结果，其因贫困而导致的自由缺乏也是自由选择的结果。如果想以外在的力量干涉这一令其不满的结果，就是以自己的自由去对抗他人的自由，这是不正当的。无论是社会还是他人，都不应该为个人的经济失败承担责任。需要指出的是，自由至上主义所理解的个人自由其实带有一种非伦理的特色，因为自由只与个人相关，与他人和社会无关。由自由所引发的贫困问题同样属于个人自己的问题。如果硬要将其归于伦理，那也是应该由个人自己处理的伦理问题。由此可见，现代社会的各种政府参与其中的社会福利制度，都是自由至上主义所强烈反对的对象。因此，如果我们想从自由至上主义那里寻找社会福利伦理支持，是不可能的。

从以上的差异与争论中，我们可以看到，两种自由观的分歧在于根本价值，尽管从其倡导者的论证中我们能够看到各自所主张的价值的合理性，但我们也必须承认一个事实，那就是任何一方都无法从理论上彻底驳倒对方，或使自己的理论有一种公认的完备性。平等或自由的冲突之所以历时经久而又争论不休，究其根本，是因为两者都是人类所珍视的根本价值。由于没有哪种价值能够高于两者，所以没有可以赋予其中任一价值优先权的更高权威。从情感的角度或许我们可以说，平等的自由主义更符合福利伦理的诉求。但是，从理性的角度我们却无法评判两者的优劣。正因如此，我们无法仅从一种政治哲学理论中导出所有的价值，我们同样也无法只基于一种价值去分配一个社会的福利。然而，资产阶级革命以来，人类经济生活从奉行经济自由主义政策向国家干预主义、再到混合经济政策的转变，原本就是在实践与探讨国家调控经济的各种可能性。如今，国家调控市场、参与分配已经成为一个事实。16 世纪以来西方社会福利思想与实践的历史，从现实的角度证明了国家主导福利与社会稳定之间的密切关系。如果承认这一点，我们的福利伦理就会更倾向于平等的自由主义。

第三节　马克思主义的分配正义思想

20 世纪 80 年代末 90 年代初，以苏联为首的一些社会主义国家前后遭到重创。作为社会主义国家意识形态的马克思主义却没有遭受相同的命运，反而得到西方大量学者的重新关注。随着社会正义成为西方政治哲学领域的核心论题，马克思主义的正义理念也逐渐成为一个热议话题。本节将以马克思本人的相关思想为主，来阐释马克思主义的分配正义理论。

与今天的主流正义理论相比，马克思在著作中并没有直接就正义问题集中地进行论述，但我们不能就此认为马克思缺乏对正义问题的关注。因为，马克思的整个理论体系的出发点就在于对社会最底层人民——无产阶级的命运的人道关怀。为此，他不仅重视整个社会的分配正义，更重视作为实践理性的人类道德。他所提出的按劳分配、按需分配的道德原则指向的正是以人的自由全面发展为目标的福利自由社会。

理解马克思的分配正义思想，需要从两方面入手。一方面，从马克思对资本主义法权的批判中，可以看出马克思对形式平等的反对，以及对实质平等的追求。另一方面，从马克思对未来社会分配原则的设想中，可以理解他的以人的自由全面发展为目标的福利自由思想。

一、对资本主义法权的批判与实质意义的平等

马克思所生活的年代，人的平等与自由权利经由资产阶级自由主义者的详细论述与发展，业已成为当时西方社会的核心价值。在社会主义阵营中也有许多人受其影响，宣扬这种抽象的平等与自由权利，如蒲鲁东（Pierre Joseph Proudhon）、魏特林（Wilhelm Christian Weitling）与拉萨尔（Ferdinand Lassalle）等人。1875 年，德国社会民主工人党与全德工人联合会的合并大会将平等与自由写入党的纲领。马克思对此非常不满，

他在《对德国工人党纲领的几点意见》（即《哥达纲领批判》）中不仅批判了拉萨尔的机会主义，还深刻揭露了资产阶级的平等与自由权利的虚伪性。

针对1875年的《德国社会主义工人党纲领》中这样一句话："平等的权利属于社会一切成员"，马克思指出："'社会一切成员'和'平等的权利'显然只是些空话。"① 在这里，平等的权利仅仅是被限定在资产阶级的框框内的法权，而非真实的平等。经济关系是政治法权的基础，经济上不平等，政治上就不可能真正平等，更谈不上所谓的公平分配。而导致这一结果的根源在于生产资料私人占有的资本主义经济制度。

资产阶级法权意义上的平等权利与其市场经济制度相配套。这种制度之所以被许多理论家视为体现平等与自由的最佳场所，是因为市场经济的基本原则是等价交换。在市场中，不存在封建人身依附关系，劳动者是自由的。所有劳动者身份平等，可以自由地进出市场。这样一来，劳动者参与市场竞争的任何活动均出于自愿，似乎市场是最能体现个人意志自由的场所。马克思承认，与封建社会的经济关系相比，资本主义市场经济体系中的人，的确在基本权利上有很大进步，因为"在这里第一次出现了人的法律因素以及其中包含的自由的因素"②。因此，马克思批判的焦点更多在于资本主义私有制。

私有财产神圣而不可侵犯是绝大多数自由主义者的信条，它与对自由市场的信念一起构成了资本主义社会的经济与法律基础。马克思认为，尽管资本主义社会在人的基本权利上有一定进步，但这种进步相当有限，因为无论是平等还是自由都受制于生产资料的私人占有。在资本主义社会，劳动者与生产资料是相分离的，这种分离不仅不可能使劳动者获得真正意义上的平等与自由，还会导致他们的异化。市场体制给劳动者所提供的不过是一种形式的而非实质的平等与自由。"如果说经济形式，交换，确立了主体之间的全面平等，那么内容，即促使人们去进行交换的个人材料和物质材料，则确立了**自由**。"③ 即，在市场机制下，无论是平等还是自由

① 马克思恩格斯全集：第19卷. 北京：人民出版社，1963：19.

② 马克思恩格斯全集：第46卷上. 北京：人民出版社，1979：195.

③ 同②197.

都受制于材料。对于劳动者而言，在一无所有的情况下，他唯一能做的就是自由地出卖自己的劳动。而一个靠他人手中的材料生存的人，即使法律上赋予他与资料占有者平等的地位，平等也无从谈起。无论是自由还是平等，也仅仅存在于形式之中。没有内容的形式是空洞的，对这种自由与平等的宣扬自然就是一堆空话。为此，马克思在《资本论》中嘲讽了古典经济学一直宣扬的市场经济所支持的平等与自由：

> 劳动力的买和卖是在流通领域或商品交换领域的界限以内进行的，这个领域确实是天赋人权的真正乐园。那里占统治地位的只是自由、平等、所有权和边沁。自由！因为商品例如劳动力的买者和卖者，只取决于自己的自由意志。他们是作为自由的、在法律上平等的人缔结契约的。契约是他们的意志借以得到共同的法律表现的最后结果。平等！因为他们彼此只是作为商品所有者发生关系，用等价物交换等价物。所有权！因为他们都只支配自己的东西。①

无论是自由、平等还是功利主义，其基础都在于西方社会一脉相承的个人主义。个人主义对人的认识与马克思的不同，它立足于一种抽象的而非社会的人。这种抽象的个体在处理利益关系时会撇开家庭，撇开所有社会关系，仅聚焦于自己作为人的自由或尊严。资本主义法权就是这种抽象的人的产物。而古典政治经济学借由个人主义的抽象的人的概念，进一步浓缩出一个理性的、趋利避害的、追求个人利益最大化的经济人。在经济人眼中，社会与他人除了手段意义外，再无其他价值。因此很难理解，一个由抽象的经济人所组成的社会以及其所建立的社会基本制度，如何可能真正地尊重每一个人，进而维护每一个人的尊严。由此，史蒂文·卢克斯（Steven Lukes）指出："经济个人主义的药方尽管诉诸平等和自由的价值观，实际上却等于是对它们的否定（例如，请考虑一个哈耶克对'天赋的'不平等、偶然事件的作用和'独立'阶级的赞赏，以及他对自由的极端狭隘和偏执的定义，其中避而不谈资本主义侵犯自由的罪行）。"②

---

① 马克思恩格斯全集：第23卷．北京：人民出版社，1972：199.

② 史蒂文·卢克斯．个人主义．阎克文，译．南京：江苏人民出版社，2001：140.

资本主义就是在自由、平等以及功利主义的最大多数人的最大幸福这些华丽口号的掩盖下，通过占有劳动者所创造的剩余价值，无情地剥削着他们，并将他们变成实现资本占有者利益的工具。也正是在这些口号的迷惑下，劳动者失去了独立、平等与自由的人格，变成了异化的人。由契约所规定的自由与平等，在劳动者贫困的生活与悲惨的命运面前，没有丝毫价值。资产阶级的所谓自由权利只不过是维护资本占有者的权利，因为只有他们才具备享有这种权利的能力与条件。无产者因为不占有生产资料而缺乏享有这种权利的能力与条件。马克思把个人主义所保障的自由权利转化为享有自由的条件和能力的问题，把问题的实质从保护少数人自由的权利问题转化为保障大多数人如何才能实际享有自由的问题。他认为，经济地位是权利的基本保障，只有经济上的平等，才能真正保证人们真实地享有自由。对于资本主义经济不平等的现实，马克思没有寄希望于改良，而是将目光聚焦于颠覆导致这种社会不平等的根源——私有制与资本主义制度。他认为，正是资本主义私有制将工人阶级变成穷人，使女性与少数民族置于弱势群体的地位。而要想改变被奴役的命运，劳动者必须认识到，是生产资料私有制使他们失去了平等与自由的机会。只有消灭资料占有者与他们之间的阶级差别，废除私有制，才有机会实现真正的平等与自由。也只有这样，劳动者才能回归自己作为人的本质。

在揭露资本主义制度所造成的不正义时，马克思是义愤填膺的。一些自由主义者认为，马克思的正义观念止于批判。但这种认识是不正确的。马克思在批判资产阶级法权意义上的平等与自由的虚伪性的同时，基于唯物史观阐发了他所认为的真正意义的平等与自由。在他看来，平等不是抽象的，对它的理解必须放到人类历史发展的具体进程中。经济基础是理解平等的钥匙，不同的经济基础所实现的平等也不同。如果没有丰富的物质财富的保障，即使是在社会主义社会，也不可能全然实现真正的平等。

在《哥达纲领批判》中，马克思阐述了共产主义社会的初级阶段（我们所理解的社会主义社会）与高级阶段在平等上的区别。由于刚刚脱胎于资本主义社会，共产主义社会初级阶段在经济、政治与道德等各方面都保留着它所脱胎的那个社会的残迹。虽然已无阶级差别、无剥削，但商品交换依然存在，只不过内容和形式都改变了。[①] 在这里，个人除了占有消费资料之外，没有任何私有财产。劳动是他唯一能够为社会提供的，而劳动也是交换的唯一内容。“一种形式的一定量的劳动可以和另一种形式的同量劳动相交换。”[②] 社会按照同一原则进行分配，即“各尽所能，按需分配。”就所有人都是平等的劳动者而言，劳动者已实现了身份上的平等；就劳动是分配的唯一标准而言，社会在很大程度上已实现了公平。尽管如此，马克思还是指出，“各尽所能，按需分配”这一原则所实现的平等权利依旧是资产阶级的法权，它“仍然被限制在一个资产阶级的框框里”[③]。因为它在分配上依然存在因劳动不同而产生的不平等。由于每个人的体力、智力与天赋不同，它们的参与必然导致劳动结果不同。默认这些差异，就等于默认了不平等的天然特权。所以，这种平等的权利所取得的进步还不足以使其与资产阶级的法权完全分离，它依然是一种不平等的权利。按照劳动而非占有生产资料的多少来进行分配虽然是一种进步，但却忽视了人的真正需要。比如，一个已婚且有子女的劳动者与一个未婚的劳动者相比需要的应该更多，但在劳动是唯一标准的前提下，这些都被忽略了。而这些忽略都被马克思视为一种弊病，一种由社会经济结构及其所制约的社会文化发展所导致的无法避免的缺陷。要克服这一缺陷，“权利就不应当是平等的，而应当是不平等的”[④]。而这种不平等恰恰就是马克思所设想的实质意义的平等，它只有在共产主义社会的高级阶段才可能实现。

马克思对共产主义社会高级阶段是这样描述的：

> 在共产主义社会高级阶段上，在迫使人们奴隶般地服从分工的情形已经消失，从而脑力劳动和体力劳动的对立也随之消失之后；在劳动已经不仅仅是谋生的手段，而且本身成了生活的第一需要之后；在随着个人的全面发展生产力也增长起来，而集体财富的一切源泉都充分涌流之后，——只有在那个时候，才能完全超出资产阶级法权的狭

---

① 马克思恩格斯全集：第19卷．北京：人民出版社，1963：21.
② 同①.
③ 同①.
④ 同①22.

隘眼界，社会才能在自己的旗帜上写上：各尽所能，按需分配！①

由此可见，马克思所构想的实质平等是在社会物质财富极大丰富的条件下达成的真正的结果平等。物质匮乏与人的利益对立往往相伴而生，进而导致人对物的依赖。受经济限制的主体，只有在突破对物的依赖的条件下，才有可能实现自我的价值。也只有摆脱物的束缚之后，人才能够感受到实质意义的平等与自由。在这个生产资料公有的社会中，由于不存在社会分工，因此劳动者已经摆脱了资本主义社会中因分工而导致的功能上的单一性；由于劳动不再是谋生的需要，而是劳动者自我实现的手段，因此劳动已不再表现为劳动者的异化。尽管人们在天赋、智力、体力上还存在差别，但脑力劳动与体力劳动已不再对立。由于生产资料公有，所以不存在以往社会的所谓分配问题。无论能力是大是小，只要每个人都各尽所能，那么在分配上就会各取所需。站在以往社会的立场看，似乎这是不公平的，但是从“人类发展的最终目标——类的自我实现的角度看是最公平的”②。对于人的天赋在分配中的影响作用，罗尔斯等平等主义者所采取的方法是：在既定经济制度的条件下尽可能地调节受天赋影响的社会分配结果。他首先将天赋视为个人不应得之物，然后在分配原则上以补贴弱势者的方式来限制天赋的影响。但是，马克思的处理方式不同，他不是限制，而是自根基处消解了天赋与家庭出身等自然偶然因素参与分配的可能性。在共产主义社会，人由不同的天赋所带来的差别不在于分配结果，而在于对社会的物质与精神财富的贡献。在各尽所能的情况下，能力高的人对社会的贡献比能力低的人要大。但贡献大并不意味着有权索取更多，在按需分配的标准面前，所有人的分配结果都是基于人的需要，而不是贡献。可见，在共产主义社会中，无论是天赋还是家庭出身等因素都不参与社会分配。消解了这些被当世许多哲学家视为难题的分配影响因素，平等与自由所体现的实质公平度自然比自由主义者所强调的形式上的机会均等要高得多。这种有更丰富的道德内涵的实质平等，达到了马克思所说的从内容到形式的统一。

---

① 马克思恩格斯全集：第19卷. 北京：人民出版社，1963：22-23.

② 陈燕. 公平与效率：一种经济伦理的分析. 北京：中国社会科学出版社，2007：47.

二、人的自由全面发展——福利社会的目标

从马克思将物质财富的极大丰富预设为共产主义社会的经济条件，并以人的需要作为分配的最终标准中，我们可以看出他非常重视人的福利。他在《哥达纲领批判》中指出，社会用以分配的总产品应该是在扣除一般管理费用、用来满足社会共同需要部分（如学校、公共设施等）、为丧失劳动能力的人等所设立的基金之后的剩余。后两者很明显都是我们今天所强调的最基本的社会保障。然而，共产主义社会远不止基本社会保障，它已经彻底实现了人的福利自由，实现了我们前面所说的真正意义的福利社会。可是福利自由并非理想社会的目标，在其基础上每一个社会成员所获得的自由全面发展才是福利社会的最终目标。

马克思与恩格斯在《共产党宣言》《德意志意识形态》《资本论》《反杜林论》《1844年经济学哲学手稿》等著作中曾多次论及，人的自由全面发展是共产主义社会的发展目标。马克思指出，作为一种历史存在，资本家的唯一价值或唯一受到尊重之处，就在于他为共产主义社会创造了物质条件，“而只有这样的条件，才能为一个更高级的、以每个人的全面而自由的发展为基本原则的社会形式创造现实基础”①。共产主义社会“将是这样一个联合体，在那里，每个人的自由发展是一切人的自由发展的条件”②。恩格斯则明确指出，共产主义的目的就是“把社会组织成这样：使社会的每一个成员都能完全自由地发展和发挥他的全部才能和力量，并且不会因此而危及这个社会的基本条件”③。从这些话语中，我们可以看出这样一条线索：资本主义市场经济的充分发展为共产主义提供了福利自由的物质基础，它使得人的真实的平等与自由成为可能，在共产主义制度的保障下，每个社会成员不仅可以避免异化的命运，而且可以获得个体的最充分的发展。

那么，人如何才能获得自由全面的发展呢？在马克思的理论体系中，劳动是个核心概念，要理解马克思的人的自由全面发展思想，必须先理解

---

① 马克思恩格斯全集：第23卷．北京：人民出版社，1972：649.

② 马克思恩格斯选集：第1卷．北京：人民出版社，2012：422.

③ 马克思恩格斯全集：第42卷．北京：人民出版社，1979：373.

他的劳动由异化向自由回归的理论。马克思对于劳动的理解，深受亚当·斯密与黑格尔的影响。他充分肯定了斯密所提出的劳动价值论，但不赞同以他为首的古典经济学家将劳动仅仅视为人的一种谋生手段，而没有看到劳动者在资本主义经济体制中的受奴役、被剥削的命运。马克思是在黑格尔的劳动概念基础上提出异化劳动的。他认为，黑格尔的伟大之处首先在于“抓住了**劳动的**本质，把对象性的人、现实的因而是真正的人理解为他**自己的劳动**的结果”[①]。但是，黑格尔唯一承认的只有抽象的精神劳动。马克思从唯物史观出发，以具体的、现实的人，替代了黑格尔的抽象的主体。将劳动视为有着社会性本质的人的活动，并嵌入具体的历史背景中去理解，由此引出了异化劳动这一概念。

在马克思看来，作为人的本质性的生命活动，劳动原本是件快乐的事情，是人通往自由之门的钥匙。但是，在资本主义制度下，劳动者所生产的产品作为一种异己的力量同劳动相对立，劳动的实现就是劳动者失去现实性的过程，即劳动的对象化就是劳动者主体性的丧失以及被对象奴役的过程。这就是劳动异化。在异化状态下，劳动者创造的财富越多，他就越贫困，越失去自我。在劳动过程中，劳动者不仅不幸福，而且还痛恨自己的劳动。而他若想摆脱这种被奴役的命运，获得真正的自由，必须消灭造成这种异化的根源，即资本主义私有制。共产主义社会消灭了生产资料私有制，从而扬弃了这种异化，无论是劳动者还是劳动都有了全新的面貌。劳动者“以一种全面的方式”，“作为一个完整的人，占有自己的全面的本质”[②]；而劳动成为劳动者自我实现的方式。

接下来会面临一个问题：共产主义社会中的人难道不需要谋生吗？马克思承认，一切历史都有一个前提，即生产满足人类最基本需要的物质资料。但生产这些资料的劳动不会成为自由的障碍，反而会成为保障人的自由的物质基础。在《资本论》中，马克思其实把劳动分成了两部分，一部分是人的物质生产劳动，它属于必然王国；一部分是人的自我全面发展的自由活动，它属于自由王国。在人完成了物质生产劳动之后，自由王国才

---

① 马克思恩格斯全集：第42卷．北京：人民出版社，1979：163.

② 同①123.

开始。所以，自由王国存在于必然王国的终结之处，即“真正物质生产领域的彼岸”①。在共产主义社会，虽然人们还必须从事物质生产劳动，但是，与资本主义社会的劳动相比，它有三个方面的显著不同。其一，共产主义社会的劳动已经消除了以往由社会分工导致的人的单向性，劳动者可以全面且自由地运用与发挥自己的才能。其二，所有物质生产劳动都不再由一部分人承担，而是由社会全体成员共同承担。阶级不复存在，剥削也无从谈起。其三，所有的劳动成果归社会所有，进而归全体社会成员所有。它们不仅被用于满足劳动者的基本需要，还为每一个社会成员充分培养并发挥自己的才能创造了条件。很显然，比起奴役状态，这样理解的劳动无疑更为自由。

既然物质生产劳动仍然属于必然王国，那么，为了让每一个人都能获得自由全面发展，共产主义社会需要做的最重要的事情就是尽量缩短工作时间，让人们有充分的自由时间。自由时间越多，人的自由全面发展的可能性也就越大。在自由时间里，人们既可以利用社会所提供的公共福利，积极参加各项娱乐活动，不断提高自己的生活情趣与精神境界，也可以从事各种与科学、艺术相关的活动，在不断学习中自我发展。每一个社会成员正是在充分享有自由时间的情况下，变成了马克思所说的“另一主体”，即身心得到全面的、充分的发展的个人。②

最后，需要强调的是，人的自由全面发展只有在共同体内才有可能，这种共同体就是共产主义的社会形式——自由人联合体。它成功地消解了个人与社会之间的矛盾，从社会的角度为存有差异的个体提供了最广泛的发展空间，使得社会真实地成为个人发展的坚强后盾。换句话说，这种由获得自由全面发展的个人所组成的联合体已“摆脱了以往社会集体对个体的‘异己感’，达到个人对集体的认同，并在这种认同的基础上进行与集体利益一致的自由选择”③。选择结果不是个人受制于社会的结果，而是展现自由个性的结果。以马克思主义的这一立场去看待人，看待社会与人之间的相互关系，我们在处理社会福利问题时，无疑会超越假想的契约关

① 马克思恩格斯全集：第25卷下. 北京：人民出版社，1974：926.

② 马克思恩格斯全集：第46卷下. 北京：人民出版社，1980：225-226.

③ 陈燕. 公平与效率：一种经济伦理的分析. 北京：中国社会科学出版社，2007：235.

系，超越以个人贡献为主要分配原则的自由主义，走向平等与共享的福利社会。

第四节　阿马蒂亚·森与纳斯鲍姆：基于能力的分配正义理论

在平等主义的阵营中，除了罗尔斯等人之外，深受马克思影响的经济学家阿马蒂亚·森与哲学家玛莎·纳斯鲍姆的基于能力的分配正义理论近年来越来越引起人们的重视。自 1998 年获得诺贝尔经济学奖之后，阿马蒂亚·森的研究工作越来越多地投向哲学，尤其是经济伦理领域。他关注下层人民的不平等境遇，致力于为解决现实世界中的贫困、饥荒、福利与分配正义等问题提供切实有效的方法，这为其赢得了“穷人的经济学家”的称誉。近年来，玛莎·纳斯鲍姆受阿马蒂亚·森思想的影响，将基于能力的分配正义理论延伸到女性、动物与全球的视野，并力图发展成一种系统的政治哲学理论，从而为我们提供了福利伦理更为丰富的一个视角。

一、阿马蒂亚·森的基于能力的分配正义理论

作为一个福利经济学家，阿马蒂亚·森一直试图在经济学领域渗入一种被主流经济学所忽视的伦理关怀。福利经济学从 20 世纪 30 年代罗宾斯革命后清除了与道德相关的分配问题。在福利经济学家柏格森（Bergson）等人的社会福利函数中，个人福利才是最关键的。阿马蒂亚·森批判了他们的理论，认为应该将不受虐待与剥削等道德因素纳入福利的考虑范围。贫困与饥荒等问题一直为主流经济学所忽视，阿马蒂亚·森以此为主题探讨了如何有效地保障底层人民的基本权利。他认为，在大多数情况下，一些人之所以饥饿，不是因为粮食不足，而是因为丧失了权利；同样，人们之所以贫困，不在于没有物质保障，而在于能力的缺乏。要实现真正意义的平等，首先要实现的就是人们在可行能力上的平等。我们可以觉察到他的可行能力与自由之间的密切关系。阿马蒂亚·森正是将可行能力视为通往自由的手段，并将其置于经济发展的大背景中去理解。

（一）从增长到发展：以自由看待发展

随着社会的发展，经济增长在某种意义上已经成为发展的代名词。当我们说社会发展了的时候，虽然并不排除军事、文化等社会各方面的进步，但经济增长却往往被视为发展的一个最重要的指标，以至于有些人直接以 GNP 来判断国家的发展水平。但是，阿马蒂亚·森指出，虽然增长与发展关系密切，但两者却是不同的两个概念。经济增长意味着收入与财富的增加，它与经济体的收入与产出价值总额相关。但发展却不同，它“关注的根本不是收入与产出，而是人们的生活质量及其享有的幸福和自由”①。他以亚里士多德关于财富意义的说明为依据，来说明发展的本质。财富不是我们的目的，它只有工具价值，是我们获取其他物品的手段。对于以收入和财富增长为主的经济增长也是如此，增长本身不是我们追求的目标，发展才是。因为发展的目的在于更充实的生活与更多的自由。一句话，增长只是为自由提供了更多的实现空间。

当许多人瞩目于世界发达国家和一些经济高速增长的发展中国家的物质成果进步时，阿马蒂亚·森的目光却注视着世界人民的困境，并将各种困境理解为“对自由的剥夺”。世界各个地区存在的饥荒与得不到医治的疾病，剥夺了一些人最基本的生存自由；男女之间的不平等摧残着女性的身心自由；一些国家教育资源的匮乏与不充分的就业剥夺了一些人的成长与发展自由；一些专制国家以经济增长为借口剥夺了人民的政治自由；等等。在各种不自由的形式中，有些自由的缺失并不是因为经济匮乏，而是因为经济增长的成果没有用于促进社会平等、扩大社会成员的自由。一个国家的经济增长成果往往体现在两个方面，一是国民个人收入增长，二是政府公共收入增加；前者可以为个人的发展与自由提供更多的物质支持，而后者却未必可以达到同样的效果，因为这取决于政府如何支出增长的公共收入。阿马蒂亚·森以中国与印度在医疗保障方面的公共支出为例，来说明这一点。中国与印度同属经济高速增长的国家，但是中国在医疗保障方面的公共支出是印度的 5 倍。而在印度，许多穷人得不到公共医

① 阿马蒂亚·森，刘民权，夏庆杰，王小林，等. 从增长到发展. 北京：中国人民大学出版社，2015：11.

疗，不得不求助于私人医生。一些没有受过专业培训的私人医生，不仅治不了病，还经常欺诈病人。阿马蒂亚·森认为这是政府在这一领域公共投入少所导致的结果。然而，印度政府在中小学午餐制度方面的投入却优于中国。如果经济增长的成果能够经由政府转化为保障社会成员的实质自由的物质动力，那才是真正意义的发展。阿马蒂亚·森由此指出："一个社会成功与否，主要应根据该社会成员所享有的实质性自由来评价。"① 这里所说的"实质性自由"与前文中所说的"积极意义的自由"有关，在阿马蒂亚·森的理论中，自由被理解为实现积极自由的可行能力，即一个人是否有能力去做自己认为值得做的事。从增长到发展，意味着社会所增加的财富提高了每个社会成员的以自由为目的的可行能力，与发展相一致的增长是在可行能力日渐平等的基础上创造一个日渐平等的和谐社会。

（二）可行能力与实质自由

可行能力是阿马蒂亚·森的分配正义理论的核心概念。在阐述其可行能力理论时，他考察了在这一领域最有影响的几种理论——功利主义、自由至上主义与罗尔斯的正义论。阿马蒂亚·森认为，这些在当代居于主流地位的正义理论，由于太过专注于寻求绝对公正的本质，太过专注于理想的正义制度，常常偏离了伦理学作为实践理性的实践性，偏离了它必须为人的行为和政策选择提供指导的终极目标。阿马蒂亚·森认为自己的理论与这些主流正义理论不同，他要回答的不是"什么是绝对公正""什么是理想制度"这样的问题，而是如何促进和纠正不公正的问题。② 关注人们的实际生活，对于理解正义的本质及其影响范围意义更为深远。

对于由后果主义、福利主义与总量排序这三部分构成的功利主义，阿马蒂亚·森肯定了它的优点。根据结果来评价各种社会政策与制度安排的重要性，无疑有很大的合理性。将福利视为各项社会安排的核心也具有很大的吸引力。不过，阿马蒂亚·森指出，功利主义在视角上存在较大的局

① 阿马蒂亚·森. 以自由看待发展. 任颐，于真，译. 北京：中国人民大学出版社，2002：13.

② 阿马蒂亚·森. 正义与世界//阿马蒂亚·森，刘民权，夏庆杰，王小林，等. 从增长到发展. 北京：中国人民大学出版社，2015：3. Amartya Sen. The Idea of Justice. Cambridge，Massachusetts：The Belknap Press of Harvard University Press，2009：1.

限。其缺陷主要体现于三点：漠视分配，忽略权利、自由以及其他非效用因素，以及忽视适应性行为和心理调节。对前面两个缺陷批评者众多，而最后一个缺陷针对的是，功利主义只聚焦于个人福利会产生的人际效用比较，而忽视了人的心理与行为会因环境的变化而调节。在恶劣的环境中，为了使自己能忍受各种不幸，人们会调整自己的快乐预期，降低对快乐的标准，以适应原本不堪容忍的各种环境，并从这种环境出发去塑造自己的偏好。这种现象被阿马蒂亚·森称为“适应剥夺性环境”。平等地计算这种效用或快乐其实是不公平的。所以，我们在进行“效用测度时”，要分清哪些是“长期受剥夺者”在“被剥夺状态”下产生的效用，哪些是隐藏在这些效用背后他们真实向往的生活。对人的福利的考虑，不仅要强调社会应为他们提供经济保障，如基础教育、医疗保障、就业机会等，更重要的是“让人们能够选择他们有理由珍视的生活的可行能力”①。显然，功利主义无法做到这一点。

尽管阿马蒂亚·森不赞成功利主义对权利的忽视，但对于自由至上主义的毫不妥协的权利优先性，他也持反对意见。自由至上主义赋予自由权利以绝对优先地位，这会损害人的实质自由。在现实生活中，人们在很多情况下会为了实现一些很重要的价值而放弃一些重要权利，比如，避免死亡，为了获取健康等。在《贫困与饥荒》一书中，阿马蒂亚·森指出，大规模地发生饥荒可以与不侵犯人的自由权利并存，一些失业者与赤贫者不会因为其拥有完全的权利资格而避免陷入绝境。遍布于世界许多地区的贫穷、饥饿与因得不到救治而死亡的儿童，这些和自由至上主义所宣扬的绝对优先的权利体制相容。这个结果让我们看到了自由主义对人的实质自由的漠视。相比于功利主义偶尔允许侵犯人的自由权利以救助大量陷入困境中的人，自由至上主义这种“普遍地忽视后果”，忽视“我们有理由珍视并要求得到的最基本的能力自由”的态度，很难成为一个适当的、可接受的道德评价体系的基础。②

作为当代最有影响、最重要的正义理论，罗尔斯的正义论得到了阿

---

① 阿马蒂亚·森. 以自由看待发展. 任赜，于真，译. 北京：中国人民大学出版社，2002：52-53.

② 同①56.

马蒂亚·森的部分肯定。可以说，阿马蒂亚·森是在分析他所认为的罗尔斯理论的不足之处的过程中，阐明了自己的基于能力的分配正义思想。

在以往社会，尤其是在经济学中存在一种狭隘的看法，即人的好生活只与经济收入有关，将收入视为人们能过上好生活的一种最基本的资源，进而赋予它以压倒性的位置。罗尔斯扩大了满足人的好生活的基本资源的范围，罗列了应平等分配的社会基本善，包括"权利、自由和机会、收入和财富、自尊的社会基础"①，这些益品是每个人都想要的。正是这些基本善的匮乏，才导致了一个人的贫困或在社会中处于弱势地位。阿马蒂亚·森认为，罗尔斯对基本善的分析远远超过了经济学只聚焦于收入的狭隘视野，为人们提供了一幅更全面的图景。

然而，尽管阿马蒂亚·森肯定了罗尔斯的理论在拓展资源范围方面的积极意义，但却认为远远不够。因为它忽视了这些基本品在促进我们的自由、实现我们的目的时，存在人际差异与能力要素的不同。收入与基本善无疑对人的福利或自由非常重要，但是"一个富足的或者基本善的指数，本身不能被视为福利指数。不同人（群体）的'利益'也不能基于基本善指数来排序，因为人们能够用基本善做什么具有人际差异，这取决于生物的、社会的和其他参数"②。要理解阿马蒂亚·森的具体所指，我们需要解释与梳理他所使用的一些概念。这些概念包括可行能力、福利自由、功能性活动。为了方便阐释，我们首先集中说明一下阿马蒂亚·森的理论中的这些关键概念。

所谓可行能力，就是一个人做自己想做之事的能力。一个人的可行能力越强，其自由空间也就越大。阿马蒂亚·森将自由分为两种：主体性自由（agency freedom）与福利自由（well-being freedom）。主体性自由指的是，一个道德上负责任的主体在追求他认为重要的任何目标与价值时能自由地去做和获得的自由。与主体性自由相比，福利自由是一种特殊类型

① 约翰·罗尔斯. 正义论. 何怀宏，何包钢，廖申白，译. 北京：中国社会科学出版社，2009：48.

② Amartya Sen. Well-being, Agency and Freedom: The Dewey Lectures 1984. The Journal of Philosophy, Volume 82, Issue 4 (Apr. 1985): 169-221.

的自由，其目的是获得福利，它关注的是个人拥有不同的功能向量①并享受相应的福利成就的可行能力。主体性自由的观念更一般化，因为它不像福利自由那样局限于一种类型的目的。它是要成为一个负责任的主体，主体应该有获得所需任何东西的自由。主体性自由应该包括福利自由，但两者有时却相背离。举例来说，你正在河边独自静静地享用美味的午餐，突然有人落水了，你选择跳下水去救人，并且你将落水者救了上来。在这种情况下，你的主体性自由增加了，可你的福利自由，即静静地享受午餐，却降低了。在不同语境下，主体性自由与福利自由有不同的重要性。在考虑到社会安全与满足个体需要方面，福利自由更为重要。② 阿马蒂亚·森在阐述他的可行能力方法时，主要使用的是福利自由这一概念。下面我们将阐释他的主要思路。

与功利主义基于效用、经济学基于收入、罗尔斯基于基本善的考虑不同，阿马蒂亚·森的方法是基于可行能力。因为可行能力与人的实质自由相联系，使一个人有能力去做自己所珍视的事情。聚焦于可行能力，就是聚焦于人的生活，而非人所拥有的资源。③ 具体来说，罗尔斯的构思是：先确定哪些东西是所有人都想要的，并将其确定为社会基本价值，然后找出一个公平分配这些基本价值的正义原则，并以这些原则建构社会基本制度。在罗尔斯那里，自由与基本善之间的关系是非常单一的，他没有注意到从基本善通往自由之路存在着较大的人际差异。正是这一忽视或不足使其理论缺少了实践性。阿马蒂亚·森指出，无论是收入还是基本善其实都

---

① 这里需要解释一下“功能向量”。阿马蒂亚·森用了人的“功能性活动”这一概念，它指的是“一个人认为值得去做或达到的多种多样的事情或状态”。一个人的可行能力是他“有可能实现的、各种可能的功能性活动组合。可行能力因此是一种自由，是实现各种可能的功能性活动组合的实质自由”。因此，“一个人的功能性活动组合反映了此人实际达到的**成就**，而可行能力集则反映此人有自由实现的**自由**：可供这个人选择的各种相互替代的功能性活动组合”。由此可见，阿马蒂亚·森的可行能力方法是根据一个人实际上能够做到什么，以及由他的可行能力看，他实际做到的事情的集合。通过一个人的功能活动集，我们可以看到他有多大的实质自由空间。参见：阿马蒂亚·森．以自由看待发展．任赜，于真，译．北京：中国人民大学出版社，2002：62-63。

② Amartya Sen. Well-being, Agency and Freedom: The Dewey Lectures 1984. The Journal of Philosophy, Volume 82, Issue 4 (Apr. 1985): 169-221.

③ Amartya Sen. The Idea of Justice. Cambridge, Massachusetts: The Belknap Press of Harvard University Press, 2009: 253.

只是帮助人们达到福利自由的手段。与罗尔斯等人不同的是，他关注的不是过上“好生活的手段”，而是“人们努力实现的实际的生活状态”，或者说是，“人们去做他们有理由珍视的事情的可行能力，以及去享受他们有理由珍视的生活的自由”[①]。

那么，阿马蒂亚·森是如何关注人的实际生活状态的呢？他指出，拥有了收入或基本善等福利资源并不意味着人们就平等地拥有了福利自由，就能过上我们所珍视的生活。因为在福利的实际享有上人们之间存在异质性或差异性。上述资源即使被平等地分配给了人们，但由于差异性的存在，这些资源也不会导向平等的自由。产生人际福利异质性的原因有五种：个人的异质性，环境的多样性，社会氛围的差异，人际关系的影响，以及家庭内部的分配。比如，一个健康人和一个残疾人即使拥有相同的收入，也不可能拥有同样的生活质量。前者的福利自由空间比后者要大。两者要达到同等自由，残疾人需要更多的收入支持。一个生活在气候适宜之地的人与一个生活在气候恶劣之地的人，同等的收入为他们带来的福利自由不可能相同。住在富人区的穷人，其收入或许远远高于其他地区的人，但是为了体面地参加富人社会的活动，他的收入给他带来的福利自由，与住在其他地区有着同样收入的人相比要少。还有家庭内部在分配资源时也会有多少之分。如果我们以家庭为单位计算福利资源，必然会忽略家庭内部成员因资源分配不均所导致的自由差异。阿马蒂亚·森认为，在处理收入、基本善与福利自由之间的关系时，所有这些差异都应该纳入考虑范围。但是，它们在罗尔斯等人的理论中却被忽略了，这是不对的。这些差异性的存在说明了一个事实：拥有了同等数量的收入与基本善并不等于平等地拥有了福利自由。使这两者不相等的关键因素就在于，人们实现生活功能的可行能力不同。所以，在平等的自由问题上，社会可以操作的空间既不是功利主义的效用，也不是罗尔斯的基本善，“而应该是一个人选择有理由珍视的生活的实质自由——可行能力”[②]。可行能力的意义就在于为人们实现从收入或基本善到他们有理由珍视的生活的转化。以自由

---

① 阿马蒂亚·森. 以自由看待发展. 任赜，于真，译. 北京：中国人民大学出版社，2002：71.

② 同①62.

权利为例来说明这一点。给定所有社会成员平等的自由权利，但由于一些人没有接受过良好的教育，或因生活在贫困地区，从来不知权利为何物。即使给了他们权利，对他们而言也无法达到实质自由。因此，在收入或基本善给定的情况下，是否拥有支配它们的可行能力决定了人们能否达到实质自由。人们之间在可行能力上的差异才是他们能否真正平等地享有实质自由的关键。一个节食的富翁与一个穷得没饭吃的人，虽然结果都是挨饿，但是前者是在有吃饱能力的情况下选择了挨饿，后者却是被迫为之。同样的结果下，我们对他们的评价却有天壤之别。富人被认定为拥有福利自由，而穷人却被评价为处于被剥夺的不自由中。贫困的表面原因是收入短缺，其真正原因却是人的可行能力不足而被剥夺了自由。对所有人来说，可行能力意味着有选择机会。那些我们所放弃的选项，其存在本身就有重要意义。

其实，阿马蒂亚·森既不打算提出什么制度安排的原则，也不打算建构一套力求完备的理论体系，他的目的很简单，就是找到一种可操作的、具有实践性的方法，能够切实地提高人们的福利自由。虽然只是一种方法，但在某种意义上它却可以兼顾其他正义理论。如阿马蒂亚·森自己说的那样，他的这种“以自由为基础的视角能够顾及功利主义对人类福利的兴趣，自由至上主义对选择过程和行动自由的关切，以及罗尔斯对个人自由权、对实质自由所需的资源的集中注意，等等。……按照这个方法，人们的自由能够以公开明晰的方式根据人们有理由珍视并追求的成果和程序来评价”①。

客观地讲，比起其他正义理论，阿马蒂亚·森的能力理论在处理社会福利问题时的可操作性的确更强一些。阿马蒂亚·森以经济学方法对贫困问题进行的研究，已经产生了巨大的影响。他所设计的能够较为真实地反映一国贫困状况的贫困指数，已得到广泛应用。这里，我们可以通过阐释他的贫困理论来理解其理论的实践特色。

对于大多数理论家而言，确认贫困的通用标准是收入水平低下。但是

---

① 阿马蒂亚·森. 以自由看待发展. 任赜，于真，译. 北京：中国人民大学出版社，2002：71.

阿马蒂亚·森认为应该基于可行能力剥夺来看待贫困，即贫困不仅仅在于收入不足，更在于没有能力去获取可以满足基本需求的收入。“在判断一个人的全部优势时，显然有必要重点考虑他能过上他所珍视的生活的可行能力……从这一视角出发，贫困可以被认定为对某些基本能力的剥夺，其重要性几乎尽人皆知。”① 阿马蒂亚·森并不否认收入低是导致可行能力剥夺的一个重要原因，但却不是唯一的原因，人的性别、年龄、健康状况、生存环境与生活条件等都会影响人的可行能力。这些因素既可能降低人的收入能力，同时也会影响收入向可行能力的转化。这意味着，仅以收入衡量贫困与不平等是不足的，可行能力剥夺所反映的贫困程度更真实。比如，社会常常以家庭收入总额来鉴别贫困，低于贫困收入线以下的家庭及其成员就是一般意义上需要社会救济的对象。但可行能力在家庭中原本就存在异质性，家庭内部会因资源分配不均而导致家庭成员的可行能力剥夺的程度不同，掩盖在家庭分配中的性别歧视一直没有受到关注。许多家庭在资源分配上更偏向于男性，这对女性来说是一种可行能力剥夺。此外，妇女的家务劳动几乎从未被承认，而“计量妇女在‘不被承认的劳动’上所花费的时间与努力，以及相关的自由的丧失，对分析贫困问题是有影响的，即使对欧洲和北美也是这样”②。世界绝大多数国家在制定社会福利政策时，都没有考虑家庭内部分配这一要素。但是，鉴于它对于贫困分析的重要意义，应该将其纳入政策考虑范围。

不仅如此，以往的正义理论在过于聚焦收入的同时，还忽略了失业、教育水平低、医药健康保障不足等因素对贫困的促发作用。这种忽略严重影响了社会对贫困的真实认知，进而影响了与贫困相关的社会政策安排，使得现在社会的福利政策往往简单地采取增加收入与资源的方式来减少贫困。这会产生一种阿马蒂亚·森所说的“把经济不平等等同于收入不平等”的结果。按照可行能力理论制定社会政策，其目的是要达到经济的平等，而不是收入的平等。经济平等需要关注导致人的可行能力不同的原

① 阿马蒂亚·森．正义与世界//阿马蒂亚·森，刘民权，夏庆杰，王小林，等．从增长到发展．北京：中国人民大学出版社，2015：8.

② 阿马蒂亚·森．以自由看待发展．任颐，于真，译．北京：中国人民大学出版社，2002：87.

因。思考完可行能力剥夺的差异性之后，就会明白，要想使人们真的有能力过上有理由珍视的生活，实现实质自由，我们真正需要做的是在收入分配上以不平等对待的方式追求平等，而不是以平等对待的方式继续停留于不平等。给一些缺乏可行能力的人（如残疾人）以更高的收入，虽然有悖于收入平等，但“它不违反含义更广泛的经济平等原则，因为在评价经济平等的要求时，必须把由于残疾而需要更多的经济资源考虑在内”①。同样，为了让女性有能力过自己所珍视的生活，不仅需要承认她们的家庭劳动成果，还要在资源分配中更关注她们遭受歧视的处境。阿马蒂亚·森的这一方式我们可以称之为区别对待，它采取的是以资源的不平等分配追求可行能力平等，即实质平等的方法。这一路径对认识与处理现实生活中各国的福利安排有重要意义。它可以让低福利国家的人明白实现福利平等—福利自由的突破口所在，也可以改进西方福利国家的制度安排的某些无效率之处，使其更加趋于实质平等。福利国家的普遍社会福利缺少的正是阿马蒂亚·森所强调的这种区别对待。无论贫富都平等地享有社会福利，看似平等，实际上却是不平等。政府应该根据“可行能力短缺，而不是收入低下来选定扶助对象”②。阿马蒂亚·森的理论一直体现的是对社会弱势群体的伦理关怀。作为一名经济学家，他思考的不是应对整个社会分配的道德原则，也不是如何使资源配置最佳，而是我们能够为穷人、为饥饿的人、为妇女……做些什么，我们关注什么才能切实地改变社会的不平等？这是非常难能可贵的。

虽然阿马蒂亚·森的可行能力方法在实践性上颇具优势，但它仍存在一些不足，受到了许多学者的批评。可行能力理论受到的最多的指责是，人的可行能力所指太泛，阿马蒂亚·森没有提供一个可行能力的详细清单。并且，他的理论所涵盖的可行能力很多，如生命、健康、健全、教育、女性地位等，但这些可行能力之间发生冲突时又该如何处理？这里涉及可行能力的排序问题。由于阿马蒂亚·森在这些问题上没有给出一个较完备的解释，其理论因而带有相当大的模糊性。对于这个问题，阿马蒂

① 阿马蒂亚·森. 以自由看待发展. 任赜，于真，译. 北京：中国人民大学出版社，2002：128.

② 同①.

亚·森的支持者玛莎·纳斯鲍姆提出了详细的解决方案。

二、纳斯鲍姆：核心能力与有人类尊严的生活

作为能力理论的另一个颇具影响的倡导者，玛莎·纳斯鲍姆多年来一直与阿马蒂亚·森一起探讨如何以能力为核心促进人类发展。阿马蒂亚·森的能力理论主要从经济学或经济学与伦理学交叉的视角出发，而纳斯鲍姆则侧重于从政治哲学的角度论证这一理论的可行性。在纳斯鲍姆的理论体系中，马克思的思想扮演着重要角色，她的能力方法正是基于亚里士多德关于人的功能观念以及马克思的人的自由全面发展的思想而阐发的。①

（一）核心能力与人类尊严

无论是阿马蒂亚·森的还是纳斯鲍姆的能力理论，在比较不同社会并评价它们的正义状况时，都聚焦于两个基本问题：每个社会成员事实上能够做什么，又能够成为什么样的人？哪些机会是他们真正可获得的？在寻找这两个问题的答案时，能力理论关注的不是每个人以收入、财富与基本善为指标的福利，而是作为目的的人本身，由选择空间大小反映出的拥有实质自由的多少，以及我们这个社会能够为每一个人提供的真实机会。由于能力及其影响因素的多样性，能力理论持价值多元论的立场。在多元价值的背后，这一理论关注的是因各种社会不正义而导致的能力剥夺。尽管有着相同的目标，但在能力理论的具体建构上，阿马蒂亚·森与纳斯鲍姆还是有着不小的区别。首先，纳斯鲍姆并不完全认同阿马蒂亚·森将自由划分为福利自由与主体性自由的做法，在她看来，一种提炼的更精致的福利自由观念已经涵盖了主体性自由。其次，阿马蒂亚·森并没有提出一种明确的基本正义理论，而是力图将能力方法发展成为一种统合性的（comprehensive）评价每个人的生活品质的标准，以改变目前人类发展的争论主题，将学者与政策制定者的目光从比较人们在收入与财富、基本善上的差异，转向比较人与人能力上的不同。但是，正因其理论基本正义部

---

① Martha C. Nussbaum. Women and Human Development. Cambridge：Cambridge University Press，2001：13.

分的缺乏以及能力本身的不确定性，阿马蒂亚·森才受到来自多方的批判。为了应对这些批判，也因哲学方法的需要，纳斯鲍姆建构了基于能力的社会基本正义理论，阐发了她的以保障核心能力为底线、以人的尊严为目的的正义观。

尊严是纳斯鲍姆的能力理论的核心概念。在批评发展经济学的主流理论时，纳斯鲍姆指出，发展经济学家提出的各项政策都忽视了"人的尊严"这一人类最基本需要。《创造能力》一书开篇就宣称："全世界所有人都在争取过一种与人类尊严相配的生活。"① 阿马蒂亚·森虽然也重视人的尊严，但并没有把尊严本身作为发展目标。而纳斯鲍姆在能力与实质自由之间又加入了尊严这一概念，她以"与人类尊严相配的生活"替代了阿马蒂亚·森的"有理由珍视的生活"，在某种程度上排除了后者带有的主观色彩，而强调了人类尊严的客观需求。如果说，阿马蒂亚·森的理论指向的是与实质自由相配的人的可行能力，那么纳斯鲍姆的理论指向的就是与人类尊严相配的可行能力。尽管纳斯鲍姆承认，尊严是一个直觉性的概念，其含义并不明确，但她仍然选择将它确定为能力理论的核心要素，并力图通过理论内部各个观念之间的相互联系来对其进行解释。

那么，全世界所有人如何才能过上与人类尊严相配的生活，即，与人类尊严相配的生活的必要条件是什么？如果以阿马蒂亚·森版本的能力理论来回答这个问题，答案无疑是：有平等的可行能力。然而，如前所述，由于阿马蒂亚·森的能力是泛指人们获取福利自由的能力，并没有将能力具体化，故而招致一些学者的指责。为了解决这一问题，纳斯鲍姆提出了核心能力这一概念，并列举了十种核心能力清单作为与人类尊严相配的生活的最低门槛。这十种核心能力分别是：(1) 生命。能够自然存活，不致中夭。(2) 身体健康。能拥有良好的健康、充分的营养以及适当的安身之处。(3) 身体完整。能够自由迁徙，免于各种暴力的威胁，能够拥有性满足与生育选择的机会。(4) 感觉、想象和思考。能够在获得良好教育的基础上，以真正的人的方式去感觉、去想象、去运用理性。(5) 情感。能够

① Martha C. Nussbaum. Creating Capabilities: The Human Development Approach. Cambridge, Massachusetts: The Belknap Press of Harvard University Press, 2011: 1.

依恋外在于我们的人与物，并以爱、悲、感恩与合乎情理的愤怒等方式表达。(6) 实践理性。能够形成一种善观念并批判性地反思我们的人生规划。(7) 交往。对个人而言，能够与他人共同生活并参与各种社交活动，能够恰当地理解并关心他人。对社会而言，能够为人们提供自尊与不屈辱的社会背景。(8) 其他物种。能够与非人类物种和谐共处并关心它们。(9) 玩乐。能够快乐地参与各种娱乐活动。(10) 掌控环境。能够享有各种政治权利，并能真正参与支配我们生活的政治选择。在物质上享有与他人平等的财产权与工作权。① 以上这十种核心能力就是与人类尊严相配的生活的核心必要条件。确定这一点就等于为社会提供了社会规划的总体目标。

为了进一步理解核心能力与人类尊严的关系，我们将纳斯鲍姆对核心能力的解释归结为三个方面：第一，核心能力方法“支持的是一个视每一个人为目的的原则”②。在核心能力的培养上，不能以家庭或团体为单位，它面向的只能是每一个作为目的而非手段的个人。现实中，许多国家的社会政策都是以家庭为单位进行福利核算，这种做法忽略了家庭成员个人能力的培养，满足不了平等的人类尊严的要求。

第二，这十种核心能力清单并不是封闭的，而是开放的。纳斯鲍姆认为自己列出的项目仅仅是个提议，如果有人可以提出合理的理由，证明其中的某一或某些能力并不属于核心，那无疑是可接受的。作为人类尊严保障的核心能力，其内容原本就应该是重叠共识的结果。

第三，列入清单的所有能力都应该得到培养，让每一个公民拥有全部核心能力是社会正义的最低门槛。如果一个社会选择性地培养公民的某些能力，而忽视另一些，那对公民而言是不公正的，这种不公正意味着正义的失败。③

不过，纳斯鲍姆也认识到，由于社会条件的限制，上述十种能力不可

---

① Martha C. Nussbaum. Creating Capabilities: The Human Development Approach. Cambridge, Massachusetts: The Belknap Press of Harvard University Press, 2011: 33-34.

② 同①35.

③ 玛莎·C. 纳斯鲍姆. 正义的前沿. 陈文娟，谢惠媛，朱慧玲，译. 北京：中国人民大学出版社，2016：53.

能在每个人那里都得到发展。在实践过程中，清单上的核心能力可能会发生冲突。有些时候，我们不得不赋予一些核心能力优先权，这可能就是黑格尔所说的悲剧性冲突。对于价值的冲突，主流理论中流行的解决方案是，对冲突双方或多方进行排序，赋予某个价值以优先权。阿马蒂亚·森拒绝这种排序法，因为他认为任何一种排序都不完美。与阿马蒂亚·森不同，纳斯鲍姆在一定程度上接受排序的可能，并将它视为最后的选择。不过在她看来，人们目前所指出的核心能力之间的冲突，绝大多数并不需要诉诸排序，完全可以依靠外部环境或社会条件的改善来解决。比如，有些妇女会陷入这样一种困境：为了过上体面的生活，也为了寻求某种自我价值的实现，最好的选择是出去工作，但是这样一来，她年幼的孩子或高龄的父母就无法得到细心照顾。如果让这类妇女独自面对困境，或许她们只能放弃工作的机会。但是，如果由国家来提供与此相关的公共福利，那么她们的冲突也就不存在了。这一点在瑞典这样的国家的社会福利制度中早有体现。瑞典有许多专门针对职业女性的社会福利政策。除了长达15个月的带薪产假之外，婴儿从出生起每个月都有数额不低的儿童津贴，所以家庭一般不会因为生养孩子而导致经济水平下降。瑞典的一些托儿所与幼儿园，无论是收费数额还是托管时间都可以根据父母的收入与时间来定。即便是单亲母亲，也无须担心无人照看孩子而无法出去工作。这类措施既减轻了家庭的负担，也将妇女从家庭中解放出来。可以说，瑞典的福利模式在某种意义上为纳斯鲍姆解决核心能力之间冲突的可能性提供了实践证明。由此可见，在面对冲突时，我们关注的不应该仅仅是不得不进行的悲剧性选择，而应该是如何从创造性视角出发，寻找出让社会成员不再陷入这种冲突的方法。在这个问题上，政府与社会制度安排可以发挥作用的空间相当大。

如纳斯鲍姆所讲，公民的任何一种核心能力的缺失都意味着一种正义的失败。对于社会而言，如果不能保证所有社会成员的底线水平的核心能力，那么，无论它有多富有，都不能算是一个完全正义的社会。能力理论针对的恰恰就是根深蒂固的社会的不平等与不正义，尤其是因受歧视或受排斥而导致的能力失败。为了让每一个社会成员都能过上与人类尊严相配的体面生活，改善所有人的由能力所限定的基本生活条件是政府与社会公共政策的紧迫任务。①

（二）能力理论的三个拓展

与阿马蒂亚·森的能力理论相比，纳斯鲍姆所运用的能力方法旨在建构一种世界性的政治哲学理论，而非一种统合性的社会正义学说。她虽然不像阿马蒂亚·森那样聚焦于福利，但却以全球化为视角进一步拓展了能力理论的适用范围。如果说阿马蒂亚·森的立论目的在于证明以能力为基础的分配正义理论优于罗尔斯、诺齐克与功利主义等学说的相关理论的话，那纳斯鲍姆则在于以能力方法去解决他们的理论没有涉及或无法解决的一些领域的问题。在肯定上述理论的杰出贡献的同时，纳斯鲍姆对于运用契约论方法的主流政治哲学家，尤其是罗尔斯的理论的适用范围提出了批判。她指出契约论不能充分解释三个最紧迫的正义问题：如何对待不健全者或残疾人？如何对待非人类物种？正义理论能否解决国与国之间的不平等问题？其实，罗尔斯在《正义论》中已经意识到残疾人与动物问题，但是在某种意义上他将这些问题视为超出了他的正义理论范围。在《万民法》中他也集中论述了国际正义问题，但是就纳斯鲍姆所关注的主题而言，并不充分。因此，纳斯鲍姆的最终目标是在批判罗尔斯正义论的基础上，拓展其核心能力观念，以解决这三个问题。②

1. 核心能力与残疾人

在残疾人与动物问题上，契约论一直名声不佳。由于绝大多数契约论者在预设缔约背景与缔约主体时，都将契约视为理性、互惠、能力平等的人之间达成的一致同意的协议。残疾人由于在互惠能力上处于弱势，往往被排除在考虑范围之外。如纳斯鲍姆所说，几乎没有哪种社会契约理论将严重的身体与精神不健全者包括在内，他们被直接“排除在政治选择者的群体之外。对于那些人而言，只要存在其他方式考虑他们的利益，那么不

① Martha C. Nussbaum. Creating Capabilities: The Human Development Approach. Cambridge, Massachusetts: The Belknap Press of Harvard University Press, 2011: 19. 玛莎·C. 纳斯鲍姆. 正义的前沿. 陈文娟，谢惠媛，朱慧玲，译. 北京：中国人民大学出版社，2016：53.

② 由于本书并没有涉及动物福利，所以下面主要阐释纳斯鲍姆有关不健全者或残疾人的能力理论，只在必要时提及动物。

把他们纳入选择者的角色，似乎不像是一件不正义的事”①。同样，给定了缔约者人的身份，由于动物不具有平等的缔约能力，无论哪种契约论也都没有为动物的权益留下空间。功利主义虽然一直走在保护动物的前沿，但由于功利主义是从快乐主义感觉论的角度来认识这一问题，其可接受性也受到了快乐主义理论自身证成困扰的影响。纳斯鲍姆将对残疾人与动物的忽视看作契约理论的一大缺陷。她指出，无论是残疾人还是动物，在包括人在内的生物群体中，其权利和能力都受到了不公平对待，我们必须关注他们的权利资格。在这些问题上，能力理论比其他理论处理得更好，它能够为法律和公共政策提供更为合理的指导。

尽管残疾者作为人的平等权利早已得到承认，但是主流正义理论的确很少为如何满足他们的需要留下论证的空间。就契约论传统而言，无论哪条路线都没有把残疾人纳入缔约背景或设为正义需要考虑的对象。霍布斯路线的理论出于不能互利的理由将他们排除在外，因为所有缔约者的目的都在于从合作中获利，是否有生产性能力至关重要。根据高希尔的看法，残疾人不仅在生产能力上存在不足，而且他们需要花费的资源大大超出了正常人的水平，这是任何人都不想面对的。洛克、康德路线的契约论同样没有重视残疾人的利益。康德的理论在应对残疾人，尤其是精神不健全的人时会产生一种不一致。他在宣称人是目的不是手段的同时，是以理性为根据去确定人的平等的道德人格。这样就会产生一个问题，那些精神不健全的人不具备正常的理性能力，我们是否仍然视其为目的？罗尔斯在论证公平的正义原则时，虽然考虑到了残疾人这一特殊主体，但他采取的是忽略或推迟的处理方式。在《正义论》中，他提出了几种缺乏能力的情况，比如儿童，或由于重大事故、疾病导致的暂时失去能力的成人。这类人的正义诉求是可以得到充分考虑的。但是那些持久地丧失了道德人格的人的状况却无法考察。因为他选择了这样一种假定：不考察他们，对阐述平等不会带来实际影响。② 尽管有些契约论者，如洛克、斯坎伦，以关切他人

---

① 玛莎·C. 纳斯鲍姆. 正义的前沿. 陈文娟，谢惠媛，朱慧玲，译. 北京：中国人民大学出版社，2016：11.

② 罗尔斯. 正义论. 何怀宏，何包钢，廖申白，译. 北京：中国社会科学出版社，2009：403.

利益的仁慈来解决残疾人与能力失败者的问题，但罗尔斯等人认为仁慈带有偏私性，拒绝接受以它为动机之一来推导正义原则。

纳斯鲍姆反对将社会合作的动机单一地理解为互利。她的能力理论一开始就将一些利他的道德情感，如关怀、仁爱、同情以及对正义的爱等，也视为社会合作的动机。她指出，人类是“由多条利他纽带和互利纽带维系在一起的”，“对他人之善的强烈允诺从一开始就构成了关于个体的共享公共理念的一部分”[①]。他人利益对于作为社会动物的人来说，不仅是对个人利益的约束，也构成了个人利益的一部分。纳斯鲍姆接受了亚里士多德和马克思对人性的阐释并将之视为其理论的构成部分。亚里士多德把人视为政治动物，认为人是理性与动物性的统一。马克思一向反对单纯以理性来界定人，他将人视为社会性存在，从未将人的理性与动物性相对立。纳斯鲍姆在接受他们这一思想的基础上提出，人对他人的依附就是一种客观存在，对来自他人关怀的渴望同人的其他需求一样需要得到满足。这种满足也构成了人类尊严的一个方面。既然关怀是所有人都需要的益品，那么它也应该成为社会基本善的内容。对于残疾人而言，他们没有必要通过多产来赢取别人的尊重，满足他们的关怀需求本身就可以获得以尊严为根据的支持。[②] 因此，他们也应该成为社会正义理论在起点的考虑对象。残疾人对他人超乎寻常的依附，以及对关怀的渴望不能够成为我们拒绝他们的理由，满足他们的基本需求是体现社会正义精神必不可少的一部分。

从以上内容中，我们可以看出纳斯鲍姆的意图：先为残疾人争取一种完全的、平等的公民身份，然后以平等的核心能力的保障为诉求，使他们真正有机会过上与人类尊严相配的生活。纳斯鲍姆从两个方面论述了对残疾人能力的保障：其一，对于残疾人本身的核心能力的保障；其二，对于看护与关怀残疾人的人的核心能力的保障。

改善残疾人的处境通常有两方面的障碍：一是收入或资源，一是残疾人自身的无能力。在许多人眼中，残疾人是由于身体的无能力，才导致他们无法与他人一样感受生活。比如，一个坐轮椅的人，我们给他再多钱，

---

① 玛莎·C. 纳斯鲍姆. 正义的前沿. 陈文娟，谢惠媛，朱慧玲，译. 北京：中国人民大学出版社，2016：111.

② 同①112.

他也无法与正常人一样享受生活。但是，能力理论对这类问题的理解是：残疾人与正常人不同之处不在于感受，而在于他们需要更多的资源去发挥他们与他人平等的能力。正是因为我们承认个人资源需求的差异，才主张在分配资源时因人而异，力求资源分配的结果能够让所有人平等的核心能力得以发挥。一个坐轮椅的人之所以不能像正常人那样活动，是因为社会对他们的资源投入不足，没有为他们提供可以跟正常人一样活动的设施。在无能力的问题上，我们可以接受给孕妇更多的营养，给儿童提供更多的保护，那为什么不能给残疾人提供更多的能够发挥他们能力的设施？我们关注的不应该是残疾人有多少钱或社会应不应该为他们投入更多，而是他们事实上能够做什么，又能够成为什么样的人，以便为他们扫清通往尊严之路的障碍。在现实生活中，残疾人发挥核心能力的障碍主要存在于三个方面：公共场所、工作地点与教育体系。针对这些障碍，政府需要做的就是，重新规划公共资源的使用，重新设计所有公共场所，让所有残疾人都能与正常人一样自由地享受公共生活；强调残疾儿童的合法的受教育权，投入更多的资源改变现行教育体制对残疾儿童的排斥与忽视；培养更多的师资力量，让残疾儿童能够拥有与正常儿童一样的受教育机会。1997 年，美国国会通过《残疾人教育法》，经过多年的实践，在残疾儿童教育上已经取得了巨大进步，在某种意义上从实践的角度证明了能力理论的可行性。

能力理论在致力于解决残疾人的能力失败问题的同时，还为那些照顾与关怀他们的人提供了一种平等尊严的论述。纳斯鲍姆指出，我们在接纳与重视残疾人的同时，也应该重视那些照顾与关怀他们的人。保障这些人的核心能力，使他们有机会过上与人类尊严相配的生活，这也是正义社会的任务。这个问题牵涉到社会在两个方面存在的缺陷：其一，根据自由主义对公共领域与私人领域的划分，将与家庭有关的事务笼统地归于私人领域；其二，现在以家庭为主照顾残疾人的模式会导致性别歧视。

长期以来，人们对残疾人的处境有一种习惯性认知。这种习惯性认知涉及的不只是残疾人，还包括所有因偶然因素陷入困境中的人。比如父母早亡，患重大疾病，先天、后天致残，等等。在生活中，这类事件一般被视为个人或家庭的私事。如果遇上了，那纯粹是个人或家庭的运气不好，与他人和社会无关。如果不幸之中有万幸，就会碰到仁慈之人的帮助。解决这类问题是社会慈善范围内的事，而不是政府与他人的责任。在纳斯鲍姆看来，之所以产生这种观念，与自由主义对公共领域与私人领域的划分是分不开的。在传统契约论中，契约所订立的规则都是服务于公共领域的事务。这个领域是靠理性来运作的，它与靠情感运作的私人或家庭领域相对立。后者不需要靠契约来维系，其内部事务也无须政府与社会干涉。然而，在对待残疾人问题上，如果按照习惯性认知来处理，我们就必须承认，任何家庭碰到此类不幸事件都是人生噩梦的开始。完全由家庭成员或亲属来承担照顾与关怀不幸者的工作，这些人不仅再无机会去实施与他人平等的核心能力，而且再也不敢奢望能过上与人类尊严相配的生活了。如上所述，能力理论既然已将残疾人的超常依赖视为与正常人一样的、需要满足的需求，关怀也已被纳入社会基本善的范围，那么，一些提供关怀的人反而沦落到被剥夺能力的下场，这显然违背了社会正义。

纳斯鲍姆进一步指出，将照顾残疾人的工作简单地归入家庭，在导致关怀者能力剥夺的同时，很大程度上还会引发性别歧视。这是因为，虽然人们普遍认为，家庭成员应该分担照顾不健全者的工作，但实际上照顾残疾人的大多是女性。根据传统观念，女性因更细心、更具关怀精神而更适合担当此类工作。男性是家庭拥有生产性能力的主要劳动者，他们更适合从事有经济收益的活动。对于女性在此类事件中的不公平的处境，纳斯鲍姆写下了这样一段话：

> 所有这样的工作都由那些任何意义上都不是完全的公民、不需要离开家庭去工作的人，尤其是女性去做。没有人问女性是否愿意做这样的工作：这仅仅是她们要干的活，她们做这样的工作被假设为出于选择、出于爱，尽管她们在面对问题时鲜有选择。①

问题不止于此，更大的不公平还在于，女性在别无选择的情况下所从事的照顾残疾人的工作，与家务劳动一样从来都没有得到社会的承认。她们不仅没有得到任何经济报酬，而且也没有因此得到社会的尊重。社会对

---

① 玛莎·C. 纳斯鲍姆. 正义的前沿. 陈文娟，谢惠媛，朱慧玲，译. 北京：中国人民大学出版社，2016：71.

那些照顾自己家庭中的残疾者的工作早已设定为免费的。除去运气不佳的成分，女性对家庭成员的所有关怀与照顾都是出于爱，而爱是不需要物质回报的。这一点不仅男性早已习以为常，而且由于适应剥夺性环境的原因，连女性自己都视之为理所当然。但是，无论什么理由，也无论现实状况如何，都不能掩盖这样一个事实：女性与男性一样都是平等的公民，她们也渴望过上与人类尊严相配的生活。

回顾整个人类社会的历史，一个不可否认的事实是，社会一直在系统性地贬低女性为家庭所做的贡献。然而，即使女性早已在形式上获得了所谓的平等权，主流正义理论也从未认真对待过男性与女性之间在资源或基本善分配上的不平等问题。女性主义政治哲学家苏姗·奥肯（Susan Okin）指出，罗尔斯所设想的原初状态就如同家庭首脑的聚会，分配原则就是对家庭总收入的衡量，其结果是排除了家庭内部的正义问题。① 自由主义对公私领域的划分与消极自由观念一起，使得国家有理由漠视家庭内部的正义问题，尽管许多女性主义者已经提出强烈的抗议，但直到目前，我们还没有看到质上的改观。阿马蒂亚·森和纳斯鲍姆的能力理论一直关注性别歧视，并力主纠正这一错误。他们认为，在家庭成员的基本权利受到侵害的时候，国家有权干涉家庭内部事务，并且这种干涉是正当的。②

针对关怀者（主要为女性）的能力失败，纳斯鲍姆不仅在理论上指出，家庭本身就是一种政治机构，可以采用契约论的方式来设计家庭，并处理家庭内部的公平问题，而且从保障核心能力与维护人类尊严的角度，提出了改变她们现状的几种可操作的政策建议。在她看来，一个体面的正义社会对于关怀者的能力失败需要考虑的是，如何以一种不剥夺关怀者的方式来安排她们的关怀。③

首先，可以考虑采纳女性主义哲学家伊芙·基太（Eve Kitty）的建

---

① 威尔·金里卡．当代政治哲学．刘莘，译．南京：江苏人民出版社，2015：125.

② Martha C. Nussbaum. Creating Capabilities: The Human Development Approach. Cambridge, Massachusetts: The Belknap Press of Harvard University Press, 2011: 66-67.

③ 玛莎·C. 纳斯鲍姆．正义的前沿．陈文娟，谢惠媛，朱慧玲，译．北京：中国人民大学出版社，2016：71.

议，要求社会付经济报酬给这些在家庭中照顾不健全者的女性。而这一想法源于要求社会承认女性家务劳动的经济价值。人们常常以这些劳动无法计量为借口，长期忽视女性在维持社会最基本的生产机构——家庭中的付出。事实上，对家务劳动所创造的价值进行量化计算并没有想象中那么困难，至少可以参照从事家务雇佣工作的人的报酬来确定家庭劳动的最低经济价值。当初绝大多数人也认为男女之间的不平等程度无法量化，但现在联合国的历年人类发展报告中的性别发展指数已在相当大程度上反映了不同国家的男女不平等状态。

其次，我们可以改变各国现行的教育体制，转变教育中已植入的性别歧视倾向，鼓励男性参与家务劳动与看护等工作。从能力视角出发，教育可以改变女性对传统角色的认同，在学习大量技能、提高各种能力的基础上，选择自己作为人的角色。教育也可以改变人们对所有工作的传统角色认知，将人们从所谓符合男性气概或女性气质的工作模式中解脱出来。让所有人意识到，看护工作因其本身的重要性，值得所有人（不分性别）去承担。

最后，也是最重要的，国家可以以社会福利安排的方式为个人分担大部分照顾残疾人的工作。良好的社会福利安排不仅能保障生理与精神不健全者作为人的资格权利，使他们与正常人一样拥有平等的人类尊严，而且还可以极大地减轻他们家庭成员的经济与精力负担，以避免能力剥夺的结果。这样一来，家庭中的女性可以相对自由地规划自己的人生。在这种情况下，如果她们仍然选择承担看护工作，那一定是与发挥自己的核心能力相一致的。庆幸的是，我们在一些福利国家的制度安排中，已经看到了相关福利政策的实施。这些国家的政府已经充分地认识到，一个体面的社会，即使不能保证让所有的关怀者过上快乐的生活，但至少应该为保障他们最低限度的能力做些什么。但不幸的是，世界大多数国家，并不在这个行列。

2. 核心能力与全球正义

与单个国家相比，世界范围内存在的能力剥夺更为严重。20 世纪以来，世界各国之间的收入差距正以前所未有的速度扩大。联合国发布的《2000 年人类发展报告》为我们呈现了一组数据。最富国与最穷国之间的收入比在 1820 年是 3∶1，1950 年是 35∶1，1973 年上升到 44∶1，1992 年达到了 72∶1。[①] 这组冰冷的数据并没有告诉我们穷国与富国的人民过着怎样的生活，但它却透露出这样的信息：世界是极度不平等的。

阿马蒂亚·森与纳斯鲍姆始终关注世界各国的贫困问题，并一直致力于用能力方法解决各国之间因资源分配不平等而导致的不正义。纳斯鲍姆的能力理论预设的是一种普世主义价值观，它既为单个国家的社会正义提供说明，也为整个世界的全球正义提供指导。在面向一个国家时，能力理论要求该国政府建立各种制度，保障全体国民平等地拥有发挥他们的核心能力的机会。在面向世界时，能力理论的出发点仍然是人类尊严，目标是人类正义，即让全世界所有人民都能过上与人类尊严相配的生活。要做到这一点，就需要从整个世界的角度去思考如何才能让所有人都具备她所强调的最低限度的核心能力。

罗尔斯指出，社会的分配结果不应受到天赋与出身等偶然因素的影响。人们常常不假思索地将这种理解运用于单个社会、单个国家。可是，换一个视角看，这一说法同样适用于整个世界。如果我们不愿意接受一个人的基本善的分配结果受制于其天赋、家庭出身与性别，那么我们有什么理由容忍这一分配结果由一个人偶然地出生于哪个国家来决定呢？如果我们赞成以国家为主导改变一个社会内部的分配不公，那我们为何不可以再进一步，仍然以国家为主导，改变整个世界范围存在的分配不公呢？这两个问题就是能力理论提出并试图解答的。

人的平等的尊严以及与之相配的权利早已在世界范围内达成共识。每一种正义理论在论述人的权利时，所针对的都不是哪一个国家的公民，而是每一个人。它们试图解决的问题也是普遍存在于世界各地的、有着共性的正义问题。如果整个世界都处于无序之中，到处充斥着不正义，那么，所有这些寻求正义的理论，就都有义务去解释并解决这些问题。但是，主流正义理论在全球正义这个问题上所做的并不能令人满意。社会契约论是目前主导全球正义问题的政治哲学理论，它把国家之间的合作视为遵守互

---

① 玛莎·C. 纳斯鲍姆. 正义的前沿. 陈文娟，谢惠媛，朱慧玲，译. 北京：中国人民大学出版社，2016：157.

惠协议的结果。罗尔斯的《正义论》与《万民法》是这一领域最有代表性的著作。在其作品中，罗尔斯试图将作为公平的正义思想上升到国际社会，以实现国际间的正义。但是，纳斯鲍姆指出，尽管罗尔斯承认所有人的基本权利，但他从未考虑全球正义问题，他利用无知之幕推导出的国际正义法则不过是在“为体面的自由社会描述正确的外交政策”①，并没有在国际领域一以贯之地强调最少受惠者的利益，国与国之间的贫富差异并不在他的考虑范围之内。

纳斯鲍姆指出，国与国之间的不平等会直接转化为每个国家国民之间的基本生活机遇的不平等。单是这种不平等指向的不正义本身就已经构成了我们需要行动的充分理由。给定国家在资源与社会善分配上的道德角色，我们有理由进一步认为，它们对于维护整个世界的正义也有着义不容辞的责任。就今天的世界秩序看，由于富国在资源占有上处于绝对优势地位，整个世界的政治与经济运行都有利于它们。尽管强调国际竞争的平等性，但这从未变成现实。在某种意义上，国与国之间不平等的地位及由此产生的结果本身就是穷国贫困的原因之一。从这个原因看，“富国应该承担起援助穷国的责任”②，让贫困国家的国民能够从这个世界获得能保障他们最低限度核心能力的资源。不仅国家有责任，生活在富国的每一个人都有这样的责任。能力与尊严都是跨国界的，只要我们承认人的尊严及与之相配的权利，那么每个人“都肩负着一种集体性的义务，去给全世界的人民提供他们所需要的”③。这一看上去带有功利主义色彩的主张使能力理论也被归入结果主义。但不同的是，能力理论是以尊严或权利，而非偏好或效用的满足为依据的。

富有国家及其国民如何承担援助穷国的责任呢？纳斯鲍姆的对策是：富国应该至少将其 GDP 的 2%给穷国；跨国公司、国际机构以及非政府组织都应该在保障全世界公民的能力上发挥作用。④ 除此之外，她还提出

---

① 玛莎·C. 纳斯鲍姆. 正义的前沿. 陈文娟，谢惠媛，朱慧玲，译. 北京：中国人民大学出版社，2016：161.

② 同①80.

③ 同①196.

④ Martha C. Nussbaum. Creating Capabilities：The Human Development Approach. Cambridge，Massachusetts：The Belknap Press of Harvard University Press，2011：117.

重新安排全球性的制度，并提出了重塑全球性结构的开放性的十大原则，比如：富裕国家有责任将自己的一大部分 GDP 给贫困国家；跨国公司有责任在它们所运行的地区促进人类能力；重新设计全球经济秩序的主要结构，以公平地对待贫困国家和发展中国家；所有的制度与个体都应当关注各个国家和地区所存在的弱势群体问题；等等。[①] 纳斯鲍姆的这些原则，无疑是忠实于她的让每个人过上与人类尊严相配的生活这一目标的表现。

总体而言，与阿马蒂亚・森的能力理论相比，纳斯鲍姆的理论考虑得更为细致，更注重从哲学角度的论证。她不仅弥补了阿马蒂亚・森在人的具体能力确定问题上存在的模糊性缺陷，还将能力理论推向了更宽广的领域。但是，纳斯鲍姆在为我们提供核心能力清单的同时，也对社会、国家提出了更高的要求。对她而言，保障每一个人全部核心能力只是一个通往与人类尊严相配生活的底线要求。但对于社会来说，却是个非常难以企及的梦想。大多数人直觉上会认为这几乎是不可能完成的任务。纳斯鲍姆自己也意识到了她所设目标的困难性，并以乌托邦与理想之间的差异来定位自己的理论。发挥所有人的核心能力的要求并不是乌托邦，而是人类发展的理想。为现实生活设定这样一个较高的理想，对于整个人类社会的发展与每个人的尊严、权利的维护是有重大意义的。

本章所涉福利伦理理论至此告一段落了。从上面的阐述中，我们可以看出，虽然每种理论从某个角度看都颇具合理性，但它们彼此作为完整的、系统的理论却相互冲突。麦金太尔曾指出，当代规范伦理学的道德分歧弥漫着自相矛盾的气息，且这些矛盾是不可解的。他在列举出当代伦理学的几个主要争论及不同论证时，给出了这样一个结论："每一个论证在逻辑上都是有效的，或者，很容易通过推演达到这一点；所有结论的确都源于各自的前提，但是对于这些对立的前提，我们没有任何合理的方式可以衡量其各个不同的主张。因为每个前提都使用了与其他前提截然不同的标准或评价性概念，从而给予我们的诸多主张也就迥然有别。"[②] 对于这些相互矛盾的理论，我们没有必要一定要从中选择某一个作为社会福利制

---

① Martha C. Nussbaum. Creating Capabilities: The Human Development Approach. Cambridge, Massachusetts: The Belknap Press of Harvard University Press, 2011: 117.

② 阿拉斯代尔・麦金太尔. 追寻美德. 宋继杰，译. 南京：译林出版社，2003：9.

度或福利政策的价值依据。由于我们的目的并不在于检测一套理论是否融贯，而在于检测这些理论是否可以应用，因此，基于福利伦理实践性的考虑，我们可以以寻找基本共识为目标，选择上述理论中兼具合理性与操作性的部分作为制定社会福利制度与福利政策的价值依据。

在以上所有理论中，我们坚持马克思主义的基本立场。马克思主义设想的共产主义社会的福利愿景无疑是最吸引人的，也是最值得人类向往的。而且，他所提出的人的自由全面发展目标无论置于哪个社会，都值得人类永久追求。如果一个社会能以人的自由全面发展为最终目标设计社会福利制度和制定福利政策，那它就会不断趋向真实地实现人的平等与自由。然而，就人类社会的现实状况而言，现在还不具备实现共产主义的基本条件。对于马克思所预言的平等的前景，西方分析马克思主义的代表人物 G. A. 柯亨表示悲观。他指出，马克思的按需分配思想是建立在两个事实主张的前提之下的。其一，资本主义工业化的结果会使无产阶级不断壮大，最终成为以革命形式颠覆资本主义社会的主力军；但是，随着社会的发展与资本主义的改良，工人阶级并没有像马克思所预想的那样人数越来越多，力量越来越大，相反，在一些发达资本主义国家，极度贫困的人越来越少，马克思界定的无产阶级基本上已经分裂，发起一场推翻资本主义社会的运动的可能性也越来越小。① 其二，马克思所设想的平等是以生产力极大发展、物质财富极大丰富为条件，以便在此基础上实现按需分配。但这基本上也是不可能的。人类现在已经面临严重的生态危机，要摆脱它就必须降低我们的消费。因此，未来社会的资源将会持续匮乏，无法为按需分配提供物质基础。我们认为，柯亨的意见有一定的现实意义。尽管马克思主义依然是我们的信念，但面对现实的变化，作为一种科学的社会主义理论，马克思主义必须随着社会的变迁而发展。这意味着，在保持信念的基础上，我们需要更多地基于现实去思考如何才能实现人的自由全

---

① 根据柯亨的看法，马克思所说的工人阶级有四个基本特征：其一，是社会所依靠的生产者；其二，是被剥削者；其三，占社会的大多数；其四，极度贫困。但现代社会已经没有人能同时具备马克思所说的这四个特征。结果就是，没有任何一个群体既有动机，同时也有能力发动革命，从而使社会转向社会主义。参见：段忠桥．科亨的政治哲学转向及其启示．哲学研究，2006（11）。

面发展目标。

马克思的人的自由全面发展理论最终会聚焦于人的能力上。全面可以理解为人的能力得到了全面发展，自由可以理解为人因能力得到全面发展而拥有了更为广阔的选择空间。尽管马克思多次提及人的自由全面发展，且将之视为未来社会的目标，但是在如何自由全面发展上，并没有详细论述。而且，马克思的人的自由全面发展理论是以共产主义为背景，可是现实社会离共产主义还比较遥远。我们需要寻找基于现实的人的自由全面发展理论，而阿马蒂亚·森与纳斯鲍姆（尤其是后者）的能力理论在某种意义上可以胜任这一任务。阿马蒂亚·森与纳斯鲍姆将可行能力确定为评价社会正义的标准，主张社会针对提高人的能力进行制度安排与政策制定。纳斯鲍姆更是提出了十种核心能力，并以之为正义的底线。在我们看来，纳斯鲍姆的这一思想应该是受马克思的人的社会本质理论与人的自由全面发展思想影响的结果。尽管她以尊严作为提高人的核心能力的依据，依然带有马克思所说的不足之处，但是，在现有社会条件下，如果提高人的核心能力能够作为现代社会制度安排与政策制定的目标，那无疑可以理解为马克思的人的自由全面发展理论的一种调节与现实应用。罗尔斯的正义论尽管在操作性上存在不足，但它的平等主义成分可以成为当代社会福利政策安排的基本价值内涵。罗尔斯的差别原则对于社会中处于弱势的人是有利的。将罗尔斯的这些内容与阿马蒂亚·森和纳斯鲍姆的能力理论共同用于社会福利制度安排，会有很大可能产生着重于提高弱势群体的可行能力的社会福利政策。这恰恰是我们希望看到的。

至于自由至上主义的分配正义理论，由于其主张存在反社会福利的性质，因此无法成为当代社会福利实践倚重的主要伦理依据。在现代社会，政府主导社会福利的思路已经得到绝大多数人的认可。尽管 20 世纪 70 年代以来，福利国家的危机导致人们开始重新思考政府在社会福利事业中的角色以及社会福利的幅度与选择问题，但这并没有影响人们对政府主导社会福利以及公民有资格享有社会福利的认知。即使 1979 年、1980 年撒切尔与里根上台后，分别收缩了两国的社会福利，但也只是对社会福利的削减，而非取消。因此，在社会福利领域完全贯彻自由至上主义，会给人以逆人类需要的感觉。但是，这并不意味着自由至上主义在这一领域毫无意义。这一学说所珍视的人的自由正是我们在制定社会福利政策中需要考虑的重要因素。正如自由不能以忽视平等为成本，平等也不能以牺牲自由为代价，在社会福利实践中，我们在追求平等的同时，要尽可能地保障人的自由。

在社会福利建设方面，功利主义的最大多数人的最大幸福原则应该成为福利制度安排与政策制定的操作性目标。在某种意义上，马克思主义也带有功利主义的色彩，共产主义所追求的理想就是社会所有成员的最大幸福。不同的是，马克思主义认为，每个人的发展是一切人的发展的前提，它保障的是每一个人的幸福，而不是以社会总效用为标准。因此，对于功利主义，我们是在珍视所有人的基本权利的基础上有限地接受。功利原则的意义就在于，它可以成为社会制定福利政策的价值考量的内容之一，而不是全部。其他更为具体的内容，需要以别的分配正义理论补充。

最后需要说明的是，本章所叙述的主要的福利伦理理论——功利主义、自由主义、马克思主义以及能力理论等，只是我们认为影响当下世界各国社会福利政策的主要伦理依据，并没有囊括所有与福利伦理相关的理论。还有一些相关理论，如社群主义、女性主义、公民资格理论等，亦应纳入福利伦理的考量范畴，这些工作只能留待以后进一步探究了。

第四章　制度与福利伦理

众所周知，社会福利制度对人的生活状况影响巨大，在现代社会，大部分社会成员的生老病死、成长、发展与选择都与他所生活的社会的福利制度息息相关。社会福利制度鼓励或限制大部分社会成员的生活愿景，影响了他们的行为范围以及获得财富的机会。正如德沃金所说，公民的财富状况取决于社会的法律制度，“当政府执行或维护这样一套法律而不是那样一套法律时，我们不仅可以预见到一些公民的生活将因它的选择而恶化，而且可以在相当程度上预见到哪些公民将受到影响”①。从满足人的需求的角度看，一个国家的社会福利制度安排对于社会成员的幸福指数有相当大的决定作用。

第一节　分配正义与社会福利制度安排

所有互竞的分配正义理论都以影响社会民众意识与制度安排为目标。在价值多元的世界中，一个国家选择以哪种分配正义观作为社会福利制度的价值基础，对于那个国家的国民生活状况的好坏将有着质的决定意义。例如，比起诺齐克的分配正义观，如果选择以罗尔斯的分配正义观为社

① 罗纳德·德沃金．至上的美德．冯克利，译．南京：江苏人民出版社，2003：1-2.

会福利制度与政策制定的依据，那该社会的福利水平要高，贫富差距要小。

一、制度与社会福利制度

尽管政治、法律、经济、社会学等学科都很重视研究制度问题，但大多都集中于从学科角度思索如何优化制度。当代只有制度经济学是以制度本身为主题进行研究，这个经济流派对制度的界定与划分业已得到许多学科及各个领域学者的认可。因此，要理解福利制度，参照制度经济学对有关制度的阐释是有益的。

根据制度经济学创始人凡勃伦（Thorstein Veblen）的理解，制度就是个人或社会的一般思想习惯，某一时期或阶段的诸种制度在一起构成了人们的生活态度与方式。由此，他从心理学出发将制度界定为“一种流行的精神态度或一种流行的生活理论”①。直觉上这一定义与我们对制度刚性的理解似有出入。这一学派的另一代表人物康芒斯（John Commons）对制度所下的定义似乎更符合直觉。康芒斯认为，制度是在资源稀缺的情况下，通过集体方式对个人行动采取的控制。由于匮乏，人们之间会产生利益冲突，为了调和这种冲突，有必要以集体的名义对个人行为进行限制。② 集体对个人行为的这种限制，除了约束意义之外，同时还有保护与解放的意义。正是这种限制，使得个人免遭迫害、歧视或其他不公平对待。这样，集体就是个人能力的一种延伸，它可以完成个人无法完成的事情。因此，制度就是集体行动抑制、解放和扩张个体行为。③ 康芒斯指出，伦理学研究的是解决人们之间利益冲突的行为规则。这些规则体现为一种集体意见，个体出于惧怕道德惩戒而遵守。经济学与法律研究的也是这种行为规则，不过是以经济与法律形式的集体制裁来实施。④ 因此，无论是哪个领域的制度，都有康芒斯所说的集体控制或集体制裁的性质。新制度经济学家道格拉斯·诺思（Douglass C. North）认为，制度是社会的

---

① 凡勃伦．有闲阶级论．蔡受百，译．北京：商务印书馆，1964：139.

② 康芒斯．制度经济学：上册．于树生，译．北京：商务印书馆，1962：87.

③ 同②87-92.

④ 同②89.

游戏规则，目的是对人们在追求个人效用最大化过程中的行为进行约束①，人们通过制定规章、程序和伦理道德准则等制度形式处理人们之间的利益关系，减少社会中的不确定因素②。

制度有正式与非正式之分，凡勃伦的定义更倾向于说明制度的非正式的一面。而诺思认为，制度有正式约束与非正式约束之分。前者指的是人们通过特定方式制定的成文的政策法规；后者是指人们在长期生活过程中形成的一些不成文的约定，包括风俗习惯、意识形态与价值观念等，道德规范属于非正式约束。

在制度分析方面，马克思应该占据绝对重要的位置。马克思的整个理论框架都是建立在对资本主义制度进行分析与批判的基础上。诺思认为，马克思从社会物质生产方式出发分析资本主义制度的理论框架极具说服力，“因为它包括了新古典分析框架所遗漏的所有因素：制度、产权、国家和意识形态”。马克思强调所有权对于人类解放的重要意义，并批判资本主义私有制与社会生产力之间存在不可调和的矛盾，这种基于历史唯物主义的分析是一个根本性贡献。③

无论是马克思主义还是制度经济学，都拒绝永恒不变的制度，而是将制度置于历史的变迁中去理解。与马克思将生产力与生产关系、经济基础与上层建筑的矛盾视为社会制度变迁的原因不同，诺思等制度经济学家是将市场主体的利益最大化动机视为制度变迁的原因。如果一项制度的改变能使个人与团体获得相比于原有制度更多的利益，那么就会产生新的制度。而这种变迁体现了社会的进步。我们认为，将制度变迁的原因归之于生产力发展的必然结果，而不是归之于人的某个属性，在层次上更高一些，内涵也更深一些。随着社会生产力的发展与社会财富的增加，既有生产关系如果保持不变，必然无法适应生产力发展的节奏。一般而言，生产关系的滞后性往往体现为它无法解决社会成员所提出的新的要求。比如，

---

① 道格拉斯·C.诺思．经济史中的结构与变迁．陈郁，罗华平，等译．上海：三联书店上海分店，1991：226.

② 道格拉斯·C.诺思．制度、制度变迁与经济绩效．刘守英，译．上海：三联书店上海分店，1994：7.

③ 同①68.

与经济迅速发展相伴的如果是不断加大的贫富差距，那显然无法满足社会成员想要共享发展成果的基本要求。如果不改变社会的基本分配制度，必然隐藏着巨大的社会危机。二战后，西方一些国家在福利制度安排上所采取的各种改良措施其实就是缓解社会矛盾、顺应民众要求的结果。

从根本上看，社会福利制度的变迁就是一个社会或国家为了适应生产力的发展而采取的缓和社会矛盾的最主要的措施。社会福利制度的变迁不仅体现于正式制度方面，而且体现于非正式制度方面。在传统社会，贫困问题的解决有一个非正式制度的认知前提，道德上人们往往认为贫困属于个人运气问题，应该由个人自己或通过他人的慈善行为来解决，而不是像今天这样，将贫困直接列入社会正式制度的范围。可以说，满足人的最基本需要的内容，从非正式制度移为正式制度的越多，社会的福利状况也就越好。将摆脱贫困等人的最基本需要纳入正式制度安排的范围，是现代社会在保障人的基本权利上的一大进步。举例来说明这一点。2002 年以来，中央电视台每年都推选出一组感动中国人物。从宣传资料看，这些人物或团体从事的令人感动，甚至震撼的行为许多与社会福利问题相关。比如自身残疾却照顾朋友家人 20 余年的朱帮月；自家贫困却资助 180 多名特困学生的郭明义；为给子女筹集学费、强拖病体耗时 3 年绣出《清明上河图》的慈母姚厚之；在家中开办小学校、收留了近百名残疾儿童，管吃管住，从不收钱的高淑贞；等等。这些人物的事迹的确让人感动，也让人发自肺腑地钦佩。但是我们必须承认，这类楷模人物虽然少见，但像他们所遇到的陷入困境中的人却并不少见。生活中，我们常常听到一些惨事：某人身患重病却无钱医治，很小的孩子因父母早逝不得不挑起生活重担，穷老师扎根偏远山区终生奉献。感动之余，也令人陷入某种困惑。这些人的困境除了个人慈善之外，真的无解吗？不难理解，与正式的社会福利制度相比，非正式制度能做的非常有限。靠个人的仁慈来解决社会中与单个人生死相关的困境，其中的偶然性之大相信大多数人都能感觉得到。如果把这类事情从依靠个人道德上的超义务行为那里，从社会的非正式要求那里，转移到正式制度关照范围，即纳入体现社会正义的制度安排中，结果又会怎么样呢？这就是我们所说的满足人的最基本需要从非正式制度向正式制度转移所体现的进步意义。

当然，这里并不是说，在处理人的最基本需要上，非正式制度方式的关怀不重要。完善的社会福利体系应该是正式制度与非正式制度的完美结合。在社会突发大灾难、国家财政难以为继的情况下，以社会成员的个人捐助来弥补社会不足，这肯定是合理的。但在正常情况下，一个社会分配给非正式制度的福利任务越重，就意味着该社会的福利水平越低。如果一个国家连社会成员的最基本需要都要靠个人慈善来解决，显然与我们所支持的正义精神存在差距。社会成员的基本福利保障应该归属社会正式制度的范围。即使社会因为生产力不发达、经济资源不足而暂时无法实现这一点，也必须明白，在社会福利安排方面，现代社会制度变迁的基本目标就在于满足所有社会成员的最基本需要。国家或政府有了这种自觉，才有提升民生幸福的动力。

二、正义是社会制度首要的善

尽管是罗尔斯首先提出正义是社会制度首要的善，但是，从关注制度的正义性看，马克思才是制度正义的先驱。虽然没有直接以正义为视角，但马克思一生致力于批判资本主义制度，其所完成的数量惊人的著作绝大多数都是从政治、经济以及意识形态等方面批判资本主义制度的不正义。从马克思的理论中，我们可以意识到正义对于社会基本制度的重要性。一项制度，不管它能在多大程度上促进经济增长，也不管它能给社会创造多大的财富，只要不正义，就应该无情地推翻它。这不仅是马克思主义的思想蕴涵，也是罗尔斯正义理论的核心观点。罗尔斯指出："某些法律和制度，不管它们如何有效率和安排有序，只要它们不正义，就必须加以改造或废除。"① 正义作为一个理论主题，它的主要任务就是安排社会基本结构，确立社会基本制度。而正义原则就是"要在这些制度中掌管权利和义务的分派，决定社会生活中利益和负担的恰当分配"②。从这个角度看，与其说是社会制度决定了人们的利益分配，不如说是社会制度得以建立的

---

① 约翰·罗尔斯. 正义论. 何怀宏，何包钢，廖申白，译. 北京：中国社会科学出版社，2009：3.

② 同①44.

正义原则决定了人们的生活状况。

从历史上看，正义观念对社会政策的影响非常巨大，几乎每一项福利制度与政策的背后都有某种分配正义理论的支持。比如，福利政策中的剩余型，其背后是自由至上主义，而制度性再分配型的背后是平等的自由主义。20 世纪 70 年代当福利国家陷入危机，撒切尔收缩福利开支时，秉承的就是弗里德曼的经济自由主义。正因如此，凯恩斯才说出这样的话："经济哲学家和政治哲学家的各种观念，其力量之大，出乎常人之意料。实际上，统治世界的不过就是这些观念而已。……既得利益之势力，往往被人夸大，实则远不如各种观念之潜移默化影响。……或早或晚，或好或坏，危险的不是既得利益，而是各种观念。"① 一般情况下，理论家一旦提出有创造性的思想，首先会在理论家中引起关注，然后慢慢地扩散。它对于社会民众的观念影响是一个潜移默化的过程。某种观念一旦为普通民众所接受，就会成为一种普遍的社会心理。对于政府行为的预期，往往就是建立在民众的社会心理之上。

社会制度的正义性一般体现在两个方面：形式正义与实质正义。最好的社会制度无疑是能够将实质正义与形式正义融为一体的制度。但是，由于实质正义的复杂性与困难度，现实社会的大多制度更易达到形式正义的要求。因为社会制度一经制定便带有刚性的特点，不管其背后的正义原则是什么，所有的人都必须遵守，甚至一个不正义的法律都不会违背形式正义。可是，随着社会的进步，越来越多的思想家将仅体现形式正义的社会制度视为不正义，如西季威克所说："法律和制度可能在被平等地实施的同时仍然是不正义的。类似情况、类似处理并不足以保证实质的正义。"② 现代社会衡量一项制度安排或社会政策的好坏，需要看它与以往的制度、政策相比在多大程度上提升了实质正义。

事实上，理论家们在何谓形式正义上并无多少异议，但在实质正义的内容上却没有达成共识。各种理论，甚至各个理论家都提出了自己的正义

---

① J. M. Keynes. The General Theory of Employment, Interest and Money. Delhi, India: Atlantic, 2008: 357.

② 约翰·罗尔斯. 正义论. 何怀宏，何包钢，廖申白，译. 北京：中国社会科学出版社，2009：45-46.

观与正义原则。比如弗里德曼认为，一个能够最大限度地保障公民自由的社会体系就是正义的；罗尔斯认为，“公平的正义是尽可能地从平等公民的地位和收入与财富的不同水平来评价社会体系”[①]；阿马蒂亚·森认为，一个让社会成员获得可以过上有理由珍视的生活的能力的社会制度是正义的；马克思则主张，只有使每一个人都能获得自由全面发展的社会体系才是正义的；等等。对于政府而言，到底应该以哪种正义理论去理解社会制度的实质正义，是一个很难做出的抉择。正义理论彼此冲突，一方面说明正义问题的复杂性，另一方面又展现了人们之间各异的利益。可以说，每一项制度都只会满足一部分人而非所有人的利益，区别仅在于被满足的一部分人的多少。现代社会对于制度的期待往往是：如果能够满足社会绝大多数成员的正当利益，为社会绝大多数成员提供实现其正当利益的背景条件，就可算是一项好制度。例如，就社会财富的分配而言，如果一个社会所奉行的制度使得90%的财富集中在10%的少数人手中，而90%的社会成员只分享其余的10%，那么，这样的社会基本上无法以正义视之。

当然，如果只以满足绝大多数成员的利益作为衡量社会制度实质正义的标准，显然远远不足。在我们看来，任何一项合乎正义的制度，都应该符合两方面的要求：其一是基于人道主义的立场。在社会资源相对富裕的情况下，应该确保满足每个社会成员的最基本需要，即让每个社会成员都能够得到温饱水平的衣食、无损健康的住房、基本的医疗与教育等服务。其二是在满足前者的条件下，在分配上尽可能地维护公平与效率的均衡，即剔除社会的公共支出之后，分配结果要尽可能地体现收入与贡献的一致。合乎这两个正义要求的社会体制，即使达不到马克思所设想的理想社会的水平，但至少有机会实现他所说的共产主义初级阶段的水平。这种社会体制同样符合阿马蒂亚·森与纳斯鲍姆的能力理论。虽然它对弱势群体的关照比依照罗尔斯的差别原则构建的社会合作体系要多，但如果社会的分配原则不断向最少受惠者倾斜，那这两项要求的结果应该是罗尔斯正义

---

① 约翰·罗尔斯. 正义论. 何怀宏，何包钢，廖申白，译. 北京：中国社会科学出版社，2009：75.

原则的必然结果。唯一因接受这种社会体制而受损的是自由至上主义者所强调的至上的自由。对于这一点，我们禁不住要问：在面对那些连最起码的人类生存保障都没有的人时，某些人的自由真的就那么重要吗？为此，我们坚持以满足两个要求来衡量制度的正义性。

第二节　当代西方福利国家的基本制度及其伦理观念

二战后，为了促进经济发展与维持社会稳定，以英国为首的一些欧洲发达国家先后出台并实施了一系列覆盖面广、种类繁多的社会福利政策。这些国家被统称为福利国家。在最初二三十年时间，福利国家的各项福利措施在缩小贫富差距、增进平等等方面的确取得了令人欣羡的成果。但20世纪70年代以来，由于经济危机与国际环境变化等原因，福利国家陷入严重危机。英国率先削减福利开支、降低福利水平，随后其他国家纷纷效仿，开始调整与改革自己的福利制度。中国目前正处于和谐社会的建设时期，通过了解西方福利国家从兴起到危机的演进，总结其利弊，无疑有利于发展与完善我国的社会福利制度。

一、二战后西方福利国家的社会福利制度演进

福利国家自开始出现到应对危机历经了创建以及危机与改革这两个阶段。

（一）福利国家的创建：社会民主主义思潮

虽然英国历史上的济贫法与德国19世纪的社会保障体系都可以视为西方社会福利制度的前导，但是现代社会的福利国家制度应该源起于《贝弗里奇报告》。1941年，为了重建社会保障体系，英国政府委托经济学家威廉·贝弗里奇为二战后的社会保障计划进行调查并构思新制度。1942年，贝弗里奇提交了名为《社会保险和相关服务》的报告，这就是对西方社会福利制度建设有划时代影响的《贝弗里奇报告》，贝弗里奇也因此报告被誉为福利国家之父。

贝弗里奇在报告中提出了重建英国社会福利制度的新方案。报告指

出，英国二战后的重建工作需要解决五个问题：贫困、疾病、愚昧、肮脏和懒散。其中最容易解决的就是贫困问题。① 贫穷与困苦有悖于社会公正，任何公民都应该过上足以维持体面的社会生活。为此，国家就需要通过建立社会再分配制度和强制保险制度，来为他们提供最基本的社会保障。基本上，《贝弗里奇报告》的目的就是通过变革英国既有的社会保障体系，打造一个使所有人摆脱贫困的社会福利体制。它的实施使得公民不需要经受经济状况调查，“就可合法享有基本生活保障”。② 调查显示，当时英国大约有75%的贫困者是因为谋生能力中断或丧失能力而陷入贫困；其余的25%中，基本上是因为家庭人口过多而致贫；并不像以往人们所认识的那样，是因为懒惰等原因而陷入困苦境地。针对这一点，报告提出了消除贫困的办法。首先，改进国家保险。政府需要对现行社会保险方案做出三方面的改进。“一是扩大覆盖对象范围，二是扩大覆盖风险范围，三是提高待遇标准。”③ 报告指出，一个成功的社会保险需要完成以下三点：第一，为未成年儿童发放补贴；第二，建立一套全方位的、综合性的医疗和康复服务体系；第三，维持就业，避免发生大规模的失业。④ 如果这三点都能够实现，那英国的任何一个公民都不会再陷入困苦之中。其次，需要根据家庭需求调整收入。有些子女多的贫困家庭，儿童无法得到生存与发展的保障。如果只按照前一条，仅在家庭收入中断时才进行补贴是不够的。因此，对儿童的补贴应该长期发放。

1944年，英国政府以《贝弗里奇报告》为基础发布了社会保险白皮书，并在1946—1948年制定了一系列的相关法律，如《国民保险法》《国民医疗保健法》《家庭补助法》等。这些法律覆盖了每个英国人由生至死的方方面面的基本保障，形成了英国社会福利制度的基本框架。1948年，英国首相艾德礼宣布英国建成了福利国家。此后，西方发达国家纷纷效仿英国，都开始致力于福利国家的建设。

---

① 贝弗里奇报告. http://wenku.baidu.com/link?url=TDXPNQ0sN-zvFomUM6ce PF-d5-XvIWybsCkrOVk8fM1-OLI5N3mtsJwjAhvSG_CuCC0LlKQHftOmLcqJB1RYU3hLhGeJyzy6-g063Uzs4W2ei.

② 同①.

③ 同①.

④ 同①.

德国是世界上第一个建立起现代保障制度的国家，具有完善和复杂的社会保险制度。二战期间，德国耗损巨大，战后一切均需重新规划建设。战后依据《德意志联邦共和国基本法》，联邦德国对原有的社会保障体系进行恢复和修正，扩大保障范围，增加保障内容，建成了以社会保险为支柱，涵盖社会救济、社会抚恤、社会福利的新型福利国家。

随后北欧各国也效仿英国开始建设福利国家。它们首先确定了由国家主导的财富再分配制度，通过税收和个人交纳费用相结合的方法，全面推广包括养老、医疗、残疾、住房等在内的“从摇篮到坟墓”的社会保障体系。1946 年，瑞典形成了以税收为基础的全国统一的养老金制度；1956 年，丹麦颁布了《国民年金法案》；1956 年，芬兰通过《全面养老金法案》，为 65 岁以上的老人提供养老金；等等。到 20 世纪 80 年代，北欧各国已经形成了具有鲜明特色的福利国家模式，使得北欧地区人均 GDP 居世界前列。

美国借由罗斯福新政缓解了经济大萧条带来的危机。为了稳定社会，美国于 1935 年颁布了《社会保障法》，使退休工人、失业者和无依无靠的人能够获得社会救济。罗斯福新政为二战后美国社会经济的发展指明了方向。二战后，从杜鲁门政府到约翰逊政府都沿袭罗斯福新政的基本路线，进一步完善了社会福利制度，构建了包括最低工资保障、养老保险、医疗保险、国家教育体系、廉价民用住宅建设在内的一整套社会福利体系。到 20 世纪 80 年代，美国也基本完成了福利国家建设任务。但是，无论从深度上还是广度上看，美国的社会福利都不及英国及北欧这些福利国家的保障水平。类似后者的全民医疗保健系统，直到奥巴马政府期间才建立。

尽管欧洲发达国家基本上都投入到福利国家的建设之中，但由于国情和社会历史发展存在差异，各国的社会福利政策的运行方式有所不同。如安东尼·吉登斯（Anthony Giddens）所说：“英国的制度，强调社会福利与医疗保健服务，规定了依赖于收入的福利金。斯堪的纳维亚或北欧国家的社会福利制度，借助高额征税与十分广泛的政府开支，提供了数额较高的福利金与十分出色的国家服务，包括医疗保健方面的服务。中欧各国的制度，没有十分庞大的社会福利服务，但是在其他方面具有数量可观的福利金，它在收取社会保险费的基础上筹集资金。”① 虽然存在差异，但这些福利国家也有着一些共同特性。其一，跟以往对社会福利的认识不同，这些国家普遍认为，为公民提供基本保障的理由在于公民的基本权利，而不是出于慈悲或恩赐。也就是说，社会福利是每个社会成员作为人的应得，而非政府或他人怜悯的结果。其二，从福利水平看，这些国家的社会福利覆盖面广，受益群体普遍。其所设计的社会福利项目几乎考虑到了一个人从生到死可能遇到的各种困难，并为之提供相应保障。这就是“从摇篮到坟墓”的真正蕴涵。其三，是社会福利项目资助金额高。其目的不是让每个社会成员摆脱贫困，而是过上一种体面的生活。

福利国家的建立、发展与社会民主主义思潮的影响密不可分。社会民主主义早期支持马克思的共产主义主张，但后来放弃了这一立场。一些社会民主主义者认为应该保留资本主义制度，只需要对其进行改良，比如，由国家控制主要资源，出台一些社会福利政策，使社会保障全面化、普遍化。这些主张被当时西方各国的社会民主党接受，成为福利国家构建社会福利体系的理论基础。通过社会民主主义方式的改良，西方福利国家在二战后三十年的高速发展中，极大地缓和了社会各阶层的紧张关系，缩小了社会贫富差距，稳定了西方资本主义国家的经济和政治体制，提高了社会的凝聚力，保障了市场经济的繁荣发展和社会生产的活力。此外，完善的社会福利保障了社会公民的基本生活需求，使公民能够有条件追求更高层次的生活，扩大了公民自我选择的自由。

（二）福利国家的危机与改革

1. 陷入福利危机

20世纪70年代中期，随着石油危机的爆发，资本主义世界经济普遍处于滞胀状态。与此同时，福利国家的社会福利规模不断扩大，福利项目构成不断增加，社会福利支出的增长速度已经超过了国民经济的增长速度。1961—1971年，瑞典、联邦德国、法国、英国、意大利、丹麦等国家的国民经济增长速度与社会福利开支增长速度的比值分别为：1∶1.37，

① 安东尼·吉登斯．第三条道路：社会民主主义的复兴．郑戈，译．北京：北京大学出版社，2000：7.

1∶1.28，1∶1.41，1∶1.96，1∶2.02，1∶2.17。[①] 低迷的经济发展、庞大的社会福利开支与臃肿的福利机构使福利国家陷入危机之中。这些危机主要表现在以下几个方面。

首先，庞大的福利开支使得福利国家普遍陷入财政危机。由于福利国家的社会福利覆盖范围广，项目补贴金额高，享受福利的人群不断增加，导致财政赤字不断增加。英国的社会福利开支在 20 世纪 50 年代占 GDP 的 14.4%，到 80 年代初已经上升到 38.2%，财政赤字累计达 1 209 亿英镑；瑞典在 1970—1980 年期间，财政赤字增加了 23 倍；20 世纪 80 年代中期，美国财政赤字突破 2 000 亿美元。[②] 沉重的财政负担使得各福利国家难以继续支撑优厚的社会福利。

其次，高税收使福利国家在国际竞争中日益处于劣势，失业率剧增的结果又导致这些国家的社会福利事业陷入恶性循环。福利国家巨大的社会福利开支一直是通过高税收来支撑的，这会对这些国家的经济发展带来两方面的不利影响。第一，高税收最终会转嫁到生产成本中，生产成本的提高，使得这些国家的经济产品在国际市场竞争中处于价格劣势，最终降低了这些国家的国际竞争力。第二，高税收和高成本使雇主的投资热情锐减，且常常采取减少雇员数量的方式降低成本，其结果就是社会失业率增加。失业人数增加进而又导致社会福利项目中的失业保障费用不断上升。更糟的是，就业人数的减少使得纳税人减少，用以支付社会福利开支的国家税金也减少。这一结果使各个福利国家陷入了一种恶性循环。

最后，高福利、高税收政策在影响社会生产力发展的同时，也打击了就业者的工作积极性，并滋生了一批靠领取福利为生的懒汉。由于持续的通胀，福利国家很多就业者的工资虽然名义上有较大增长，但由于超额累进税率，使一些人工资的增加部分尚不足抵补多交纳的税款。为了逃避交纳更多的税款，很多就业人员会在工作期间，故意请几天病假或旷工。由于高福利，无业者和失业者的社会保险收入与在职人员相差很小，仅靠社

---

① 曹长盛. 民主社会主义模式比较研究. 长春：东北师范大学出版社，1996：196.

② 王振华，等. 重塑英国：布莱尔与第三条道路. 北京：中国社会科学出版社，2000：107.

会保障就能维持基本的生活，且不用纳税，这就导致很多人宁愿躺在社会福利的温床上享受也不愿就业。越来越多的人选择成为享受社会福利的懒汉。当时英国甚至出现社会保险号码多于社会总人口的福利欺诈现象。这些懒汉的存在，不仅有违社会福利制度建立的初衷，且引发了就业者对失业者的憎恶，制造了新的社会矛盾。

为了摆脱福利危机，各个福利国家相继采取了一系列的改革措施。这些改革措施是分两个阶段进行的。

2. 第一次改革：新自由主义的影响

在福利国家陷入危机时，凯恩斯的国家干预主义已经束手无策，此时以弗里德曼、哈耶克和布坎南（James Buchanan）等经济学家为代表的新自由主义思想开始兴起。他们倡导恢复经济自由主义的社会政策，反对政府对市场的过度干预。新自由主义认为，福利国家之所以走入困境，原因就在于国家管得太多。若想彻底摆脱经济危机，必须放弃凯恩斯主义，重新强调自由化、市场化与私有化。由于这一理论适应了当时西方各福利国家改革的迫切需要，因此，受到了撒切尔政府与里根政府的青睐。

自20世纪70年代末开始，西方各个福利国家为了应对福利危机，大多采取的是削减福利开支的方式。1979年，撒切尔当选英国首相，揭开了英国福利改革的序幕。撒切尔政府在削减社会福利开支的同时，开始在社会福利领域实施私有化。并通过调整福利制度覆盖范围、享受条件、标准、水平等方式，采取各种措施收缩社会福利计划。如大幅削减公共住房计划和学校午餐；强化个人责任和义务承担标准；提高福利准入门槛，降低福利水平。同时推进相关社会福利设施和服务私营化，如鼓励发展私人教育与医院；扩大私人福利机构在福利供给上的自主权；引入竞争，提高社会福利供给效率。经过十年的努力，1989年时，英国政府的社会福利开支已降至GNP的22%。但是，从撒切尔政府的福利改革结果看，虽然削减福利开支的措施在一定程度上减轻了政府的财政负担，使得英国这一时期的经济有所复苏，却引发了大量的争论，遭到了来自各方的反对。面对福利国家长年累积的弊病，所采取的各项措施并没有解决危机问题。并且，其推行私有化的努力也没有得到完全贯彻，因而撒切尔政府时期的福利制度改革总体上收效甚微。

在英国福利改革的同时，北欧各国也开始调整社会福利政策，主要措施有：下调职工所得税税率，减少保险金发放额度，降低带薪病假、产假的补贴，减少对儿童和住房的补贴，逐渐减少政府对经济的控制，提高政府和社会福利机构的工作效率，等等。由于和英国存在相同的问题，因此福利改革在导致民众生活水平下降时，并没有取得预想中的效果。德国在这一时期福利改革力度较轻，但也是以削减社会福利开支为主。1982—1997 年，德国削减各种社会福利达 130 项。

1980 年里根总统上台后，美国开始采取较为激进的方式进行社会福利制度改革。里根政府采取的主要措施有：将社会福利的主导权由联邦政府下放到州级政府；鼓励家庭、非营利组织和私营社会福利机构共同承担责任，减少联邦政府的财政压力；借助市场机制调整社会福利发展方向，推行私有化，以减少社会福利开支；以工作福利（培训、工作拓展、免费提供工作机会）替代无偿福利；等等。在这些措施之外，里根政府还致力于改变美国民众的福利观念。在强化就业人员对社会福利的厌恶的同时，减少了依赖社会福利的人数，逐渐让社会成员树立自我依赖的福利观念。里根政府的激进式福利改革引发了大量的争议，毁誉参半。但是，尽管改革力度过大导致美国的社会贫富差距扩大，失业率与贫困率都不断上升，可是里根政府的一系列措施在很大程度缓解了滞胀，刺激了经济的发展。

3. 第二次改革：第三条道路下的福利国家

20 世纪 90 年代末，英国首相布莱尔的高级顾问、伦敦经济学院院长安东尼·吉登斯出版了《第三条道路：社会民主主义的复兴》一书，该书就欧洲福利国家的困境提出了区别于强调国家负责的社会民主主义和市场负责的新自由主义的福利观，即第三条道路的福利思想。在福利国家建设初期，社会民主主义认为国家应该干预社会生活，为贫困家庭和个人提供物质救助；而福利国家陷入危机后，新自由主义取得了话语权，认为国家过多干预福利事业会削弱个人的进取精神和自立意识，社会贫困问题完全可以通过市场化方式得到解决。第三条道路试图保留以上两种理论中积极的、富有生命力的要素，抛弃其中一些极端的思想，在此基础上发展一种创新的理论与实践路线。因此，吉登斯的思想有一种浓厚的调和色彩。

他既支持社会平等，又建议保留一些不平等，以促进经济发展，强调以提高经济效率的方式促进社会公平。

针对福利国家制度的弊端，吉登斯的第三条道路强调责任与权利的对等。针对传统社会福利制度的缺点他提出了无责任即无权利的原则。传统的社会福利制度只强调对公民基本权利的保障，而忽视了公民对于国家与社会的责任。正因为责任的缺失，才导致生产无效率。为了改变这种状况，社会福利改革需要以权利和责任的平衡为目标，变消极福利为积极福利，将个人享受福利与承担相应义务结合起来。因此，吉登斯强调对福利对象进行考察，社会福利资源将重点帮助最需要帮助的穷人，而非不愿意工作的无收入者。在福利供给上，他认为应该尽量投资人力资本，而非直接提供经济资助，即向贫困者与失业者提供教育和培训服务，以提高其自救能力和自我发展意识。① 这样就可以对每个失业者提出这样的要求：在领取失业保障金的同时，必须履行积极寻找工作的义务，否则，就没有享受福利的权利。依此改革后的福利国家，既能够最大限度地保障公民的基本需要，同时又可能培养其自强自助的人格。总之，按照吉登斯的思路进行改革，就是要用刺激福利接受者积极性的福利政策代替之前的消极接受的福利模式，变简便的福利供给为社会投资。

第三条道路温和的主张和灵活务实的策略提出之后，受到欧洲国家特别是英国、德国的重视。此后，西方国家纷纷以此理论为基础，从各自国家的具体情况出发，制定新的社会福利改革计划，并付诸改革行动。

1998年，英国布莱尔政府开始了以吉登斯的第三条道路为思想基础的社会福利制度改革。在养老保险方面，确立最低收入保障，保证养老金享受者的收入增加高于基本的收入补助，实行风险共担养老金计划，通过立法加强私营养老金计划建设，满足不适合参加国家养老金计划的人群的养老需求；在医疗保障方面，沿袭撒切尔政府的采购者与提供者分离的政策，并将促进医疗平等、减少等候时间、提高医疗效率作为改革目标；在失业保险方面，以工作战略为改革中心，鼓励失业者通过提升自身技能来

---

① 安东尼·吉登斯. 第三条道路：社会民主主义的复兴. 郑戈，译. 北京：北京大学出版社，2000：122.

改善自身状况，对于失业的年轻人，采取强制性的就业服务，如果失业者不接受，将被减少或取消救济；在教育改革方面，以教育市场化和学校选择多样化为基础，侧重于终身教育和学前教育、教育的公平等方面的改革；在残疾人福利方面，鼓励具备劳动能力的残疾人积极就业，并为其提供就业所需的培训与咨询服务，同时改革无劳动能力的残疾人的救助方式。①

英国布莱尔政府的社会福利制度改革，以建立社会投资型国家为目标，实施积极的社会福利政策，并据此调整了国家、个人和其他社会组织在社会福利制度中的权利和义务。这一改革成效显著，社会失业率大幅下降。但是，贫富差距和贫困儿童等问题仍未解决，且有进一步恶化的趋势。

20 世纪 90 年代末，德国施罗德政府同样以第三条道路福利思想为基础，对社会福利制度进行了结构性调整。为了缓解人口老龄化带来的危机，德国通过采取延长退休年龄、严格养老金给付条件、强化养老金缴费与收益之间的联系等措施，调整了社会保障计划发展方向。为了解决失业率居高不下的困境，将工作第一原则作为失业保障改革的重点，通过日渐严格的失业保障资格审查和待遇水平限制，促使失业者积极寻找工作，融入劳动力市场。通过发展公私就业服务网络和积极的就业政策，为失业者灵活就业提供服务。为了减轻国家在社会保障方面的财政负担和责任，德国在法定养老保险之外建立了私人养老金制度，将企业和个人纳入社会保障责任中来。这一系列福利制度改革措施，极大减轻了政府的社会福利负担。但是，施罗德政府的社会福利改革并不顺利。在此期间，德国经济持续低迷，失业率竟至二战后最高水平。2004 年 4 月 4 日，德国爆发大规模的示威游行，反对政府削减福利。这说明施罗德政府的福利改革在很大程度上影响了民众对政府的信任，施罗德的下台与此有直接关联。

总体而言，西方福利国家自危机开始采取的一系列改革措施，无论是以新自由主义为依据还是以第三条道路为依据，都取得了一定的效果。但是，由于福利国家前期普惠性福利政策的实施，以及在社会福利享受上

---

① 孙洁．英国的政党政治与福利制度．北京：商务印书馆，2008：154－156．

的公民权利理念的宣扬，早期的福利国家理念已经深入人心，因此，无论政府的福利改革有何初衷，也无论采取什么方法，需要面对的阻力都很大，且所冒道德风险也极大。这在一定程度上影响了改革的顺利推进。

二、公民身份：福利国家的伦理支持

从思想上看，福利国家的社会福利体系的确立与调整是受多种社会福利伦理思想影响的结果。在福利国家的兴起与改革过程中，社会民主主义、新自由主义与第三条道路分别扮演过重要的角色。然而，除了这些理论之外，英国社会学家托马斯·H. 马歇尔（Thomas H. Marshall）开创的公民身份理论可以视为对福利国家的社会福利制度的直接伦理辩护，对福利国家中民众的福利观念有着实质性的影响。

20世纪40年代，社会民主主义思潮正盛。受社会民主主义的平等思想与霍布豪斯（Leonard T. Hobhouse）的公民权利思想的影响，托马斯·马歇尔于1949年在剑桥大学纪念经济学家阿尔弗雷德·马歇尔（Alfred Marshall）的大会上发表了题为《公民身份与社会阶级》的演讲，开创了公民身份理论的先河。在此，我们通过介绍这篇文章及其相关思想来展开公民身份理论的主要内容。

在这篇演讲稿中，托马斯·马歇尔从经济学家阿尔弗雷德·马歇尔的思想中的一个假设出发，引出了他的有关社会平等的公民身份理论。阿尔弗雷德·马歇尔假设了一种与公民身份相联系的人类基本平等，并在认可这种平等的前提下，全然接受由自由市场导致的社会各阶级在经济上的不平等。但是，随着公民身份的发展，如果不干涉自由市场的分配结果，就不可能确立与维持人类的基本平等。根据托马斯·马歇尔的看法，社会平等是公民身份发展的理由。正是因为追求社会平等，才"构成了大约250年来一直都在发展的公民身份演进过程的最新阶段"①。托马斯·马歇尔将公民身份分为三个部分：公民的要素、政治的要素与社会的要素，分别

---

① T. H. 马歇尔，安东尼·吉登斯，等. 公民身份与社会阶级. 郭中华，刘训练，编. 南京：江苏人民出版社，2007：7.

对应公民的三种权利：公民权利、政治权利与社会权利。18世纪以来，公民身份不断得到发展，这三种要素或权利分别对应了三个不同的发展阶段。公民的要素是由公民的人身、言论、思想信仰等自由组成，以法律的方式得以保障，发展于18世纪；政治的要素包括公民的选举权与参政权，发展于19世纪；社会的要素其实指的就是公民的福利权，即“从某种程度的经济福利与安全到充分享有社会遗产并依据社会通行标准享受文明生活的权利等一系列权利”，社会权利的发展应该在20世纪。① 19世纪末英国确立的普遍的教育权在公民身份的社会权利发展中起到了关键作用，它表明社会已经认识到了教育对于社会文明程度的意义。

托马斯·马歇尔指出：“公民身份是一种地位，一种共同体的所有成员都享有的地位，所以拥有这种地位的人，在这一地位所赋予的权利和义务上都是平等的。”② 按照公民身份构建制度的社会，以能否保障公民身份所内含的基本权利来衡量社会制度是否健全，这种社会的目标在于实现更加充分的平等，扩展公民身份所内含的权利，增加获取公民身份的人数。③许多思想者在批评贫困现象与不平等时，都致力于减轻阶级体系所带来的不良后果。但是，托马斯·马歇尔针对的却是阶级体系，或者说是制度。20世纪之前人们所享有的公民权利是有缺陷的，公民在法律上的平等没有意义。因为无论是公民权利还是政治权利，都受限于不平等的财富分配。要想消除公民权利的障碍，必须创造公民身份的社会权利，以社会福利保障的方式来实现。将社会权利的实现本身视为体系的目标，才能消除阶级区分；而公民身份中社会权利的进展，会不断缩小社会成员之间的经济不平等。

1965年，托马斯·马歇尔在其发表的《福利的权利及再思考》一文中，通过说明福利权进一步阐释了其公民身份理论。他指出，对许多人而言，国家虽然有救济穷人的义务，但穷人却是一个被剥夺了权利的人。社会对其实施救济，不是因为他有权得到救济，而是因为“他是社会行动的

---

① T. H. 马歇尔，安东尼·吉登斯，等. 公民身份与社会阶级. 郭中华，刘训练，编. 南京：江苏人民出版社，2007：7-9.

② 同①23.

③ 同①14.

对象，就像他之前是慈善机构的对象一般”[①]。但是，社会对穷人的救助不应当被视为一种仁慈，而应当被视为对人的权利的保障。由福利制度所确立的权利不是诉诸人性，而是诉诸公民的身份。它是共同体选择的结果。因此，社会福利是以制度的方式确立了穷人的权利，而非像贝弗里奇所认为的那样，是为了满足人的需要而进行的战争。社会福利制度的目的就在于调节自由市场的分配结果，以提高所有公民福利的方式保障他们的权利。

在确定福利国家的道德原则时，托马斯·马歇尔首先表示自己对“福利国家”这一术语非常厌恶。原因不在于他讨厌福利国家，而是反对以个人主义的方式认知福利国家。按照个人主义的社会福利主张，个人的福利要求是神圣的、不可剥夺的，因为这是在保障人的天赋权利。这种福利观确认的只是个人追求福利的权利，而非获得福利的权利。但是，正因为对后者的承诺，我们才会为个人提供对其有益的社会服务，而非仅仅承认他的追求福利权。并且，仅以个人主义为基础，就会忽视集体主义。共同体的利益并非个人利益的简单相加，其内容更为复杂。福利国家应该兼顾个人主义与集体主义，在两者之间保持一种平衡。为此，托马斯·马歇尔提出了有别于自由至上主义的机会平等原则。这种原则既能体现个人权利，又能满足共同体的需要，而国家有责任使这两者和谐共存。他以教育体系为例来说明这一点。福利国家既要让所有的孩子都有平等的受教育权，又承认天赋差异。教育需要做的是，给每个孩子平等的机会展示其天赋。从他们展示出的差异中看出，哪些孩子有优秀的天赋。然后为那些有优秀天赋的孩子提供不同于其他孩子的教育类型，以使他们能为社会做出更大贡献，最大可能地满足社会的需要。这样，托马斯·马歇尔就以机会平等为前提兼顾了个人主义与共同体利益。不过，他指出，福利国家也不可能完全消除贫富差异，经济上的不平等必然会影响孩子的教育结果，对于这一点，国家是无能为力的。因为福利国家必须承认某种程度的经济不平等，但前提是具有不可反驳的理由。[②]

---

① T. H. 马歇尔，安东尼·吉登斯，等. 公民身份与社会阶级. 郭中华，刘训练，编. 南京：江苏人民出版社，2007：45.

② 同①75.

从托马斯·马歇尔的理论中，我们可以看出，他走的其实是一条调和路线。在确定社会福利制度的公民身份理由后，他选择的是一种被归纳为民主—福利—资本主义的复合社会模式。民主解决的是人的平等的社会地位问题，福利是为了使所有公民的社会权利成为可能，资本主义解决的是福利的物质基础问题。托马斯·马歇尔认为，由代议制政府、福利国家与混合经济这三者构成的社会结构，将会实现各个领域的目标。

继托马斯·马歇尔之后，许多思想家都将社会福利视为保障公民社会权利的一种有效手段，它对于减少社会不平等、减少匮乏有质的意义。比如在社会政策方面有巨大影响的社会学家理查德·蒂特马斯认为，福利国家是保障公民基本需要的最佳模式，普遍的社会福利是社会公民身份的基础。为了减少不平等，国家应该基于公民的福利权利，对社会资源进行重新分配。并且，由于蒂特马斯认为福利与利他主义有直接关系，普遍的社会福利有利于在公民之间培养利他精神，因此，他反对对福利接受者进行资格审查，以避免使他们产生耻辱感或被冠以污名。贫困不是个人失败或行为不当的结果，所以公民应该无条件地享有福利权。最全面的福利供给计划可以促进以福利权利为中心的共同公民身份，解决现存不合理的不平等，使那些被边缘化的公民可以有效地融入社会。①

托马斯·马歇尔的公民身份理论在法学、社会学、政治学等领域影响巨大。尽管他的理论招致许多学者的批评，比如，他所定义的社会权利不够清晰；过于调和；仅以英国为研究对象，不具普遍意义；等等。但是，作为福利国家最盛时期提出的论证成果，托马斯·马歇尔的公民身份理论无疑在某种意义上为福利国家做了最好的注解。就这一点而言，他是成功的。

三、当代西方福利国家存在的伦理问题

客观地说，福利国家的全民福利保障计划在缩小贫富差距与减轻社会不平等上的确取得了巨大的进步。但是，从它的兴盛与危机中，我们可以看出，它存在三方面的伦理问题。

---

① 彼得·德怀尔．理解社会公民身份．蒋晓阳，译．北京：北京大学出版社，2011：57.

首先，由于它接受了既成事实的资本主义经济制度导致的不平等，只是力图在自由经济背景下进行改良，而不是想彻底改变资本主义自由市场经济制度，因此，它所期望的社会平等注定无法实现。为了减轻社会不平等，福利国家主要是通过税收转移富裕者的一部分收入给穷人，没有意识到贫困的真正原因不是财富上的匮乏，而是因自由市场制度而得以加剧的不平等。马克思对资本主义制度的批判正是为了消除这种源于制度的不平等。罗尔斯也从另一个角度对这一点提出了批判。他指出，福利国家允许天赋与家庭出身等自然偶然因素参与市场分配，而市场制度又将之合法化。正是这些制度，造成了弱势群体恒久的弱势处境。因此，只在意将优势群体的财富向弱势群体转移是不够的，更为重要的是消除优势者仅凭自己的天赋能力就确定了工作中的支配地位。这是福利国家做不到的。

并且，福利国家所追求的社会平等，与真正的平等尚有较大的差距。无论从马克思主义出发，还是从罗尔斯的公平正义视角出发，福利国家都不是一种正义的制度体系。马克思反对任何形式的财产私有制，他认为生产资料私有制是通往人类解放之路的障碍，不废除它，人类就不可能实现真正的平等，也无法获取真正的自由。在罗尔斯看来，福利国家允许资源占有上的极大的不平等，等于给少数人以控制社会的经济与政治生活的机会。因此，它根本不符合平等的自由主义的正义观。而且，福利国家的运行恰恰证实了罗尔斯的这一指责。它覆盖全民的社会保障计划，将所有的富有者也纳入其中。这不仅对促进社会平等无益，还在很大程度上浪费了社会资源。正是因为它无法处理禀赋、出身与人的收入不平等问题，平等的自由主义者才放弃了它。

其次，福利国家的危机表面上是经济陷入困境，实质上却是无法调和平等与效率之间的冲突。其实，从福利国家的确立到此后的两次改革，目的都是在调整和平衡社会平等与经济效率之间的关系。但是，按照福利国家的运行机制，它最不可能调和的就是平等与效率之间的矛盾。福利国家希望以经济增长来维系社会再分配计划，但自由市场经济的目标在于经济效率，而非社会平等，所以它与国家福利方案并不相容。一旦按照福利国家的方案运行，必然会损害经济增长。由于福利国家的全民福利计划必须以足够的物质财富为保障，因此它只能选择降低对社会平等的要求来换取经济增长。

最后，福利国家在道德上最遭人诟病之处在于，它“固化了穷人的依赖性和强化了穷人的耻辱感”①。前者被指责培养了一批福利懒汉，后者被指责给贫穷者冠以污名。许多学者认为，福利国家社会福利政策的实施对公民的心理状态产生了消极的影响。一些有工作能力的人选择靠社会福利吃饭，不仅不为社会做贡献，反而浪费纳税人的钱。面对这种状况，那些辛勤工作的人就会心理不平衡，要么失去工作的热情，要么心生怨恨，无论哪种结果都对整个社会无益。近十几年来颇有市场的公民资格理论甚至指出，这种福利政策之所以不好主要不是因为它阻碍了经济的发展，而是因为它败坏了公民的德性。过高水平的社会福利不利于公民形成完整的独立人格。但是，平等的自由主义却提出这样的反驳：即使公民成为“懒汉”，这种结果也不能完全由他们来承担责任。如果社会没有为每一个公民提供足以使他们发展出独立人格的教育，就让他们为自己的选择负责，那显然是不负责任的。如果再以此为理由不去消除他们的不平等的社会地位，那显然又是不公正的。一般情况下，公民不应该为自己的贫困负责，因为造成他们贫困的原因在于社会环境，而不是他们自己。因此，我们不能以谴责受害者的方式来解决正义问题。并且，我们还看到，福利国家所采取的类似福利资格审查之类的制度，并非一种有助于公民形成独立人格的制度，它在很大程度上强化了公民的耻辱感，给他们打上了贫穷的烙印。在一种屈辱的条件下接受福利资助，或许更有可能让那些贫困者自暴自弃，最后沦落成他人眼中的懒汉。而社会这个时候指责他们对自己、对社会不负责任，这对他们公正吗？因此，我们承认福利懒汉问题的存在，但是不赞成以制裁或削减福利的方式处理这一问题。聚焦于教育投入、缩小社会差距或许更为合理一些。

本节上面所有内容让我们认识到，社会福利原本就是一个复杂的问题，涉及社会的政治、经济、文化等方方面面。作为解决人类基本需求与维护人类尊严、平等的一项基础工程，每一项社会福利制度与政策都需要经历实践的检验与理论的探索。西方各个福利国家的经历不过是人类福利

---

① 威尔·金里卡．当代政治哲学．刘莘，译．上海：上海译文出版社，2015：120.

事业进程中的一种摸索，其中的利弊只有放在历史的长河中去审视才能确定。

第三节　新中国成立后中国社会福利制度建设及其伦理观念变化

现代社会的福利有两大目标，一是满足人之为人的最基本需要，二是保障公民的基本权利。从这两个目标看，在过去60多年时间里，我国的社会福利事业历经了一个从无到有的过程，尤其是近20年取得了长足的进步。虽然我国的社会保障体系目前尚不完善，但是自十六届四中全会明确提出构建社会主义和谐社会以来，我国越来越重视建立保障与改善人民生活的公共服务事业。如今，民生幸福已经成为社会主义事业的奋斗目标之一。

一、新中国成立以来中国福利制度的建设

（一）社会主义改造之前我国社会福利制度的建设

1949年的中国基本上没有现代意义的社会福利事业，有的只是传统形式的社会救济。新中国成立伊始，面对一穷二白的社会现状，党和政府将建设富强、民主、文明的社会主义国家作为奋斗目标，而发展社会福利事业是体现这一目标的重要手段。新中国初期，我国设立了社会福利事业管理机构——内务部（民政部前身），并陆续颁布了一些与社会福利事业发展相关的政策法规，逐渐形成了由民政福利、职工福利和农村集体福利构成的社会主义福利制度的雏形。

第一，民政福利制度的初步形成。新中国成立后，救灾是一大社会问题，尽管百废待兴，国家还是拨出大量钱粮，开展大规模的社会救济，工作由当时的内务部组织和管理。福利工作的主要内容是妥善收容安置好滞留在各个城市中的流离失所、无依无靠、饥寒交迫的各种人员。内务部主要通过两个途径来开展福利工作：一是设立福利事业单位（包括在各大城市接收、改造民国政府举办、地方民办及外国教会举办的各种类型的救济或慈善机构），为孤寡残幼、精神病人及其他人员提供保障。这些单位后

来逐渐演变成为养老院、儿童福利院、精神病人疗养院等。二是通过组织自救性生产单位，为残疾人、军烈属和一些城市贫民提供工作机会，解决他们的生活保障问题。这些自救性生产单位，经过规划调整而成为一般所称的社会福利企业。而社会福利生产的概念，则是于 1956 年 12 月，由内务部召开的城市残老教养、烈军属贫民生产工作座谈会上首次提出。① 新中国初期，由内务部直接管理的社会救济福利占总人口的 1%不到，只覆盖了城镇人口中的极少数部分，而绝大部分的城镇人口的生活主要是由机关企事业单位的职工福利来保障。

第二，职工福利体系的初步确立。1950 年颁布的《工会法》体现了对职工工作权利和相关利益的保护；1953 年，劳动部公布的《劳动保险条例实施细则修正草案》规定，企业应该根据实际情况和需要，单独或者联合其他企业为员工设立食堂、托儿所、疗养所等基本生活设施。同时规定由企业承担本单位的福利设施花费，以及职工的生活困难、探亲和取暖等补贴。1953—1957 年，财政部等部门先后发布了多项相关法规，提出了关于职工生活各方面的详细规定，其中包括国家机关企事业单位职工的生活困难补助，职工的福利待遇及经费来源、管理和使用办法，职工家属的医疗补助，职工家庭冬季取暖补助，职工住宅和上下班交通补助，等等。

城镇职工的福利保障由国家政策统一规定，其福利经费由企业从自身利润收益中直接提取，并自行组织实施，封闭运行。如果职工福利超出企业负荷，国家财政会通过转移补贴的方法给予最后保证。机关事业单位的福利经费主要从机关事业单位设立的福利费、行政费或事业费中开支。从 1949 年新中国成立到 1957 年，我国的福利制度体系初步形成，这些制度以国家和企业为责任主体，力求给予职工的基本生活以较全面的保障，覆盖了国家机关企事业单位职工生活的各个方面。

第三，农村集体福利体制的初步形成。新中国初期，国家对农村的福利保障都与灾荒救济和贫困救济相关。整体上看，社会福利水平比较低，内容结构单一。国家只为农民提供最低水平的生存性福利保障。为了解决

---

① 中华人民共和国民政部. 民政部大事记（1949—1986）. 内部资料. 1988：121.

新中国初期的荒灾困难，中央发出《关于生产救灾的指示》，并成立统一的生产救灾委员会。确立了“生产自救、节约度荒、群众互助、以工代赈，并辅之以必要的救济”的生产救灾总方针。通过发放救灾粮款、组织生产自救等手段，帮助灾民度过荒灾。[①] 农村救济的重点对象是贫苦的残老孤幼和贫苦的军烈属，主要方式为减免公粮和发放救济粮款。比如内务部于1951、1953年两次发布文件，提出要重视缺乏劳动能力的老弱和赤贫者，给予相应的救济或培养其劳动能力。[②] 在整个新中国初期，国家关于农村的福利政策及制度，主要适用于农村中的最贫困群体，力求保障他们的基本生活。

总的来说，新中国初期的社会福利除单位福利外，主要是与社会救济交织在一起的，所以又被称为福利救济，是基于最需要帮助的人群的生存需要而制定的福利政策，处于社会福利体系的最初阶段。

（二）计划经济体制下我国福利制度的发展

计划经济时期，我国社会福利体系在新中国初期的基础上得到了进一步的发展与扩充，社会保障的形式与对象更为明确。

第一，在民政福利方面，以发放最低生活保障费的方式满足城镇孤老残幼人员的生存需要。20世纪50年代初期的社会主义改造，使民政福利的救济对象发生了较大的变化：逐步排除了各类有劳动能力的城市贫民，转而主要救济城市中残疾人、孤寡老人、孤儿等，以维持其基本生活。1958年，内务部召开了第四次全国民政会议，总结推广了福利事业的经验，社会福利机构在全国各个城市和区县得到兴建和扩展。到1964年，城市社会福利事业单位比1958年增加了219%，收养人员也增加了99%。[③]

1957年初，内务部等联合下发了《关于城市烈属、军属和贫民生产单位税收减免和贷款辅助问题的联合通知》，这是我国社会福利生产方面的第一个优惠政策文件，标志着我国社会福利生产模式的正式启动，随之引发了社会福利生产的一个高潮。到1958年9月份，全国社会福利生产

① 吴承明，董志凯．中华人民共和国经济史：第一卷，1949—1952．北京：中国财政经济出版社，2001：502.

② 崔乃夫．当代中国的民政：下．北京：当代中国出版社，1994：171.

③ 宋士云．新中国社会福利制度发展的历史考察．中国经济史研究，2009（3）.

单位达 81 266 个。然而，社会福利生产的超速发展，也引发一些问题，如冒领福利的现象严重，残疾人的安置工作不力，等等。针对这种情况，自 1959 年底到 1965 年，内务部就社会福利生产进行整顿，社会福利生产转入低潮。

1968 年内务部被撤销，民政福利工作的开展受到严重影响，社会福利事业服务质量下降，保障人数大大减少，很多孤寡残幼又重新流落街头。1978 年，民政部成立，重新启动了在"文化大革命"期间破坏严重的城市社会福利事业和社会福利生产工作。1979 年 11 月召开了全国城市社会救济福利工作会议。这次会议提出了"为孤老残幼服务"的方针，并明确指出，城市中的社会福利事业单位是以服务为主，其性质是以提供社会福利为目的，改变了过去以教为主的福利保障思想。社会福利事业单位的福利性质开始逐渐从救济向服务转变。到 20 世纪 80 年代初，社会福利事业单位数量和收养人数有了明显的增加。

第二，在职工福利方面，以"高就业、低工资、高福利"为主要方式，全面保障单位职工及其家属的生活需要。整个计划经济时期，由于城乡二元划分，社会福利制度被分为城市福利和农村福利，分别由国家财政与农村集体经济扶持。城市社会福利制度又进一步被分割成单位福利和民政福利。就业者及其家庭成员的福利由就业单位保障，城市孤寡残幼等"三无"人员的福利被民政福利包办。事实上，改革开放前的社会福利制度中，城镇居民，尤其是城镇就业劳动者的福利最受重视。城镇中 95% 以上的居民都能享受到与就业相关的福利待遇。各单位依据国家政策，对职工及其家庭的福利负全责；企业既是生产单位，又是福利的供给单位。各单位所提供的福利非常广泛而且全面，从职工住宅、上下班交通、生活必需品供应、困难家庭补助到职工子女的教育、职工哺乳室、托儿所、职工医院、饭堂、子弟学校，乃至理发室、浴室、体育场、各种娱乐设施等，可以说是包办了就业劳动者及其家属的全部福利。但这类福利非常封闭，单位与单位之间条块分割严重，企事业单位福利单独运行，导致在福利享有上运气成分的作用非常大。对于就业者而言，能够进入一家好企业，今后的生活就有了较好的保障。

单位福利在"文化大革命"期间受到很大影响。"文化大革命"结束后，国家的工作重心由“以阶级斗争为纲”转移到以经济建设为中心，单位职工福利制度很快修复，一些福利补贴方针和政策也相继公布。到20世纪80年代中期，国有企业职工福利增长飞速，逐渐成为企业发展的沉重负担。

第三，在农村福利方面，以五保供养制度的方式确保农村贫困人口的生存需要。1956年，社会主义三大改造基本完成，农业合作化也从初级向高级发展，农村集体经济制度随之基本确立。由此国家对于农村的社会福利救济，首先定位于农村的生产自救。1963年，中共中央、国务院颁布了《关于生产救灾工作的决定》，指出国家在农村生产救灾中处于辅助地位，生产自救要依靠集体和群众的力量，这一规定弱化了政府的财政责任，强化了集体的责任。

随着农村进入农业生产合作社时期，农业生产与分配政策以平均主义为导向，坚持集体统一经营、统一劳动、统一分配的原则。由此实行的制度一定程度上保证了农村贫困农户的生存权利。这一时期，农村的社会救助主要依靠集体经济，辅之以国家救济。然而，在随后掀起的“大跃进”运动中，“浮夸风”“共产风”使得农业生产结果被无限高估，导致了农村社会救济款的停发，农村社会救济因而被取消。“大跃进”运动和三年严重自然灾害，使农村经济遭受严重的损害，农村贫困人口急剧增加，其中不少人的基本生存问题都难以解决。为此，国家财政支出中大幅提高了用于农村社会救济的比重。1963年内务部发布《认真贯彻农村人民公社工作条例，进一步做好农村社会救济工作》，就民政部门和生产队在农村救济中的责任和救济款的使用方法做了详细的规定，农村社会救济制度得以继续实施。

我国计划经济体制下的农村福利制度，其中极具现代意义的是五保供养制。该制度始于1956年1月出台的《1956年到1967年全国农业发展纲要（草案）》，以及同年6月份颁布的《高级农业生产合作社示范章程》。前者规定农业生产合作社对农村困难户（主要指农村的孤老残幼）具有保障责任。在生产上给予照顾，在生活上保障吃、穿、烧、教和葬，即从衣食住行到生老病死都要享有最基本的保障。后者的规定与前者大同小异，都是突出合作社的责任，为贫困农民提供基本生活保障。

十一届三中全会后，家庭联产承包责任制逐渐取代农村生产合作社，集体经济逐步瓦解，许多农村的五保供养制度因此陷入困境。针对这一情况，民政部于1982年发布了《关于开展农村五保户普查工作的通知》。通知明确规定了五保对象的范围，使得农村五保供养制度得以延续。其实，五保供养制度从一开始就存在制度设计上的缺陷，供养水平也很低。但是，作为一种为农村弱势群众提供福利保障的尝试，它在很大程度上起到了稳定农村秩序的作用。

农村的合作医疗制度，也是随着高级农业合作社的发展而形成的，具有鲜明的时代特色。1956年颁布的《高级农业生产合作社示范章程》规定了合作社在医疗保障方面的责任。开始时，医疗保障的范围非常小，仅限于因公致伤致病的社员。而且由于政府对农村医疗投入很少，因此农村医疗保障十分不足。1959年召开的全国卫生工作会议，提出了对农村实行人民公社领导和支持下的初级卫生保健制度。1965年，毛泽东提出“将医疗卫生的重点放到农村去”，对推动农村合作医疗的建设起到巨大的作用。1979年12月，《农村合作医疗章程（试行草案）》的发布，明确了建立农村合作医疗体制的任务。这种由农民个人缴费、集体经济补助和社会各界帮助构成资金的合作医疗体制，对保障农村居民的健康起到了积极作用。

（三）改革开放后我国社会福利制度的转型

党的十一届三中全会的召开，确立了我国以经济建设为中心的社会任务，之后我国整个社会结构发生了巨大的变化。计划经济体制逐渐退出了社会经济的主导地位，在这一体制下所建立的社会福利制度也失去了经济基础，日益显现出与新的经济体制不和谐的一面。

西方福利国家的社会福利政策是从以市场主导为主转向以政府主导为主。与福利国家正好相反，我国由于计划经济时期的社会福利完全由政府主导和包办，改革开放后，为了适应社会主义市场经济体制的发展要求，政府在社会福利事业中的主导地位反而日渐削弱。这一时期我国的社会福利事业为了适应社会主义市场经济体制建设的步调，在原有福利框架内开始对各个领域的福利实行社会化转型。

第一，民政福利领域的社会化转型。1984年漳州会议，民政部提出以我国社会保障体制的三个转变为发展思路：体制上由国家包办转变为国家、集体、个人一起承担，由救济型转变为福利型，由供养型转变为供养康复型。这标志着我国民政福利开始社会化改革。1986年，民政部提出社会福利社会办的概念。城乡各地的福利院开始向社会开放，接受自费人员。1989年，民政部召开全国城市社会福利事业单位深化改革工作座谈会，进一步强调了公共福利事业要面向社会，开展社会化服务。1991年民政部首次就社会福利社会化内涵进行了阐释。据统计，1995年全国由个人创办的福利机构已达100多家。① 1993年4月至1999年12月，民政部相继发布了关于发展社会福利机构的重要文件，力图推动我国社会福利机构实现由政府举办逐步向由政府与社会共同举办的转变。2000年，民政部又召开全国性工作会议，讨论社会福利社会化问题，并系统阐述了社会福利社会化的内涵，社会福利社会化由此进入了一个发展高峰期。2001年3月，民政部颁布了三类强制性的行业标准，分别就老年人、残疾人和儿童的社会福利机构制定了相应的基本规范，以强化对相关福利机构的规范管理。2005年11月，民政部发布《关于支持社会力量兴办社会福利机构的意见》，就社会福利社会化发展问题提出指导意见，强调其必要性和重要性，推动社会力量参与社会福利事业，鼓励它们采取多种渠道、多个层次的积极参与，以扩大社会福利的覆盖面，满足社会日益增加的福利需求。到目前为止，我国的民政福利已基本建成社会服务网络，这一网络以国家兴办的福利机构为示范，以集体和个人兴办的福利机构为骨干，以社会服务为依托，以居家养老为基础。

除了社会福利机构的改革和社会化发展，社会福利企业同样经历了改革和社会化发展的过程。1981年，国务院转批了民政部《关于保护和扶持社会福利生产的请示报告》，由此启动了我国社会福利企业的第二轮发展。1984年10月，财政部发布《关于对民政部门举办的社会福利生产单位免税问题的通知》，提出在免征原有的所得税基础上，对产品、增值、营业等税种也实行免征。这一措施直接刺激了社会福利企业的快速发展。1986年，民政部提出民政经济的概念，这是要从社会福利生产来衡量民

---

① 白益华，吴忠泽．社会福利．北京：中国社会出版社，1994：135．

政部门的经济实力。到1995年，全国社会福利企业达60 237个，年均增长8.9%，利润额高达49亿元。① 1995年以后，由于税收政策的不稳定，社会福利企业的发展举步维艰。2007年，民政部出台《福利企业资格认定办法》，调整和完善了对福利企业的优惠政策，扩展了残疾人的就业渠道。

改革开放后，民政福利资金的渠道来源也经历了一个由单一向多元的改革。计划经济时期，民政福利资金一直是由国家财政拨款和集体投入构成，资金来源渠道较为单一。1987年4月，民政部发布《关于开展社会福利有奖募捐活动的通知》，这是我国首次提出要以发行福利彩票的方式来筹集福利资金。1994年12月，民政部发布《中国福利彩票管理办法》，对福利彩票的发行和销售、管理和运行等各个环节提出了相应的规范。发行福利彩票所筹集的资金，目前已成为我国民政福利事业发展最重要的经济来源之一。1999年6月，《中华人民共和国公益事业捐赠法》颁布实施，对社会捐赠予以法律上的认可并提出相应的规范。2006年，《中国慈善事业发展指导纲要（2006—2010年）》颁布，开始对慈善捐赠实行减免税收的政策。

从民政福利改革发展的轨迹中，我们可以看到，社会福利社会化的发展使民政福利从封闭走向了开放。其结果是，大大扩展了我国民政福利的覆盖范围，增加了社会福利资金的筹集渠道，提高了民政福利的服务效率，使得民政福利能够更好地满足社会经济发展的福利需要，很大程度上维持了转型期的社会稳定。

第二，职工福利领域的社会化转型。在计划经济体制下，职工的福利、就业和所在单位紧密相联系。机关企事业单位为职工提供了非常全面的福利补贴和服务，城镇职工及其家属也能获得较好的福利保障。政府强制企事业单位为职工提供福利保障，并给予相应的财政支持。但是，随着市场经济的发展，原有的职工福利模式已不再适合经济发展要求，对其进行改革已势在必行。

---

① 常宗虎．聆听历史的教诲——近50年来中国社会福利史的三点启示．社会福利，2001（4）．

十二届三中全会明确了国企改革的目标，国企逐渐成为自主经营、自负盈亏的相对独立的经济实体。为了适应新的体制，不得不对传统的职工福利制度进行改革。1992年，财政部发布《关于提高国营企业职工福利基金提取比例调整职工福利基金和职工教育经费计提基数的通知》，就职工的福利、工资、保险做了规定，将各种工资性的福利补贴直接纳入工资，提高了工资分配的货币化水平，并严格区分了保险费和福利费。2007年开始实施的《企业财务通则》规定，职工的医疗、养老、失业等社会保险费由企业承担，且这些费用的支出将归入企业成本核算，并且企业可以根据自身盈利情况为职工额外补充保险福利，但是费用需要按规定比例从企业成本中提取。《通则》的实施，彻底将职工福利与企业的盈利和发展状况直接挂钩。

随着企事业单位职工福利的转变和发展，与职工福利密切相关的福利设施、后勤服务单位也开始向社会化、专业化方向发展。1992年发布的《关于加快发展第三产业的决定》明确了后勤服务向福利型、公益型、事业型第三产业转型的方向和步骤。这一规定逐步改变了企业办社会的格局，使城镇职工福利制度实现了由封闭向开放的发展。

改革开放后，城镇职工的住房分配制度也发生了变化。在计划经济体制时期，城镇职工住房采用的是福利分配模式，是职工福利中很重要一项内容。20世纪80年代初期，职工住房福利体制改革拉开帷幕。1988年《关于在全国城镇分期分批推行住房制度改革的实施方案》的颁布，标志着我国开始正式推进住房商品化进程。1991年到1998年，关于福利住房改革，先后经历了“租、售、建并举，以提租为重点”“以出售公房为重点，售、租、建并举”“建立与社会主义市场经济体制相适应的新的城镇住房制度，实现住房商品化、社会化”的改革过程。1998年，国务院发布《关于进一步深化城镇住房制度改革加快住房建设的通知》，全面停止企事业单位福利分房，逐步实行住房分配货币化，逐渐确立住房公积金制度。建立和完善经济适用住房建设，也于1998年以国家政策的形式确定下来。为了解决城镇低收入人群的住房需求，1999年《城镇廉租住房管理办法》颁布实施。到2014年，各地公共租赁住房和廉租住房并轨运行，统称为公共租赁住房。

第三，农村社会福利制度的停滞与发展。改革开放以来，我国农村社会福利制度出现了较大波折。20世纪80年代，农村地区由于集体经济的解体，加之国家因推行社会福利社会化减少了福利支出，建立于集体经济基础上的农村社会保障体制一度出现了停滞的局面。国家针对这一现象出台了一系列政策与措施，缓解了农村地区在基本保障方面的困难。这些政策与措施主要应对的是农村社会保障领域的三大问题：一是五保供养问题，二是农村医疗保障问题，三是农村养老问题。

由于实行家庭联产承包责任制，村级集体经济可供支配的公益金来源缺乏，乡镇级、县级地方财政保障乏力。这直接导致依托于集体经济的五保供养制度难以维持，受保对象生活水平明显下降。1985年，在中共中央、国务院发布的《关于制止向农民乱摊派、乱收费的通知》中，明确规定农村五保户供养费以税收和其他规范性收费解决。1994年，国务院颁布《农村五保供养工作条例》，对五保对象进行了清晰、明确的界定，并为农村五保供养工作提供了具体的法律依据。1994年，农村最低生活保障制度建立，弥补了传统农村救济制度的不足，打开了农村救济的新局面。传统的五保供养费用支出逐渐调整为以地方各级财政支付为主、中央财政支付为辅的方式。2006年新修订的《农村五保供养工作条例》颁布实施，五保供养经费被彻底纳入政府公共财政保障范围。同年，民政部启动“霞光计划”，在全国范围内建设和改造农村五保供养服务设施。①

20世纪80年代，农村合作医疗体系也因集体经济解体而逐渐衰落。由于合作医疗的消失、停办及医疗卫生体制的市场化改革，自费医疗取代了合作医疗，大批农民失去了医疗保障，农村出现了医疗保障制度真空，“看病难”“医疗难”成为农村的大问题。20世纪90年代，中央相关部门提出重建合作医疗制度。但由于政策缺乏稳定性以及中央财政投入不足等原因，重建合作医疗制度以失败告终。2000年以来，党和政府高度重视农村医疗问题，开始致力于建立以大病统筹为主的农民医疗互助共济制度。2003年《关于实施农村医疗救助的意见》发布，医疗救助资金由财

---

① 成海军，陈丽晓．改革开放以来中国社会福利制度的嬗变．当代中国史研究，2011(3)．

政拨款和公益性捐助构成，覆盖农村特困人群。同年，农村新型合作医疗试点工作开展。2008年，由政府组织、引导与支持，农民自愿参加的新型合作医疗制度在全国农村范围内推行，由政府、集体、农民个人三方筹资医疗资金。2012年起，各级财政提高了对农村新型合作医疗的补助标准。2013年，我国8亿多农民参加了农村新型合作医疗，参合率达到99%。农村医保问题实质性解决已经取得了进步。

一直以来，农村养老是以家庭养老和土地养老为主，但是，随着城镇化进程的加快和农村人口老龄化的加剧，农村养老形势日益严峻。1992年，民政部制定了我国历史上第一个针对农村社会养老保险的法规——《县级农村社会养老保险基本方案（试行）》，开始推行保障农村老年人基本生活的农村社会养老保险制度。该方案确立的基本原则是："要从我国农村的实际出发，以保障老年人基本生活为目的；坚持资金个人交纳为主，集体补助为辅，国家予以政策扶持；坚持自助为主、互济为辅；坚持社会养老保险与家庭养老相结合；坚持农村务农、务工、经商等各类人员社会养老保险制度一体化的方向。"① 然而，由于国家在财政上没有实质性投入，养老金基本上是靠农民个人储蓄完成，因此对农民的吸引力不够。1997年后大批农民采取了退保或弃保的行为，以至农村社会养老保险工作进入整顿阶段。在这种情势下，国务院于2009年发布了《关于开展新型农村社会养老保险试点的指导意见》，启动了新型农村养老保险制度试点。新型农村养老保险由个人缴费、集体补助和政府补贴构成，采取农民自愿参保的形式，年满60周岁的农村老人直接享受政府发放的基础养老金。新型农村养老保险的全面推进，惠及了更多的农民，在某种程度上的确做到了让我国农民老有所养。

其实，由于我国长期实行城乡二元分割，所实施的社会福利制度并没有体现对社会公平和平等的保障，反而从另一面映射出了社会的不平等。计划经济时期我国的社会福利是一种典型的生存性、补缺型的福利，但这种福利也多是城镇居民的专利。这一点在医疗保障体系和职工福利体系上表现得非常明显。国家和单位提供城镇居民的福利，而农村

---

① http://www.gov.cn/banshi/2005-08/04/content_20283.htm.

居民的福利只能依靠集体经济。除了少数五保户外，大部分农民享受到的社会福利其实非常有限。这种福利模式的二元分割现象直到今天依然存在。

建立健全社会福利制度，是构建和谐社会的应有之意，也是社会发展的客观要求。通过对新中国成立以来中国福利制度的梳理，可以看出过去60多年间我国社会福利事业的探索之路。无论是计划经济时期的平均化的社会福利制度，还是市场经济体制时期市场化了的社会福利制度，都在保障我国国民最基本的生存需要、维护社会稳定方面发挥了巨大作用。国家提供社会福利的目的在于保障每个人的基本权利，维护社会公平和平等。要达成这一目的，现阶段中国最需要处理的问题就是经济发展与社会公平之间的关系。只有这两者均衡了，才有走向和谐社会的可能。在以民生幸福为目标的今天，我们需要更多思考的是，如何进一步健全中国特色社会主义的社会福利制度，让更多的人民能够更为平等地享有更加广泛的社会服务，以真实地体现社会主义的本质。

二、我国福利制度的分配正义原则的演变

计划经济时期，由于错误地理解了马克思的社会分配思想，加之受空想社会主义思想以及我国传统的平均主义思想的影响，很长一段时间内都是以平均主义为标准分配社会资源。这一点在社会福利资源的分配上表现得最明显。以平均主义为主导往往会导致两方面的消极结果：一是造成社会平等的假象，二是阻碍社会经济发展。十一届三中全会之后，以邓小平为代表的中国共产党人意识到，贫穷不是社会主义，社会主义的本质，是解放生产力，发展生产力，消灭剥削，消除两极分化，最终达到共同富裕。由此确立在社会主义初级阶段以“效率优先，兼顾公平”为原则对社会资源进行分配。之后中国社会福利制度的建设就是在此原则的指导下进行的。

（一）按劳分配与平均主义

尽管回顾历史时，我们可以指出计划经济时期我国在社会分配问题上所犯的错误，但是当时的人们却认为，他们是在按照马克思主义的社会分配原则建设社会主义。社会福利的分配更是如此。马克思在《哥达纲领批

判》中指出，社会用以分配的总产品应该扣除：（1）用来补偿消耗掉的生产资料的部分。（2）用来扩大生产的追加部分。（3）用来应付不幸事故、自然灾害等的后备基金或保险基金。（4）同生产没有直接关系的一般管理费用。（5）用来满足共同需要的部分。（6）为丧失劳动能力的人等等设立的基金。① 其中前三项为第一次扣除，后三项为第二次扣除。我国计划经济时期的社会福利方案正是按照马克思的“两次扣除”的说法来设计的。比如财政部在《关于做好1969年决算编审工作的通知》中规定，国营企业统一按照工资总额的11%提取职工福利基金，直接计入成本。如果11%提取的福利基金仍不敷使用，企业可以从税后留利中提取职工福利基金进行弥补。② 在这一时期，由于所有人平等分享社会福利资源，加之工资额度差别不大，所以整个社会的分配结果趋于平均，从而被贴上了吃“大锅饭”与平均主义的标签。但是，这种做法其实与马克思所说的社会主义与共产主义社会相去甚远，反而更接近于空想社会主义者的思想。

大多数空想社会主义者在批判私有制的同时，选择了平均主义的分配模式。由于空想社会主义者也同马克思所批判的资产阶级学者一样，抽象地谈论人的平等权利，没有认识到权利的历史性和具体性。因此，在思考理想社会模式时，他们往往忽视了经济基础对人的平等权利的决定作用。马克思则不同，他既没有抽象地谈论平等，也没有超越经济发展水平去设想理想社会，而是将生产力的极大发展视为未来社会的必要条件。他指出，如果没有生产力的充分发展就实行财产公有，“那就只会有**贫穷**的普遍化；而在**极端贫困的情况下**，就必须重新开始争取必需品的斗争，也就是说，全部陈腐的东西又要死灰复燃”③。我国计划经济时期的福利分配机制，几乎印证了马克思的话。在一个刚刚摆脱战乱，极需恢复经济的国家过早实施高福利政策，无疑“只会有**贫穷**的普遍化”。

其实，将我国计划经济时期的平均主义现象完全归于受空想社会主义的影响，也不完全正确。因为将马克思主义与空想社会主义相混淆，只是导致平均主义和“大锅饭”的原因之一。从另一个角度看，这与我国传统

---

① 马克思恩格斯选集：第3卷．北京：人民出版社，2012：361-362.

② 宋士云．新中国社会福利制度发展的历史考察．中国经济史研究，2009（3）.

③ 马克思恩格斯全集：第3卷．北京：人民出版社，1960：39.

文化中的平均主义情结也有关系。之所以用情结这个词，是因为从“大同世界”“世外桃源”到孔子的“不患寡而患不均”，再到历代农民起义所提出的诸如“均贫富”之类的口号，到处都蕴涵着一种向往“社会大同一平均”的情感。① 尽管我们已经进入现代社会，但这种平均思想一直在我国民众中颇有市场，每当有人批判社会不公平时，这种隐藏的平均思想便会露头，成为一些人批判社会的借口。因此，计划经济时期平均主义思想在我国能够发挥那么大的作用，不能说与我国传统社会民众心中的平均观念没有一点关系。

我们必须明白，无论是保障权利，还是满足人的基本需要，都需要一定的物质基础。否认这一点，我们就永远无法摆脱空想状态，也无法真正走向福利社会。

（二）效率优先，兼顾公平

十一届三中全会后，发展经济成为社会的首要任务。随着改革的全面深入，中国社会的经济结构发生了巨大变化。此时，与计划经济体制相配的社会福利制度已不再适应经济发展的要求，社会福利的分配原则也面临同样的问题。在改革中，逐渐认识到平均主义的危害。为了尽快发展生产力，实现社会主义经济的迅速增长，我国从基本国情出发，提出了“先富带动后富”以及“效率优先，兼顾公平”的社会分配指导原则。这一分配原则的提出，极大地推进了社会主义市场经济的发展。它不仅打破了原有的平均主义“大锅饭”的分配模式，还调动了我国民众的工作热情。短短三十多年时间，我国经济迅速发展，GDP 增长迅速，取得了举世瞩目的成就。

然而，随着社会主义市场体系的建立，我国民众在社会收入方面的差距逐渐拉大。“按照可比口径测算，农村内部居民收入的基尼系数，由1978 年的 0.21 上升到 1999 年的 0.36，21 年间上升了 71%，即 15 个百分点；城镇内部居民收入的基尼系数，由 1978 年的 0.16 上升到 1995 年的 0.295，17 年间上升了 84%，即 13.5 个百分点。全国居民个人可支配

① 陈燕．公平与效率：一种经济伦理的分析．北京：中国社会科学出版社，2007：208-209.

收入的基尼系数，由1979年的0.33上升到1995年的0.445和2000年的0.458，21年间上升了39%，即12.8个百分点。已经超过国际公认的警戒线。"① 短短二十多年时间，我国已成为世界上贫富差距较大的国家之一。与此同时，我国的社会福利制度也随着市场经济的发展相应转型，社会福利安排从以往的完全由国家主导引入市场调节机制。二十多年里，无论是教育体制还是医疗体系都进入了市场化改革渠道。原本由国家无偿或低偿供给的一些福利，在利益和权责界分日渐明晰的同时，其范围日渐缩小。这种变化有好的一面，也有坏的一面。好的一面是，我国国民逐渐摆脱了对国家福利的依赖，并且福利分配相对以往更讲求效率；坏的一面是，由于社会福利体制的转型过于配合市场经济的步伐，忽视了社会福利原本应该保有的相对于市场的独立性，致使一些最基本的保障处于缺失状态。比如，在国有企业改革过程中，大量职工下岗，不少人的生活因此而陷入贫困。但是，由于缺乏相应的社会保障制度，下岗职工的福利并没有得到有效保障。类似问题在农村也有体现。随着农村集体经济的衰落，农民的生活保障责任完全回归家庭，原本依赖集体经济的五保供养制度岌岌可危；由于国家这一时期在农村福利中的投入较少，传统的合作医疗制度解体，农村的医疗保障也陷入困境。这些变化说明，原本起着稳定社会秩序、彰显社会公平功能的社会福利因市场化进程而日渐衰落。从另一方面可以看出，社会福利保障的衰落与我国社会贫富分化的加剧是同向的。

"'效率优先，兼顾公平'这一原则的真实含义应该是：在大力发展社会主义市场经济，鼓励一部分人先富起来的同时，不能单纯地专注于效率，也应该关注社会的公平状况，做到先富带动后富，最终达到共同富裕，实现效率与公平的真实统一。""就我国现实而言，无论承认与否，过去的二十多年里基本上是以贫富分化的结果来换取效率的提高，对平均主义的反击出现了'矫枉过正'的一面。如果说从平均主义的'公平'走向合理差距的'公平'是一种历史进步的话，那么从合理差距的'公平'走向两极分化，无疑是对人的基本权利的一种倒退。长期处于不平等状态下的人，不仅不能够获得一种健康的生活方式，而且人类所要求的尊严、自

---

① 高培勇. 收入分配：经济学界如是说……. 北京：经济科学出版社，2002：1.

尊、自由等最基本的价值目标都会受到影响。”① 我们必须明白，社会主义的本质除了发展生产力之外，还要消除贫困与两极分化，最终是走向共同富裕。当前我国的社会贫富分化状况显然不足以彰显社会主义的本质及其优越性。

从马克思主义的立场看，人是在社会活动中实现其本质的。无论是经济活动、政治活动还是伦理活动，其目标指向的都应该是人的本质的回归。如马克思所说：“**社会**性质是整个运动的一般性质；**正像**社会本身生产**作为人的人**一样，人也**生产**社会。活动和享受，无论就其内容或就其**存在方式**来说，都是**社会的**，是**社会的**活动和**社会的**享受。”② 人与其他动物最大的区别在于，能够摆脱单个人的无保障状态，以“类”的方式寻求生存与发展。对每一个个体的生存与安全的保障才是社会对于个人的意义所在。正因如此，单个人或少数人的幸福构不成人类的幸福，只有绝大多数社会成员的共同幸福才是人类社会的发展目标。贫富差距过大、社会严重分化显然背离了这一目标。贫困所蕴涵的不仅是社会的不平等，而且暗藏着社会不稳定的各种因素。一旦这种不平等达到了一定程度，必然会导致社会犯罪率增长，民众不满情绪堆积，国家最终将失去稳定而进入骚乱与不安。这一规律已为人类历史所证实。

令人欣慰的是，我国政府在过去十几年已经认识到这一问题的严重性，并已着手开始调整。自 20 世纪末开始，我国政府在政策上逐渐重视社会公平与民生幸福。比如，为保障企业离退休人员和国有企业下岗职工的基本生活，中央于 1998 年提出了“两个确保”；为了解决农民“看病贵”“看病难”等问题，开始重建农村的医疗保障体系；等等。除此之外，2000 年以来，党的历次代表大会都强调以人为本与社会和谐的发展观。比如，党的十六届三中全会报告指出：“坚持以人为本，树立全面、协调、可持续的发展观，促进经济社会和人的全面发展。”十六届六中全会提出“在经济发展的基础上，更加注重社会公平”。十七大报告指出：“合理的收入分配制度是社会公平的重要体现。”“初次分配和再分配都要处理好效

① 陈燕．公平与效率：一种经济伦理的分析．北京：中国社会科学出版社，2007：15.

② 马克思恩格斯全集：第 42 卷．北京：人民出版社，1979：121-122.

率和公平的关系，再分配更加注重公平”。十八大报告进一步提出：“推动经济更有效率，更加公平。”这些都体现了我国政府对社会公平、平等的重视和强调，为构建以民生幸福为目标的社会福利制度提供了背景。在这种背景下，我国的社会福利制度建设在过去十年间取得了较大进步。截至2014年底，我国职工和城乡居民养老保险总体覆盖率已达到80%；新型农村合作医疗覆盖率几乎达到100%；为了满足人们的住房问题，除了公积金买房补贴外，廉租房、经济适用房、公租房等多种形式的住房福利并存；九年义务教育惠及全民，职业教育福利得到重视；许多地区已经为高龄老人提供津贴或补贴；针对孤儿的养育标准逐渐落实；城乡一体化的医疗救助制度逐渐建立；等等。这一系列福利政策的制定和实施，无不体现了党和政府为体现社会平等以及实现民生幸福所做的努力。尽管我国的社会福利体系尚不健全，但是只要我们不断地在追求经济发展的同时，注重（而非兼顾）社会平等，一个完善的社会主义福利体系是有希望的。

三、对中国社会福利制度安排的伦理思考

自20世纪40年代以来，越来越多的国家开始意识到社会福利制度（社会保障体系）的重要性并纷纷投入到福利制度建设之中。到20世纪末，已有172个国家和地区建立了形式与水平各不相同的社会福利制度。[①] 随着拥有社会福利制度的国家数量的增多，社会福利的模式也越来越多。每个国家在福利制度探索的过程中，都不断地在思考福利模式的选择问题。然而，这并非一个简单的问题。

美国学者哈罗德·维伦斯基（Harold L. Wilensky）与查尔斯·莱博克斯（Charles N. Lebeaux）在1958年出版的《工业社会与社会福利》一书中，将社会福利制度界分为“补缺型或剩余型”与“制度型”两类。这是福利制度的较为经典的划分。后来，社会政策理论的创始人理查德·蒂特马斯又进一步将社会政策的福利模型分为三种：剩余型、工作能力—成绩型以及制度性再分配型。在剩余型社会福利模式下，个人与家庭是福利的主要提供者。只有当这两者无法正常运转时，社会福利支持才会介

---

① 张彦，陈红霞．社会保障概论．南京：南京大学出版社，1999：24.

入。英国17、18世纪的济贫法就是这种类型的社会福利制度。工作能力—成绩型是以市场为主导的社会福利模式，其基本原则是根据每个人的表现和创造生产力的能力来分配资源，即按贡献分配。制度性再分配型是将社会福利视为社会统合制度的一部分，“它在市场以外，按照需要的原则，提供普惠性的服务”。① 二战后西方福利国家就是这种模型的典型代表。后来，丹麦学者艾斯平-安德森（Gosta Esping-Andersen）在蒂特马斯的基础上，运用非商品化方法将社会福利制度又划分为三种模式：自由主义福利体制、保守主义福利体制、社会民主主义福利体制。前两种福利体制的运行与自由市场机制相一致，其中自由主义福利体制与蒂特马斯所说的剩余型福利模式有些类似，它的非商品化程度最低，主要救助那些处于底层的贫困家庭。保守主义福利体制与蒂特马斯的工作能力—成绩型福利模式有些类似，它以个人的工作成就与参保年限来决定人的福利水平。社会民主主义福利体制与蒂特马斯的制度性再分配型福利模式相仿，它承认贝弗里奇与托马斯·马歇尔等人的公民资格或身份，公民享有的社会福利与其在市场中的贡献关系不大。因此，这种模式的社会福利的非商品化的强度最大，有着浓厚的“人民福利”的色彩。②

以上这些福利模式均有国家选择。对于生活在不同国家的公民而言，他们的福利状况在很大程度上取决于其生活的国家所选择的社会福利模式。选择何种社会福利模式代表了一个国家对公民基本权利的态度及其福利伦理价值取向。

首先，由于经济增长与社会福利水平并不一定是同向的，因此，一个国家的国民的基本权利是否能够得到保障，有赖于福利模式的选择。换句话说，经济状况好的国家福利水平不一定必然高，经济状况一般的国家也并不一定在福利支出上少。如果某个经济欠发达的国家在医疗、教育与就业等社会福利事业上投入较大，那么其国民享有的福利水平相对就高一些；相反，如果一个经济十分发达的国家在以上社会福利项目中的投入较少，那么其国民的福利水平就相对较低。因此，在这个意义上，不是经济

---

① 理查德·蒂特马斯. 蒂特马斯社会政策十讲. 江绍康，译. 长春：吉林出版集团有限责任公司，2011：14-16.

② 郑秉文. “福利模式”比较研究与福利改革实证分析. 学术界，2005（3）.

水平，而是社会福利模式的选择决定了一个国家国民的福利水平与由物质满足所带来的幸福状态。其次，福利模式的选择表面上看是一个制度安排的问题，实质上是一个关乎国家的伦理价值取向的问题。一般而言，信奉个人主义与自由至上主义的国家或政府，通常会选择剩余型社会福利制度；而信奉平等主义与集体主义的国家与政府，通常会根据本国的经济水平，尽可能地选择制度性再分配型，使社会资源的分配能够更多地体现社会平等。因此，从这个角度看，社会福利体系的建设与其说是选择福利模式，不如说是选择某种伦理价值理念。

现有的社会福利模式并没有囊括人类社会所有的福利安排的可能性，其本身也是不断发展的产物。说到底，所谓模式不过是社会福利实践运行到一定时期，理论家们对以往社会发展进程中的福利理论与福利制度实践中所呈现的某些共性的总结而已。所以，模式只是一种外在形式，其所涵盖的对人的需要的满足及其对人的基本权利的保障才是最重要的。目前我国的福利制度建设尚处于探索之中。在过去十几年间，我国社会福利领域讨论最多的问题就是，应该以哪种社会福利模式为主来构建我国的社会福利制度。我们认为，社会福利模式的选择固然重要，但更重要的是福利伦理价值观的抉择。只有确定了主导社会福利制度建设的基本伦理价值，才能从本国的具体国情出发，思考哪种模式更符合这种价值。

对于社会主义中国来说，马克思主义是我们的社会政治指导思想。在构建社会主义福利制度时，每一个人的自由全面发展是我国福利建设需要实现的最终目标。尽管这个目标目前离我们尚远，但我们可以从离它最近的满足所有社会成员的最基本需要出发，对社会福利应该首先保障的内容进行更多实践性的思考。过去40年里，我国经济迅速增长，社会生产力得到了巨大发展。但是我们必须清楚，无论是经济增长还是社会生产力的提高都不是我们的最终目的，它们不过是为每个社会成员实现真正的平等与自由创造物质条件。

2015年，我国的GDP位列世界第二，但人均GDP却排在第73位。这一方面说明我国经济发展成果显著，另一方面也说明了我国人民的生活状况并不理想。改革开放后，我国社会贫富差距越来越大，在飞速增长的GDP背后，潜藏的是经济效率与社会公平的矛盾。社会主义的本质是在经济发展的基础上消除两极分化，最终达到共同富裕。如果说在发展初期，以社会公平为代价换取经济效率还能够理解，那么随着经济的发展以及国家财富的积累，弥补社会公平的不足就理应成为国家的重要任务。因此，当前我国在社会福利的建设上最需要考虑的是，如何用有限的社会资源获取社会平等的最大增长。这要求我们更多聚焦于如何在现有经济成果的条件下，以社会福利的方式满足每一个社会成员的最基本需要。

西方福利国家的经验教训告诉我们，不加区别实施普惠型福利模式并不是最佳选择。它一方面会阻碍经济的发展，另一方面无益于实现真正的社会平等。以此为鉴，笔者认为，我国社会福利体制的建设应该分两步走。第一步可以采取选择型与普惠型相混合的福利模式。选择型针对的是那些处于社会最底层的民众的基本生存需要；普惠型针对的是教育、医疗等最基本的社会保障。这也是当前我国社会福利建设的主要任务。在这一任务完成后，第二步才可以考虑扩大普惠型的社会福利政策，目的在于让所有国民都能过上体面的生活，进而获得自由全面发展的能力。

就目前我国的社会福利模式选择问题，我国学者景天魁提出了较为合理的底线公平福利模式理论。他认为，泛泛地谈公平没有意义，我国的社会福利制度应以底线公平为基础，或者说从底线公平开始构建我国的基本福利制度。这里的底线就是政府必须予以保障的公民基本福利，如最低生活保障、基础教育、基本医疗保障等。底线保障之外的民众福利，如失业问题、养老问题以及生育问题等并非不重要，而是相对于刚性的底线保障，有一定的柔性。底线公平不是绝对的标准，而是相对的，它随着生产力的发展与国民财富的增长而变化。但无论如何变化，底线公平的保障内容都是在既定的物质条件下满足社会最基本的民生需要（在此，社会最基本的民生需要也是随着物质条件的变化而变化）。近十几年来的民意显示，生存问题、看病问题、教育问题是我国老百姓最关心的，也是政府最需要解决的民生问题。与此相应，底线公平所涉及的具有指标性意义的制度就应该体现在三个方面："第一，最低生活保障；第二，公共卫生和大病医疗救助；第三，公共基础教育（义务教育）。"① 这三个方面的制度保障的

① 景天魁．底线公平福利模式．北京：中国社会科学出版社，2013：3-7.

是现代社会每一个公民的最基本需要。它是检测一个国家的公民基本权利的最低标准。

最低生活保障解决的是人的温饱问题，它对应的是人的生存权。我国目前的社会福利体制在最低生活保障方面存在较大不足，一些弱势者的基本生存权都未能完全得到保障。从本章第一节所提及的感动中国人物的诸多事迹中，我们可以看到，许多人物的善举之所以感动我们，是因为他们为他人或自己的艰难的生存处境做出了超常的努力，即他们救助他人或自救的行为是一般人在正常情况下无法承受的。在当代社会，在一个社会主义国家，像贫困、失学、重大疾病等问题原本应该是社会或政府的责任，却因福利体制的不健全而靠个人发扬奉献精神，这不能不令人重新思考我国的社会福利事业的正义性。2016 年 8 月 24 日，甘肃省康乐县景古镇阿姑村一家六口因贫穷而走上了绝路。一位年轻的母亲因无钱养活自己的 4 个孩子，狠心地逼迫他们喝下农药，共同走上了不归路。在外务工的父亲承受不了这一结果，料理完丧事后自杀。这样一个极为贫困的家庭自 2013 年后就再也没有领过低保。[①] 据说是因为村里低保名额有限，这家人太过老实，人际关系一般，未被村民选为低保户。面对这样的社会悲剧，我们在震惊、唏嘘之后，不禁要问：谁应该为这类事件负责？如果我国有健全的最低生活保障制度，这类事件还会发生吗？人道主义是社会正义理念的基本内涵，而关注每一个人的生存权是社会正义精神的最低门槛，更是社会福利事业首先需要解决的问题。与覆盖面广、花费巨大的普惠型社会福利相比，最低生活保障制度可以以最小的花费获得最大的效益。作为底线公平的社会福利模式的起点，最低生活保障制度对于缩小贫富差距，提高社会平等，以及维持社会稳定有着非常重要的意义。近几年，我国政府一直致力于最低生活保障制度的建设，并且取得了一定成果，2001 年，“中央财政承担当年最低生活保障支出 42 亿元中的 23 亿元，约占 55%，其余由地方财政配套支出。自此之后，中央财政低保金连年翻番，2003 年纳入低保的人数已达 2 246 万人，各级财政支出低保资金 151 亿元，其

---

① http://news.sohu.com/20160908/n467947112.shtml? qq-pf-to=pcqq.c2c.

中仅中央财政就支出 92 亿元”①。尽管如此，从现实案例看，我国在底线公平的最低生活保障上依然存在较大不足，需要进一步加大投入并设计出更加合理的低保测量方法与福利发放方式。如果有一天，当国人听到那些因救助贫困而感动中国的事迹以及因贫困而自杀的事件时，感受到的不是震惊，不是同情，而是为我们生活在这样一个社会而羞愧时，也许我们的社会成员就已基本摆脱了生存困境，有了进一步发展的可能。

公共医疗与大病救助保障解决的是国民的“看病难”“看病贵”的问题，它对应的是人的生命健康权。目前我国底线公平所要求的医疗保障体系的目标是让每一个公民病有所医。由于存在贫富差距、城乡差距，我国民众在疾病健康保障水平上有很大差别。据世界卫生组织的评估，“中国在卫生资源提供的公平性上，排在第 188 位，在所有国家的排列中为倒数第 4 名”②。虽然近十几年，我国的医疗保险事业有很大发展，但是由于政府在这一领域的投入不足，无论是城镇的基本医疗保险制度，还是农村的新型合作医疗制度，都没能较好解决那些无力支付医疗保险的人的医疗保障问题。一些贫困者患病时无钱医治。即使那些不算很穷的家庭，一旦碰到重大疾病，也无力承担医保之外的高额医疗费用，且全家可能因此而陷入贫困。据统计，因经济原因，我国有 48.9％的民众有病不敢就医，其中城镇占 29.6％，农村有 65％的患者得了病而不能住院。③ 这就是为什么我们经常在网上看到一些因患重大疾病而请求社会捐助的信息的原因。

改革开放后，医疗卫生行业融入市场因素，在医疗资源的配置上以及医药用品的价格上都引发了较大的问题。医疗资源（包括医护人员技术、医疗设备与药品等）普遍集中于大城市以及三甲医院，而农村的医疗资源较为有限。这种结构上的不合理导致广大民众“看病难”。而医药市场竞争的结果，使得药品价格不断提高。一些传统的、有效的初级药品因为利润有限，或退出市场，或改头换面变成高价药品，导致了我国民众“看病

① 景天魁．底线公平福利模式．北京：中国社会科学出版社，2013：9．

② 同①271．

③ 俞祖彭．关注民生：真解决“看病难，看病贵”的问题//政协第十届全国委员会第四次会议大会发言材料汇编：第 51 册．2006：13．

费”。这不仅加重了患者的经济负担，还滋生了医药行业的腐败，甚至造成了医药市场的混乱。其实，在过去几十年里，我国医疗体制改革的市场化步伐迈得过大，以至忽视了这一行业的特殊性质。医疗机构与企业不同，企业的目标是利润最大化，而医疗机构是救死扶伤。不管承认与否，人道主义精神都是医疗行业的根本价值。将医疗领域完全推向市场，让医生去追逐利润，必然会使其丧失一些应有的职业操守。这也是目前医患关系危机的最主要的一个原因。

要解决医疗卫生体系存在的问题，需要构建合乎现阶段我国底线公平的医疗保障制度，其目标是保障全民的基本医疗健康。在这个制度中，政府需要承担更多的责任，包括设计更为合理的医保体制，筹措资金，平衡资源，减小市场对医疗制度的负面影响，部分恢复医疗事业的公益性质，等等。而且，就目前不公平的医保状况而言，我国的底线公平医保制度需要更多地向广大农民以及城镇贫困家庭倾斜，保证所有的国民不会因无力承担医疗费而失去生命或健康，使医疗卫生领域成为体现社会平等、维护人类尊严的阵地。

教育对于缓解人们因出身等偶然因素导致的社会不平等的重大意义早已得到世界各国的公认。《世界人权宣言》第26条指出：“人人都有受教育的权利，教育应该免费，至少在初级和基本阶段应如此。初级教育应属义务性质。”在社会福利史上，除了救助贫困外，教育福利是最早提出并实施保障的。计划经济时期，我国虽然生产力不发达，但是教育基本免费。那时不仅有九年义务教育（小学5年，初中、高中各2年），而且高等教育也是免费的，因此，不存在考上大学上不起的问题。改革开放后，政府转变了在教育中的角色，开始支持教育产业化。国家对教育的投入由中央财政下放到地方、系统或单位，中央财政在教育中的投入越来越少。直至1986年，“中央财政不再承担基础教育福利的责任”①。在国家减少教育投资的同时，经历了十年“文化大革命”的国人逐渐改变了读书无用的看法，开始重视教育，这导致我国教育需求快速增长。高速增长的教育需求与逐步削减的教育福利一起推进了教育的市场化进程。这一变化在使

---

① 景天魁．底线公平福利模式．北京：中国社会科学出版社，2013：231．

更多的人享有更多的教育资源、更高的教育水平的同时，也诱发了各种教育不公平的现象。

我们应该清楚地认识到，教育福利不是一种投资，而是追求社会正义的要求。要构建持久、稳定、有效的教育福利制度，政府需要调整思维方式。以往我们注重的只是教育投资，而忽视教育机会和资源的分配，或者说教育的分配正义问题。从人才培养的角度看，应该强调教育结果的重要性；而从社会正义的角度看，应该重视教育对于维护人的权利与尊严的根本价值。我们经常听到类似的言论：未来世界是人才的竞争；只有重视教育，才能改变命运；等等。这些话虽然没错，但这种聚焦于利益驱动意义的结果论言辞，会促使教育产生因人而异、因天赋而异、因投入多少而异的市场化效应，最终导致教育的不平等；而聚焦于权利的教育，会让人们重视每一个人的平等的尊严、平等的机会与平等的发展，从而努力构建能够实现资源平等分配的教育福利机制。如果说教育投资是要把蛋糕做大，那么教育分配就是要每个人都得到其应得的那一份蛋糕。只有每个人都能享有其应得的教育，教育福利才能真正落实。在此意义上，如何做大蛋糕和如何分配蛋糕都是教育福利制度设计中应予以考虑的问题。

教育事业与医疗行业的性质有类似性，也带有很强的公益性。2015年，我国修改颁布的《中华人民共和国义务教育法》中明确规定："义务教育是国家统一实施的所有适龄儿童、少年必须接受的教育，是国家必须予以保障的公益性事业。实施义务教育，不收学费、杂费。国家建立义务教育经费保障机制，保证义务教育制度实施。"这可以视为我国教育福利的一大进步，它体现了我国教育福利的普遍性，极大地保障了每个国民的受教育权。但是，较大的社会贫富差距与明显的城乡差别对我国的教育福利又提出了特殊要求。它要求我国教育福利在普遍性的基础上，实施对弱势群体的特殊关怀，即在教育福利上做到普遍性与特殊性的统一。普遍性教育福利的受益对象是所有的家庭、所有的儿童，而特殊性教育福利的受益对象应该是那些贫困家庭的孩子以及残疾儿童。在此，用罗尔斯的差异原则来解释教育公平是最合适的，即在一个中等匮乏的社会背景下，如果一定要差别对待，应该有利于最少受惠者。这也符合马克思的人的自由全面发展理论所蕴涵的社会平等思想。正因如此，我国才于2004年开始实施针对贫困地区义务教育的《国家西部地区“两基”攻坚计划（2004—2007年）》，目标是在西部地区基本普及九年义务教育与基本扫除青壮年文盲。2001年，我国普遍实行了专门针对农村贫困家庭的“两免一补”政策，即对贫困家庭的学生免杂费、免书本费、逐步补助寄宿生生活费。其中，书本费由中央财政负责提供，其他两项由地方财政负责解决。到2005年，中央与地方共投入资金70多亿元，资助了3 400多万贫困家庭学生。2007年，我国贫困家庭的学生均享受到了义务教育阶段的“两免一补”政策。[①]“两基”攻坚计划与“两免一补”政策的实施是我国教育福利水平的实质性提高，显示了我国政府为实现社会平等所做的巨大努力。

最后需要指出的是，在设计底线公平的社会福利制度时，必须强化消除城乡差别的价值理念。现实地看，我国社会福利的所有领域都深受传统的城乡二元分割体制的影响。这一点无论在最低生活保障领域、医疗健康领域，还是在教育福利领域，都有着充分体现。城乡差别是历史原因造成的，它不单体现于地域与生活方式上的差别，还体现为出身与家庭上的差异。计划经济时期中国社会的福利制度固化了这一差别，客观上造成了人有差等的现象。人的平等权利对国家的要求就是平等对待。这意味着中国现存的蕴涵城乡差别的福利体系违背了平等待人的伦理要求。因此，我国在福利制度的设计上，需要建立全国统一的基本公共服务均等化的社会福利制度体系，从制度上消除城乡差别的基础，进而改变国民的城乡差别意识。

正如社会福利是20世纪以来各学科的一个重要主题，民生幸福也是当代社会各个国家普遍关注的焦点。如何以完善社会福利的方式真正地实现民生幸福，达至社会和谐，是许多思想家与政治家毕生思考与实践的问题。尽管他们在理论立场与具体福利模式的选择上存在很大分歧，但在追求社会正义精神这一点上并无差别。或许有人认为，权利、平等与自由等伦理价值太过复杂，在纷繁的正义理论丛林中，我们很难在争论不休的价

---

① http://baike.baidu.com/link? url=zuzuXULwFDDWVbf_sYOCfUdJGwKgYO5WtNM5u3rwNoJTRbpTDGattBhAE3qC2p_Xlmjxl-2PhamjJilzL0nGBq.

值中确定一种。但我们应该明白，正是对这些理论、价值的争论与探讨，才使得人类社会的文化与生活不断进步。越来越多的国家选择从传统的补缺型或剩余型社会福利体制，走向现代的制度型社会福利体制，没有对人的基本权利的认知，没有对社会正义的渴望，这几乎是不可能的。因此，尽管我们的福利伦理还处于不断探讨与发展中，但民生幸福与社会和谐作为现代社会福利伦理的最终目标是确定无疑的。

每一个国家或民族在选择分配正义原则、构建社会福利制度时，都是从本国的具体情况出发去看待各种相关理论的合理性及其在他国的具体实践效果。这就要求我们在关注世界福利文化成果时，更多地思考本民族的历史文化特色以及社会福利体制中存在的具体问题。在实际调查与分析的基础上，提出合乎我国需要的福利伦理思想，以指导我国的福利伦理制度建设。这是本书第二部分要论述的内容。

第二部分

实证研究

本部分嵌入一个以福利伦理问题为诉求的完整的调查报告，试图运用实证分析方式构建出一个福利伦理视域中的社会福利指标体系，并厘清我国民众的福利状况及其存在的相关伦理问题。

虽然我国近年来以福利为主题进行的调查研究并不少，但是纯粹以伦理为目标的调查研究几乎没有。我们运用社会学调查方法所进行的实证研究是以伦理学为视域，从消极福利和积极福利两方面对社会福利进行把握。在此，我们将社会福利分为生存型福利和发展型福利两类。在构建社会福利体系时，我们结合马斯洛的需求层次理论，马斯洛对生理需求或低级需求、心理需求或高级需求两类需求的划分，恰好与我们生存型福利和发展型福利的划分相契合。基于此，我们设置了收入与分配公平、安全水平、社会保障水平、福利性公共服务与支出水平、发展公平与机会均等水平五类指标，把社会在保障社会成员基本生存质量时所提供的实现自我价值的机会和条件纳入对社会福利水平的评估中。

我们采用个人问卷调查、社区调查与统计文献调查等方式对全国四个样本城市进行了抽样调查。这四个样本城市分别是：广东省广州市，湖北省武汉市，贵州省贵阳市，山东省诸城市（山东省的农村调查则选在曹县）。这四个样本城市涵盖了中国城市化水平的不同程度，并囊括东、中、西部和沿海、平原、山地丘陵、高原等中国主要地理位置划分和地形。在实证研究中，我们以低保户等城市弱势群体和农民群体为主要调查对象，全面系统地搜集了反映城市弱势群体和农民群体福利现状的各项资料，以探讨我国在社会保障、农民福利等方面存在的问题，并对中国当下福利制度安排中的不足进行了思考。

需要说明的是：本部分数据统计表均由SPSS统计软件自动生成，因存在四舍五入问题，所以表中部分百分比为约数，但这并不影响结论的准确性。

第五章　调查方案设计

第一节　研究背景

一、核心概念说明

（一）社会福利的几种划分

从一般抽象意义来讲，福利就是能使人们生活幸福的各种条件，它既包括人的身体应得到的保护和照顾，也包括影响人的智力和精神自由发展的各种因素。而从具体意义上来讲，国内外学者对社会福利的界定有着很大差异。

从国内来看，有学者曾概括指出，当前我国学术界对社会福利的理解通常有五种不同的看法：第一种最宽泛，是为提高全体社会成员的生活水平而采取的政策措施；第二种理解是从维护社会公平角度而言的，大致和社会保障同义；第三种指的是高于社会成员基本生活水平的享受型而非生存型的保障；第四种理解兼具了对困难的社会成员群体的帮扶和对全体社会成员的生活水平的提高；第五种主要指的是对困难的社会成员群体的补偿性服务，即所谓的狭义的社会福利。①

---

① 成海军. 当代中国社会福利政策研究：以民政社会福利为视角. 中国发展研究基金会报告，第60期，2009年8月.

在西方学者那里，对社会福利的理解，除了剩余型和制度型之外，还有阿尔弗雷德·卡恩（Alfred Kahn）和约翰·罗曼尼克因（John Romanyshyn）提出的发展型福利理解，即认为社会福利旨在提高人们生活质量和满足人类发展需要，而非解决社会问题。① 吉尔斯·默里（G. Merle）经过研究认为，在物质需要得到一定程度满足后，单纯的经济收入的增长并不会带来幸福度的提高。在这种情况下，自我价值的实现所起到的关键作用就凸显出来。本研究在综合国内外学者的观点的基础上，将社会福利分为生存型福利和发展型福利两类。这种划分既能避免消极福利的局限性，又能兼顾在积极福利的意义上对社会福利进行把握。具体而言，生存型福利是指对社会成员基本生活水平、生存质量的保障和服务，因为物质财富的增长、分配和社会成员的生存安全与保障是社会福利的重要基础；发展型福利是指对社会成员自身能力发展和自我价值实现的机会和条件的提供，因为借由卓有成效的公共物品和公共服务的提供，使社会成员享受到良好的教育、健康和能力发展是保障以人为本、社会公平的重要条件。因此，基于对社会福利的这种划分，我们就应当把社会在保障社会成员基本生存质量时所提供的自身价值实现的机会和条件纳入对社会福利水平的评估中。应当说，我们对社会福利的这种理解和界定，既合乎中国的具体国情，也符合马克思的人的自由全面发展理论和西方以罗尔斯为代表的主流分配正义思想理论要求。

（二）何谓弱势群体？

除了社会福利外，弱势群体（disadvantaged group）也是本调查研究的一个核心概念。朱镕基在 2002 年的政府工作报告中使用了这个概念，这是我国政府文件中首次采用这一概念。国内有学者将弱势群体定义为："一个社会分层基础上的概念，它指的是由于自然与社会的、先天与后天的、人为与非人为因素的影响，在社会地位、财富分配、政治权力行使、法律权利享有方面处于相对不利地位以及在发展方面潜力相对匮乏的人群。"② 应当说，弱势群体的概念是同社会、经济、政治制度，特别是同

---

① 田凯．关于社会福利的定义及其与社会保障关系的再探讨．上海社会科学院学术季刊，2001（1）．

② 齐延平．社会弱势群体的权利保护．济南：山东人民出版社，2006：2.

经济、政治和社会资源的分配制度紧密相连的。当一些社会成员在社会、经济、政治中处于不利地位，以至于影响到其基本生活水平和生存质量时，这些社会成员便可以被称为弱势群体。

具体到中国而言，国内弱势群体的形成主要是由于社会经济利益和权利的分配不公以及社会结构的不协调所导致的。[①] 所以在某种程度上，国内的弱势群体实质上是社会结构意义上的在社会分层中处于底层的群体[②]，而非生存状态意义上的脆弱群体（vulnerable group）。[③] 在这里我们将 vulnerable group 作为生存状态意义上的脆弱群体概念来使用，以区别于社会结构意义上的 disadvantaged group（弱势群体）。因此，当我们界定中国目前的弱势群体时，应依据中国的具体国情、社会结构和社会利益分配制度做出判断。学界一致认为，由于中国长期以来的城乡二元结构特征和严格的户籍制度，农民成为中国最大的弱势群体。[④] 应当承认，虽然近年来我国农民的基本生活水平和生存质量有了明显提高，但农民在政治、经济收入、教育机会、劳动就业及社会福利方面所享有的权利相对于城市居民依然存在巨大差距，他们普遍处于不利地位。因此，我们在本研究中将弱势群体划分为城市和农村两部分，将农民整体作为一个样本总体来看待。

同时，对于城市而言，在当前提倡和谐社会、注重民生幸福的大背景下，城市弱势群体的状况也不容忽视。事实上，在人员和劳动力流动日益频繁的当前，广义的城市弱势群体不仅包括城镇户籍人员，也包含了农村进城务工人员。虽然这两部分城市弱势群体的形成机制有明显差异，但都表现出了收入低、基本生活水平低以及生存质量较差的特点。考虑到农村进城务工人员是包含于农民群体中的一个亚群体，同时考虑到我国国情和户籍制度背后所隐含的利益分配差异，本研究中我们将城市弱势群体的范围狭义化，以低保户等社会救助对象为主要研究对象，同时兼顾其他低收

---

① 王思斌．社会转型中的弱势群体．中国党政干部论坛，2002（3）．

② 李强．社会分层与贫富差别．厦门：鹭江出版社，2002：118．

③ 有关“弱势群体”的解释，参见：王思斌．改革中弱势群体的政策支持．北京大学学报（哲学社会科学版），2003（6）。

④ 陆学艺．当代中国社会结构变迁研究．北京：社会科学文献出版社，2001：44．

入的在业或失业人员以及老年群体。

值得注意的是，虽然我们在本研究中将弱势群体划分为城市和农村两部分，但在中国，还存在着一个更易被人们忽视的隐性弱势群体——女性群体。尽管人们尚没有形成将女性看作弱势群体的社会共识，然而这并不意味着女性的福利诉求就不重要，相反，这显示了人们对于女性在社会结构意义上所处的弱势地位的忽视。随着女性主义的发展，已经有越来越多的人意识到女性相较于男性，在社会、经济、政治生活中，在事实上处于不利地位。由性别差异所产生的一系列社会障碍使得女性在诸多方面无法实现自身的目标，尤其是在工作机会与福利待遇方面更是如此。需要做出说明的是，在本研究中我们将女性作为城市和农村两部分之外一个独立的弱势群体进行了调查访问，但完成调查后发现女性样本抽样时随机性过大，为保证结果的科学性和准确性，故我们在分析中放弃了对女性样本的统计和测算。

二、国内外对福利指标（指数）的相关研究及实践

有关福利指标（指数）问题的研究，目前国内外学界主要沿着两条路线推进：一条是国民福利核算的研究，另一条是社会福利指数的研究。下面我们将分别对国内外学界的相关研究和实践进行梳理。

（一）国内对福利指标（指数）的相关研究及实践

国内对福利指标（指数）的研究起步较晚，相关的研究比较少。由于生活质量的高低与人们的福利水平直接相关，所以许多对福利问题的相关研究集中于对人们的生活质量的评估方面。例如，厉以宁就认为，生活质量是反映人们生活和福利状况的一种标志，它包括自然方面和社会方面的内容。① 国内学界对这些相关问题的研究始于20世纪80年代，影响较大的有华裔美国学者林南以及我国学者卢淑华、叶南客等，他们都从多层次、多角度把生活质量这一概念分解为不同层面的范畴。后来，国内的一些研究机构和政府组织结合中国国情，在具体的相关指标体系研究和建立方面提出了一些重要成果。其中，对本研究具有借鉴意义和参考价值

---

① 厉以宁．社会主义政治经济学．北京：商务印书馆，1986．

的有：

1989 年，中国社会科学院社会发展与社会指标课题组对各地区社会综合发展水平进行了衡量和评估，在此基础上，朱庆芳提出了一套包括居民收入、消费、能源、通信、劳保福利、精神文化等 23 项具体指标的社会指标体系。①

1992 年，国家统计局小康课题组从宏观经济条件、生活质量和生活效果三个方面提出了小康指标体系，涵盖了收入分配、物质生活、人口素质、精神生活、生活环境、社会保障和安全等方面，以此来对我国的小康进程进行综合评分。②

中国社会科学院社会学所全面建设小康社会指标体系研究课题组提出了一套包括社会结构、经济与科教发展、人口素质、生活质量和环保、法制及治安 5 类共 28 项指标的全面建设小康社会的指标体系。③ 这一指标体系能在一定程度上对我国社会福利水平有所反映，但对社会公平、人的发展缺乏关注，而且与居民生活联系不太紧密。不过，这是上述指标体系都存在的问题。

近年来，国内一些学者在吸收国外相关研究成果的基础上，弥补了这一不足。一些学者的研究开始紧密围绕居民生活，兼顾社会公平、公共服务等问题。如：白和金、林兆木提出一个由经济发展、社会进步、人口素质和生活水平 3 个方面共 15 项指标构成的现代化标准评价体系④；武汉大学的罗萍、殷燕敏、张学军、张建设、梁玉兰提出了一个包括收入状况、消费结构、住房条件、婚姻家庭、社会服务、健康状况、文化教育和经济环境 8 类共 38 项指标的社会指标体系⑤；中国人民大学的赵彦云、王作成提出了一个反映生活质量的指标体系，这一体系涵盖了发展水平、收入水平、消费水平、交通条件、信息化水平、健康保障、就业保障、教

---

① 朱庆芳. 社会指标的应用. 北京：中国统计出版社，1992：93.

② 国家统计局小康课题组. 中国小康标准. 北京：中国统计出版社，1992.

③ 李培林，朱庆芳. 中国小康社会. 北京：社会科学文献出版社，2003：89-102.

④ 白和金，林兆木. 21 世纪初期中国经济和社会发展战略. 北京：中国统计出版社，2000.

⑤ 罗萍，殷燕敏，张学军，张建设，梁玉兰. 国内生活质量指标体系研究现状评析. 武汉大学学报（社会科学版），2000（9）.

育水平、社会安全、城市化和生活水平 11 类共 37 项指标①。总体而言，这些指标体系的涵盖范围越来越广泛，也越来越全面。

在社会福利指数的研究方面，受国外学界的影响，国内一些学者开始关注社会福利指数的构造问题。中山大学的刘长生、郭小东和简玉峰借鉴阿马蒂亚·森的福利指数和美国社会健康协会（ASHA）对社会福利所建立的指标体系，试图避免这些指数不完善和有效性难以证实的缺点，提出了他们的社会福利指数。其计算公式为：社会福利指数=[人均 GDP 实际增长率×(1－基尼系数)×(1－环境污染程度)×(1－资源消耗度)×就业率×识字率×(1＋平均预期寿命增长率)×(1－婴儿死亡率)]/[(1＋人口出生率)×(1－婴儿死亡率)]②。但是，仰恩大学的杨缅昆认为这一指数在理论上和方法上都不合理，且合成指数的各因子不存在强关联性。他重新分析了阿马蒂亚·森的福利指数，构造了一个测算社会福利指数的一般公式：社会福利指数=经济福利指数×q＋非经济福利指数×（$1-q$），q 和 $1-q$ 分别代表经济福利指数的权数和非经济福利指数的权数。其中经济福利指数={[报告期人均实际收入×(1－基尼系数)]×人口数量＋报告期公共产品×(1－治理污染的潜在成本占公共产品数量的比重)}/基期经济福利；非经济福利指数 $u=\sum_{i=1}^{n} a_{i1}/a_{i0}W_i$，$a_i$ 表示影响社会成员幸福感增减变化的实物指标，W 为各指标的相应权数，a_i 指标项下的 1 和 0 分别代表报告期和基期。但是，正如作者自己所言，在该指数中，如何确定非经济福利指数的实物指标和如何协调非经济福利与经济福利之间的关系是该指数构造中难以解决的两个难点。③

随着党和政府对于构建和谐社会和注重民生的提倡，深圳、郑州、武汉等城市先后建立了民生福利指标体系并实际应用，以测度当地的民生福利状况。其中，深圳市于 2006 年底推出、2007 年初开始实施的“民生净福利指标体系”，包括了收入分配与公平、安全水平、社会保障水平、公

① 赵彦云，王作成. 我国生活质量的国际比较. 统计与信息论坛，2003（4）.

② 刘长生，郭小东，简玉峰. 社会福利指数、政府支出规模及其结构优化. 公共管理学报，2008（3）.

③ 杨缅昆. 社会福利指数构造的理论和方法初探. 统计研究，2009（7）.

共服务水平、人的全面发展水平5类共21项指标；郑州市于2008年提出了包含收入分配与生活质量、安全水平、社会保障水平、国民教育水平、公共服务水平、财政公共投入6类共37项指标的“民生福利评价检测指标体系”；武汉市也于2008年开始启动民生福利指数统计，其福利指数分为市、区两个层次，市一级设置了经济发展、资源环境、收入分配、社会保障、国民教育、社会安全、公共服务7类共36项指标，区一级设28项指标。在社会和谐指标（指数）的研究和实践方面，北京市从社会冲突客观现状、社会主体的社会诉求和社会冲突协调机制现状三方面出发来分析和谐社会建设情况，共设置26项指标；吉林省的和谐社会评价体系则包括协调发展、制度建设、和谐文化、安定有序、社会活力5类共69项指标；浙江省编制的社会和谐指标体系则包含民主法治、公平正义、诚信友爱、充满活力、安定有序、人与自然和谐相处6类共28项指标，并以此对全省11个市进行了评估。这些城市和地区用民生福利指数以及社会和谐指数来反映居民的生活福利状况的实践在一定程度上推进了对福利指标（指数）的研究，并为以后的研究工作提供了数据支持。

（二）国外对福利指标（指数）的相关研究及实践

20世纪20年代，庇古在《福利经济学》中提出经济福利等同于国民收入的命题，为国民福利核算的研究奠定了理论基石。20世纪70年代，诺德豪斯（William D. Nordhaus）和托宾（James Tobin）在《增长理论过时了吗?》中提出经济福利尺度（MEW）的概念，主张通过GDP进行内部性和外部性因素的调整，以得出经济福利指标。与此同时，萨缪尔森（Paul A. Samuelson）也提出了用纯经济福利（NEW）来替代GDP的方法。诺德豪斯和萨缪尔森的这种推算国民福利指标的构想，已成为当代国民福利核算研究的基本范式。

20世纪70年代以来，西方学界纷纷产生测量社会福利的各种指标（指数）。其中较有影响的是：

1. 森指数（Welfare Index）

1974年，阿马蒂亚·森构造了一个名为森指数的指标概念，并提出一个计算公式用以综合衡量社会经济全面发展的福利指数：$S=RY(1-G)$，S是社会福利指数，RY是人均实际收入增长率，G是基尼系数。阿马蒂亚·森希望通过该指数，能够在综合评价社会经济发展时，兼顾到人均GDP的提高和国内收入分配差距的缩小。然而，有学者认为该指数中计算结果S与基尼系数G不存在相关性，即社会福利水平与分配公平度不存在统计学上的关系。①

2. 物质生活质量指数（PQLI）

1977年，戴维·莫里斯（D. Morris）主持制定了物质生活质量指数，用以衡量一个国家人民的营养、卫生保健、教育等方面的总水平。这个指数由1岁预期寿命、婴儿死亡率和成人识字率三个指标组成，其计算公式为：PQLI=(1岁预期寿命指数+婴儿死亡率指数+成人识字率指数)/3。应当说，这种计算方法的优点在于简明扼要，但也存在指标过少和算法简单的缺陷。

3. 社会进步指数（ISP）

1984年，理查德·J. 埃斯特斯（R. J. Estes）提出了社会进步指数，该指数涉及教育、健康状况、妇女地位、国防、经济、人口、地理、政治参与、文化和福利成就等10个领域共36项指标。之后，埃斯特斯又在《世界社会发展的趋势》一书中提出了加权社会进步指数（WISP）。然而，埃斯特斯并未对发展领域及两个指数的选择理由做出详细的理论说明。

4. ASHA指数

这是美国社会健康协会提出的用来反映一个国家社会经济发展水平及其对人民基本需要的满足水平的综合评价指数。ASHA指数包括六个指标：就业率、识字率、平均预期寿命、人均GNP增长率、人口出生率和婴儿死亡率。计算公式为：ASHA指数=(就业率×识字率×平均预期寿命指数×人均GNP增长率)/(人口出生率×婴儿死亡率)。我们也应看到，该指数在计算时各指标没有加权，这在一定程度上会使计算结果出现偏重性。

5. 可持续经济福利指数（ISEW）和真实进步指数（GPI）

1989年，赫尔曼·E. 戴利（Herman E. Daly）和约翰·B. 科布

---

① 刘长生，郭小东，简玉峰. 社会福利指数、政府支出规模及其结构优化. 公共管理学报，2008（3）.

(John B. Cobb) 在《为了共同的利益》中提出了评价社会经济福利水平的一维指标体系——可持续经济福利指数（ISEW)。ISEW 在 GDP 的基础上增加了对收入分配不平等、环境污染等因素的考量。1995 年，科布等人将 ISEW 修正为真实进步指数（GPI)，在 ISEW 的基础又纳入并考虑了犯罪治理、生态破坏、家庭和社会劳动价值等新因素。

6. 人类发展指数（HDI)

1990 年，联合国开发计划署在《人类发展报告》中提出了人类发展指数（HDI)，由收入、寿命和教育三项指标构成，具体为：按购买力计算的人均 GDP、平均预期寿命和成人识字率。这三项指标每一项单独换算成指数的计算公式为：指数=(实际值－最小值)/(最大值－最小值)；将得出的三个指数进行简单平均即得出 HDI 的具体数值。HDI 能够通过相对简单的方法来衡量人类发展的状况并进行国家及地区间的对比，这是它的优点也是它的缺陷。

总的来说，国外有重要影响的福利指数都体现了一些共同特点：选取和设置都紧紧围绕人的生活；并非过分看重经济收入水平，而是更注重公平和人的发展；指标的表达和计算简洁，可操作化、具体化、量化特点突出。

在吸收和借鉴国外研究成果的基础上，国内学者对福利指数的研究工作取得了一些重要的成果，特别是近年来从过分注重经济和物质转变为开始兼顾社会公平及人的发展，并且开展了一定规模的实际应用。由于欧美国家经济相对发达，物质生活条件普遍较好，所以国外学者在对福利指数进行研究时通常更注重主观感受的评估，而国内的大多数相关研究仍是集中于对实物指数的评估。鉴于此，下面我们将基于对国内外相关研究的梳理和借鉴，提出自己的社会福利评价体系。

第二节　社会福利评价体系构建研究

社会福利评价体系构建的关键首先是确定科学的社会福利概念，其次是对社会福利进行量化处理，即操作化问题。这里，我们综合了国内外学者的观点，将社会福利分为生存型福利和发展型福利两类，以从消极福利和积极福利两方面对社会福利进行把握。通常，指标的构建结构如图 5－1 所示，由总目标到因素再到指标，依次逐级构建。所以，在已经确定将社会福利划分为生存型福利和发展型福利后，我们将明确每一类福利中的具体因素。

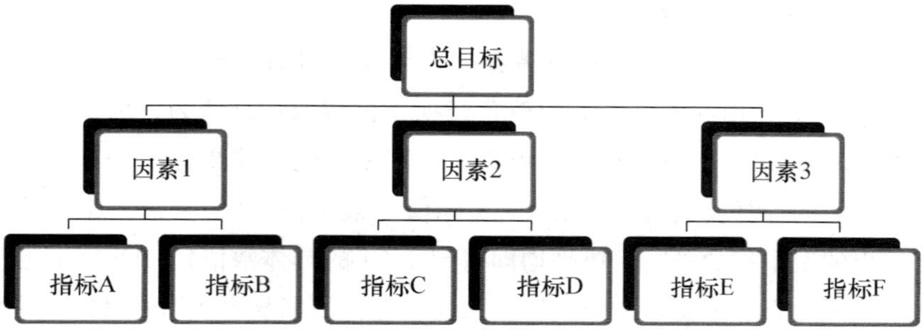

图 5－1

一、福利评价体系中指标的因素设置

我们认为，马斯洛的需求层次理论对于社会福利评价体系的构建具有重要意义。所谓福利，其本质就是对人的合理需求的满足。可以发现，马斯洛的两大类需求的划分，即生理需求或低级需求、心理需求或高级需求，恰好与我们生存型福利和发展型福利的划分相对应。基于此，我们可以借鉴马斯洛的五种需求层次来设置我们福利评价体系中指标的五类因素。

同时，我们也认识到，在对城市弱势群体和农民群体的社会福利状况进行评价时，既要将二者作为一个整体来对其本身及其支持系统进行综合考虑，又要对每一个群体分别进行深入研究，只有这样才能深入全面地反映城市弱势群体和农民群体的社会福利状况。在对城市弱势群体和农民群体的社会福利状况进行评价时，既要把城市弱势群体和农民群体分别作为独立的特殊人群给予单独考虑，又要把城市弱势群体和农民群体作为整个社会结构的一部分，将其作为与一般人口有共性的群体给予普遍性分析。城市弱势群体和农民群体社会福利状况评价需要增加较多可操作的内容，以使评价结果的可信度和实用性进一步提高。从这个意义上说，在整个社会大背景下考虑城市弱势群体和农民群体的福利问题是较为科学的。

因此，我们在考虑到城市弱势群体和农民群体的特殊性以及它们与其他社会群体的普遍性的基础上，综合马斯洛的需求层次理论和我国现实情况，设置了收入与分配公平、安全水平、社会保障水平、福利性公共服务与支出水平、发展公平与机会均等水平五类因素，并构建社会福利评价体系模型，如图5-2所示：

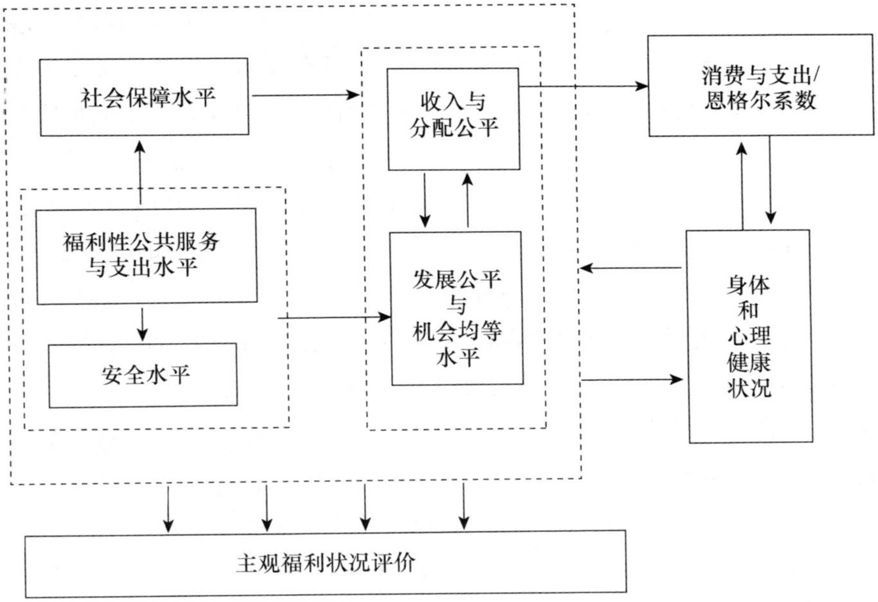

图5-2

二、福利评价体系中的指标设置

在上面对国内外福利指标研究的梳理中我们已经提到，由于西方国家经济条件和物质生活相对较好，所以国外学者对福利指标的研究通常更注重对主观感受和精神上满足度的评估，而国内学者的研究大多仍集中于对实物指标，特别是物质和生活条件的考察。对此，可将这些不同的研究观点大致归纳区分为主观派和客观派。其中主观派将对于社会福利状况的研究重点放在人们对福利的主观感觉方面；他们的观点大致认为社会福利状况是由人们对自身生活和发展各个层面的认知、情感等主观因素构成的，研究者应当从人们对生活质量的幸福感和个性发展的满意度等主观感受方面理解福利状况。而客观派将对于社会福利状况的研究重点放在了构成福利的客观因素方面；他们的观点大致认为社会福利状况是由反映人们福利的各方面客观因素构成的，应当通过建立由居民收入、消费、社会保障、社会文化、社会环境、社会服务等影响人们福利的客观指标构成的福利指标体系来测量居民福利状况。

对此，我们认为，随着中国经济的持续增长，虽然存在贫富分化等现象，但绝大多数人早已经解决了温饱问题，逐渐开始注重精神层面的需求。虽然就城市弱势群体和农民群体而言，对更高层次的需要的满足情况并不乐观，但我们对这些群体进行福利评估时并不应该对它们单独设立标准，而应把它们和其他群体放在同等的福利评价体系下进行客观评估，这也是党和国家以人为本的执政理念和构建社会主义和谐社会的题中之义。因此，社会福利状况应当由社会对个人的福利供给和个人对福利的需求两方面决定，主观满意度评价和客观实物指标应共同构成对社会福利状况的评价因素，这显然也代表了对社会福利状况研究的一种趋势。事实上，早在20世纪70年代中期，“美国学者坎贝尔提出感觉指标模型时就有专家认为，感觉指标模型如能与非感觉指标模型相结合，那么这种综合模型将更有应用价值”①；而吉林大学的李银星博士在其研究生活质量问题的博士论文中也引用康明斯（Robert A. Cummins）、埃德·迪安纳（Ed Diener）等学者的研究，论证主客观指标相对独立、各有缺陷，同时又能相互补充，提出“个人福利被认为是客观生活状况和主观幸福的集合”。② 所以，我们在设置具体指标时，也引入了主观评价，在每一评价因素中设置了分事件类型的主观满意度评价，同时还设置了主观福利状况评价作为参照项。

同时，对于客观指标项的设置，我们参考国内外已有的福利指标体系，运用分析法，通过对因素内涵和外延做出合理解释，将每一个因素的

① 李丽. 我国居民生活质量的统计分析. 长沙：湖南大学，2003.

② 李银星. 吉林省农村居民生活质量评价研究. 长春：吉林大学，2006.

度量目标划分成不同侧面，并逐步细分，使得每一个侧面都可以用具体的统计指标来描述，从而确定了要设置的客观指标项。在此需要做出说明的是，对于社会福利评价体系的构建过程远比本部分所论述的要复杂和严苛，对此我们将对该体系的研究和构建专门著文讨论。由于本部分的主题并非专门探讨该体系的建构，因此限于篇幅和文章主旨要求，恕不详细论述。我们最终建立的社会福利评价体系如下：

（一）社会福利评价指标体系（SWS）：得出社会福利综合指数（SWI）

1. 生存型福利

（1）收入与分配公平（ID）：得出收入与分配公平指数（IDI）

ID1：（城市）人均年可支配收入/（农村）人均年纯收入；

ID2：（城市）恩格尔系数（逆指标）/（农村）人均年生活消费支出；

ID3：经济状况主观满意度。

（2）安全水平（SL）：得出安全指数（SI）

SL1：生活垃圾无害化处理率；

SL2：每万人刑事案发率（逆指标）；

SL3：每十万人意外死亡率（逆指标）；

SL4：主观安全感。

（3）社会保障水平（SS）：得出社会保障指数（SSI）

SS1：社会保障和就业支出占财政支出比例；

SS2：（城市）社会基本医疗保险综合参保率/（农村）新农村合作医疗参保率；

SS3：居住状况主观满意度；

SS4：社会保障状况主观满意度。

2. 发展型福利

（1）福利性公共服务与支出水平（PS）：得出福利性公共服务指数（PSI）

PS1：每千人拥有医疗卫生机构床位数；

PS2：医疗卫生支出占财政支出比例；

PS3：环境保护支出占财政支出比例；

PS4：社区服务状况主观满意度；

PS5：城市公共服务状况主观满意度。

(2) 发展公平与机会均等水平（DE)：发展公平与机会均等指数（DEI)

DE1：人均受教育程度；

DE2：教育支出占财政支出比例；

DE3：受教育程度与发展机会关联主观评价度；

DE4：发展机会均等主观评价度；

DE5：闲暇生活质量主观满意度。

（二）主观福利状况评价

（三）描述性参照指标：身体和心理健康状况

在这里，描述性参照指标将单列出，不参与福利指数的计算，而用以分析几个高度相关方面，从而有助于全面了解城市弱势群体和农民群体的消费和生活状况，并与它们的社会福利状况形成密切参照。

需要说明的是，限于人力和物力，有一部分客观指标项难以直接采集到数据，这部分数据我们采用国家统计局、地方统计局和国务院发展研究中心的相关数据资料进行分析并做出说明。下面我们对实证调查研究情况进行总体说明。

第三节　对实证调研方案的总体说明

这次实证调查的目的是全面系统地搜集反映中国城市弱势群体和农民群体福利现状的各项资料，以分析我国在社会保障、农民福利等方面存在的价值取向不明、保障不足和公平不足等问题，为对中国当下福利制度安排中的不足进行伦理分析提供科学依据。在这次实证调查中，我们采用了个人问卷调查、社区调查与统计文献调查等调查方式；主要的调查对象是：城市弱势群体（在前面我们已经将其狭义化为低保户等社会救助对象，同时兼顾其他低收入的在业或失业人员及城市老年群体），农民群体，以及女性群体（为保证结果的科学性和准确性，我们在分析中放弃了对女性样本的统计和测算）。

一、抽样方案说明

由于人力、物力的限制，无法在全国范围内展开大范围、大样本的调查。因此，为保证最终调查结果的科学性，我们就有必要采取精确而有代表性的抽样。

(一) 抽样方式的类型与特点

在本次调查中，我们采用分域分层四阶不等概率抽样方法。所谓分域，是指按城、乡分成两个研究域，我们具体是按所调查社区的性质（即城市中的居委会或农村中的村委会）来划分的。在多阶抽样中，我们采用了四阶抽样，各阶抽样单元为：

第一阶抽样：市辖区（地级以上的城市辖区，以下简称区）、县（包括县级市）；

第二阶抽样：街道、乡镇；

第三阶抽样：居民委员会（家属委员会）、村民委员会；

第四阶抽样：家庭户。

为提高抽样效率，减少抽样误差，在对区、县的第一阶抽样中，采用按地域及类别分层；而在第二、三阶抽样中则采用不等概率的抽样方法。

(二) 具体抽样方法说明

1. 初级单元（PSU）的确定

对于一项全国性抽样调查，若要求样本对全国有代表性（即需对全国目标量进行估计），同时又不打算将省（自治区、直辖市）作为层，一个重要而困难的问题是初级单元的选取。综合各方面的考虑，我们将区与县作为初级抽样单元。以区、县作为单位抽样的样本对全国代表性比较好，抽样误差相对比较小。

2. 区、县的分层

根据截至2010年底的行政区划资料，中国（不包含港澳台，下同）共有2 856个县级行政单位（包括县、自治县及旗、自治旗等），同时283个地级市及北京、天津、上海、重庆四个直辖市共包含853个市辖区（其中湖州、东莞、中山、三亚、嘉峪关等5个地级市不设市辖区）。上述资料包括西藏所辖的1个地级市（拉萨市，内设一个市辖区）、1个县级市

（日喀则市）及 71 个县。

为了调查的客观性、科学性，以及提高抽样精度，我们将中国所有的区、县进行分层，分层按地域及区、县类别进行。因为我们采用的是一个由调查地区构成的全国性概率抽样样本，具体抽样过程是一种分层两阶抽样：

第一，将所有区、县按所在省（自治区、直辖市）的地理位置及其人类发展指数（HDI）分成三大层。1986 年，六届全国人大四次会议将我国划分为东部地区、中部地区、西部地区三个部分，并在“七五”计划中进行了正式发布。1997 年，八届全国人大五次会议将重庆市设立为直辖市，并在其后依据经济技术发展水平与地理位置相结合的原则，对我国东部、中部、西部的划分进行了调整。由此，中国东、中、西部的划分大体上是与 1997 年全国各省、自治区、直辖市人类发展指数相对应的，如表 5－1 所示：

表 5－1

省、自治区、直辖市	平均预期寿命指数	教育指数	国内生产总值指数	人类发展指数	排名指数
上海	0.832	0.824	0.975	0.877	1
北京	0.798	0.840	0.963	0.867	2
天津	0.789	0.810	0.957	0.852	3
广东	0.792	0.789	0.949	0.843	4
辽宁	0.754	0.801	0.939	0.831	5
浙江	0.780	0.735	0.949	0.821	6
江苏	0.773	0.735	0.945	0.817	7
福建	0.726	0.737	0.944	0.802	8
山东	0.760	0.702	0.849	0.770	9
黑龙江	0.700	0.790	0.809	0.766	10
河北	0.756	0.759	0.676	0.730	11
吉林	0.716	0.804	0.610	0.710	12
海南	0.750	0.745	0.632	0.709	13
湖北	0.704	0.761	0.655	0.707	14
新疆	0.627	0.773	0.656	0.685	15
山西	0.733	0.782	0.522	0.679	16

续前表

省、自治区、直辖市	平均预期寿命指数	教育指数	国内生产总值指数	人类发展指数	排名指数
湖南	0.699	0.776	0.511	0.662	17
河南	0.753	0.745	0.487	0.661	18
广西	0.729	0.741	0.478	0.649	19
安徽	0.741	0.713	0.482	0.646	20
内蒙古	0.678	0.740	0.517	0.645	21
重庆	0.689	0.727	0.489	0.635	22
江西	0.685	0.764	0.455	0.635	23
四川	0.689	0.723	0.441	0.617	24
陕西	0.707	0.741	0.404	0.617	25
宁夏	0.699	0.669	0.440	0.603	26
云南	0.642	0.665	0.442	0.583	27
甘肃	0.704	0.667	0.339	0.570	28
青海	0.593	0.545	0.445	0.528	29
贵州	0.655	0.659	0.233	0.516	30
西藏	0.577	0.435	0.345	0.452	31

结合表 5-1，中国被分为东、中、西三部分，其中东部包括北京（2——排名指数，下同）、天津（3）、上海（1）、辽宁（5）、山东（9）、河北（11）、江苏（7）、浙江（6）、福建（8）、广东（4）、海南（13）共11个省（直辖市），中部包括黑龙江（10）、吉林（12）、河南（18）、山西（16）、安徽（20）、江西（23）、湖北（14）、湖南（17）、广西（19）、内蒙古（21）共10个省（自治区），西部包括陕西（25）、宁夏（26）、甘肃（28）、青海（29）、新疆（15）、重庆（22）、四川（24）、云南（27）、贵州（30）、西藏（31）共10个省（自治区、直辖市）。

需要说明的是，2011年6月，根据《中共中央、国务院关于促进中部地区崛起的若干意见》《国务院关于实施西部大开发若干政策措施的通知》，以及党的十六大报告的精神，我国的经济区域被划分为东部、中部、西部和东北四大地区。东部包括北京、天津、河北、上海、江苏、浙江、福建、山东、广东和海南，中部包括山西、安徽、江西、河南、湖北和湖南，西部包括内蒙古、广西、重庆、四川、贵州、云南、西藏、陕西、甘肃、青海、宁夏和新疆，东北包括辽宁、吉林和黑龙江。由于本调查在此新划分方式公布前已经启动，故仍沿用东、中、西三部划分法。①

第二，按照地理位置、都市化程度和社区规模对全国各地区进行分层。按照东、中、西部划分的同一区域的不同的市辖区，随着其所隶属的城市的规模、在城市中的地理位置（市区或郊区）和居民成分构成（非农业人口占总人口的比例）的不同，其经济规模、发展程度和社会福利政策有较大差异。同样，按照东、中、西部划分的同一区域的不同县（含县级市）的经济、文化发展程度也有很大差异。因此有必要对全国城市进行分层。

目前官方的城市划分方法是根据中国城市人口等级来划分的。1989年发布的《中华人民共和国城市规划法》规定了城市按人口划分的等级，即按照人口的规模，将城市划分为大城市、中等城市和小城市，具体划分如表 5－2 所示：

表 5－2

等级	城市	市区（市中心区及近郊区）非农业人口
第一级别	大城市	50 万以上
第二级别	中等城市	20 万以上 50 万以下
第三级别	小城市	20 万以下

说明：以上包括本数，以下不包括本数。下同。

其后，城市规划部门一般按城市人口规模，即只计算市区（市中心区及近郊区）非农业人口，来划分城市等级与规模，以此将城市划分为特大城市、大城市、中等城市、小城市四个等级。特大城市是指市区非农业人口 100 万以上的城市，其中市区非农业人口 200 万以上的特大城市又被称为超大城市；大城市是指市区非农业人口在 50 万以上 100 万以下的城市；中等城市是指市区非农业人口在 20 万以上 50 万以下的城市；小城市是指市区非农业人口 20 万以下的城市。

① http://www.stats.gov.cn/tjzs/t20110613_402731597.htm.

而中国社会科学院财政与贸易经济研究所则分别依据政治地位、经济实力、城市规模、区域辐射力4项指标对中国城市做出了四种划分：

（1）政治地位：一线城市是指直辖市，二线城市是指省会城市、经济特区和各省综合实力前三名的城市，其他为三线城市；

（2）经济实力：一线城市是指北京、上海、广州等大城市，二线城市包括各省会城市及沿海城市，三线城市是指比较发达的中小城市，其他为四线城市；

（3）城市规模：一线城市是指1992年国家规定的5个特区和6个大城市，二线城市指省会城市、直辖市和单列市，三线城市则指有战略意义的大中城市和经济总量较大的小城市，其他为四线城市；

（4）区域辐射力：一线城市是指1992年允许合资试点的5个特区、6个大城市，二线城市是指1999年扩大合资试点的省会城市、直辖市和单列市，三线城市是指有战略意义的大中城市，其他为四线城市。

我们认为，考虑到中国的具体国情，任何单独用经济、政治等某项指标来对城市进行划分的方法都是不完善的。因此我们综合各城市的政治地位、经济实力、城市规模、区域辐射力和都市化程度，又参考2010年人口普查资料，将全国各城市划分为以下4类：

（1）一线城市：北京、上海（两个直辖市，分别是中国的政治和经济中心），广州、深圳（两个经济发达、区域辐射力极强的副省级城市）；

准一线城市：天津（直辖市，国家中心城市）。

（2）二线城市：重庆（直辖市，经济发展稍显不足，故为二线城市），沈阳、南京、武汉、成都、西安、济南、杭州、长春、哈尔滨（9个副省级城市，也是区域中心城市），大连、青岛、宁波、厦门（4个经济发达的单列市）；

准二线城市：郑州、长沙、福州（经济较好的3个厅级省会城市），苏州、无锡、佛山（2011年中国城市综合竞争力100强）。

（3）三线城市：合肥、南昌、昆明、贵阳、兰州、太原、石家庄、西宁、海口、南宁、呼和浩特、银川、乌鲁木齐、拉萨（14个综合竞争力相对较弱的厅级省会城市），泉州、珠海、东莞、唐山、大庆、常州、烟台、潍坊、徐州、中山、鄂尔多斯、包头、绍兴、江门、惠州、温州、湛江、淄博、秦皇岛、南通、扬州、洛阳、威海、金华、芜湖、鞍山、嘉兴、东营、漳州、株洲、营口、台州、泰州、镇江、马鞍山、日照、湘潭、吉林、德阳、绵阳、宜昌、沧州、襄阳、邯郸、延安、榆林、桂林、淮安、柳州、岳阳、克拉玛依、喀什、大同、锦州、宜宾、南阳、咸阳、九江（2011年中国城市综合竞争力100强的地级城市）；

准三线城市：其他地级城市。

（4）四线城市：剩余的所有城市。

关于一、二、三、四线城市的提法，最先是由房地产界针对全国行业发展形势所提出来的一种投资取向和市场构想，随后被运用于商业、贸易等领域，并逐渐被学术界所接受。从城市社会学的角度来看，一、二、三、四线城市的提法是一种对城市类型和等级的探讨。为了在分层中区别特征性不明显的城市，我们特地做出准一线城市、准二线城市、准三线城市的城市分类，虽然准一线城市、准二线城市、准三线城市仍然被划分在一线城市、二线城市、三线城市的城市类别中，但为保证抽样结果的代表性，在抽样中这三类城市将被合理排除。

3. 对样本区、县的抽样方法

我们对样本区、县的抽样采用分域分层四阶不等概率抽样，但为保证抽样结果的代表性，我们将适当加以人为干涉和控制。由于一线城市皆位于东部地区，在对二、三、四线城市的抽样中，为了拉开各层次的档次使其具有代表性，我们将二线样本城市选在中部地区，将三线样本城市选在西部地区，将四线样本城市选在东部地区，以此区分层级差异并对概率抽样中可能造成的误差与偶然做出追加和弥补。同时，鉴于中国版图的实际特征，在控制性抽样中我们将二线样本城市选为武汉市，以其为中心点，并且将样本框中的城市按照各自的地理位置呈带状排列，这样在东、西部地区选定的三、四线城市将会以武汉为中心呈点对称。最终我们将一线样本城市选为广东省广州市，将二线样本城市选为湖北省武汉市，将三线样本城市选为贵州省贵阳市，将四线样本城市选在山东省。在此条件下选出的样本城市将涵盖中国城市化水平的全部不同程度和中国城市副省级、地级、县级三种行政等级，并囊括东、中、西部和南、北方以及沿海、平原、山地丘陵、高原等中国主要地理位置划分和地形，从而较好地代表中国不同地区的真实状况。在对样本城市中所辖区、县进行抽样时，我们首先划定具有代表性的区、县范围，并在选定范围内采取随机抽样法，但为确保抽样区、县具有代表性，我们对地级及以上城市所辖市郊县进行了合理排除。

4. 样本区、县内的抽样方法

对于每个样本区、县，抽样方法是完全相同的，都采用多阶抽样。其中城市域的抽样使用非农业人口，农村域的抽样使用农业人口。

由于本次调查样本的多样性，对于城市弱势群体的抽样方法是：第一阶抽样是在每个样本区、县内对街道的抽样，采用按人口的 PPS 系统抽样（按规模大小成比例的概率抽样），每个样本区、县内抽 3 个街道；第二阶抽样是在每个样本街道内对居委会的抽样，也采用按人口的 PPS 系统抽样，每个样本街道各抽 2 个居委会；第三阶抽样是在每个样本居委会内对家庭户的抽样，确认该居委会内城市弱势群体数量后，采用随机概率系统抽样，每个居委会内固定抽取 10 名受访者。

对于农民群体的抽样方法是：第一阶抽样是回归到样本城市，在每个样本城市内对乡镇的抽样，采用按人口的 PPS 系统抽样，每个样本区、县内抽 3 个乡镇；第二阶抽样是在每个样本乡镇内对村委会的抽样，也采用按人口的 PPS 系统抽样，每个样本乡镇内各抽 2 个村委会；第三阶抽样是在每个样本村委会内对家庭户的抽样，采用随机起点的概率系统抽样，即等距抽样，每个村委会内固定抽取 10 户。

对女性的抽样方法是：在前述每个样本城市所抽取的 3 个街道和 3 个乡镇内各随机选取 1 个等概率调查点，在每个调查点对女性群体随机发放 10 份调查问卷。

5. 样本量的确定与分配

本调研全国样本的总量为 720 人，其中城市域、农村域和女性各为 240 人，每个样本城市的样本量为 180 人。在此需要说明的是，我们完成调查后发现女性样本抽样时随机性过大，为保证结果的科学性和准确性，我们在分析中放弃了对女性样本的统计和测算。

二、调查方式说明

此次调查为实证调查，以入户访谈法（结构式访谈）和问卷法为主，文献法和观察法为辅，定量分析和定性分析相结合。其中，调查问卷进行一般的价值回归分析以及简单的描述统计分析。在结构化量表过程中，以李克特量表形式和鲍格达斯社会距离量表形式为主，作为样本人群社会福利状况的描述统计分析量表；而对样本人群的社会福利诉求的探求，则主要以语义差异量表的构成分析和实地访谈交流为主。

（一）调查方法说明

对城市弱势群体的调查方法是：在每个样本居委会内对家庭户的抽样，确认该居委会内城市弱势群体数量后，对样本框采用随机等概率系统抽样，每个居委会内固定抽取10名受访者，直接派员进行入户访谈。

对农民群体的调查方法是：在每个样本村委会内随机设置入户调查点，以此为抽样的起点。调查员将从这一点开始，顺着一条事先定好的访问路线，挨家挨户进行调查。直到面访的男性和女性的被调查者人数达到10名时，这次入户调查方告结束。

（二）调查实施与质量控制

调查方法以结构式访谈为主，辅以文献法、观察法，采用结构式问卷进行访问。问卷以封闭式题目为主，辅以个别开放式问题。在正式调查开始前，我们通过预调查，对问卷进行了试访，并通过对预调查数据做因子分析来对问卷题目做了进一步整合。

我们对每份问卷和访谈记录都进行审核，以保证调查结果的真实性和可靠性，最大限度减少人为因素造成的误差，并将问卷内容与访谈记录进行了相互印证，还查阅了大量文献资料进行了核实，以保证调查记录的质量。

（三）数据处理、加权处理与分析

本次调查的资料统计将根据调查记录和所收集资料加以整理，资料分析方法包括定量分析和定性分析。我们借助社会科学通用统计软件包SPSS 19 for windows 对获取的数据系统地进行统计分析。在数据处理之前，对数据中变量的取值、变量之间的逻辑关系、配额等进行检查，对其中的不合格样本进行了核对、删除和补充，并对部分变量进行了事后编码。对不同总体样本进行了事后加权。在SPSS中，利用频数分析、分组分析、交叉分析、多应答分析、相关分析、回归分析等统计手段进行了数据处理与分析。

第六章　城市域样本数据分析

本研究中，关于城市弱势群体的调查问卷是在入户访谈成功后才发放给城市弱势群体受访者，以便对访谈记录和个案进行印证和补充。由于问卷是现场投放，城市弱势群体受访者填写完后当场收回，因此避免了问卷不能收回和无效问卷的情况。所以本问卷中城市弱势群体受访样本数量为240份，发放240份，收回240份，没有无效问卷。在此，我们对城市弱势群体受访者的问卷调查结果，分别进行了统计分析和福利指数的计算，并对四个样本城市的统计数据进行了比较。

在本次实证研究中，对城市弱势群体调查的四个样本城市分别是广东省广州市、湖北省武汉市、贵州省贵阳市和山东省诸城市。如表6－1所示，我们在每个样本城市分别依次抽取区（县级城市诸城市省却此步骤）、街道、居委会和60名城市弱势群体受访者，合计共抽取240名城市弱势群体受访者。

表6－1

		频率	百分比	有效百分比	累积百分比
有效	广州	60	25.0	25.0	25.0
	武汉	60	25.0	25.0	50.0
	贵阳	60	25.0	25.0	75.0
	诸城	60	25.0	25.0	100.0
	合计	240	100.0	100.0	

第一节　城市弱势群体受访者人口统计学特征分析

在问卷的第一部分，我们针对城市弱势群体受访者的性别、年龄、家庭状况、职业、文化程度等基本情况进行了人口统计学特征分析。如表6－2所示，在对城市弱势群体受访者性别的统计中，男性有106人，占44.2%；女性有133人，占55.4%；缺失1人，占0.4%。又如表6－3所示，在对城市弱势群体受访者年龄的统计中，年龄最大的85岁，最小的13岁，平均年龄为49.77岁，城市弱势群体受访者年龄正态分布集中于40岁至60岁，其中显著集中于45岁至55岁。

表6－2

		频率	百分比	有效百分比	累积百分比
有效	男	106	44.2	44.4	44.4
	女	133	55.4	55.6	100.0
	合计	239	99.6	100.0	
缺失	系统	1	0.4		
合计		240	100.0		

表6－3

	N	全距	极小值	极大值	均值	标准差
你的年龄	237	72	13	85	49.77	10.785
有效的N（列表状态）	237					

一、家庭状况

在调查中，我们发现城市弱势群体受访者家庭支持缺乏现象突出。家庭支持通常是借由婚姻和血缘关系，通过配偶和子女的支持来实现的。在对城市弱势群体受访者的婚姻状况的统计中，如表6－4所示，城市弱势群体受访者中已婚有配偶的占234名有效应答总数的51.3%，有120人；处于未婚状态的占234名有效应答总数的13.7%，有32人；处于离婚状态的占234名有效应答总数的16.7%，有39人；处于丧偶状态的占234名有效应答总数的18.4%，有43人。城市弱势群体受访者中，处于未婚、离婚、丧偶状态的样本个体共有114人，合计占有效应答总数的48.8%，这一数值相对于我国25.8%①的未婚、离婚和丧偶比例显得非常突出。

表6-4

		频率	百分比	有效百分比	累积百分比
有效	未婚	32	13.3	13.7	13.7
	已婚有配偶	120	50.0	51.3	65.0
	离婚	39	16.3	16.7	81.6
	丧偶	43	17.9	18.4	100.0
	合计	234	97.5	100.0	
缺失	系统	6	2.5		
合计		240	100.0		

二、就业状况

另外来讲，同样可以支持城市弱势群体缺乏家庭支持这一推断的根据是表6-5。如表6-5所示，在统计城市弱势群体受访者的家庭人数时，城市弱势群体受访者中家中有3口或4口人的样本家庭占235名有效应答总数的51%，共有120人；家中有2口人及以上的家庭更是占235名有效应答总数的81.3%，合计有191人；有44名受访者家中只有1口人，占235名有效应答总数的18.7%。但如表6-6所示，在统计城市弱势群体受访者家庭的就业状况时，在所有应答的215户受访者家庭中，仍有119户无人工作和就业，占有效应答总数的55.3%；有96户家庭中有人工作和就业，占有效应答总数的44.7%。其中，有65户家庭中只有1人就业，占有效应答总数的30.2%；有2人及以上就业的受访者家庭合计只

① 由《中国统计年鉴2010年版》统计数据计算得出。

有31户，占有效应答总数的14.4%。本次调查中，城市弱势群体受访者平均家庭人口数是2.67人，低于国研网①在“2010年按绝对收入分组城镇居民家庭基本情况”② 中公布的2010年全国城镇平均家庭人口数2.88人。

表6-5

		频率	百分比	有效百分比	累积百分比
有效	1	44	18.3	18.7	18.7
	2	56	23.3	23.8	42.6
	3	87	36.3	37.0	79.6
	4	33	13.8	14.0	93.6
	5	13	5.4	5.5	99.1
	6	1	0.4	0.4	99.6
	7	1	0.4	0.4	100.0
	合计	235	97.9	100.0	
缺失	系统	5	2.1		
合计		240	100.0		

表6-6

		频率	百分比	有效百分比	累积百分比
有效	0	119	49.6	55.3	55.3
	1	65	27.1	30.2	85.6
	2	25	10.4	11.6	97.2
	3	6	2.5	2.8	100.0
	合计	215	89.6	100.0	
缺失	系统	25	10.4		
合计		240	100.0		

① 即国务院发展研究中心信息网（以下简称“国研网”），http://www.drcnet.com.cn/www/Integrated/。该网数据库所有数据均源自国家权威统计部门提供的信息资料，较为全面、权威和准确。

② http://edu.drcnet.com.cn/eDRCnet.common.web/docview.aspx?version=data&docId=2810960&leafId=1377&chnId=4362.

在国研网的“2010年按绝对收入分组城镇居民家庭基本情况”中，平均家庭人口数以及平均每户就业人口数都与家庭绝对收入成显著的正相关，而结合表6－5和表6－6，本次调查得出的城市弱势群体平均每户就业人口数为0.62人。这一统计结果更是与国研网公布的2010年绝对收入低于10 000元的最贫困家庭平均每户就业人口数完全相等。同时，对家中有人就业的城市弱势群体受访者家庭进行工伤保险覆盖情况的统计，如表6－7所示，在家中有人就业的96户家庭中，就业者加入工伤保险的只有28户，仅占有效应答总数的29.2%；就业者没有加入工伤保险的则多达68户，占有效应答总数的70.8%。这应当引起我们的关注。综合上述统计数据，我们可以发现，城市弱势群体受访者家庭户均就业人口数相对较少，工伤保险覆盖率较低。

表6－7

		频率	百分比	有效百分比	累积百分比
有效	是	28	29.2	29.2	29.2
	否	68	70.8	70.8	100.0
合计		96	100.0	100.0	

三、文化程度

在调查中，我们发现城市弱势群体受访者文化程度相对较低，脱贫难度较大。在对城市弱势群体受访者的文化程度进行调查时我们发现，如表6－8所示，城市弱势群体受访者中，文化程度为“文盲或半文盲”的占全部240名有效应答总数的7.5%，有18人；文化程度为“小学”的占全部240名有效应答总数的21.3%，有51人；文化程度为“初中”的占全部240名有效应答总数的41.7%，有100人；文化程度为“高中或中专”的占全部240名有效应答总数的26.3%，有63人；文化程度为“大学或大专”的占全部240名有效应答总数的2.9%，有7人；文化程度为“大学以上”的占全部240名有效应答总数的0.4%，仅有1人。其中，城市弱势群体受访者中，初中及以下文化程度的占全部240名有效应答总数的70.4%，共有169人，这是我们在调查之初就已经预见到的。

表 6－8

		频率	百分比	有效百分比	累积百分比
有效	文盲或半文盲	18	7.5	7.5	7.5
	小学	51	21.3	21.3	28.8
	初中	100	41.7	41.7	70.4
	高中或中专	63	26.3	26.3	96.7
	大学或大专	7	2.9	2.9	99.6
	大学以上	1	0.4	0.4	100.0
	合计	240	100.0	100.0	

我们将城市弱势群体受访者的年龄与文化程度分别进行了皮尔逊（Pearson）、肯德尔（Kendall）和斯皮尔曼（Spearman）的相关系数检验。如表 6－9 和表 6－10 所示，从相关系数矩阵和相关性检验的结果来看，城市弱势群体受访者的文化程度和年龄呈显著的负相关，即城市弱势群体受访者年龄越大，其文化程度就越低。其中，皮尔逊相关系数为－0.315，肯德尔相关系数为－0.246，斯皮尔曼相关系数为－0.313。应当说这个结果是符合实际且可以预料的，但这种情况无疑也加剧了那些年龄较大的城市弱势群体受访者摆脱困境的难度，使他们遭受年龄较大和文化程度较低的双重压力。

表 6－9

		你的文化程度	你的年龄
你的文化程度	Pearson 相关性	1	－0.315**
	显著性（双侧）		0.000
	N	240	237
你的年龄	Pearson 相关性	－0.315**	1
	显著性（双侧）	0.000	
	N	237	237

**：在 0.01 水平（双侧）上显著相关。

表 6-10

			你的文化程度	你的年龄
Kendall 的 tau _ b	你的文化程度	相关系数	1.000	−0.246**
		Sig.（双侧）	.	0.000
		N	240	237
	你的年龄	相关系数	−0.246**	1.000
		Sig.（双侧）	0.000	.
		N	237	237
Spearman 的 rho	你的文化程度	相关系数	1.000	−0.313**
		Sig.（双侧）	.	0.000
		N	240	237
	你的年龄	相关系数	−0.313**	1.000
		Sig.（双侧）	0.000	.
		N	237	237

**：在置信度（双测）为 0.01 时，相关性是显著的。

四、职业满意度

在对城市弱势群体受访者的职业进行调查时，我们发现，如表 6-11 所示，城市弱势群体受访者中，职业为“生产、运输工人和有关人员”的占全部 235 名有效应答总数的 2.6%，有 6 人；职业为“党政企业事业单位一般人员”的占全部 235 名有效应答总数的 2.1%，有 5 人；职业为“商业人员”的占全部 235 名有效应答总数的 1.3%，有 3 人；职业为“服务业人员”的占全部 235 名有效应答总数的 10.2%，有 24 人；职业为“个体经营人员”的占全部 235 名有效应答总数的 1.3%，有 3 人；职业为“离退休人员”的占全部 235 名有效应答总数的 3.0%，有 7 人；职业为“其他职业人员”的占全部 235 名有效应答总数的 10.6%，有 25 人；无职业者为 162 人，占全部 235 名有效应答总数的 68.9%。其中从事服务业和其他职业的共占到 235 名有效应答总数的 20.8%，而这些人所从事的具体工作也几乎都是家政、勤杂、零工之类。

表 6－11

		频率	百分比	有效百分比	累积百分比
有效	生产、运输工人和有关人员	6	2.5	2.6	2.6
	党政企业事业单位一般人员	5	2.1	2.1	4.7
	商业人员	3	1.3	1.3	6.0
	服务业人员	24	10.0	10.2	16.2
	个体经营人员	3	1.3	1.3	17.4
	离退休人员	7	2.9	3.0	20.4
	其他职业人员	25	10.4	10.6	31.1
	无职业	162	67.5	68.9	100.0
	合计	235	97.9	100.0	
缺失	系统	5	2.1		
合计		240	100.0		

当问及城市弱势群体受访者对现在的职业状况是否满意时，如表 6－12 所示，除却 76 名城市弱势群体受访者没有应答外，应答的 164 人中有 132 人感到“一般”、“不太满意”或“很不满意”，占有效应答总数的 80.5%；其中感到“不太满意”或“很不满意”的均为 40 人，共占有效应答总数的 48.8%。具体而言，城市弱势群体受访者中，对所从事职业感到“很满意”的占 164 名有效应答总数的 9.8%，有 16 人；对所从事职业感到“比较满意”的同样占 164 名有效应答总数的 9.8%，也有 16 人；对所从事职业感到“一般”的占 164 名有效应答总数的 31.7%，有 52 人；对所从事职业感到“不太满意”的占 164 名有效应答总数的 24.4%，有 40 人；对所从事职业感到“很不满意”的同样占 164 名有效应答总数的 24.4%，也有 40 人。通过上述统计数据，我们可以发现城市弱势群体受访者就业状况严峻，职业满意度较低。

表 6－12

		频率	百分比	有效百分比	累积百分比
有效	很满意	16	6.7	9.8	9.8
	比较满意	16	6.7	9.8	19.5
	一般	52	21.7	31.7	51.2
	不太满意	40	16.7	24.4	75.6
	很不满意	40	16.7	24.4	100.0
	合计	164	68.3	100.0	

续前表

	频率	百分比	有效百分比	累积百分比
缺失　系统	76	31.7		
合计	240	100.0		

第二节　城市弱势群体受访者调研分类指标数据分析

一、城市弱势群体受访者收入与分配公平分析

（一）城市弱势群体受访者收入来源单一，以低保收入为主

如表6－13所示，在对城市弱势群体受访者收入来源的统计中，在238人的有效应答中，有多达191人的收入来源是“低保”，响应百分比（即此种响应数量在总响应数量中的占比）为59.9%，个案百分比（即此种响应人数在总响应人数中的占比）为80.3%。除“低保”外，排名前三位的另外两项收入来源是：“工资”，有48人，响应百分比为15.0%，个案百分比为20.2%；“社会救助”，有24人，响应百分比为7.5%，个案百分比为10.1%。其余各项收入来源情况分别为：“个体经营收入”，有13人，响应百分比为4.1%，个案百分比为5.5%；“退休金”，有7人，响应百分比为2.2%，个案百分比为2.9%；“子女资助”，有3人，响应百分比为0.9%，个案百分比为1.3%；“亲友资助”，有14人，响应百分比为4.4%，个案百分比为5.9%；“其他”，有17人，响应百分比为5.3%，个案百分比为7.1%。只有2人的收入来源包含“存款利息或投资红利”，响应百分比仅为0.6%，个案百分比仅为0.8%。

表6－13

		响应		个案百分比
		N	百分比	
$城市弱势群体收入来源[a]	你有“个体经营收入”收入来源吗	13	4.1	5.5
	你有“工资”收入来源吗	48	15.0	20.2
	你有“退休金”收入来源吗	7	2.2	2.9

续前表

		响应		个案百分比
		N	百分比	
	你有“存款利息或投资红利”收入来源吗	2	0.6	0.8
	你有“低保”收入来源吗	191	59.9	80.3
	你有“子女资助”收入来源吗	3	0.9	1.3
	你有“亲友资助”收入来源吗	14	4.4	5.9
	你有“社会救助”收入来源吗	24	7.5	10.1
	你有“其他”收入来源吗	17	5.3	7.1
总计		319	100.0	134.0

a：值为“是”时制表的二分组。

具体到对191名城市低保户受访者“低保”外收入来源的统计，如表6－14所示，只有61人有除低保之外的收入，其中前三位的收入为：“工资”，有24人，响应百分比为30.4%，个案百分比为39.3%；“社会救助”，有17人，响应百分比为21.5%，个案百分比为27.9%；“亲友资助”，有12人，响应百分比为15.2%，个案百分比为19.7%。其余各项收入来源分别为：“个体经营收入”，有10人，响应百分比为12.7%，个案百分比为16.4%；“退休金”，有3人，响应百分比为3.8%，个案百分比为4.9%；“子女资助”，有2人，响应百分比为2.5%，个案百分比为3.3%；“其他”，有10人，响应百分比为12.7%，个案百分比为16.4%。

表6－14

		响应		个案百分比
		N	百分比	
$低保者收入来源[a]	你有“个体经营收入”收入来源吗	10	12.7	16.4
	你有“工资”收入来源吗	24	30.4	39.3
	你有“退休金”收入来源吗	3	3.8	4.9
	你有“存款利息或投资红利”收入来源吗	1	1.3	1.6
	你有“子女资助”收入来源吗	2	2.5	3.3
	你有“亲友资助”收入来源吗	12	15.2	19.7
	你有“社会救助”收入来源吗	17	21.5	27.9
	你有“其他”收入来源吗	10	12.7	16.4
总计		79	100.0	129.5

a：值为“是”时制表的二分组。

（二）低保发放数额近年来稳步提高

在考察城市低保户受访者的收入时，可以通过表 6－15 看到 180 个有效应答的城市低保户受访者的每月低保或社会救助收入是 485.29 元，其中大多数人的每月低保或社会救助收入是 500 元。

表 6－15

N	有效	180
	缺失	11
均值		485.29
中值		450.00
众数		500
极小值		150
极大值		1 500

我们统计了城市低保户受访者近年来低保或社会救助收入的总体情况，如表 6－16 所示，占 169 个有效应答总数的 71.0%的城市低保户受访者认为每月低保收入“有很大的提升”或“稍微有点提升”，共有 120 人。其中，认为“有很大的提升”的城市低保户受访者占 169 个有效应答总数的 4.1%，有 7 人；认为“稍微有点提升”的城市低保户受访者占 169 个有效应答总数的 66.9%，有 113 人。仅有 4 名城市低保户受访者认为“有所下降”，占有效应答总数的 2.4%；其余 45 名城市低保户受访者认为“没变”，占有效应答总数的 26.6%。没有人认为低保收入“有较大下降”。

表 6－16

		频率	百分比	有效百分比	累积百分比
有效	有很大的提升	7	3.7	4.1	4.1
	稍微有点提升	113	59.2	66.9	71.0
	没变	45	23.6	26.6	97.6
	有所下降	4	2.1	2.4	100.0
	合计	169	88.5	100.0	
缺失	系统	22	11.5		
合计		191	100.0		

如表6－17所示，在对城市低保群体收入来源稳定性的考察中，174个有效应答的城市低保户受访者中有93人认为“很稳定”、“比较稳定”或“一般”，占有效应答总数的53.4%，说明城市低保户受访者的收入来源相对还是稳定的；但也应看到认为“不稳定”和“很不稳定”的城市低保户受访者数量达到了有效应答总数的46.6%，其具体原因值得进一步探讨。

表6－17

		频率	百分比	有效百分比	累积百分比
有效	很稳定	19	9.9	10.9	10.9
	比较稳定	41	21.5	23.6	34.5
	一般	33	17.3	19.0	53.4
	不稳定	64	33.5	36.8	90.2
	很不稳定	17	8.9	9.8	100.0
	合计	174	91.1	100.0	
缺失	系统	17	8.9		
合计		191	100.0		

（三）城市弱势群体受访者家庭普遍存在入不敷出情形

接下来，我们考察样本城市弱势群体的家庭月均可支配收入和月均消费支出。其中，所谓家庭月均可支配收入，指家庭成员月均得到的可用于最终消费支出和其他非义务性支出以及储蓄的总和，即居民家庭可以用来自由支配的月均收入。它是家庭月均总收入扣除家庭月均交纳的所得税、交纳的社会保障支出以及记账补贴后的收入。其计算公式为：家庭月均可支配收入＝家庭月均总收入－家庭月均交纳的所得税－家庭月均交纳的社会保障支出－家庭月均记账补贴。而所谓家庭月均消费支出，指家庭用于日常生活的月均支出，包括食品、衣着、家庭设备用品及服务、医疗保健、交通和通信、娱乐教育文化服务、居住、杂项商品及服务等八大类支出。

我们对城市弱势群体受访者的家庭月均可支配收入和月均消费支出进行了统计，如表6－18所示，可以看到样本城市弱势群体受访者的家庭月均可支配收入为955.02元，月均消费支出为1 032.76元，支出大于收入，处于入不敷出的状态。应当说，这种弱势群体家庭入不敷出的状况是我们在实地访谈中经常遇到的。根据调查的数据我们可以计算得出样本城市弱势群体受访者的人均年可支配收入为 4 292.2 元，人均年可支配支出为 4 641.6 元。

按照国研网的数据统计方法，将所有调查户依据户人均可支配收入由低到高排队，按 10%、10%、20%、20%、20%、10%、10%的比例依次分成最低收入户、低收入户、中等偏下收入户、中等收入户、中等偏上收入户、高收入户、最高收入户等七组，总体中 5%的最低户为困难户。而根据国研网公布的“2010 年按收入等级分城镇居民家庭基本情况”①，2010 年最低收入户的人均年可支配收入为 5 948.11 元，人均年消费支出为 5 471.84 元；即使最低收入户中的困难户，人均年可支配收入也达到 4 739.15 元，人均年消费支出为 4 715.33 元。就此看来，我们调查的样本城市弱势群体的经济收入情况尚且不如 2010 年城镇最低收入户中的困难户的经济收入水平。

表 6-18

	N	极小值	极大值	均值	标准差
你的家庭月均可支配收入是多少	240	100	4 000	955.02	641.353
你的家庭月均消费支出是多少	240	0	5 000	1 032.76	654.194
有效的 N（列表状态）	240				

（四）食品、医疗保健和子女受教育消费比重大，城市弱势群体受访者家庭恩格尔系数过高

针对这种情形，我们专门对样本城市弱势群体受访者的家庭支出项目进行了统计，如表 6-19 所示，在 231 人的有效应答中，排名第一位的是食品消费，有 218 人，响应百分比为 36.5%，个案百分比为 94.4%；排名第二位的是医疗保健消费，有 123 人，响应百分比为 20.6%，个案百分比为 53.2%；排名第三位的是子女受教育消费，有 109 人，响应百分比为 18.3%，个案百分比为 47.2%。在这三项最重要支出中，尤为值得注意的是食品消费。

---

① http://edu.drcnet.com.cn/eDRCnet.common.web/docview.aspx?version=data&docId=2810944&leafId=1377&chnId=4362.

表 6-19

		响应		个案百分比
		N	百分比	
ZC1[a]	你家庭用于支出的最重要的三个项目中有“食品消费”吗	218	36.5	94.4
	你家庭用于支出的最重要的三个项目中有“衣着消费”吗	38	6.4	16.5
	你家庭用于支出的最重要的三个项目中有“家具家电消费”吗	23	3.9	10.0
	你家庭用于支出的最重要的三个项目中有“子女受教育消费”吗	109	18.3	47.2
	你家庭用于支出的最重要的三个项目中有“医疗保健消费”吗	123	20.6	53.2
	你家庭用于支出的最重要的三个项目中有“交通通信费”吗	53	8.9	22.9
	你家庭用于支出的最重要的三个项目中有“请客送礼费”吗	10	1.7	4.3
	你家庭用于支出的最重要的三个项目中有“其他费用”吗	23	3.9	10.0
总计		597	100.0	258.4

a：值为“是”时制表的二分组。

19 世纪德国的统计学家恩格尔（Ernst Engel）提出，随着家庭收入的增加，其中用来购买食物的支出所占比重越来越小，即食物在总支出中所占比重与家庭收入成反比①，这就是恩格尔定律（Engel's Law）。根据恩格尔定律，可以得出国际上通常用来衡量一个国家和地区人民生活水平的状况的恩格尔系数（Engel's coefficient）：恩格尔系数＝（食品支出总额/消费支出总额）×100％。一个国家或家庭生活越贫困，恩格尔系数就越大；反之，生活越富裕，恩格尔系数就越小。根据联合国粮农组织提出的标准，恩格尔系数在 59％以上为贫困，50％～59％为温饱，40％～50％为小康，30％～40％为富裕，低于 30％为最富裕。② 从表 6-20 中，我们可以发现样本城市弱势群体受访者的所有家庭消费中食品消费所占平均

① 中国社会科学院经济研究所．政治经济学大辞典．北京：经济科学出版社，1998：385-386.

② 王晓梅，张晶．不可不知的 2 000 个人文常识．北京：中央编译出版社，2009：344.

百分比是 65.4%，可以得出样本城市弱势群体受访者的家庭恩格尔系数大致也在 65%，按照联合国粮农组织的标准，我们调查的城市弱势群体应处于贫困状态。诚然，恩格尔系数在中国的具体应用中有时会出现“失灵”甚至“失真”现象，这引起了学界的争议和讨论。所谓恩格尔系数的“失灵”“失真”，是指恩格尔系数不能准确反映居民生活真实情况的现象。在中国，恩格尔系数的“失灵”主要是指三种情况：一是从全国范围来看，恩格尔系数普遍被低估；二是出现部分发达城市恩格尔系数与居民生活水平“双高”，相反欠发达城市的恩格尔系数与居民生活水平“双低”的倒挂现象。有学者还从“社会保障体系不健全”、“各地居民消费习惯差异”、“居民消费观念不同”、“各地统计数据的水分差异”、“居住支出对食物支出的挤占”、“食品安全问题频发”和“收入分配差距扩大”等角度对恩格尔系数的“失真”原因进行了探讨。[①] 而根据国研网公布的“2010 年按绝对收入分组城镇居民家庭基本情况”[②] 及“1978—2010 年城镇居民家庭人均消费性支出及恩格尔系数”[③]，2010 年全国的城镇居民家庭平均恩格尔系数为 35.7%。而 2010 年按绝对收入分组的城镇居民家庭的平均每人消费性支出构成中食品消费支出比重也大致是随着绝对收入的增加而逐步降低的，其中最贫困的 2010 年绝对收入低于 10 000 元的家庭恩格尔系数为 45.76%；而各分组家庭中恩格尔系数最高的是绝对收入在 10 000 元至 15 000 元的家庭，为 48.76%。因此，我们要指出的是，即使恩格尔系数在中国存在“失真”的情况，但由于样本城市弱势群体受访者的恩格尔系数 65%远高于国研网公布的 2010 年全国城镇居民家庭平均恩格尔系数 35.7%和按绝对收入分组城镇居民家庭最高恩格尔系数 48.76%，所以这里认为我们调查所得到的恩格尔系数至少在数据范围和指示性上比较真实准确地反映了样本城市弱势群体的生活水平。

---

① 王凤芹. 中国恩格尔系数失真现状及对策探析. 改革与战略，2012（6）. 姜国刚. 恩格尔系数失灵的若干影响因素分析. 华东经济管理，2012（3）.

② http://edu. drcnet. com. cn/eDRCnet. common. web/docview. aspx? version = data&docId=2810960&leafId=1377&chnId=4362.

③ http://edu. drcnet. com. cn/eDRCnet. common. web/docview. aspx? version = data&docId=2845195&leafId=1379&chnId=4363.

表 6-20

	N	极小值	极大值	均值	标准差
你所有家庭消费中食品消费所占的百分比是	240	0.00	1.00	0.654 0	0.191 74
有效的 N（列表状态）	240				

同时，如表 6-21 所示，在考察城市弱势群体受访者对于今后五年恩格尔系数变化的预期时，认为“大幅增加”的城市弱势群体受访者有 31 人，占城市弱势群体受访者的 12.9%；认为“稍微增加”的城市弱势群体受访者有 74 人，占城市弱势群体受访者的 30.8%；认为“不变”的城市弱势群体受访者有 90 人，占城市弱势群体受访者的 37.5%；认为“稍微下降”和“大幅下降”的城市弱势群体受访者各有 24 人和 21 人，仅分别占城市弱势群体受访者的 10.0%和 8.8%。由于认为恩格尔系数未来会“增加”或“不变”的城市弱势群体受访者比例高达 81.3%，所以这在某种程度上显示出城市弱势群体对于未来生活的不乐观情绪。

表 6-21

		频率	百分比	有效百分比	累积百分比
有效	大幅增加	31	12.9	12.9	12.9
	稍微增加	74	30.8	30.8	43.8
	不变	90	37.5	37.5	81.3
	稍微下降	24	10.0	10.0	91.3
	大幅下降	21	8.8	8.8	100.0
	合计	240	100.0	100.0	

（五）城市弱势群体受访者家庭年结余较少，绝大部分城市弱势群体受访者家庭没有结余

在统计分析城市弱势群体受访者家庭每年的结余时，排除极值后可以通过表 6-22 看到在 240 个有效数据中的平均结余为 441.41 元。

表 6-22

	N	极小值	极大值	均值	标准差
你家庭每年结余是多少	240	0	15 000	441.41	1 474.127
有效的 N（列表状态）	240				

而表 6-23 显示，统计结果中城市弱势群体受访者家庭年结余为 0 元的应答频次最多，达 172 次，占有效应答总数的 71.7%。这说明城市弱势群体受访者家庭在年尾时基本没有结余，这一结果也与上面所说的城市弱势群体受访者入不敷出的统计结果相互印证。

表 6-23

		频率	百分比	有效百分比	累积百分比
有效	0	172	71.7	71.7	71.7
	100	1	0.4	0.4	72.1
	120	2	0.8	0.8	72.9
	150	1	0.4	0.4	73.3
	200	1	0.4	0.4	73.8
	300	1	0.4	0.4	74.2
	370	2	0.8	0.8	75.0
	441	35	14.6	14.6	89.6
	500	1	0.4	0.4	90.0
	600	3	1.3	1.3	91.3
	1 000	3	1.3	1.3	92.5
	1 500	1	0.4	0.4	92.9
	2 000	1	0.4	0.4	93.3
	2 400	2	0.8	0.8	94.2
	3 000	5	2.1	2.1	96.3
	4 000	1	0.4	0.4	96.7
	5 000	3	1.3	1.3	97.9
	5 760	1	0.4	0.4	98.3
	6 000	2	0.8	0.8	99.2
	8 400	1	0.4	0.4	99.6
	15 000	1	0.4	0.4	100.0
	合计	240	100.0	100.0	

（六）中国经济的持续增长和对弱势群体扶助力度的不断加大，使城市弱势群体受访者对经济状况预期较为乐观

与近几年中国经济的增长和政府对弱势群体扶助力度的不断加大相印证的是以下两个表。在表 6-24 中，我们统计了城市弱势群体受访者

关于最近五年的经济状况与过去几年相比较的感受，有70.5%城市弱势群体受访者认为自己最近五年的经济状况与过去几年相比“有很大提升”、“稍微有点提升”或“没变”。其中认为自己最近五年的经济状况与过去几年相比“有很大提升”的城市弱势群体受访者有29人，占全部城市弱势群体受访者的12.1%；认为自己最近五年的经济状况与过去几年相比“稍微有点提升”的城市弱势群体受访者有88人，占全部城市弱势群体受访者的36.7%；认为自己最近五年的经济状况与过去几年相比“没变”的城市弱势群体受访者有52人，占全部城市弱势群体受访者的21.7%。而认为“有所下降”和“大幅下降”的城市弱势群体受访者各有43人和28人，仅分别占全部城市弱势群体受访者的17.9%和11.7%。同时在表6-25中，就当前情况下城市弱势群体受访者对其今后五年的收入状况的预期进行了调查。城市弱势群体受访者预期自己今后五年的收入状况会“大幅增加”、“稍微有所增加”或“不变”的占了85.5%。其中预期自己今后五年的收入状况会“大幅增加”的城市弱势群体受访者有23人，占全部城市弱势群体受访者的9.6%；预期自己今后五年的收入状况会“稍微有所增加”的城市弱势群体受访者有131人，占全部城市弱势群体受访者的54.6%；预期自己今后五年的收入状况会“不变”的城市弱势群体受访者有51人，占全部城市弱势群体受访者的21.3%。预期自己今后五年收入状况会“稍微有所下降”和“大幅下降”的城市弱势群体受访者各有22人和13人，仅分别占全部城市弱势群体受访者的9.2%和5.4%。

表6-24

		频率	百分比	有效百分比	累积百分比
有效	有很大提升	29	12.1	12.1	12.1
	稍微有点提升	88	36.7	36.7	48.8
	没变	52	21.7	21.7	70.5
	有所下降	43	17.9	17.9	88.3
	大幅下降	28	11.7	11.7	100.0
	合计	240	100.0	100.0	

表 6-25

		频率	百分比	有效百分比	累积百分比
有效	大幅增加	23	9.6	9.6	9.6
	稍微有所增加	131	54.6	54.6	64.2
	不变	51	21.3	21.3	85.5
	稍微有所下降	22	9.2	9.2	94.6
	大幅下降	13	5.4	5.4	100.0
	合计	240	100.0	100.0	

（七）城市弱势群体受访者社会支持较为缺乏

社会支持是指个人通过其社会网络所能获得的各种支持的总和，其支持手段通常可分为物质手段和精神手段两种。相较于精神手段的社会支持，物质手段的社会支持更具有代表性和显著性，所以我们在测量城市弱势群体受访者所能获得的社会支持程度时，采用了物质手段作为衡量指标。

当问及城市弱势群体受访者如果经济状况出现问题会最先向谁寻求帮助时，如表 6-26 所示，在设计的 5 个选项中只有“亲戚朋友”、“同事或单位”、“社区、街道或当地政府”和“银行小额信贷”四个选项产生应答，且城市弱势群体受访者应答频次最多的选项是“亲戚朋友”和“社区、街道或当地政府”，各有 116 人和 115 人选择该选项，分别占全部城市弱势群体受访者的 48.3%和 47.9%。这意味着城市弱势群体受访者在面临困难和需要帮助时，主要通过亲友帮助和政府救助两种途径获得社会支持。这在某种程度上显示了城市弱势群体受访者社会支持的缺乏。

表 6-26

		频率	百分比	有效百分比	累积百分比
有效	亲戚朋友	116	48.3	48.3	48.3
	同事或单位	6	2.5	2.5	50.8
	社区、街道或当地政府	115	47.9	47.9	98.8
	银行小额信贷	3	1.3	1.3	100.0
	合计	240	100.0	100.0	

（八）城市弱势群体受访者对自身经济状况主观满意度较低

最后，我们要求城市弱势群体受访者综合评估自己的经济状况，以 1 分为最低分，7 分为最高分，为经济状况满意度打分，如表 6-27 所示，最终统计平均分为 2.84，城市弱势群体受访者对自身经济状况主观满意度较低。

表 6-27

	N	极小值	极大值	均值	标准差
你对自己经济状况的满意度	240	1	7	2.84	1.753
有效的 N（列表状态）	240				

二、城市弱势群体受访者安全水平分析

随着中国经济的持续增长及人民收入水平的提高，如何有质量地生活便成为一个被人们日益关注的问题，尤其近几年来食品与药品安全问题频发，使得人身安全在社会福利中的重要性凸显出来，成为生存型福利的一个重要指标。

（一）城市社区安全设施完善状况和安全宣传状况有待提高

在对城市弱势群体受访者的考察中，当问及城市弱势群体受访者所在社区防火、防盗、防骗等安全设施与机制是否完备时，如表 6-28 所示，认为“非常完善”的有 42 人，占 237 个有效应答总数的 17.7%；认为“比较完善”的有 89 人，占 237 个有效应答总数的 37.6%：二者合计共占有效应答总数的 55.3%。而认为“一般”、“不完善”和“很不完善”的则各有 80 人、15 人和 7 人，分别占 237 个有效应答总数的 33.8%、6.3%和 3.0%。还有 1.7%的则认为所在社区“根本没有”安全设施与机制。

表 6-28

		频率	百分比	有效百分比	累积百分比
有效	非常完善	42	17.5	17.7	17.7
	比较完善	89	37.1	37.6	55.3
	一般	80	33.3	33.8	89.1

续前表

		频率	百分比	有效百分比	累积百分比
有效	不完善	15	6.3	6.3	95.4
	很不完善	7	2.9	3.0	98.4
	根本没有	4	1.7	1.7	100.0
	合计	237	98.8	100.0	
缺失	系统	3	1.3		
合计		240	100.0		

如表 6－29 所示，在所在社区多久向居民免费宣传和教育关于防火、防盗、防骗的知识的统计中，城市弱势群体受访者应答频次最多的选项是“偶尔不定期有”和“定期一个月一次”，各有 101 人和 76 人，分别占 234 个有效应答总数的 43.2％和 32.5％；认为“从来没有”、“定期半年一次”和“定期一年一次”的则各有 13 人、18 人和 7 人，分别占有效应答总数的 5.6％、7.7％和 3.0％；还有占有效应答总数 8.1％的表示“不知道”。

表 6－29

		频率	百分比	有效百分比	累积百分比
有效	从来没有	13	5.4	5.6	5.6
	偶尔不定期有	101	42.1	43.2	48.7
	定期一个月一次	76	31.7	32.5	81.2
	定期半年一次	18	7.5	7.7	88.9
	定期一年一次	7	2.9	3.0	91.9
	不知道	19	7.9	8.1	100.0
	合计	234	97.5	100.0	
缺失	系统	6	2.5		
合计		240	100.0		

（二）城市弱势群体受访者安全状况满意度和预期度较为满意，安全度有待提高

如表 6－30 所示，我们以 1 分为最低分，7 分为最高分，让城市弱势群体受访者为安全状况满意度打分，以考察城市弱势群体受访者对自己安

全水平的综合评估，最终统计平均分为 4.48。这说明城市弱势群体受访者对自身安全水平较为满意。同时我们又让城市弱势群体受访者对自己的人身与财产安全的预期度打分，如表 6－31 所示，最终统计平均分为 4.52，说明城市弱势群体受访者对自身安全水平预期度较为满意。

表 6－30

	N	极小值	极大值	均值	标准差
你所感觉的安全程度	240	1	7	4.48	1.725
有效的 N（列表状态）	240				

表 6－31

	N	极小值	极大值	均值	标准差
你对你人身与财产安全的预期度是	240	1	7	4.52	1.794
有效的 N（列表状态）	240				

三、城市弱势群体受访者社会保障水平分析

我们主要从两方面着手考察城市弱势群体受访者的社会保障水平：一是考察城市弱势群体受访者对社会保障体系中各项社会保险的享有情况，二是考察城市弱势群体受访者的居住情况。

（一）城市弱势群体受访者的社会保险享有率偏低

在对城市弱势群体受访者享有社会保障体系中各项社会保险情况的考察中，当我们问及城市弱势群体受访者对社会保障体系了解情况时，如表 6－32 所示，表示“非常了解”和“知道一些”的城市弱势群体受访者各有 16 人和 111 人，分别占 234 个有效应答总数的 6.8％和 47.4％，共计占有效应答总数的 54.3％；表示“听说过，但不是很了解”和“没有听说过”的城市弱势群体受访者则各有 91 人和 16 人，分别占有效应答总数的 38.9％和 6.8％，共计占有效应答总数的 45.7％，这表明有关部门对社会保障制度体系在民众中的宣传还稍显欠缺。

表 6－32

		频率	百分比	有效百分比	累积百分比
有效	非常了解	16	6.7	6.8	6.8
	知道一些	111	46.3	47.4	54.3
	听说过，但不是很了解	91	37.9	38.9	93.2
	没有听说过	16	6.7	6.8	100.0
	合计	234	97.5	100.0	
缺失	系统	6	2.5		
合计		240	100.0		

在对城市弱势群体受访者享受到哪些社会保障措施的统计中，如表 6－33 所示，在 219 人的有效应答中，应答最多的选项是“社会救助”，有 165 人，响应百分比为 52.5%，个案百分比为 75.3%；其次是“社会保险”，有 100 人，响应百分比为 31.8%，个案百分比为 45.7%。其他各项比例则分别为：“社会福利”，有 35 人，响应百分比为 11.1%，个案百分比为 16.0%；“社会优抚”，有 14 人，响应百分比为 4.5%，个案百分比为 6.4%。

表 6－33

		响应		个案百分比
		N	百分比	
SHBZ1[a]	你享受过“社会保险”的扶助吗	100	31.8	45.7
	你享受过“社会福利”的扶助吗	35	11.1	16.0
	你享受过“社会救助”的扶助吗	165	52.5	75.3
	你享受过“社会优抚”的扶助吗	14	4.5	6.4
总计		314	100.0	143.4

a：值为“是”时制表的二分组。

在对城市弱势群体受访者享受到哪些社会保险的统计中，如表 6－34 所示，在 223 人的有效应答中，应答最多的三个选项是“城镇居民基本医疗保险”、“养老保险”和“都没有享受过”，人数分别为 124 人、56 人和 44 人，响应百分比分别为 38.2%、17.2%和 13.5%，个案百分比分别为

55.6%、25.1%和19.7%。其他各项比例则分别为："工伤保险"，有14人，响应百分比为4.3%，个案百分比为6.3%；"失业保险"，有33人，响应百分比为10.2%，个案百分比为14.8%；"城镇职工基本医疗保险"，有24人，响应百分比为7.4%，个案百分比为10.8%；"公费医疗"，有9人，响应百分比为2.8%，个案百分比为4.0%；"生育保险"，有7人，响应百分比为2.2%，个案百分比为3.1%；"住房公积金"，有14人，响应百分比为4.3%，个案百分比为6.3%。

表6-34

		响应		个案百分比
		N	百分比	
SHBZ2[a]	你享受过"工伤保险"吗	14	4.3	6.3
	你享受过"失业保险"吗	33	10.2	14.8
	你享受过"养老保险"吗	56	17.2	25.1
	你享受过"城镇职工基本医疗保险"吗	24	7.4	10.8
	你享受过"城镇居民基本医疗保险"吗	124	38.2	55.6
	你享受过"公费医疗"吗	9	2.8	4.0
	你享受过"生育保险"吗	7	2.2	3.1
	你享受过"住房公积金"吗	14	4.3	6.3
	你什么社会保险都没有享受过吗	44	13.5	19.7
总计		325	100.0	145.7

a：值为"是"时制表的二分组。

（二）现有社会保险不太能满足城市弱势群体受访者的基本生活水平

当我们以1分为最低分，7分为最高分，让城市弱势群体受访者为社会保险缴付费用是否过高打分，如表6-35所示，201个有效应答中，平均分为4.31，即城市弱势群体受访者认为较高。

表6-35

	N	极小值	极大值	均值	标准差
你觉得社会保险缴付费用是否过高	201	1	7	4.31	2.084
有效的N（列表状态）	201				

我们以 1 分为最低分，7 分为最高分，让城市弱势群体受访者为参加的现有社会保险对基本生活水平的满足度打分，如表 6 - 36 所示，240 个有效应答中，平均分为 3.36，即城市弱势群体受访者认为他们参加的现有社会保险不太能满足自己的基本生活水平。

表 6 - 36

	N	极小值	极大值	均值	标准差
你所参加的现有社会保险能否满足你的基本生活水平	240	1	7	3.36	1.426
有效的 N（列表状态）	240				

我们以 1 分为最低分，7 分为最高分，让城市弱势群体受访者对社会保障的满意度打分，如表 6 - 37 所示，240 个有效应答中，平均分为 3.74，即城市弱势群体受访者对现有社会保障持比较一般的态度。

表 6 - 37

	N	极小值	极大值	均值	标准差
你对社会保障的满意度是	240	1	7	3.74	1.649
有效的 N（列表状态）	240				

（三）城市弱势群体受访者住房状况不容乐观，住房条件亟待提高

由于近年来房价普遍持续走高，而且在国际上通常也将住房问题作为重要的社会保障问题，所以在此我们有必要对住房问题进行统计分析。

如表 6 - 38 所示，我们首先对受访者家庭住房的使用面积进行统计，得出平均 34.32 平方米，不算厨房和厕所，平均 1.67 间，根据前文城市弱势群体受访者人口统计学特征分析所统计，该群体受访者平均家庭人口数是 2.67，计算可得平均每人居住面积为 12.85 平方米。

表 6 - 38

	N	极小值	极大值	均值	标准差
你们住的房子使用面积有多大	240	0	180	34.32	22.814
有效的 N（列表状态）	240				

如表 6 - 39 所示，统计广州、武汉、贵阳、诸城的城市弱势群体受访者的户均居住情况。广州、武汉、贵阳、诸城的城市弱势群体受访者平均

每户居住面积分别是 29.70 平方米、31.00 平方米、44.90 平方米和 31.67 平方米。

表 6-39

所在地区	你们住的房子使用面积有多大		统计量	标准误
广州	均值		29.70	1.926
	均值的 95% 置信区间	下限	25.85	
		上限	33.55	
	5%修整均值		29.56	
	中值		30.00	
	方差		222.504	
	标准差		14.917	
	极小值		0	
	极大值		70	
	范围		70	
	四分位距		18	
	偏度		0.244	0.309
	峰度		0.080	0.608
武汉	均值		31.00	2.215
	均值的 95% 置信区间	下限	26.56	
		上限	35.43	
	5%修整均值		29.51	
	中值		29.00	
	方差		294.506	
	标准差		17.161	
	极小值		6	
	极大值		90	
	范围		84	
	四分位距		19	
	偏度		1.296	0.309
	峰度		2.027	0.608

续前表

所在地区	你们住的房子使用面积有多大		统计量	标准误
贵阳	均值		44.90	4.356
	均值的 95% 置信区间	下限	36.18	
		上限	53.61	
	5%修整均值		41.33	
	中值		40.00	
	方差		1 138.542	
	标准差		33.742	
	极小值		0	
	极大值		180	
	范围		180	
	四分位距		48	
	偏度		1.787	0.309
	峰度		4.391	0.608
诸城	均值		31.67	2.232
	均值的 95% 置信区间	下限	27.21	
		上限	36.14	
	5%修整均值		30.60	
	中值		30.00	
	方差		298.976	
	标准差		17.291	
	极小值		6	
	极大值		80	
	范围		74	
	四分位距		20	
	偏度		1.022	0.309
	峰度		0.844	0.608

而统计广州、武汉、贵阳、诸城的城市弱势群体受访者的户均人口情况，如表 6－40 所示，广州、武汉、贵阳、诸城的城市弱势群体受访者平均每户人口数分别为 2.47 人、2.62 人、3.23 人和 2.33 人。综合前述数据，得出广州、武汉、贵阳、诸城的城市弱势群体受访者人均住

房使用面积分别为 12.02 平方米、11.83 平方米、13.90 平方米和 13.59 平方米。

表 6-40

所在地区	你家有几口人		统计量	标准误
广州	均值		2.47	0.139
	均值的 95% 置信区间	下限	2.19	
		上限	2.75	
	5%修整均值		2.45	
	中值		3.00	
	方差		1.069	
	标准差		1.034	
	极小值		1	
	极大值		5	
	范围		4	
	四分位距		1	
	偏度		0.076	0.322
	峰度		−0.680	0.634
武汉	均值		2.62	0.128
	均值的 95% 置信区间	下限	2.36	
		上限	2.87	
	5%修整均值		2.61	
	中值		3.00	
	方差		0.986	
	标准差		0.993	
	极小值		1	
	极大值		5	
	范围		4	
	四分位距		1	
	偏度		−0.120	0.309
	峰度		−0.532	0.608

续前表

所在地区	你家有几口人		统计量	标准误
贵阳	均值		3.23	0.170
	均值的 95% 置信区间	下限	2.89	
		上限	3.57	
	5%修整均值		3.20	
	中值		3.00	
	方差		1.741	
	标准差		1.320	
	极小值		1	
	极大值		7	
	范围		6	
	四分位距		2	
	偏度		0.376	0.309
	峰度		−0.026	0.608
诸城	均值		2.33	0.140
	均值的 95% 置信区间	下限	2.05	
		上限	2.61	
	5%修整均值		2.28	
	中值		2.00	
	方差		1.175	
	标准差		1.084	
	极小值		1	
	极大值		5	
	范围		4	
	四分位距		2	
	偏度		0.364	0.309
	峰度		−0.471	0.608

如表 6－41 所示，在对城市弱势群体受访者住房性质的考察中，应答频次前三位的为“租住管局公房”、“廉租房”和“租赁私房”，各有 62 人、42 人和 34 人，分别占 232 个有效应答总数的 26.7%、18.1%和 14.7%。剩余其他选项中，其住房性质为“单位集体宿舍”的城市弱势群

体受访者有11人，占有效应答总数的4.7%；其住房性质为“借住在亲戚朋友家”的城市弱势群体受访者有17人，占有效应答总数的7.3%；其住房性质为“自购经济适用房”的城市弱势群体受访者有5人，占有效应答总数的2.2%；其住房性质为“自购商品房”的城市弱势群体受访者有4人，占有效应答总数的1.7%；其住房性质为“自购单位房”的城市弱势群体受访者有7人，占有效应答总数的3.0%；其住房性质为“自购小产权房”的城市弱势群体受访者有3人，占有效应答总数的1.3%；其住房性质为“租赁商品房”的城市弱势群体受访者有3人，占有效应答总数的1.3%；其住房性质为“自建住房”的城市弱势群体受访者有24人，占有效应答总数的10.3%；其住房性质为“其他”的城市弱势群体受访者有20人，占有效应答总数的8.6%。可见，城市弱势群体受访者自己拥有房屋产权的较少，而且从我们实地观察来看，他们的居住条件不容乐观。

表6-41

		频率	百分比	有效百分比	累积百分比
有效	单位集体宿舍	11	4.6	4.7	4.7
	借住在亲戚朋友家	17	7.1	7.3	12.1
	自购经济适用房	5	2.1	2.2	14.2
	廉租房	42	17.5	18.1	32.3
	自购商品房	4	1.7	1.7	34.1
	自购单位房	7	2.9	3.0	37.1
	自购小产权房	3	1.3	1.3	38.4
	租赁商品房	3	1.3	1.3	39.7
	租赁私房	34	14.2	14.7	54.3
	租住管局公房	62	25.8	26.7	81.0
	自建住房	24	10.0	10.3	91.4
	其他	20	8.3	8.6	100.0
	合计	232	96.7	100.0	
缺失	系统	8	3.3		
合计		240	100.0		

由此，我们对城市弱势群体受访者关于住房的主观评价进行了调查，

当问及觉得自己家的住房状况如何时，如表6－42所示，在225个有效应答中，认为“比较拥挤”和“很拥挤”的城市弱势群体受访者各有82人和54人，分别占有效应答总数的36.4%和24.0%，合计占有效应答总数的60.4%；认为“一般”的城市弱势群体受访者有81人，占有效应答总数的36.0%；认为“比较宽敞”的城市弱势群体受访者仅占有效应答总数的3.6%，仅有8人；认为“很宽敞”的则为0。

表6－42

		频率	百分比	有效百分比	累积百分比
有效	很宽敞	0	0.0	0.0	0.0
	比较宽敞	8	3.3	3.6	3.6
	一般	81	33.8	36.0	39.6
	比较拥挤	82	34.2	36.4	76.0
	很拥挤	54	22.5	24.0	100.0
	合计	225	93.8	100.0	
缺失	系统	15	6.3		
合计		240	100.0		

如表6－43所示，我们再以1分为最低分，7分为最高分，让城市弱势群体受访者为自己的居住条件分事项进行打分时，“安全条件”平均分为4.12，“卫生条件”平均分为4.16，“配套设施”平均分为3.56，“周边环境”平均分为4.05，“人际关系”平均分为4.84。我们能够发现，受访者对自己住房的“安全条件”“卫生条件”“配套设施”“周边环境”等所持态度均比较一般，其中相对较为不满的是“配套设施”，对“人际关系”较为满意。

表6－43

	N	极小值	极大值	均值	标准差
你居住的地方“安全条件”如何	233	1	7	4.12	1.842
你居住的地方“卫生条件”如何	230	1	7	4.16	1.760
你居住的地方“配套设施”如何	226	1	7	3.56	1.869
你居住的地方“周边环境”如何	228	1	7	4.05	1.755
你居住的地方“人际关系”如何	229	1	7	4.84	1.738
有效的N（列表状态）	225				

在对城市弱势群体受访者希望改善住房的哪些方面的统计中，如表 6-44 所示，在 208 人的有效应答中，出现频次前三位的分别是："居住条件更好"，有 131 人，响应百分比为 23.8%，个案百分比为 56.7%；"政府补助更多"，有 111 人，响应百分比为 20.2%，个案百分比为 48.1%；"价格更低"，有 96 人，响应百分比为 17.5%，个案百分比为 41.6%。其他选项的统计结果则分别是："周边环境更好"，有 85 人，响应百分比为 15.5%，个案百分比为 36.8%；"子女上学更方便"，有 34 人，响应百分比为 6.2%，个案百分比为 14.7%；"离工作地点近"，有 20 人，响应百分比为 3.6%，个案百分比为 8.7%；"更安全"，有 66 人，响应百分比为 12.0%，个案百分比为 28.6%；"其他"，有 7 人，响应百分比为 1.3%，个案百分比为 3.0%。

表 6-44

		响应		个案百分比
		N	百分比	
a	你希望自己的住房"居住条件更好"吗	131	23.8	56.7
	你希望自己的住房"周边环境更好"吗	85	15.5	36.8
	你希望自己的住房"子女上学更方便"吗	34	6.2	14.7
	你希望自己的住房"离工作地点近"吗	20	3.6	8.7
	你希望自己的住房"更安全"吗	66	12.0	28.6
	你希望自己的住房"政府补助更多"吗	111	20.2	48.1
	你希望改善自己住房的"其他"条件吗	7	1.3	3.0
	你希望自己的住房"价格更低"吗	96	17.5	41.6
总计		550	100.0	238.1

a：值为"是"时制表的二分组。

以 1 分为最低分，7 分为最高分，如表 6-45 所示，让城市弱势群体受访者按程度对住房情况满意度打分，平均分为 3.18，这表明城市弱势群体受访者对自己当前的住房情况评价一般。

表 6-45

	N	极小值	极大值	均值	标准差
你对你们家的住房情况满意度如何	229	1	7	3.18	1.814
有效的 N（列表状态）	229				

四、城市弱势群体受访者获得的福利性公共服务与支出水平分析

在考察城市弱势群体受访者获得的福利性公共服务与支出水平时，除却国家和各级政府每年的各项福利性公共服务与支出这类宏观指标外，我们着重实地调查了与城市弱势群体受访者关系最密切的公共服务——社区服务。

（一）城市社区公共设施和服务较为完善，居民满意度较高

在问及城市弱势群体受访者所在社区有没有公共设施时，如表 6－46 所示，共有 162 人回答“很多”、“比较多”和“一般”，各有 20 人、58 人和 84 人，分别占 230 个有效应答总数的 8.7%、25.2%和 36.5%；而回答“比较少”、“很少”和“没有”的城市弱势群体受访者则各有 21 人、24 人和 23 人，分别占有效应答总数的 9.1%、10.4%和 10.0%，合计只有 68 人。

表 6－46

		频率	百分比	有效百分比	累积百分比
有效	很多	20	8.3	8.7	8.7
	比较多	58	24.2	25.2	33.9
	一般	84	35.0	36.5	70.4
	比较少	21	8.8	9.1	79.6
	很少	24	10.0	10.4	90.0
	没有	23	9.6	10.0	100.0
	合计	230	95.8	100.0	
缺失	系统	10	4.2		
合计		240	100.0		

如表 6－47 所示，在对城市弱势群体受访者所在社区有没有组织过集体的文化活动进行统计时，在 235 个有效应答中，回答“经常有”的城市弱势群体受访者有 82 人，占有效应答总数的 34.9%；回答“偶尔有”的城市弱势群体受访者有 106 人，占有效应答总数的 45.1%；回答“没有”的城市弱势群体受访者有 28 人，占有效应答总数的 11.9%；另有占有效应答总数的 8.1%的城市弱势群体受访者回答“不知道”。还有占受

访者总数 2.1%共计 5 人没有应答。可见大多数社区还是有公共活动的。

表 6－47

		频率	百分比	有效百分比	累积百分比
有效	经常有	82	34.2	34.9	34.9
	偶尔有	106	44.2	45.1	80.0
	没有	28	11.7	11.9	91.9
	不知道	19	7.9	8.1	100.0
	合计	235	97.9	100.0	
缺失	系统	5	2.1		
合计		240	100.0		

至于城市弱势群体受访者对社区开展的公共活动是否满意，如表 6－48 所示，在 233 个有效应答中，占有效应答总数 32.6%的 76 名城市弱势群体受访者表示"满意"；占有效应答总数 28.3%的 66 名城市弱势群体受访者"比较满意"；认为"一般"的城市弱势群体受访者有 70 人，占有效应答总数的 30.0%；仅有 3.4%和 5.6%的城市弱势群体受访者"不很满意"和"很不满意"。

表 6－48

		频率	百分比	有效百分比	累积百分比
有效	满意	76	31.7	32.6	32.6
	比较满意	66	27.5	28.3	60.9
	一般	70	29.2	30.0	91.0
	不很满意	8	3.3	3.4	94.4
	很不满意	13	5.4	5.6	100.0
	合计	233	97.1	100.0	
缺失	系统	7	2.9		
合计		240	100.0		

如表 6－49 所示，我们以 1 分为最低分，7 分为最高分，让城市弱势群体受访者对所在社区整体服务满意度打分，平均分为 4.89，这表明城市弱势群体受访者对社区的整体服务还是较为满意的。

表 6－49

	N	极小值	极大值	均值	标准差
你对所在社区整体服务满意度	240	1	7	4.89	1.772
有效的 N（列表状态）	240				

（二）城市设施较为完善，城市公共服务有待提高

当问到城市弱势群体受访者对所在城市的公共设施的评价时，如表6－50所示，回答“非常满意”和“比较满意”的城市弱势群体受访者分别占234个有效应答总数的15.4%和37.6%，各有36人和88人，合计共占有效应答总数的53.0%；回答“不满意”和“很不满意”的城市弱势群体受访者则分别仅占234个有效应答总数的4.3%和3.4%，分别为10人和8人，合计共占有效应答总数的7.7%；剩余39.3%的城市弱势群体受访者认为“一般”，有92人。

表 6－50

		频率	百分比	有效百分比	累积百分比
有效	非常满意	36	15.0	15.4	15.4
	比较满意	88	36.7	37.6	53.0
	一般	92	38.3	39.3	92.3
	不满意	10	4.2	4.3	96.6
	很不满意	8	3.3	3.4	100.0
	合计	234	97.5	100.0	
缺失	系统	6	2.5		
合计		240	100.0		

而如表6－51所示，我们以1分为最低分，7分为最高分，让城市弱势群体受访者对所在城市公共服务满意度打分，平均分为4.46，总体满意度一般。

表 6－51

	N	极小值	极大值	均值	标准差
你对所在城市公共服务满意度	240	1	7	4.46	1.613
有效的 N（列表状态）	240				

五、城市弱势群体受访者发展公平与机会均等水平分析

我们对于城市弱势群体受访者的发展公平水平的统计分析主要从对教育培训的资源配置和评价以及闲暇时间的利用两方面着手。同时，我们通过让城市弱势群体受访者对于自身发展机会进行预期评估和与其他人群进行比较，来分析城市弱势群体受访者的机会均等水平。

（一）城市弱势群体受访者对教育关注度高，认为教育与个人发展关系密切

在调查城市弱势群体受访者对教育最关心的方面时，如表 6－52 所示，城市弱势群体受访者对教育第一关心的是“师资队伍及教育质量”，占 220 个有效应答总数的 43.6％，共有 96 名城市弱势群体受访者选择了此选项；第二是“教育经费”，占有效应答总数的 27.7％，共有 61 名城市弱势群体受访者选择了此选项；第三是“教育管理体制”，占有效应答总数的 13.6％，共有 30 名城市弱势群体受访者选择了此选项；第四是“教学设备”，占有效应答总数的 8.6％，共有 19 名城市弱势群体受访者选择了此选项；第五是 14 名城市弱势群体受访者选择了“其他”，占有效应答总数的 6.4％。城市弱势群体受访者对“师资队伍及教育质量”的高度重视以及对“教学设备”的不太看重形成了鲜明的对比。而事实上，随着互联网和智慧教学技术的发展，“教学设备”已经成为衡量教育质量的重要指标之一。在某种程度上，“师资队伍及教育质量”的高低与“教学设备”的应用程度的高低已经呈现出了显著的正相关。

表 6－52

		频率	百分比	有效百分比	累积百分比
有效	教学设备	19	7.9	8.6	8.6
	师资队伍及教育质量	96	40.0	43.6	52.3
	教育经费	61	25.4	27.7	80.0
	教育管理体制	30	12.5	13.6	93.6
	其他	14	5.8	6.4	100.0
	合计	220	91.7	100.0	
缺失	系统	20	8.3		
合计		240	100.0		

如表6－53所示，当我们问到城市弱势群体受访者“假如你的子女学习很优秀但是家里很贫困你会怎么做”时，首先有115名城市弱势群体受访者选择“借款贷款使孩子上学”，占214个有效应答总数的53.7％；其次是“让孩子一边上学一边打工”，共有44名城市弱势群体受访者选择了此选项，占214个有效应答总数的20.6％；再次是“变卖东西使孩子上学”，共有33名城市弱势群体受访者选择了此选项，占214个有效应答总数的15.4％；最后是占有效应答总数10.3％的城市弱势群体受访者选择“只好让孩子退学”，共有22名城市弱势群体受访者选择了此选项。

表6－53

		频率	百分比	有效百分比	累积百分比
有效	借款贷款使孩子上学	115	47.9	53.7	53.7
	变卖东西使孩子上学	33	13.8	15.4	69.2
	只好让孩子退学	22	9.2	10.3	79.4
	让孩子一边上学一边打工	44	18.3	20.6	100.0
	合计	214	89.2	100.0	
缺失	系统	26	10.8		
合计		240	100.0		

如表6－54所示，我们以1分最低分，7分为最高分，让城市弱势群体受访者对中国教育的综合评价打分，平均分为4.21，即评价一般。而如表6－55所示，城市弱势群体受访者认为接受高等教育与个人的良好发展之间关系密切度为5.21（1分为非常不密切，7分为非常密切），即城市弱势群体受访者认为接受高等教育与个人的良好发展之间关系是比较密切的。

表6－54

	N	极小值	极大值	均值	标准差
你对中国教育的综合评价	240	1	7	4.21	1.674
有效的N（列表状态）	240				

表 6-55

	N	极小值	极大值	均值	标准差
你认为接受高等教育与个人的良好发展之间关系密切吗	240	1	7	5.21	1.702
有效的 N (列表状态)	240				

（二）城市弱势群体受访者中职业培训普及率低，培训效果有待提高

如表 6-56 所示，调查中，219 名有效应答的城市弱势群体受访者家里参加过职业培训的仅有 56 人，占有效应答总数的 25.6%；占有效应答总数 74.4%的城市弱势群体受访者家庭没有成员参加过职业培训，共有 163 人。分析这 56 名城市弱势群体受访者对参加职业培训的效果评价，如表 6-57 所示，平均分为 3.83（1 分为最低分，7 分为最高分），基本可以看出针对城市弱势群体举行的职业培训参与人数少，效果比较一般。

表 6-56

		频率	百分比	有效百分比	累积百分比
有效	有	56	23.3	25.6	25.6
	没有	163	67.9	74.4	100.0
	合计	219	91.3	100.0	
缺失	系统	21	8.8		
合计		240	100.0		

表 6-57

	N	极小值	极大值	均值	标准差
你对参加职业培训的效果评价是	162	1	7	3.83	1.685
有效的 N (列表状态)	162				

（三）闲暇时间从事创造性活动较少，城市弱势群体受访者对闲暇时间满意度评价一般

闲暇时间指非劳动时间，是人们在履行社会职责及各种生活时间支出后，由个人自由支配的时间。闲暇时间不仅是在人的日常生活中占据相当比例的重要组成部分，在当下也是逐渐被作为一个衡量社会文明程度和人

的生活质量的新标准。应当说，人的自由全面发展，人在文化享受和创造方面的活动，大部分是在闲暇中实现的。

在统计城市弱势群体受访者在闲暇时间从事的活动有哪些时，如表6-58所示，在234人的有效应答中，在闲暇时间从事“观赏旅游”的有19人，响应百分比为6.5%，个案百分比为8.1%；从事“社交”的有60人，响应百分比为20.5%，个案百分比为25.6%；从事“自学、阅读或自修”的有28人，响应百分比为9.6%，个案百分比为12.0%；从事“教育孩子”的有60人，响应百分比为20.5%，个案百分比为25.6%；从事“体育锻炼”的有54人，响应百分比为18.5%，个案百分比为23.1%；从事“其他”的有71人，响应百分比为24.3%，个案百分比为30.3%。城市弱势群体受访者闲暇时间最主要从事的是“社交”“体育锻炼”等消遣休闲型活动和“教育孩子”等非创造性活动，从事“自学、阅读或自修”等创造性活动的较少。同时，限于经济条件，城市弱势群体受访者也较少进行“观赏旅游”一类消费性活动。我们对个案百分比为30.3%的“其他活动”选项让城市弱势群体受访者进行了自填，发现此类“其他活动”主要是做零工赚钱以补贴家用，这也是由城市弱势群体的经济状况导致的。

表6-58

		响应		个案百分比
		N	百分比	
XX1[a]	你在闲暇时间有“观赏旅游”吗	19	6.5	8.1
	你在闲暇时间有“社交”吗	60	20.5	25.6
	你在闲暇时间有“自学、阅读或自修”吗	28	9.6	12.0
	你在闲暇时间有“教育孩子”吗	60	20.5	25.6
	你在闲暇时间有“体育锻炼”吗	54	18.5	23.1
	你在闲暇时间有“其他活动”吗	71	24.3	30.3
总计		292	100.0	124.8

a：值为“是”时制表的二分组。

如表6-59所示，以1分为最低分，7分为最高分，按程度让城市弱势群体受访者对闲暇生活的满意度打分，平均分为3.93，处于一般水平。

表 6－59

	N	极小值	极大值	均值	标准差
你对你的闲暇生活的满意度是	240	1	7	3.93	1.698
有效的 N（列表状态）	240				

（四）城市弱势群体受访者认为自身发展机会较少，对自身发展的预期悲观

我们让城市弱势群体受访者将其在社会中所得到的发展机会与大多数人群相比较，如表 6－60 所示，228 个有效应答中认为“非常少”和“比较少”的分别占有效应答总数的 30.3%和 37.3%，分别有 69 人和 85 人，共占有效应答总数的 67.6%；认为“大致一样”的有 58 人，占有效应答总数的 25.4%；仅有占有效应答总数 5.7%和 1.3%的城市弱势群体受访者分别认为“比较多”和“非常多”，各有 13 人和 3 人。这说明大部分城市弱势群体受访者认为自己没有在社会中得到应有的发展机会，社会提供给自己的自我实现的可能性小于其他人。

表 6－60

		频率	百分比	有效百分比	累积百分比
有效	非常少	69	28.8	30.3	30.3
	比较少	85	35.4	37.3	67.6
	大致一样	58	24.2	25.4	93.0
	比较多	13	5.4	5.7	98.7
	非常多	3	1.3	1.3	100.0
	合计	228	95.0	100.0	
缺失	系统	12	5.0		
合计		240	100.0		

而如表 6－61 所示，这些城市弱势群体受访者对上述发展机会的预期是：认为“大幅下降”的占有效应答总数的 9.2%，有 21 人；认为“有所下降”的占有效应答总数的 20.3%，有 46 人；认为“不变”的占有效应答总数的 31.3%，有 71 人；认为“有所上升”的占有效应答总数的 36.1%，有 82 人；认为“大幅上升”的仅占有效应答总数的 3.1%，有 7 人；还有 13 人没有应答。其中认为“大幅下降”、“有所下降”和“不变”

的共占有效应答数总数的 60.8%，这说明大部分城市弱势群体受访者对于自我实现的预期比较悲观。

表 6－61

		频率	百分比	有效百分比	累积百分比
有效	大幅下降	21	8.8	9.2	9.2
	有所下降	46	19.2	20.3	29.5
	不变	71	29.6	31.3	60.8
	有所上升	82	34.2	36.1	96.9
	大幅上升	7	2.9	3.1	100.0
	合计	227	94.6	100.0	
缺失	系统	13	5.4		
合计		240	100.0		

我们将城市弱势群体受访者在社会中所得到的发展机会和大多数人群相比较的情况与城市弱势群体受访者对上述发展机会预期的情况，进行交叉分析。如表 6－62 所示，可以清楚地看到，对自己当前在社会中所得到的发展机会与大多数人群相比较，比较悲观的城市弱势群体受访者，绝大部分的预期也同样显得悲观；而相对乐观的城市弱势群体受访者，绝大部分的预期也同样乐观。

表 6－62

		你对上述发展机会的程度的预期是					合计
		大幅下降	有所下降	不变	有所上升	大幅上升	
你认为你在社会中所得到的发展机会与大多数人群相比较	非常少	16	14	15	21	2	68
	比较少	4	20	31	27	2	84
	大致一样	1	11	21	21	2	56
	比较多	0	0	4	9	0	13
	非常多	0	0	0	2	1	3
合计		21	45	71	80	7	224

六、城市弱势群体受访者整体福利状况评价分析

最后，如表 6-63 所示，我们对城市弱势群体受访者的总体福利状况进行了主观满意度统计，以 1 分为最低分，7 分为最高分，让城市弱势群体受访者按程度对自己的总体福利状况打分，平均分为 3.65。这个分值处于一般水平，说明城市弱势群体受访者对自己的总体福利状况评价不高。

表 6-63

	N	极小值	极大值	均值	标准差
总的来说，你认为你的总体福利状况如何	240	1	7	3.65	1.605
有效的 N（列表状态）	240				

从动态角度来看，我们对城市弱势群体受访者最近五年的福利状况的总体趋势的主观感受做了调查，结果如表 6-64 所示，城市弱势群体受访者中认为近五年的福利状况“有很大的提升”的占 235 个有效应答总数的 10.2%，有 24 人；认为“稍微有点提升”的占 235 个有效应答总数的 63.4%，有 149 人；认为“没变”的占 235 个有效应答总数的 17.0%，有 40 人；认为“有所下降”和“大幅下降”仅分别占 235 个有效应答总数的 5.5%和 3.8%，分别有 13 人和 9 人。数据显示，认为有提升的共占 235 个有效应答总数的 73.6%，合计共有 173 人，结果还是比较乐观的。

表 6-64

		频率	百分比	有效百分比	累积百分比
有效	有很大的提升	24	10.0	10.2	10.2
	稍微有点提升	149	62.1	63.4	73.6
	没变	40	16.7	17.0	90.6
	有所下降	13	5.4	5.5	96.2
	大幅下降	9	3.8	3.8	100.0
	合计	235	97.9	100.0	
缺失	系统	5	2.1		
合计		240	100.0		

如表 6－65 所示，我们还分析了城市弱势群体受访者对总体福利状况的预期，在 1 分为最低分、7 分为最高分的设定下，平均分为 4.38，预期比现状有所提高，但仍属一般水平。

表 6－65

	N	极小值	极大值	均值	标准差
你认为总体福利状况预期如何	240	1	7	4.38	1.628
有效的 N（列表状态）	240				

此外，我们还设置了对城市弱势群体受访者身心健康和生活状况主观评价的调查作为参照指标。在关于城市弱势群体受访者对自己身心健康状况评价的统计中，如表 6－66 所示，在 1 分为最低分、7 分为最高分的设定下，城市弱势群体受访者对自己身心健康状况评价的平均打分为 3.81，评价状况为一般。在关于城市弱势群体受访者对自己生活状况总体评价的统计中，如表 6－67 所示，在 1 分为最低分、7 分为最高分的设定下，城市弱势群体受访者对自己生活状况总体评价的平均打分为 3.42，即认为自己的生活状况一般。

表 6－66

	N	极小值	极大值	均值	标准差
你对你身心健康状况的评价是	240	1	7	3.81	1.795
有效的 N（列表状态）	240				

表 6－67

	N	极小值	极大值	均值	标准差
你对你生活状况的总体评价如何	240	1	7	3.42	1.691
有效的 N（列表状态）	240				

第三节　城市弱势群体受访者社会福利指数计算

通过上面对社会福利评价指标体系各项具体指标的统计分析，我们结合国家和各级政府的一些统计数据测算出具体的社会福利指数。

我们在前面已经对收入与分配公平、安全水平、社会保障水平、福利性公共服务与支出水平、发展公平与机会均等水平五部分进行了分析，所以我们在测算社会福利综合指数（SWI）时就用这五部分的加权线性和来计算。在实际操作中，相对于其他指标合成方法，加权线性和法适用于类似于本研究中各评价指标间相互独立的情况，且具有简便易行、指示意义明确的特点。需要特别指出的是，权数的确定是进行这种综合评价的重要因素之一，我们在本研究中的权数采用平均赋权法，这是我们经过反复斟酌后认为相对科学而符合实际的确定每一部分权数的方法。因为本研究中的五项分层指数居于同等重要的地位，不可偏废；而我们每一层中指标指数的确定，也是经过反复筛选得到的，其重要程度相当。应当说对这五部分指标平均赋权是体现人的自由全面发展而不偏重于任一方面的最佳方案，也是体现构建社会主义和谐社会的题中之义。最后，我们用 1 减去基尼系数的差与测算得出五部分指标层的加权线性和相乘，以体现社会发展成果为全体社会成员所享的公平正义，其最终乘积就是我们最后要求得的社会综合福利指数。由此社会福利综合指数的计算公式构成如下：

$$\begin{array}{c}\text{社会福利综合}\\\text{指数(SWI)}\end{array}=\left(\begin{array}{c}\text{收入与分配}\\\text{公平指数 IDI}\end{array}+\begin{array}{c}\text{安全指数}\\\text{SI}\end{array}+\begin{array}{c}\text{社会保障}\\\text{指数 SSI}\end{array}+\begin{array}{c}\text{福利性公共}\\\text{服务指数 PSI}\end{array}+\begin{array}{c}\text{发展公平与机会}\\\text{均等指数 DEI}\end{array}\right)\times(1-\text{基尼系数 G})$$

具体到每一层指标指数的计算，我们首先用综合评分法将每一个参与计算的具体单项指标无量纲化。综合评分法适用于评价指标无法用统一的量纲进行定量分析的场合，而用无量纲的分数进行综合评价。相对于其他无量纲化方法，用这种方法得出的评价值易于解释，具有很强的可比性，能够科学地反映客观情况，具有明确的现实意义，且确定权重时可以使用等权重。具体计算方法是：计算无量纲指数时，使用该指标在研究范围内的最大值与最小值作为参考值；将各指标依据其全距分为七组，依次给定 1 到 7 分；将各地区实际数字对号入座予以评分；将同一类指标得分相加并求得算术平均值。在得到无量纲化的具体指标指数后，我们每一指标层中的具体单项指标分为客观单项指标和主观单项指标两类，分别求得其算术平均值，再将两类算术平均值相加求和，即可得到层指标指数。计算公式构成如下：

$$层指标指数=\sum a_n/n+\sum b_n/n（其中 n\geqslant 1, a 为客观单项指标，b 为主观单项指标）$$

由于我们在设计调查方案时，确定所调查的四个城市是一、二、三、四线城市的代表，而由于每一线城市的经济发展、社会进步与城市建设水平是不同的，所以在将四个城市综合评估和计算时，应当对每个城市所代表的权重有所区分。我们已经设定一线城市为北京、上海、广州、深圳、天津 5 个直辖市或经济发达、区域辐射力极强的副省级城市；二线城市为重庆、沈阳、南京、武汉、成都、西安等 20 个有区域影响力的区域中心城市、省会城市或 2011 年城市综合竞争力 100 强的经济强市；三线城市为除去郑州、长沙、福州、苏州、无锡、佛山 6 个地级市外的其他地级市；四线城市为剩余所有县级市、县和自治县。按照国家统计局 2010 年全国行政区划统计表①，中国地级区划数共 333 个，其中地级市共有 283 个，去掉郑州、长沙、福州、苏州、无锡、佛山 6 个地级市还有 277 个地级市；中国县级区划数 2 856 个，其中市辖区 853 个、县级市 370 个、县 1 461 个、自治县 117 个，则按照我们的城市划分标准四线城市共 1 948 个（所有县级市、县和自治县的总和）。所以一、二、三、四线城市的大致比为：1∶4∶55∶390，则一、二、三、四线城市的权重系数分别为：1/450，4/450，55/450，390/450。

下面，我们就对具体每一层指标指数及社会福利综合指数进行测算。

一、城市弱势群体受访者收入与分配公平指数（IDI）计算

在 IDI 的计算中，我们设定了三个单项指标，即人均年可支配收入

① http://219.235.129.58/reportView.do?Url=/xmlFiles/ef43e70a3ff944b395ce14b8553c0c74.xml&id=30ff6c14bc944ebd972de8bd80009381&bgqDm=20100000&i18nLang=zh_CN.

(ID1)，这项指标主要用来测量居民收入状况；恩格尔系数（ID2)，这是一项逆指标，用来度量居民的消费结构；经济状况主观满意度（ID3)，这是居民分事件主观满意度的测量项。所以，收入与分配公平指数的计算公式构成如下：

IDI=(ID1+ID2)/2+ID3

（一）ID1 得分的计算

根据《中国统计年鉴 2011》中的“按收入等级分城镇居民家庭基本情况（2010 年)”，2010 年城镇居民人均可支配收入为 19 109.44 元，其中最低的是最低收入户中的困难户，人均 4 739.15 元；最高的是最高收入户，人均 51 431.57 元。考虑到中国国情，我们以最高收入户人均 51 431.57 元减去人均 19 109.44 元，再除以 2，得出组间距为 16 161.07 元；以人均为 19 109.44 元减去最低收入户人均 4 739.15 元，再除以 3，得出组间距为 4 790.10 元。由此可得出一组间隔点：4 739.15 元，9 529.25 元，14 319.35 元，19 109.44 元，35 270.51 元，51 431.57 元。我们根据实际情况并考虑到收入极差，将各数值及赋分具体调整为如表 6-68 所示：

表 6-68

得分	1	2	3	4	5	6	7
元	(0, 4 800]	[4 800, 9 000)	[9 000, 14 000)	[14 000, 20 000)	[20 000, 30 000)	[30 000, 50 000)	[50 000, +∞)

具体到每个城市的弱势群体受访者的可支配收入状况，如表 6-69 所示，在该表中可以看到广州、武汉、贵阳、诸城的城市弱势群体受访者的月均家庭可支配收入分别为 981.30 元、960.59 元、1 050.17 元和 828.04 元。结合表 6-40 中广州、武汉、贵阳、诸城的城市弱势群体受访者的平均家庭常住人口数，可计算出广州、武汉、贵阳、诸城的城市弱势群体受访者的年均可支配收入分别为 4 767.45 元、4 399.65 元、3 901.56 元、4 264.58 元。由此，广州、武汉、贵阳、诸城的 ID1 得分均为 1 分。

表 6-69

所在地区	你的家庭月均收入是多少		统计量	标准误
广州	均值		981.30	57.217
	均值的 95% 置信区间	下限	866.81	
		上限	1 095.79	
	5%修整均值		955.15	
	中值		955.02	
	方差		196 426.477	
	标准差		443.200	
	极小值		200	
	极大值		2 300	
	范围		2 100	
	四分位距		705	
	偏度		0.728	0.309
	峰度		0.570	0.608
武汉	均值		960.59	74.238
	均值的 95% 置信区间	下限	812.04	
		上限	1 109.14	
	5%修整均值		929.35	
	中值		955.02	
	方差		330 676.327	
	标准差		575.045	
	极小值		100	
	极大值		3 000	
	范围		2 900	
	四分位距		790	
	偏度		1.022	0.309
	峰度		1.322	0.608

续前表

所在地区	你的家庭月均收入是多少		统计量	标准误
贵阳	均值		1 050.17	115.420
	均值的 95% 置信区间	下限	819.21	
		上限	1 281.12	
	5%修整均值		952.04	
	中值		725.00	
	方差		799 302.362	
	标准差		894.037	
	极小值		150	
	极大值		4 000	
	范围		3 850	
	四分位距		963	
	偏度		1.705	0.309
	峰度		2.730	0.608
诸城	均值		828.04	72.285
	均值的 95% 置信区间	下限	683.40	
		上限	972.68	
	5%修整均值		771.52	
	中值		675.00	
	方差		313 507.233	
	标准差		559.917	
	极小值		150	
	极大值		3 000	
	范围		2 850	
	四分位距		590	
	偏度		1.633	0.309
	峰度		3.343	0.608

（二）ID2 得分的计算

根据《中国统计年鉴 2011》中的“按收入等级分城镇居民家庭消费支出构成（2010 年）”，2010 年城镇居民平均恩格尔系数为 35.67%，其中恩格尔系数最高的是最低收入户中的困难户，平均为 47.32%；恩格尔系数最低的是最高收入户，平均为26.87%。考虑到中国国情，我们以城镇居民平均恩格尔系数35.67%减去最高收入户26.87%，再除以2，得出组间距为4.4%；以最低收入户中的困难户的恩格尔系数47.32%减去城镇居民平均恩格尔系数35.67%，再除以3，得出组间距为3.88%。由此可得出一组间隔点：47.32%，43.44%，39.56%，35.67%，31.27%，26.87%。我们根据实际情况，将各数值及赋分具体调整为如表6－70所示：

表6－70

得分	1	2	3	4	5	6	7
%	(48，100]	(44，48]	(40，44]	(35，40]	(30，35]	(20，25]	(0，25]

具体到每个城市的弱势群体受访者的恩格尔系数状况，在表6－71中可以看到广州、武汉、贵阳、诸城的城市弱势群体受访者的家庭恩格尔系数分别为69.53%、63.21%、66.21%和62.63%。由此，广州、武汉、贵阳、诸城的ID2得分均为1分。

表6－71

所在地区	你所有家庭消费中食品消费所占的百分比是		统计量	标准误
广州	均值		0.695 3	0.027 94
	均值的95%置信区间	下限	0.639 4	
		上限	0.751 2	
	5%修整均值		0.708 7	
	中值		0.654 0	
	方差		0.047	
	标准差		0.216 43	
	极小值		0.10	
	极大值		1.00	
	范围		0.90	
	四分位距		0.24	
	偏度		−0.554	0.309
	峰度		0.609	0.608

续前表

所在地区	你所有家庭消费中食品消费所占的百分比是		统计量	标准误
武汉	均值		0.632 1	0.021 73
	均值的 95% 置信区间	下限	0.588 6	
		上限	0.675 6	
	5%修整均值		0.632 9	
	中值		0.654 0	
	方差		0.028	
	标准差		0.168 31	
	极小值		0.25	
	极大值		1.00	
	范围		0.75	
	四分位距		0.25	
	偏度		−0.166	0.309
	峰度		0.013	0.608
贵阳	均值		0.662 1	0.026 78
	均值的 95% 置信区间	下限	0.608 5	
		上限	0.715 7	
	5%修整均值		0.672 2	
	中值		0.667 0	
	方差		0.043	
	标准差		0.207 44	
	极小值		0.00	
	极大值		1.00	
	范围		1.00	
	四分位距		0.20	
	偏度		−0.850	0.309
	峰度		0.851	0.608

续前表

所在地区	你所有家庭消费中食品消费所占的百分比是		统计量	标准误
诸城	均值		0.626 3	0.021 47
	均值的 95% 置信区间	下限	0.583 3	
		上限	0.669 3	
	5%修整均值		0.623 7	
	中值		0.654 0	
	方差		0.028	
	标准差		0.166 32	
	极小值		0.30	
	极大值		1.00	
	范围		0.70	
	四分位距		0.19	
	偏度		0.119	0.309
	峰度		0.236	0.608

（三）ID3 得分的计算

如表 6－72 所示，对于每个城市的弱势群体受访者的经济状况主观满意度，广州、武汉、贵阳、诸城的城市弱势群体受访者的 ID3 经济状况主观满意度得分分别为 2.97 分、3.10 分、2.31 分和 3.00 分。

表 6－72

所在地区	你对自己经济状况的满意度		统计量	标准误
广州	均值		2.97	0.250
	均值的 95% 置信区间	下限	2.46	
		上限	3.47	
	5%修整均值		2.85	
	中值		2.84	
	方差		3.747	
	标准差		1.936	
	极小值		1	

续前表

所在地区	你对自己经济状况的满意度		统计量	标准误
	极大值		7	
	范围		6	
	四分位距		3	
	偏度		0.692	0.309
	峰度		−0.632	0.608
武汉	均值		3.10	0.234
	均值的 95% 置信区间	下限	2.63	
		上限	3.57	
	5%修整均值		3.00	
	中值		3.00	
	方差		3.279	
	标准差		1.811	
	极小值		1	
	极大值		7	
	范围		6	
	四分位距		2	
	偏度		0.719	0.309
	峰度		−0.303	0.608
贵阳	均值		2.31	0.191
	均值的 95% 置信区间	下限	1.93	
		上限	2.69	
	5%修整均值		2.16	
	中值		2.00	
	方差		2.180	
	标准差		1.476	
	极小值		1	
	极大值		7	
	范围		6	
	四分位距		2	
	偏度		1.265	0.309
	峰度		1.617	0.608

续前表

所在地区	你对自己经济状况的满意度		统计量	标准误
诸城	均值		3.00	0.218
	均值的 95% 置信区间	下限	2.56	
		上限	3.44	
	5%修整均值		2.89	
	中值		3.00	
	方差		2.847	
	标准差		1.687	
	极小值		1	
	极大值		7	
	范围		6	
	四分位距		3	
	偏度		0.679	0.309
	峰度		0.035	0.608

（四）IDI 得分的计算

综上，广州、武汉、贵阳、诸城的综合得分分别为 3.97 分、4.10 分、3.31 分和 4.00 分。由此，经过城市加权，求得：

$$
\begin{aligned}
IDI =& 1/450[(ID1+ID2)/2+ID3]_{广州} \\
&+4/450[(ID1+ID2)/2+ID3]_{武汉} \\
&+55/450[(ID1+ID2)/2+ID3]_{贵阳} \\
&+390/450[(ID1+ID2)/2+ID3]_{诸城} \\
=& 3.92 \text{分}
\end{aligned}
$$

二、城市弱势群体受访者安全指数（SI）计算

在 SI 的计算中，我们设定了四个单项指标，即生活垃圾无害化处理率（SL1）、每万人刑事案发率（SL2）、每十万人意外死亡率（SL3）和主观安全感（SL4）。其中，SL1 为正向单项指标，SL2、SL3 都是逆指标，SL4 是居民分事件主观满意度的测量项。所以，安全指数的计算公式构成如下：

$$SI=(SL1+SL2+SL3)/3+SL4$$

（一）SL1 得分的计算

对于 SL1，生活垃圾无害化处理率 95%及以上为 7 分，每递减 5%则相应为一档，70%及以下为 1 分。具体到每个城市的生活垃圾无害化处理率，根据《2011 广州统计年鉴》，广州市 2010 年生活垃圾无害化处理率为 91.96%。根据《2011 武汉统计年鉴》，武汉市 2010 年生活垃圾无害化处理率为 85.01%。根据《2011 贵阳统计年鉴》，贵阳市 2010 年生活垃圾无害化处理率为 90%。根据《2011 潍坊统计年鉴》，诸城市 2010 年生活垃圾无害化处理率为 86.48%。由此，如表 6－73 所示，广州、武汉、贵阳、诸城的 SL1 得分分别为 6 分、5 分、5 分、5 分。

表 6－73

得分	1	2	3	4	5	6	7
%	[0，70]	(70，75]	(75，80]	(80，85]	(85，90]	(90，95]	(95，100]

（二）SL2 得分的计算

根据《中国统计年鉴 2011》，2010 全国刑事案发总数为 5 969 892 起，而全国年末总人口为 134 091 万人，所以每万人刑事案发率为 44.52。我们将各数值及其赋分具体调整为如表 6－74 所示：

表 6－74

得分	1	2	3	4	5	6	7
起/万人	超过 105	[105，85)	[85，65)	[65，45)	[45，25)	[25，5)	[5，0]

具体到每个城市的每万人刑事案发率，根据《2011 广州统计年鉴》，广州市 2010 年刑事案发总数为 53 738 起，全市 2010 年末人口数为 8 061 370 人，则每万人刑事案发率为 66.66。根据《2011 武汉统计年鉴》，武汉市 2010 年刑事案发总数为 72 020 起，全市 2010 年末人口数为 8 367 323 人，则每万人刑事案发率为 86.07。根据《2011 贵阳统计年鉴》，贵阳市 2010 年刑事案发总数为 5 725 起，全市 2010 年末人口数为 432.93 万人，则每万人刑事案发率为 13.22。根据《2011 潍坊统计年鉴》，诸城市 2010 年刑事案发总数为 2 193 起，全市 2010 年末人口数为 1 081 960 人，则每万人刑事案发率为 20.27。由此，广州、武汉、贵阳、诸城的 SL2 得分分别为 3 分、2 分、6 分、6 分。

（三）SL3 得分的计算

对于 SL3 每十万人意外死亡率，我们这里所说的意外死亡主要是指交通事故死亡和火灾事故死亡。根据《中国统计年鉴 2011》，2010 年全国交通事故死亡和火灾事故死亡总数为 66 430 人，而全国年末总人口为 134 091 万人，所以每十万人意外死亡率为 4.95。其中各地区每十万人意外死亡率最高的是西藏，为 13.6；每十万人意外死亡率最低的是河南，为 1.96。考虑到中国国情，我们以最高值 13.6 减去全国均值 4.95，再除以 2，得出组间距为 4.33；以全国均值 4.95 减去最低值 1.96，再除以 3，得出组间距为 1。由此可得出一组间隔点：1.96，2.96，3.96，4.95，9.28，13.61。我们根据实际情况，将各数值及其赋分具体调整为如表 6－75 所示：

表 6－75

得分	1	2	3	4	5	6	7
起/十万人	[13，+∞)	[9，13)	[5，9)	[4，5)	[3，4)	[2，3)	[0，2)

具体到每个城市的每十万人意外死亡率，根据《2011 广州统计年鉴》，广州市 2010 年交通事故死亡和火灾事故死亡人数为 1 031 人，全市 2010 年末人口数为 8 061 370 人，则每十万人意外死亡率为 12.79。根据《2011 武汉统计年鉴》，武汉市 2010 年交通事故死亡和火灾事故死亡人数为 373 人，全市 2010 年人口数为 8 367 323 人，则每十万人意外死亡率为 4.46。根据《2011 贵阳统计年鉴》，贵阳市 2010 年交通事故死亡和火灾事故死亡人数为 223 人，全市 2010 年末人口数为 432.93 万人，则每十万人意外死亡率为 5.15。根据《2011 潍坊统计年鉴》，诸城市 2010 年交通事故死亡和火灾事故死亡人数为 47 人，全市 2010 年末人口数为 1 081 960 人，则每十万人意外死亡率为 4.37。由此，广州、武汉、贵阳、诸城四个样本城市的 SL3 得分分别为 2 分、4 分、3 分、4 分。

（四）SL4 得分的计算

如表 6－76 所示，对于每个城市的弱势群体受访者的主观安全感，广州、武汉、贵阳、诸城的城市弱势群体受访者的得分分别为 4.43 分、4.51 分、4.20 分和 4.77 分。

表 6-76

所在地区	你所感觉的安全程度		统计量	标准误
广州	均值		4.43	0.231
	均值的 95% 置信区间	下限	3.97	
		上限	4.89	
	5%修整均值		4.48	
	中值		4.48	
	方差		3.190	
	标准差		1.786	
	极小值		1	
	极大值		7	
	范围		6	
	四分位距		3	
	偏度		−0.176	0.309
	峰度		−0.656	0.608
武汉	均值		4.51	0.204
	均值的 95% 置信区间	下限	4.10	
		上限	4.92	
	5%修整均值		4.51	
	中值		4.74	
	方差		2.487	
	标准差		1.577	
	极小值		2	
	极大值		7	
	范围		5	
	四分位距		3	
	偏度		−0.015	0.309
	峰度		−1.127	0.608

续前表

所在地区	你所感觉的安全程度		统计量	标准误
贵阳	均值		4.20	0.234
	均值的 95% 置信区间	下限	3.73	
		上限	4.67	
	5%修整均值		4.22	
	中值		4.00	
	方差		3.281	
	标准差		1.811	
	极小值		1	
	极大值		7	
	范围		6	
	四分位距		3	
	偏度		−0.114	0.309
	峰度		−1.067	0.608
诸城	均值		4.77	0.221
	均值的 95% 置信区间	下限	4.32	
		上限	5.21	
	5%修整均值		4.81	
	中值		5.00	
	方差		2.928	
	标准差		1.711	
	极小值		1	
	极大值		7	
	范围		6	
	四分位距		3	
	偏度		−0.190	0.309
	峰度		−1.196	0.608

（五）SI 得分的计算

综上，广州、武汉、贵阳、诸城四个样本城市的综合得分分别为

8.10 分、8.18 分、8.87 分、9.77 分。由此，经过城市加权，求得：

$$
\begin{aligned}
SI =& 1/450[(SL1+SL2+SL3)/3+SL4]_{广州} \\
&+4/450[(SL1+SL2+SL3)/3+SL4]_{武汉} \\
&+55/450[(SL1+SL2+SL3)/3+SL4]_{贵阳} \\
&+390/450[(SL1+SL2+SL3)/3+SL4]_{诸城} \\
=& 9.64 \text{分}
\end{aligned}
$$

三、城市弱势群体受访者社会保障指数（SSI）计算

在 SSI 的计算中，我们设定了四个单项指标，即社会保障和就业支出占财政支出比例（SS1）、社会基本医疗保险综合参保率（SS2）、居住状况主观满意度（SS3）、社会保障状况主观满意度（SS4）。其中，SS1 用来测量地方社会保障性财政支出占地方财政支出比例；SS2 用来度量社会基本医疗保险的覆盖范围，我们之所以选取基本医疗保险，是因为相对于其他保险针对特定人群的局限性，基本医疗保险的适用范围更广泛，而且医疗对于居民而言也是一笔巨大的开支；SS3 和 SS4 是同一聚类指标，都是居民分事件主观满意度的测量项。所以，社会保障指数的计算公式构成如下：

$$SSI=(SS1+SS2)/2+(SS3+SS4)/2$$

（一）SS1 得分的计算

根据《中国统计年鉴 2011》中的“中央和地方财政主要支出项目（2010 年）”，2010 年地方财政支出为 73 884.43 亿元，其中社会保障与就业支出 8 680.32 亿元，占地方财政支出比例为 11.75%。我们根据《中国统计年鉴 2011》中的“各地区财政支出（2010 年）”，可以计算得出各地区各项财政支出占其一般性财政支出的比例。其中，社会保障与就业支出占财政支出比例的统计中，出现极大值：青海省为 25.49%，我们将其作为最高值的参考值。其余各地区中，比值最低的是西藏，为 5.79%；比值最高的是辽宁，为 18.14%。考虑到中国国情，我们以青海之外的最高值 18.14%减去总均值 11.75%，再除以 2，得出组间距为 3.20%；以总均值 11.75%减去最低值 5.79%，再除以 3，得出组间距为 1.99%。由此可得出一组间隔点：5.79%，7.78%，9.77%，11.75%，14.95%，18.14%，

25.49%。我们根据实际情况，将各数值及其赋分具体调整为如表 6－77所示：

表 6－77

得分	1	2	3	4	5	6	7
%	(0，6)	[6，8)	[8，10)	[10，12)	[12，15)	[15，19)	[19，26)

具体到每个城市的社会保障和就业支出占地方财政支出比例，根据《2011 广州统计年鉴》“6－4 地方财政支出”，可以看到广州市 2010 年地方财政支出为 13 613 207 万元，其中社会保障和就业支出为 1 052 349 万元，占地方财政支出比为 7.73%。根据《2011 武汉统计年鉴》“8－1 财政收入与支出”，可以看到武汉市 2010 年地方财政支出为 9 899 466 万元，其中社会保障和就业支出为 918 973 万元，占地方财政支出比为 9.28%。根据贵阳市统计局公布的《2010 年贵阳市国民经济和社会发展统计公报》①，可以看到贵阳市 2010 年地方财政支出为 2 043 801 万元，其中社会保障和就业支出为 169 311 万元，占地方财政支出比为 8.28%。根据《2011 潍坊统计年鉴》“各县市区财政总支出情况”，可以看到诸城市 2010 年地方财政支出为 381 171 万元，其中社会保障和就业支出为 26 813 万元，占地方财政支出比为 7.03%。由此，广州、武汉、贵阳、诸城四个样本城市的 SS1 得分分别为 2 分、3 分、3 分、2 分。

（二）SS2 得分的计算

根据《中国统计年鉴 2011》中的“各地区城镇基本医疗保险参保人数（2010 年）”和 2010 年各地方城镇人口数，可以求得 2010 年全国城镇基本医疗保险参保率为 69.57%，其中各地区城镇基本医疗保险参保率最高的是上海，为 97.84%；最低的是河北，为 50.18%。考虑到中国国情，我们以最高值 97.84%减去全国均值 69.57%，再除以 2，得出组间距为 14.14%；以全国均值 69.57%减去最低值 50.18%，再除以 3，得出组间距为 6.46%。由此可得出一组间隔点：50.18%，56.64%，63.1%，69.57%，83.71%，97.84%。我们根据实际情况，将各数值及其赋分具

① http://www.gz.stats.gov.cn/SysHTML/ArticleHTML/43878_1.shtml.

体调整为如表 6－78 所示：

表 6－78

得分	1	2	3	4	5	6	7
%	(0，50)	[50，57)	[57，64)	[64，71)	[71，84)	[84，98)	[98，100]

具体到每个城市的城镇基本医疗保险参保率，根据《2011 广州统计年鉴》，广州市 2010 年城镇基本医疗保险参保人数为 6 783 667 人，全市 2010 年末非农业人口数为 7 221 540 人，则城镇基本医疗保险参保率为 93.94%；而从我们调查的样本来看，广州城市弱势群体城镇基本医疗保险参保率为 38.79%。从我们调查的样本来看，武汉城市弱势群体城镇基本医疗保险参保率为 60%。根据《2011 贵阳统计年鉴》，贵阳市 2010 年城镇基本医疗保险参保人数为 1 021 204 人，全市 2010 年末非农业人口数为 272.36 万人，则城镇基本医疗保险参保率为 37.49%；而从我们调查的样本来看，贵阳城市弱势群体城镇基本医疗保险参保率为 67.28%。从表 6－79 中同样可以看到，诸城市的城镇基本医疗保险参保率为 53.33%。由此，广州、武汉、贵阳、诸城四个样本城市的 SS2 得分分别为 1 分、3 分、4 分、2 分。

表 6－79

		你享受过“城镇居民基本医疗保险”吗		合计
		是	否	
所在地区	广州	19	30	49
	武汉	36	24	60
	贵阳	37	18	55
	诸城	32	28	60
合计		124	100	224

（三）SS3 得分的计算

对于 SS3 居住状况主观满意度，根据我们的统计，如表 6－80 所示，广州、武汉、贵阳、诸城的城市弱势群体受访者的居住状况主观满意度分别为 3.71 分、3.15 分、2.97 分和 2.97 分。

表 6-80

所在地区	你对你们家的住房情况满意度如何		统计量	标准误
广州	均值		3.71	0.308
	均值的 95% 置信区间	下限	3.09	
		上限	4.33	
	5%修整均值		3.67	
	中值		4.00	
	方差		4.852	
	标准差		2.203	
	极小值		1	
	极大值		7	
	范围		6	
	四分位距		4	
	偏度		0.016	0.333
	峰度		−1.408	0.656
武汉	均值		3.15	0.235
	均值的 95% 置信区间	下限	2.68	
		上限	3.62	
	5%修整均值		3.06	
	中值		3.00	
	方差		3.209	
	标准差		1.791	
	极小值		1	
	极大值		7	
	范围		6	
	四分位距		3	
	偏度		0.328	0.314
	峰度		−0.760	0.618

续前表

所在地区	你对你们家的住房情况满意度如何		统计量	标准误
贵阳	均值		2.97	0.195
	均值的 95% 置信区间	下限	2.57	
		上限	3.36	
	5%修整均值		2.89	
	中值		3.00	
	方差		2.292	
	标准差		1.514	
	极小值		1	
	极大值		7	
	范围		6	
	四分位距		3	
	偏度		0.330	0.309
	峰度		−0.375	0.608
诸城	均值		2.97	0.219
	均值的 95% 置信区间	下限	2.53	
		上限	3.41	
	5%修整均值		2.91	
	中值		3.00	
	方差		2.880	
	标准差		1.697	
	极小值		1	
	极大值		6	
	范围		5	
	四分位距		4	
	偏度		0.355	0.309
	峰度		−1.227	0.608

（四）SS4 得分的计算

对于 SS4 社会保障状况主观满意度，如表 6-81 所示，广州、武汉、贵阳、诸城的城市弱势群体受访者的社会保障状况主观满意度分别为 3.91 分、3.80 分、3.51 分和 3.75 分。

表 6-81

所在地区	你对社会保障的满意度是		统计量	标准误
广州	均值		3.91	0.224
	均值的 95% 置信区间	下限	3.46	
		上限	4.36	
	5%修整均值		3.90	
	中值		3.74	
	方差		3.023	
	标准差		1.739	
	极小值		1	
	极大值		7	
	范围		6	
	四分位距		2	
	偏度		0.192	0.309
	峰度		−0.404	0.608
武汉	均值		3.80	0.206
	均值的 95% 置信区间	下限	3.38	
		上限	4.21	
	5%修整均值		3.77	
	中值		4.00	
	方差		2.535	
	标准差		1.592	
	极小值		1	
	极大值		7	
	范围		6	
	四分位距		3	
	偏度		0.296	0.309
	峰度		−0.560	0.608

续前表

所在地区	你对社会保障的满意度是		统计量	标准误
贵阳	均值		3.51	0.215
	均值的 95% 置信区间	下限	3.08	
		上限	3.94	
	5%修整均值		3.46	
	中值		3.00	
	方差		2.780	
	标准差		1.667	
	极小值		1	
	极大值		7	
	范围		6	
	四分位距		2	
	偏度		0.556	0.309
	峰度		−0.335	0.608
诸城	均值		3.75	0.208
	均值的 95% 置信区间	下限	3.34	
		上限	4.17	
	5%修整均值		3.73	
	中值		3.74	
	方差		2.594	
	标准差		1.611	
	极小值		1	
	极大值		7	
	范围		6	
	四分位距		2	
	偏度		0.404	0.309
	峰度		−0.106	0.608

（五）SSI 得分的计算

综上，广州、武汉、贵阳、诸城的综合得分分别为 5.31 分、6.48 分、6.74 分和 5.36 分。由此，经过城市加权，求得：

$$
\begin{aligned}
SSI &= 1/450[(SS1+SS2)/2+(SS3+SS4)/2]_{广州} \\
&\quad +4/450[(SS1+SS2)/2+(SS3+SS4)/2]_{武汉} \\
&\quad +55/450[(SS1+SS2)/2+(SS3+SS4)/2]_{贵阳} \\
&\quad +390/450[(SS1+SS2)/2+(SS3+SS4)/2]_{诸城} \\
&= 5.54\text{分}
\end{aligned}
$$

四、城市弱势群体受访者福利性公共服务指数（PSI）计算

在 PSI 的计算中，我们设定了五个单项指标，即每千人拥有医疗卫生机构床位数（PS1）、医疗卫生支出占财政支出比例（PS2）、环境保护支出占财政支出比例（PS3）、社区服务状况主观满意度（PS4）、城市公共服务状况主观满意度（PS5）。其中，PS1 为单独计算的单项指标；PS2 和 PS3 是同一聚类指标，用来测量公共服务性财政支出状况；PS4 和 PS5 是同一聚类指标，都是关于居民分事件主观满意度的测量项。所以，福利性公共服务指数的计算公式构成如下：

$$PSI=(PS1+PS2+PS3)/3+(PS4+PS5)/2$$

（一）PS1 得分的计算

对于 PS1 每千人拥有医疗卫生机构床位数，根据《中国统计年鉴 2011》，2010 年全国每千人拥有医疗卫生机构床位数为 3.56 个，其中各地区每千人拥有医疗卫生机构床位数最高的是上海，为 7.44 个；每千人拥有医疗卫生机构床位数最低的是贵州，为 2.51 个。考虑到中国国情，我们以最高值 7.44 减去全国均值 3.56，再除以 2，得出组间距为 1.94；以全国均值 3.56 减去最低值 2.51，再除以 3，得出组间距为 0.35。由此可得出一组间隔点：2.51，2.86，3.21，3.56，5.50，7.44。我们根据实际情况，将各数值及其赋分具体调整为如表 6－82 所示：

表 6－82

得分	1	2	3	4	5	6	7
个/千人	(0, 2.6)	[2.6, 2.9)	[2.9, 3.2)	[3.2, 3.5)	[3.5, 5.5)	[5.5, 7.5)	[7.5, +∞)

具体到每个城市的每千人拥有医疗卫生机构床位数，根据《2011 广州统计年鉴》，广州市 2010 年医疗卫生机构床位数为 62 552 个，全市 2010 年末人口数为 8 061 370 人，则每千人拥有医疗卫生机构床位数为 7.76 个。根据《2011 武汉统计年鉴》，武汉市 2010 年医疗卫生机构床位数为 51 199 个，全市 2010 年末人口数为 8 367 323 人，则每千人拥有医疗卫生机构床位数为 6.12 个。根据《2011 贵阳统计年鉴》，贵阳市 2010 年医疗卫生机构床位数为 21 826 个，全市 2010 年末人口数为 432.93 万人，则每千人拥有医疗卫生机构床位数为 5.04 个。根据《2011 潍坊统计年鉴》，诸城市 2010 年医疗卫生机构床位数为 4 836 个，全市 2010 年末人口数为 1 081 960 人，则每千人拥有医疗卫生机构床位数为 4.47 个。由此，广州、武汉、贵阳、诸城四个样本城市的 PS1 得分分别为 7 分、6 分、5 分、5 分。

（二）PS2 得分的计算

根据《中国统计年鉴 2011》中的“中央和地方财政主要支出项目（2010 年）”，2010 年地方财政支出为 73 884.43 亿元，其中医疗卫生支出 4 730.62 亿元，占财政支出比例为 6.40%。我们根据《中国统计年鉴 2011》中的“各地区财政支出（2010 年）”，可以计算得出各地区各项财政支出占其一般性财政支出的比例，其中，医疗卫生支出占财政支出比例的统计中，最低的是辽宁，为 4.74%；最高的是河北，为 8.35%。考虑到中国国情，我们以最高值 8.35%减去总均值 6.40%，再除以 2，得出组间距为 0.98%；以总均值 6.40%减去最低值 4.74%，再除以 3，得出组间距为 0.55%。由此可得出一组间隔点：4.74%，5.29%，5.84%，6.40%，7.38%，8.35%。我们根据实际情况，将各数值及其赋分具体调整为如表 6－83 所示：

表 6－83

得分	1	2	3	4	5	6	7
%	(0, 4.7)	[4.7, 5.3)	[5.3, 5.8)	[5.8, 6.3)	[6.3, 7.3)	[7.3, 8.3)	[8.3, +∞)

具体到每个城市的医疗卫生支出占财政支出比例，根据《2011 广州

统计年鉴》“6－4 地方财政支出”，可以看到广州市 2010 年地方财政支出为 13 613 207 万元，其中医疗卫生支出为 513 908 万元，占财政支出比例为 3.78%。根据《2011 武汉统计年鉴》“8－1 财政收入与支出”，可以看到武汉市 2010 年地方财政支出为 9 899 466 万元，其中医疗卫生支出为 383 280 万元，占财政支出比例为 3.87%。根据《2011 贵阳统计年鉴》，贵阳市 2010 年地方财政支出为 2 043 801 万元，其中医疗卫生支出为 122 073 万元，占财政支出比例为 5.97%。根据《2011 潍坊统计年鉴》“各县市区财政总支出情况”，可以看到诸城的 2010 年地方财政支出为 381 171 万元，其中医疗卫生支出为 20 882 万元，占财政支出比例为 5.48%。由此，广州、武汉、贵阳、诸城四个样本城市的 PS2 得分分别为 1 分、1 分、4 分、3 分。

（三）PS3 得分的计算

根据《中国统计年鉴 2011》中的“中央和地方财政主要支出项目（2010 年）”，2010 年地方财政支出为 73 884.43 亿元，其中环境保护支出为 2 372.5 亿元，比例为 3.21%。我们根据《中国统计年鉴 2011》中的“各地区财政支出（2010 年）”，可以计算得出各地区各项财政支出占其一般性财政支出的比例。其中，环境保护支出占财政支出比例的统计中，最低的是上海，为 1.43%；最高的是宁夏，为 5.52%。考虑到中国国情，我们以最高值 5.52%减去总均值 3.21%，再除以 2，得出组间距为 1.16%；以总均值 3.21%减去最低值 1.43%，再除以 3，得出组间距为 0.59%。由此可得出一组间隔点：1.43%，2.02%，2.61%，3.21%，4.37%，5.52%。我们根据实际情况，将各数值及其赋分具体调整为如表 6－84 所示：

表 6－84

得分	1	2	3	4	5	6	7
%	(0，1.4)	[1.4，2)	[2，2.6)	[2.6，3.2)	[3.2，4.4)	[4.4，5.6)	[5.6，100)

具体到每个城市的环境保护支出占财政支出比例，根据《2011 广州统计年鉴》“6－4 地方财政支出”，可以看到广州市的 2010 年地方财政支出为 13 613 207 万元，其中环境保护支出为 243 259 万元，占财政

支出比例为1.79%。根据《2011武汉统计年鉴》"8-1财政收入与支出"，可以看到武汉市2010年地方财政支出为9 899 466万元，其中环境保护支出为105 928万元，占财政支出比例为1.07%。根据《2011贵阳统计年鉴》，贵阳市2010年地方财政支出为2 043 801万元，其中环境保护支出为54 123万元，占财政支出比例为2.63%。根据《2011潍坊统计年鉴》"各县市区财政总支出情况"，可以看到诸城市的2010年地方财政支出为381 171万元，其中环境保护支出为13 485万元，占财政支出比例为3.54%。由此，广州、武汉、贵阳、诸城的PS3得分分别为2分、1分、4分、5分。

（四）PS4得分的计算

对于PS4社区服务状况主观满意度，如表6-85所示，根据我们的统计，广州、武汉、贵阳、诸城的城市弱势群体受访者的社区服务状况主观满意度分别为4.59分、5.25分、4.77分和4.97分。

表6-85

所在地区	你对所在社区整体服务满意度是		统计量	标准误
广州	均值		4.59	0.252
	均值的95%置信区间	下限	4.09	
		上限	5.09	
	5%修整均值		4.65	
	中值		4.95	
	方差		3.796	
	标准差		1.948	
	极小值		1	
	极大值		7	
	范围		6	
	四分位距		4	
	偏度		−0.303	0.309
	峰度		−1.081	0.608

续前表

所在地区	你对所在社区整体服务满意度是		统计量	标准误
武汉	均值		5.25	0.188
	均值的 95% 置信区间	下限	4.87	
		上限	5.62	
	5%修整均值		5.33	
	中值		5.00	
	方差		2.125	
	标准差		1.458	
	极小值		2	
	极大值		7	
	范围		5	
	四分位距		3	
	偏度		−0.445	0.309
	峰度		−0.597	0.608
贵阳	均值		4.77	0.255
	均值的 95% 置信区间	下限	4.26	
		上限	5.28	
	5%修整均值		4.85	
	中值		5.00	
	方差		3.911	
	标准差		1.978	
	极小值		1	
	极大值		7	
	范围		6	
	四分位距		3	
	偏度		−0.630	0.309
	峰度		−0.735	0.608

续前表

所在地区	你对所在社区整体服务满意度是		统计量	标准误
诸城	均值		4.97	0.210
	均值的 95% 置信区间	下限	4.55	
		上限	5.39	
	5%修整均值		5.02	
	中值		5.00	
	方差		2.643	
	标准差		1.626	
	极小值		1	
	极大值		7	
	范围		6	
	四分位距		3	
	偏度		−0.312	0.309
	峰度		−1.061	0.608

（五）PS5 得分的计算

同样，对于 PS5 城市公共服务状况主观满意度，如表 6－86 所示，根据我们的统计，广州、武汉、贵阳、诸城的城市弱势群体受访者的城市公共服务状况主观满意度分别为 4.60 分、4.77 分、4.21 分和 4.24 分。

表 6－86

所在地区	你对所在城市公共服务满意度是		统计量	标准误
广州	均值		4.60	0.200
	均值的 95% 置信区间	下限	4.20	
		上限	5.00	
	5%修整均值		4.63	
	中值		4.46	
	方差		2.409	
	标准差		1.552	
	极小值		1	
	极大值		7	
	范围		6	
	四分位距		2	
	偏度		−0.154	0.309
	峰度		−0.532	0.608

续前表

所在地区	你对所在城市公共服务满意度是		统计量	标准误
武汉	均值		4.77	0.184
	均值的 95% 置信区间	下限	4.41	
		上限	5.14	
	5%修整均值		4.80	
	中值		5.00	
	方差		2.038	
	标准差		1.428	
	极小值		2	
	极大值		7	
	范围		5	
	四分位距		2	
	偏度		0.018	0.309
	峰度		−0.860	0.608
贵阳	均值		4.21	0.224
	均值的 95% 置信区间	下限	3.76	
		上限	4.65	
	5%修整均值		4.23	
	中值		4.00	
	方差		3.001	
	标准差		1.732	
	极小值		1	
	极大值		7	
	范围		6	
	四分位距		3	
	偏度		0.132	0.309
	峰度		−1.023	0.608

续前表

所在地区	你对所在城市公共服务满意度是		统计量	标准误
诸城	均值		4.24	0.218
	均值的 95% 置信区间	下限	3.80	
		上限	4.68	
	5%修整均值		4.21	
	中值		4.00	
	方差		2.860	
	标准差		1.691	
	极小值		2	
	极大值		7	
	范围		5	
	四分位距		3	
	偏度		0.172	0.309
	峰度		−1.242	0.608

（六）PSI 得分的计算

综上，广州、武汉、贵阳、诸城的综合得分分别为 7.63 分、7.68 分、8.82 分和 8.94 分。由此，经过城市加权，求得：

$$
\begin{aligned}
PSI = & 1/450[(PS1+PS2+PS3)/3+(PS4+PS5)/2]_{广州} \\
& +4/450[(PS1+PS2+PS3)/3+(PS4+PS5)/2]_{武汉} \\
& +55/450[(PS1+PS2+PS3)/3+(PS4+PS5)/2]_{贵阳} \\
& +390/450[(PS1+PS2+PS3)/3+(PS4+PS5)/2]_{诸城} \\
= & 8.91 \text{ 分}
\end{aligned}
$$

五、城市弱势群体受访者发展公平与机会均等指数（DEI）计算

在 DEI 的计算中，我们设定了五个单项指标，即人均受教育程度（DE1）、教育支出占财政支出比例（DE2）、受教育程度与发展机会关联主观评价度（DE3）、发展机会均等主观评价度（DE4）、闲暇生活质量主观满意度（DE5）。其中，DE1 为采用评分法计算的单项指标；DE2 用来

测量教育财政支出状况；DE3、DE4 和 DE5 是同一聚类指标，都是关于居民分事件主观评价度的测量项。所以，发展公平与机会均等指数的计算公式构成如下：

$$DEI=(DE1+DE2)/2+(DE3+DE4+DE5)/3$$

（一）DE1 得分的计算

DE1 人均受教育程度的测算，我们通过表 6-87，求出广州、武汉、贵阳、诸城的城市弱势群体受访者的平均受教育程度，然后将 5 分制的结果换算为 7 分制，以便于统分计算，得出广州、武汉、贵阳、诸城的城市弱势群体受访者的平均受教育程度分别为 3.00 分、3.15 分、2.82 分、2.92 分。

表 6-87

所在地区	你的文化程度		统计量	标准误
广州	均值		3.00	0.104
	均值的 95%置信区间	下限	2.79	
		上限	3.21	
	5%修整均值		3.02	
	中值		3.00	
	方差		0.644	
	标准差		0.803	
	极小值		1	
	极大值		5	
	范围		4	
	四分位距		1	
	偏度		−0.204	0.309
	峰度		0.188	0.608
武汉	均值		3.15	0.097
	均值的 95% 置信区间	下限	2.95	
		上限	3.35	
	5%修整均值		3.19	

续前表

所在地区	你的文化程度		统计量	标准误
	中值		3.00	
	方差		0.570	
	标准差		0.755	
	极小值		1	
	极大值		4	
	范围		3	
	四分位距		1	
	偏度		—0.503	0.309
	峰度		—0.284	0.608
贵阳	均值		2.82	0.160
	均值的 95% 置信区间	下限	2.50	
		上限	3.14	
	5%修整均值		2.78	
	中值		3.00	
	方差		1.542	
	标准差		1.242	
	极小值		1	
	极大值		6	
	范围		5	
	四分位距		2	
	偏度		0.361	0.309
	峰度		—0.449	0.608
诸城	均值		2.92	0.126
	均值的 95% 置信区间	下限	2.66	
		上限	3.17	
	5%修整均值		2.94	
	中值		3.00	
	方差		0.959	

续前表

所在地区	你的文化程度	统计量	标准误
	标准差	0.979	
	极小值	1	
	极大值	5	
	范围	4	
	四分位距	2	
	偏度	−0.389	0.309
	峰度	−0.472	0.608

根据《中国统计年鉴2011》，2010年全国每十万人口受教育程度分别为：文盲或半文盲8 930人，小学14 032人，初中38 788人，高中或中专26 779人，大专及以上4 800人。以文盲或半文盲为1分，大专及以上为5分，则平均分为3.05。我们以最高值5分减去全国均值3.05分，再除以3，得出组间距为0.65；以全国均值3.05分减去最低值1分，再除以4，得出组间距为0.51。由此可得出一组间隔点：1.00，1.51，2.02，2.53，3.05，3.70，4.35，5.00。我们根据实际情况，将各数值及赋分具体调整为如表6－88所示。

表6－88

得分	1	2	3	4	5	6	7
元	[1, 1.51)	[1.51, 2.02)	[2.02, 2.53)	[2.53, 3.05)	[3.05, 3.7)	[3.7, 4.35)	[4.35, 5]

换算为7分制，广州、武汉、贵阳、诸城的城市弱势群体受访者的平均受教育程度分别为：4分、5分、4分、4分。

（二）DE2得分的计算

根据《中国统计年鉴2011》中的“中央和地方财政主要支出项目(2010年)”，2010年地方财政支出为73 884.43亿元，其中教育支出为11 829.06亿元，占财政支出比例为16.01%。我们根据《中国统计年鉴2011》中的“各地区财政支出（2010年)”，可以计算得出各地区各项财政支出占其一般性财政支出的比例。其中，教育支出占财政支出比例的统计中，最低的是西藏，为11.03%；最高的是福建，为19.34%。考虑到中国国情，我们以最高值19.34%减去总均值16.01%，再除以2，得出组间距为1.67%；以总均值16.01%减去最低值11.03%，再除以3，得出组间距为1.66%。由此可得出一组间隔点：11.03%，12.69%，14.35%，16.01%，17.68%，19.34%。我们根据实际情况，将各数值及其赋分具体调整为如表6-89所示：

表6-89

得分	1	2	3	4	5	6	7
元	(0，11)	[11，12.7)	[12.7，14.4)	[14.4，16)	[16，17.7)	[17.7，19.4)	[19.4，100)

具体到每个城市的教育支出占财政支出比例，根据《2011广州统计年鉴》"6-4地方财政支出"，可以看到广州市的2010年地方财政支出为13 613 207万元，其中教育支出为1 126 343万元，占财政支出比例为8.27%。根据《2011武汉统计年鉴》"8-1财政收入与支出"，可以看到武汉市2010年地方财政支出为9 899 466万元，其中教育支出为752 936万元，占财政支出比例为7.61%。根据《2011贵阳统计年鉴》，贵阳市2010年地方财政支出为2 043 801万元，其中教育支出为352 990万元，占财政支出比例为17.27%。根据《2011潍坊统计年鉴》"各县市区财政总支出情况"，可以看到诸城市的2010年地方财政支出为381 171万元，其中教育支出为67 736万元，占财政支出比例为19.19%。由此，广州、武汉、贵阳、诸城四个样本城市的DE2得分分别为1分、1分、5分、6分。

（三）DE3得分的计算

对于DE3受教育程度与发展机会关联主观评价度，如表6-90所示，广州、武汉、贵阳、诸城的城市弱势群体受访者的受教育程度与发展机会关联主观评价度分别为4.90分、5.09分、5.72分和5.11分。

表 6-90

所在地区	你认为接受高等教育与个人的良好发展之间关系密切吗		统计量	标准误
广州	均值		4.90	0.242
	均值的 95% 置信区间	下限	4.42	
		上限	5.39	
	5%修整均值		5.00	
	中值		5.10	
	方差		3.524	
	标准差		1.877	
	极小值		1	
	极大值		7	
	范围		6	
	四分位距		3	
	偏度		−0.706	0.309
	峰度		−0.241	0.608
武汉	均值		5.09	.227
	均值的 95% 置信区间	下限	4.63	
		上限	5.54	
	5%修整均值		5.21	
	中值		5.60	
	方差		3.095	
	标准差		1.759	
	极小值		1	
	极大值		7	
	范围		6	
	四分位距		3	
	偏度		−0.833	0.309
	峰度		−0.102	0.608

续前表

所在地区	你认为接受高等教育与个人的良好发展之间关系密切吗		统计量	标准误
贵阳	均值		5.72	0.165
	均值的 95% 置信区间	下限	5.39	
		上限	6.05	
	5%修整均值		5.86	
	中值		6.00	
	方差		1.626	
	标准差		1.275	
	极小值		2	
	极大值		7	
	范围		5	
	四分位距		2	
	偏度		−1.274	0.309
	峰度		1.826	0.608
诸城	均值		5.11	0.228
	均值的 95% 置信区间	下限	4.66	
		上限	5.57	
	5%修整均值		5.24	
	中值		5.60	
	方差		3.108	
	标准差		1.763	
	极小值		1	
	极大值		7	
	范围		6	
	四分位距		2	
	偏度		−0.987	0.309
	峰度		0.147	0.608

（四）DE4 得分的计算

对于 DE4 发展机会均等主观评价度，如表 6-91 所示，广州、武汉、贵阳、诸城的城市弱势群体受访者的发展机会均等主观评价度分别为 2.04 分、2.28 分、1.95 分、2.16 分，然后将 5 分制的结果换算为 7 分制，广州、武汉、贵阳、诸城的城市弱势群体受访者的发展机会均等主观评价度分别为 2.86 分、3.19 分、2.73 分和 3.02 分。

表 6-91

所在地区	你认为你在社会中所得到的发展机会与大多数人群相比较		统计量	标准误
广州	均值		2.04	0.142
	均值的 95% 置信区间	下限	1.75	
		上限	2.32	
	5%修整均值		1.97	
	中值		2.00	
	方差		1.093	
	标准差		1.045	
	极小值		1	
	极大值		5	
	范围		4	
	四分位距		2	
	偏度		0.644	0.325
	峰度		−0.348	0.639
武汉	均值		2.28	0.127
	均值的 95% 置信区间	下限	2.02	
		上限	2.53	
	5%修整均值		2.23	
	中值		2.00	
	方差		0.940	
	标准差		0.970	
	极小值		1	
	极大值		5	
	范围		4	
	四分位距		1	
	偏度		0.487	0.314
	峰度		−0.116	0.618

续前表

所在地区	你认为你在社会中所得到的发展机会与大多数人群相比较		统计量	标准误
贵阳	均值		1.95	0.108
	均值的 95% 置信区间	下限	1.73	
		上限	2.17	
	5%修整均值		1.89	
	中值		2.00	
	方差		0.681	
	标准差		0.826	
	极小值		1	
	极大值		4	
	范围		3	
	四分位距		1	
	偏度		0.679	0.314
	峰度		0.140	0.618
诸城	均值		2.16	0.122
	均值的 95% 置信区间	下限	1.91	
		上限	2.40	
	5%修整均值		2.10	
	中值		2.00	
	方差		0.870	
	标准差		0.933	
	极小值		1	
	极大值		5	
	范围		4	
	四分位距		2	
	偏度		0.486	0.314
	峰度		0.087	0.618

（五）DE5 得分的计算

对于 DE5 闲暇生活质量主观满意度，如表 6－92 所示，广州、武汉、贵阳、诸城的城市弱势群体受访者的闲暇生活质量主观满意度分别为

4.20分、4.15分、3.67分和3.70分。

表 6-92

所在地区	你对你的闲暇生活的满意度是		统计量	标准误
广州	均值		4.20	0.223
	均值的95%置信区间	下限	3.76	
		上限	4.65	
	5%修整均值		4.23	
	中值		3.96	
	方差		2.993	
	标准差		1.730	
	极小值		1	
	极大值		7	
	范围		6	
	四分位距		2	
	偏度		−0.079	0.309
	峰度		−0.523	0.608
武汉	均值		4.15	0.228
	均值的95%置信区间	下限	3.69	
		上限	4.60	
	5%修整均值		4.17	
	中值		4.00	
	方差		3.113	
	标准差		1.764	
	极小值		1	
	极大值		7	
	范围		6	
	四分位距		3	
	偏度		0.073	0.309
	峰度		−0.876	0.608

续前表

所在地区	你对你的闲暇生活的满意度是		统计量	标准误
贵阳	均值		3.67	0.211
	均值的 95% 置信区间	下限	3.24	
		上限	4.09	
	5%修整均值		3.63	
	中值		3.46	
	方差		2.666	
	标准差		1.633	
	极小值		1	
	极大值		7	
	范围		6	
	四分位距		1	
	偏度		0.419	0.309
	峰度		—0.421	0.608
诸城	均值		3.70	0.210
	均值的 95% 置信区间	下限	3.28	
		上限	4.12	
	5%修整均值		3.67	
	中值		3.50	
	方差		2.654	
	标准差		1.629	
	极小值		1	
	极大值		7	
	范围		6	
	四分位距		2	
	偏度		0.286	0.309
	峰度		—0.651	0.608

（六）DEI 得分的计算

综上，广州、武汉、贵阳、诸城的综合得分分别为 6.60 分、6.99

分、8.54分和8.94分。由此，经过城市加权，求得：

$$\begin{aligned}DEI &= 1/450[(DE1+DE2)/2+(DE3+DE4+DE5)/3]_{广州}\\ &\quad +4/450[(DE1+DE2)/2+(DE3+DE4+DE5)/3]_{武汉}\\ &\quad +55/450[(DE1+DE2)/2+(DE3+DE4+DE5)/3]_{贵阳}\\ &\quad +390/450[(DE1+DE2)/2+(DE3+DE4+DE5)/3]_{诸城}\\ &= 8.87\text{分}\end{aligned}$$

六、城市弱势群体受访者社会福利综合指数（SWI）得分的计算

$$\begin{aligned}\text{社会福利综合指数(SWI)} &= \Big(\text{收入与分配公平指数 IDI}+\text{安全指数 SI}+\text{社会保障指数 SSI}\\ &\quad +\text{福利性公共服务指数 PSI}+\text{发展公平与机会均等指数 DEI}\Big)\\ &\quad \times(1-\text{基尼系数 G})\end{aligned}$$

$$SWI=(IDI+SI+SSI+PSI+DEI)\times(1-G)=19.14\text{分}$$

其中，关于中国的基尼系数，有多种测算结果，而据2013年1月18日国家统计局局长马建堂在记者招待会上公布的2003—2012年十年间的全国居民收入基尼系数，其中2010年与2011年均为0.481，我们以此官方数据为准。由此，我们测算广州、武汉、贵阳、诸城四个样本城市的SWI得分分别为：

$$\begin{aligned}SWI_{广州} &= (IDI_{广州}+SI_{广州}+SSI_{广州}+PSI_{广州}+DEI_{广州})\times(1-G)\\ &= 16.56\text{分}\end{aligned}$$

$$\begin{aligned}SWI_{武汉} &= (IDI_{武汉}+SI_{武汉}+SSI_{武汉}+PSI_{武汉}+DEI_{武汉})\times(1-G)\\ &= 17.35\text{分}\end{aligned}$$

$$\begin{aligned}SWI_{贵阳} &= (IDI_{贵阳}+SI_{贵阳}+SSI_{贵阳}+PSI_{贵阳}+DEI_{贵阳})\times(1-G)\\ &= 18.83\text{分}\end{aligned}$$

$$\begin{aligned}SWI_{诸城} &= (IDI_{诸城}+SI_{诸城}+SSI_{诸城}+PSI_{诸城}+DEI_{诸城})\times(1-G)\\ &= 19.21\text{分}\end{aligned}$$

第七章　农村域样本数据分析

本研究中，关于农民群体的调查问卷同样也是在入户访谈成功后才发放给农民群体受访者，以便对访谈记录和个案进行印证和补充。由于问卷是现场投放，农民群体受访者填写完后当场收回，因此避免了问卷不能收回和无效问卷的情况。所以本问卷中农民群体受访样本数量为240份，发放240份，收回240份，没有无效问卷。在此，我们对农民群体受访者的问卷调查结果，分别进行了统计分析和福利指数的计算，并对四个样本城市的统计数据进行了比较。

在对农民群体的实证调查中，如表7-1所示，我们抽取的四个样本城市分别是广东省广州市、湖北省武汉市、贵州省贵阳市和山东省曹县，每个城市分别依次抽取区（县级城市曹县省却此步骤）、乡镇、村委会和60个农民群体样本受访户，合计共抽取240名农民群体受访者。

表7-1

		频率	百分比	有效百分比	累积百分比
有效	广州	60	25.0	25.0	25.0
	武汉	60	25.0	25.0	50.0
	贵阳	60	25.0	25.0	75.0
	曹县	60	25.0	25.0	100.0
	合计	240	100.0	100.0	

第一节　农民群体受访者人口统计学特征分析

在问卷的第一部分，我们针对农民群体受访者的性别、年龄、家庭状况、职业、文化程度等基本情况进行了人口统计学特征分析。如表7-2所示，通过对农民群体受访者的性别统计，在全部240名农民群体受访者中，男性有187人，占77.9%；女性有53人，占22.1%。

表7-2

		频率	百分比	有效百分比	累积百分比
有效	男	187	77.9	77.9	77.9
	女	53	22.1	22.1	100.0
	合计	240	100.0	100.0	

在对农民群体受访者年龄的统计中，如表7-3所示，除却缺失值6人，农民群体受访者中年龄最大的75岁，最小的16岁，平均年龄为42.39岁。农民群体受访者年龄各阶段分布比较平衡，对农民群体有较好的代表性；而调查中农民群体受访者中男性所占比例远大于女性所占比例，这是由于中国乡村中以男性作为户主和“男主外、女主内”的传统所造成的。

表7-3

	N	极小值	极大值	均值	标准差
你的年龄	234	16	75	42.39	11.713
有效的N（列表状态）	234				

一、家庭状况

在对农民群体婚姻状况的调查中，如表7-4所示，已婚有配偶的农民群体受访者占233名有效应答总数的80.3%，有187人；而处于未婚状态的农民群体受访者占233名有效应答总数的8.6%，有20人；处于离婚状态的占233名有效应答总数的5.2%，有12人；处于丧偶状态的占 233 名有效应答总数的 6.0%，有 14 人。相对于城市弱势群体家庭支持的缺乏，农民群体受访者中处于未婚、离婚和丧偶状态的样本个体仅占有效应答总数的 19.8%，仅有 46 人，低于我国 25.8%的未婚、离婚和丧偶比例；而已婚有配偶的农民群体受访者占有效应答总数的 80.3%。

表 7－4

		频率	百分比	有效百分比	累积百分比
有效	未婚	20	8.3	8.6	8.6
	已婚有配偶	187	77.9	80.3	88.8
	离婚	12	5.0	5.2	94.0
	丧偶	14	5.8	6.0	100.0
	合计	233	97.1	100.0	
缺失	系统	7	2.9		
合计		240	100.0		

如表 7－5 所示，在本次抽样调查中，农民群体家中人口数量平均为 4.46 人，高于城市弱势群体受访者 2.67 人的平均家庭人口数量；且在受调查的农民群体中，家庭人数突出集中于 3 人至 5 人。而据国研网公布的“2010 年农村居民家庭基本情况（按经济区域分组）”①，2010 年全国农村居民家庭常住人口为 4 人，与我们调查的结果基本相符。综合上述数据，我们发现，农村群体受访者的家庭支持情况好于城市弱势群体受访者。

表 7－5

	N	全距	极小值	极大值	均值	标准差	方差
你家有几口人	235	11	1	12	4.46	1.680	2.822
你家有几口人外出务工	227	5	0	5	1.59	1.246	1.553
家里务工者是否加入工伤保险	107	1	1	2	1.73	0.447	0.199
有效的 N（列表状态）	105						

① http://edu. drcnet. com. cn/eDRCnet. common. web/docview. aspx? version = data&docId=2845486&leafId=16676&chnId=4364.

二、就业状况

如表 7－5 和表 7－6 所示，在外出务工问题上有效应答的 227 份问卷中，家中有人外出务工的农民群体受访者共有 174 人，占有效应答总数的 76.7％；其中家中务工者加入工伤保险的农民群体受访者有 107 人，占家中有外出务工的 174 名农民群体受访者的 61.5％。又如表 7－6 所示，对家中有外出务工的 174 名农民群体受访者的有效应答问卷进行分地区交叉分组频数统计，可以发现：广东广州地区家中有外出务工的农民群体受访者为 51 人，外出务工率高达 91.1％；湖北武汉地区家中有外出务工的农民群体受访者为 50 人，外出务工率为 89.3％；贵州贵阳地区家中有外出务工的农民群体受访者为 46 人，外出务工率为 83.6％；山东曹县地区家中有外出务工的农民群体受访者为 27 人，外出务工率则为 45.0％。从数值上来看，不同地区的差异较为明显，符合实际状况。这一明显差异是由区位因素、文化传统、社会心理、民营企业发展情况等多种因素共同造成的，由于这并非本研究的主题，在此恕不展开分析。综上，通过统计分析，可以得出农民群体受访者家庭外出务工率普遍较高，且不同地区外出务工率差异显著。

表 7－6

		你家有几口人外出务工						合计
		0	1	2	3	4	5	
所在地区	广州	5	12	21	11	5	2	56
	武汉	6	9	24	11	4	2	56
	贵阳	9	22	16	4	2	2	55
	曹县	33	10	17	0	0	0	60
合计		53	53	78	26	11	6	227

三、文化程度

在对农民群体受访者的文化程度进行调查时我们发现，农民群体受访者的文化程度结构与城市弱势群体受访者大致一致。如表 7－7 所示，农民群体受访者中，文化程度为“文盲或半文盲”的占全部 240 名有效应答总数的6.3%，有15人；文化程度为“小学”的占全部240名有效应答总数的22.5%，有54人；文化程度为“初中”的占全部240名有效应答总数的47.1%，有113人；文化程度为“高中或中专”的占全部240名有效应答总数的18.8%，有45人；文化程度为“大学或大专”的占全部240名有效应答总数的4.2%，有10人；文化程度为“大学以上”的占全部240名有效应答总数的1.3%，仅有3人。而国研网公布的“2009年各地区农村居民家庭劳动力文化结构状况”的全国数据为：文盲、半文盲5.9%，小学程度24.7%，初中程度52.7%，高中或中专程度14.6%，大专及大专以上程度2.1%。[①] 我们调查统计得到的农民群体文化程度结构状况与国研网公布的数据构成大致吻合，总的来说，农民群体受访者文化程度相对较低。

表7-7

		频率	百分比	有效百分比	累积百分比
有效	文盲或半文盲	15	6.3	6.3	6.3
	小学	54	22.5	22.5	28.8
	初中	113	47.1	47.1	75.8
	高中或中专	45	18.8	18.8	94.6
	大学或大专	10	4.2	4.2	98.8
	大学以上	3	1.3	1.3	100.0
	合计	240	100.0	100.0	

四、职业满意度

在对农民群体受访者的职业进行调查时我们发现，如表7-8所示，农民群体受访者中，职业为“务农”的占全部237名有效应答总数的63.7%，有151人；职业为“教师”的占全部237名有效应答总数的2.1%，有5人；职业为“个体户”的占全部237名有效应答总数的3.0%，有7人；职业为“企业主”的占全部237名有效应答总数的

① http://edu.drcnet.com.cn/eDRCnet.common.web/docview.aspx?version=data&docId=2483978&leafId=16675&chnId=4364.

1.7%，有 4 人；职业为“工人”的占全部 237 名有效应答总数的 6.3%，有 15 人；职业为“医生”的占全部 237 名有效应答总数的 0.8%，有 2 人；职业为“乡或村里的干部”的占全部 237 名有效应答总数的 5.9%，有 14 人；职业为“退休人员”的占全部 237 名有效应答总数的 3.4%，有 8 人；职业为“其他”的占全部 237 名有效应答总数的 13.1%，有 31 人。值得注意的是，在对农民群体受访者职业的统计中，虽然 63.7%的农民群体受访者在家务农这一比例占绝对多数，但相较于过去几年已经有了明显下降，高达 13.1%的其他职业的从业率则显示了农民职业选择日趋多样化。

表 7-8

		频率	百分比	有效百分比	累积百分比
有效	务农	151	62.9	63.7	63.7
	教师	5	2.1	2.1	65.8
	个体户	7	2.9	3.0	68.8
	企业主	4	1.7	1.7	70.5
	工人	15	6.3	6.3	76.8
	医生	2	0.8	0.8	77.6
	乡或村里的干部	14	5.8	5.9	83.5
	退休人员	8	3.3	3.4	86.9
	其他	31	12.9	13.1	100.0
	合计	237	98.8	100.0	
缺失	系统	3	1.3		
合计		240	100.0		

而当问及农民群体受访者对所从事职业的满意度时，如表 7-9 所示，农民群体受访者对所从事职业感到“很满意”的占 237 名有效应答总数的 7.6%，有 18 人；对所从事职业感到“比较满意”的占 237 名有效应答总数的 16.0%，有 38 人；对所从事职业感到“一般”的占 237 名有效应答总数的 54.0%，有 128 人；对所从事职业感到“不太满意”的占 237 名有效应答总数的 20.7%，有 49 人；对所从事职业感到“很不满意”和“其他”的均占 237 名有效应答总数的 0.8%，均有 2 人。

值得注意的是，农民群体受访者中，占有效应答总数 54.0%的受访者回答为“一般”，这与城市弱势群体受访者对职业感到“不太满意”或“很不满意”的比例占有效应答总数48.8%的情形形成了显著的对比，在一定程度上反映了农村生产和生活的发展提高以及相对保守的文化传统所导致的农民社会心理的稳定性。需要进行说明的是，在1分为“很不满意”、3分为“一般”、5分为“很满意”的情况下，此项职业满意度的平均分为2.98，近似于3分“一般”。而在本章第二节中我们对农民群体受访者的经济状况满意度、生活状况满意度、总福利状况满意度等进行了统计，在最高分为7分的情况下，这几项满意度的平均分均高于4分，略高于“一般”，低于“较为满意”，这个结果从另一个侧面为我们的推论提供了数据支撑。总的来看，农民群体受访者的职业趋向多样性，职业满意度高于城市弱势群体受访者。

表7-9

		频率	百分比	有效百分比	累积百分比
有效	很满意	18	7.5	7.6	7.6
	比较满意	38	15.8	16.0	23.6
	一般	128	53.3	54.0	77.6
	不太满意	49	20.4	20.7	98.3
	很不满意	2	0.8	0.8	99.2
	其他	2	0.8	0.8	100.0
	合计	237	98.8	100.0	
缺失	系统	3	1.3		
合计		240	100.0		

第二节　农民群体受访者调研分类指标数据分析

一、农民群体受访者收入与分配公平分析

（一）农民群体受访者收入来源相对多样化，但以务农和务工为主

考察农民群体的主要收入来源，如表7-10所示，在239人的有效应答中，172名农民群体受访者选择的收入来源包含“务农”，响应百分比

为45.4%，个案百分比为72.0%。除“务农”外，农民群体受访者排名前三位的另外两项收入来源是“进城或其他地方打工”和“工资”，有70人和52人，响应百分比分别为18.5%和13.7%，个案百分比分别为29.3%和21.8%。同时，农民群体受访者收入来源最少的选项是“存款利息或投资红利”，只有2人，响应百分比为0.5%，个案百分比仅为0.8%；而收入来源为“低保”的有15人，响应百分比为4.0%，个案百分比为6.3%，在收入来源中排名第5位，位于个案百分比为6.7%的“家禽、畜牧养殖”之后。其他收入来源分别是：“出外做生意”，有10人，响应百分比为2.6%，个案百分比为4.2%；“合伙办厂”，有5人，响应百分比为1.3%，个案百分比为2.1%；“子女资助”，有12人，响应百分比为3.2%，个案百分比为5.0%；“亲友资助”，有8人，响应百分比为2.1%，个案百分比为3.3%；“社会救助”，有5人，响应百分比为1.3%，个案百分比为2.1%；“其他”，有12人，响应百分比为3.2%，个案百分比为5.0%。这些统计数据是与我们选取样本的目标相符的，符合我们对具代表性的农民群体样本的选取。

表7-10

		响应		个案百分比
		N	百分比	
SR1[a]	你的收入来源“务农”	172	45.4	72.0
	你的收入来源“家禽、畜牧养殖”	16	4.2	6.7
	你的收入来源“出外做生意”	10	2.6	4.2
	你的收入来源“工资”	52	13.7	21.8
	你的收入来源“进城或其他地方打工”	70	18.5	29.3
	你的收入来源“合伙办厂”	5	1.3	2.1
	你的收入来源“低保”	15	4.0	6.3
	你的收入来源“存款利息或投资红利”	2	0.5	0.8
	你的收入来源“子女资助”	12	3.2	5.0
	你的收入来源“亲友资助”	8	2.1	3.3
	你的收入来源“社会救助”	5	1.3	2.1
	你的收入来源有“其他”吗	12	3.2	5.0
总计		379	100.0	158.6

a：值为“是”时制表的二分组。

尽管样本较少，我们还是考察了农村低保户和社会救助户的低保或社会救助收入以作为参考，通过表 7－11，看到 16 个有效应答的低保户和社会救助户样本的每月低保或社会救助收入最低的为 40 元，最高的为 300 元，平均为 171.87 元。

表 7－11

	N	全距	极小值	极大值	均值	标准差	方差
你每月的低保或社会救助收入是	16	260	40	300	171.87	105.212	11 069.583
有效的 N (列表状态)	16						

在考察农村低保户和社会救助户近年来低保或社会救助收入数额的总体情况时，根据表 7－12，有效应答的 17 名低保户和社会救助户认为每月低保或社会救助收入“稍微有点提升”或“没变”，具体比例分别为 70.6％和 29.4％。这一统计结果同样符合各地区政府伴随经济发展和 CPI 上涨而不断提高低保和社会救助标准的实际情况。

表 7－12

		频率	百分比	有效百分比	累积百分比
有效	稍微有点提升	12	63.2	70.6	70.6
	没变	5	26.3	29.4	100.0
	合计	17	89.5	100.0	
缺失	系统	2	10.5		
合计		19	100.0		

（二）农民群体受访者收支状况与全国平均状况相符

亚当·斯密将收益称为纯收入，即“收入减去维持固定资本和流动资本的费用，其余留供居民自由使用的便是纯收入。换言之，所谓纯收入，乃是以不侵蚀留供居民使用的资财”。在本章中，纯收入是指农民当期全部收入扣除生产费用性支出部分，可以直接用于生产以及非生产性建设和生活消费的收入。考察农民群体受访者的家庭年纯收入和年消费支出时，排除极值后可以通过表 7－13 看到在 220 个有效数据中，平均年纯收入为 27 917.82 元；在统计农民群体受访者的家庭年消费支出时，我们排除极值后可以通过表 7－14 看到，在 216 个有效数据中，平均年消费支出为 19 206.48 元。

表 7－13

	N	全距	极小值	极大值	均值	标准差	方差
你的家庭年收入是多少	220	100 000	0	100 000	27 917.82	20 466.838	4.189E8
有效的 N（列表状态）	220						

表 7－14

	N	全距	极小值	极大值	均值	标准差	方差
你的家庭平均每年支出多少	216	69 700	300	70 000	19 206.48	12 879.147	1.659E8
有效的 N（列表状态）	216						

根据国研网“2010 年农村居民家庭收支基本情况（按人均纯收入五等分分组）”① 公布的农村低收入户、中低收入户、中等收入户、中高收入户和高收入户 2010 年的人均纯收入和人均消费支出，以及国研网“2010 年农村居民家庭基本情况（按人均纯收入五等分分组）”② 公布的农村低收入户、中低收入户、中等收入户、中高收入户和高收入户 2010 年的常住人口数，我们可以计算得出按人均纯收入五等分分组的农村居民家庭 2010 年平均每户纯收入分别为：低收入户 8 414.10 元，中低收入户 15 209.04 元，中等收入户 20 886.80 元，中高收入户 27 530.22 元，高收入户 46 364.01 元；平均每户消费支出则分别为：低收入户 11 409.3 元，中低收入户 13 521.90 元，中等收入户 15 855.20 元，中高收入户 18 594.72 元，高收入户 27 028.32 元。由此可见我们 2011 年调查的农民群体受访者家庭年平均纯收入和年平均消费支出都近似于 2010 年的中高收入农户家庭，

① http://edu.drcnet.com.cn/eDRCnet.common.web/docview.aspx?version=data&docId=2845387&leafId=16676&chnId=4364.

② http://edu.drcnet.com.cn/eDRCnet.common.web/docview.aspx?version=data&docId=2845381&leafId=16676&chnId=4364.

考虑到纯收入和CPI的增长率以及样本容量的限制，这一结果的出现是正常的和可接受的。

（三）农民群体受访者务农和务工收入稳定性相对较差

如表7-15所示，在对农民群体收入来源稳定性的考察中，217个有效应答中有147人认为“很稳定”、“比较稳定”和“一般”，占有效应答总数的67.8%。具体来说，农民群体受访者中有10名认为其收入来源“很稳定”，占有效应答总数的4.6%；有34名认为其收入来源“比较稳定”，占有效应答总数的15.7%；有103名认为其收入来源“一般”，占有效应答总数的47.5%；有62名认为其收入来源“不稳定”，占有效应答总数的28.6%；有8名认为其收入来源“很不稳定”，占有效应答总数的3.7%。而如表7-16所示，通过与职业的交叉分析，认为收入来源“不稳定”和“很不稳定”的农民群体受访者的职业则多为务农和务工人员，如何使得农民和农民工有稳定的收入来源值得关注。

表7-15

		频率	百分比	有效百分比	累积百分比
有效	很稳定	10	4.2	4.6	4.6
	比较稳定	34	14.2	15.7	20.3
	一般	103	42.9	47.5	67.7
	不稳定	62	25.8	28.6	96.3
	很不稳定	8	3.3	3.7	100.0
	合计	217	90.4	100.0	
缺失	系统	23	9.6		
合计		240	100.0		

表7-16

		你的收入来源是不是稳定					合计
		很稳定	比较稳定	一般	不稳定	很不稳定	
你的职业是什么	务农	2	9	68	47	6	132
	教师	0	4	0	0	0	4

续前表

	你的收入来源是不是稳定					合计
	很稳定	比较稳定	一般	不稳定	很不稳定	
个体户	2	3	1	0	1	7
企业主	0	2	2	0	0	4
务工	2	4	3	6	0	15
医生	0	2	0	0	0	2
乡或村里的干部	4	5	3	0	0	12
退休人员	0	3	5	0	0	8
其他	0	2	20	7	1	30
合计	10	34	102	60	8	214

（四）食品、子女受教育和医疗保健是农民群体受访者三项重要支出

如表 7－17 所示，考察农民群体受访者的家庭支出项目，有效应答总数为 237 人。在最重要的支出中，排名第一位的和城市弱势群体受访者一样，是食品消费，有 195 人，响应百分比为 28.8%，个案百分比为 82.3%；排名第二位的是子女受教育消费，有 123 人，响应百分比为 18.2%，个案百分比为 51.9%；排名第三位的是衣着消费，有 105 人，响应百分比为 15.5%，个案百分比为 44.3%；排名第四位的是医疗保健消费，有 104 人，响应百分比为 15.4%，个案百分比为 43.9%。与城市弱势群体受访者对消费支出的应答进行对比，可以发现，虽然具体排名稍有差异，但“食品消费”、“医疗保健消费”和“子女受教育消费”都是三项重要支出。

表 7－17

		响应		个案百分比
		N	百分比	
ZC2[a]	你家每年支出最重要的三个项目中有“食品消费”	195	28.8	82.3
	你家每年支出最重要的三个项目中有“衣着消费”	105	15.5	44.3
	你家每年支出最重要的三个项目中有“家具家电”	50	7.4	21.1

续前表

	响应		个案百分比
	N	百分比	
你家每年支出最重要的三个项目中有“子女受教育”	123	18.2	51.9
你家每年支出最重要的三个项目中有“医疗保健消费”	104	15.4	43.9
你家每年支出最重要的三个项目中有“交通通信费”	42	6.2	17.7
你家每年支出最重要的三个项目中有“请客送礼费”	33	4.9	13.9
你家每年支出最重要的三个项目中有“其他”	24	3.6	10.1
总计	676	100.0	285.2

a：值为“是”时制表的二分组。

（五）农民群体受访者家庭的恩格尔系数较为适中，但对食品消费预期不容乐观

在上述三项最重要支出中，我们仍要着重关注食品消费。据表7－18显示，在农民群体受访者的所有家庭消费中，食品消费所占平均百分比是46.18%，可以得出样本农民群体的家庭恩格尔系数大致也在46%，因此按照联合国粮农组织的标准，我们调查的农民群体处于恩格尔系数为40%～50%的小康状态。

表7－18

	N	全距	极小值	极大值	均值	标准差	方差
你的所有家庭消费中食品消费所占的百分比	200	0.90	0.10	1.00	0.461 8	0.227 79	0.052
有效的N（列表状态）	200						

同时，如表7－19所示，在考察农民群体受访者对于今后五年恩格尔系数变化的预期时，认为今后五年其食品消费占家庭消费比率会“大幅增加”、“稍微增加”和“不变”的农民群体受访者分别有18人、118人和61人，共有197人，各占217名农民群体受访者的8.3%、54.4%和28.1%，合计占有效应答总数的90.8%。认为“稍微下降”和“大幅下降”

的农民群体受访者分别有 16 人和 4 人，共有 20 人，各占有效应答总数的 7.4%和 1.8%，共占有效应答总数的 9.2%。作为食品尤其是农产品主要生产者的农民，对于食品消费占家庭消费比重预期会“增加”或“不变”的农民群体受访者比例高达有效应答总数的 90.8%，其中的原因值得研究。

表 7－19

		频率	百分比	有效百分比	累积百分比
有效	大幅增加	18	7.5	8.3	8.3
	稍微增加	118	49.2	54.4	62.7
	不变	61	25.4	28.1	90.8
	稍微下降	16	6.7	7.4	98.2
	大幅下降	4	1.7	1.8	100.0
	合计	217	90.4	100.0	
缺失	系统	23	9.6		
合计		240	100.0		

（六）农民群体受访者家庭年结余状况好于城市弱势群体受访者，对经济状况预期乐观

在统计分析农民群体受访者家庭每年的结余时，我们排除极值后可以通过表 7－20 看到在 215 个有效数据中，年平均结余 8 738.08 元。其中，年结余为 0 元的应答频次最多，共应答 52 次，占有效应答总数的 24.2%。

表 7－20

	N	全距	极小值	极大值	均值	标准差	方差
你家庭每年结余多少	215	100 000	0	100 000	8 738.08	13 032.028	1.698E8
有效的 N（列表状态）	215						

而如表 7－21 所示，农民群体受访者认为自己最近五年经济状况与过去几年相比“有很大提升”、“稍微有点提升”和“没变”的分别占 238 个有效应答总数的 3.4%、74.4%和 12.2%，合计共有 214 人，共占有效应答总数的 89.9%；认为“有所下降”和“大幅下降”的则分别有 21 人和 3 人，仅各占有效应答总数的 8.8%和 1.3%。

表 7-21

		频率	百分比	有效百分比	累积百分比
有效	有很大提升	8	3.3	3.4	3.4
	稍微有点提升	177	73.8	74.4	77.7
	没变	29	12.1	12.2	89.9
	有所下降	21	8.8	8.8	98.7
	大幅下降	3	1.3	1.3	100.0
	合计	238	99.2	100.0	
缺失	系统	2	0.8		
合计		240	100.0		

如表 7-22 所示，考察农民群体受访者对其今后五年的收入状况有何预期时，农民群体受访者预期自己今后五年收入状况会“大幅增加”、“稍微有所增加”和“不变”的分别占 234 个有效应答总数的 3.0%、76.5% 和 13.2%，共 217 人，合计占有效应答总数的 92.7%。认为“稍微有所下降”和“大幅下降”的各有 13 人和 4 人，仅分别占有效应答总数的 5.6%和 1.7%。

表 7-22

		频率	百分比	有效百分比	累积百分比
有效	大幅增加	7	2.9	3.0	3.0
	稍微有所增加	179	74.6	76.5	79.5
	不变	31	12.9	13.2	92.7
	稍微有所下降	13	5.4	5.6	98.3
	大幅下降	4	1.7	1.7	100.0
	合计	234	97.5	100.0	
缺失	系统	6	2.5		
合计		240	100.0		

（七）农民群体受访者的社会支出状况好于城市弱势群体受访者

如表 7-23 所示，当问及农民群体受访者如果经济状况出现问题会最先向谁寻得帮助时，应答频次最多的是“亲戚”，有 129 人，占 237 个有效应答总数的 53.8%；其他四个选项“乡邻朋友”、“社区或当地政府”、“信用社小额信贷”和“民间地下贷款”产生应答的频次各为48人、36人、20人和4人，分别占237个有效应答总数的20.3%、15.2%、8.4%和1.7%。

表7-23

		频率	百分比	有效百分比	累积百分比
有效	亲戚	129	53.8	54.4	54.4
	乡邻朋友	48	20.0	20.3	74.7
	社区或当地政府	36	15.0	15.2	89.9
	信用社小额信贷	20	8.3	8.4	98.3
	民间地下贷款	4	1.7	1.7	100.0
	合计	237	98.8	100.0	
缺失	系统	3	1.3		
合计		240	100.0		

（八）农民群体受访者对自身经济状况主观满意度一般

考察农民群体受访者对自己经济状况的综合评估时，我们以1分为最低分，7分为最高分，让农民群体受访者为经济状况满意度打分，如表7-24所示，最终统计234个有效应答的平均分为3.95，农民群体受访者对自身经济状况主观满意度一般。

表7-24

	N	全距	极小值	极大值	均值	标准差	方差
你对自己的经济状况的满意度	234	6	1	7	3.95	1.120	1.255
有效的N（列表状态）	234						

二、农民群体受访者安全水平分析

（一）农村安全设施相对匮乏，安全宣传状况有待提高

对农民群体受访者的安全水平进行考察，当问及农民群体受访者所在社区防火、防盗、防骗等安全设施与机制是否完备时，如表7-25所示，认为“非常完善”、“比较完善”和“一般”的农民群体受访者各有5人、65人和79人，分别占237个有效应答总数的2.1%、27.4%和33.3%；认为“不完善”、“很不完善”和“根本没有”的则各有33人、46人和9

人，分别占 237 个有效应答总数的 13.9%、19.4%和 3.8%，共占有效应答总数的 37.1%。这说明农村的安全设施相对比较匮乏。

表 7-25

		频率	百分比	有效百分比	累积百分比
有效	非常完善	5	2.1	2.1	2.1
	比较完善	65	27.1	27.4	29.5
	一般	79	32.9	33.3	62.9
	不完善	33	13.8	13.9	76.8
	很不完善	46	19.2	19.4	96.2
	根本没有	9	3.8	3.8	100.0
	合计	237	98.8	100.0	
缺失	系统	3	1.3		
合计		240	100.0		

在所在社区多久向居民免费宣传和教育关于防火、防盗、防骗的知识的统计中，如表 7-26 所示，农民群体受访者应答频次最多的选项是“偶尔不定期有”和“不知道”，各有 115 人和 59 人，分别占 232 个有效应答总数的 49.6%和 25.4%；认为“从来没有”、“定期一个月一次”、“定期半年一次”和“定期一年一次”的则各有 24 人、23 人、5 人和 6 人，分别占有效应答总数的 10.3%、9.9%、2.2%和 2.6%。

表 7-26

		频率	百分比	有效百分比	累积百分比
有效	从来没有	24	10.0	10.3	10.3
	偶尔不定期有	115	47.9	49.6	59.9
	定期一个月一次	23	9.6	9.9	69.8
	定期半年一次	5	2.1	2.2	72.0
	定期一年一次	6	2.5	2.6	74.6
	不知道	59	24.6	25.4	100.0
	合计	232	96.7	100.0	
缺失	系统	8	3.3		
合计		240	100.0		

（二）农民群体受访者安全状况满意度和预期度较为满意，安全度有待提高

如表7-27所示，我们以1分为最低分，7分为最高分，让农民群体受访者为安全状况满意度打分，以考察农民群体受访者对自己安全水平的综合评估，最终统计平均分为4.44；同时我们又让农民群体受访者对自己的人身与财产安全的预期度打分，最终统计平均分为4.44。说明农民群体受访者对自身安全状况满意度和预期度都较为满意。

表7-27

	N	极小值	极大值	均值	标准差
你所感觉的安全程度是	234	1	7	4.44	1.355
你对你人身与财产安全的预期度是	235	1	7	4.44	1.307
有效的N（列表状态）	232				

三、农民群体受访者社会保障水平分析

考察农民群体受访者的社会保障水平，同样也是从考察农民群体受访者对社会保障体系中各项社会保险的享有情况和居住情况这两方面入手。但有所不同的是，由于农村问题的特殊性，我们在考察农民群体对社会保障体系中各项社会保险的享有情况的同时，还要考察近年来国家在农村地区实施的各项惠农政策以及新农村合作医疗的推广情况，我们认为这同样是农村社会保障体系的重要组成部分。

（一）新农村合作医疗实施状况较好

在考察农民群体受访者对于新农村合作医疗的了解程度时，如表7-28所示，对于新农村合作医疗，我们调查的农民群体受访者，除1个缺失值外，其余239人均表示听说过。其中表示“非常了解”的有36人，占有效应答总数的15.1%；表示“知道一些”的有183人，占有效应答总数的76.6%；表示“听说过，但不知道咋回事”的有20人，占有效应答总数的8.4%。这表明国家和各级政府对“新农合”的宣传还是比较到位的。

表 7－28

		频率	百分比	有效百分比	累积百分比
有效	非常了解	36	15.0	15.1	15.1
	知道一些	183	76.3	76.6	91.6
	听说过，但不知道咋回事	20	8.3	8.4	100.0
	合计	239	99.6	100.0	
缺失	系统	1	0.4		
合计		240	100.0		

如表 7－29 所示，农民群体受访者中有 235 人对是否参加新农村合作医疗做了说明，其中有 218 人参加了“新农合”，占有效应答总数的 92.8%；有 17 人没有参加，占有效应答总数的 7.2%。

表 7－29

		频率	百分比	有效百分比	累积百分比
有效	参加	218	90.8	92.8	92.8
	不参加	17	7.1	7.2	100.0
	合计	235	97.9	100.0	
缺失	系统	5	2.1		
合计		240	100.0		

如表 7－30 所示，对参加“新农合”的 218 人所做的参加理由的调查中，选择频次最高的选项是“看过宣传文件，觉得值”，共有 116 人，占参加者的 53.2%；选择“家里有人经常得病，花钱买个平安”的有 56 人，占参加者的 25.7%；选择“别人都参加了，所以我也参加”的有 35 人，占参加者的 16.1%；另有占参加者 1.8%和 0.5%的人分别选择了“政府和村里干部强制参加”以及“其他”，各有 4 人和 1 人；此外还有 6 名农民群体受访者没有应答。这组数据表明新农村合作医疗确实是一项好的惠民政策，农民群体认为值得参加并且自愿参加。

表 7－30

		频率	百分比	有效百分比	累积百分比
有效	看过宣传文件，觉得值	116	53.2	54.7	54.7

续前表

		频率	百分比	有效百分比	累积百分比
	家里有人经常得病，花钱买个平安	56	25.7	26.4	81.1
	政府和村里干部强制参加	4	1.8	1.9	83.0
	别人都参加了，所以我也参加	35	16.1	16.5	99.5
	其他	1	0.5	0.5	100.0
	合计	212	97.2	100.0	
缺失	系统	6	2.8		
合计		218	100.0		

如表 7－31 所示，对没有参加新农村合作医疗的 17 人所做的不参加原因的考察中，共有 14 人做了应答，其中 1 人的理由是“自己长年在外打工，在本地就医的可能性很小”；3 人选择了“自己的身体很健康，感觉生病的概率很小”；2 人选择“感觉医疗问题太难解决，不相信”；6 人选择“没钱看病，参加也没有用，而且每年都要交，反而增加负担”；2 人选择“其他”。另有两个选项“药物报销分类，报销的占少数，好药不报销，没用”和“报销程序复杂”则没人选择。虽然选择不参加“新农合”的样本比例很小，而且理由分散，不太具有政策上的参考价值，但我们还是期望以后有关部门会将新农村合作医疗的具体制度加以完善。

表 7－31

		频率	百分比	有效百分比	累积百分比
有效	自己长年在外打工，在本地就医的可能性很小	1	5.9	7.1	7.1
	自己的身体很健康，感觉生病的概率很小	3	17.6	21.4	28.6
	感觉医疗问题太难解决，不相信	2	11.8	14.3	42.9
	没钱看病，参加也没有用，而且每年都要交，反而增加负担	6	35.3	42.9	85.7
	其他	2	11.8	14.3	100.0
	合计	14	82.4	100.0	

续前表

		频率	百分比	有效百分比	累积百分比
缺失	系统	3	17.6		
合计		17	100.0		

以1分为最低分，7分为最高分，让农民群体受访者对新农村合作医疗的满意度打分，如表7-32所示，有效的233个农民群体受访者评分的平均分为4.71，说明农民群体受访者对新农村合作医疗的评价是较为满意的。

表7-32

	N	极小值	极大值	均值	标准差
你对新农村合作医疗的满意度是	233	1	7	4.71	1.287
有效的N（列表状态）	233				

（二）惠农政策宣传力度较大，覆盖面广

在考察农民群体受访者对惠农政策的了解程度时，如表7-33所示，有效的232个受访样本中，有24人对惠农的政策“非常了解”，占有效应答总数的10.3%；有170人“知道一些”，占有效应答总数的73.3%；有24人“听说过，但不知道咋回事”，占有效应答总数的10.3%；另有14人表示“听都没有听说过”，占有效应答总数的6.0%。还有8人没有应答。

表7-33

		频率	百分比	有效百分比	累积百分比
有效	非常了解	24	10.0	10.3	10.3
	知道一些	170	70.8	73.3	83.6
	听说过，但不知道咋回事	24	10.0	10.3	94.0
	听都没有听说过	14	5.8	6.0	100.0
	合计	232	96.7	100.0	
缺失	系统	8	3.3		
合计		240	100.0		

我们调查了农民群体受访者具体了解哪些惠农政策，如表7-34所

示，在220人的有效应答中，“家电下乡”的知晓度最高，有144人，响应百分比为28.5%，个案百分比为65.5%。其次是“提高粮食最低收购价，加大补贴”，有142人，响应百分比为28.1%，个案百分比为64.5%。事实上农民群体受访者对这项优惠措施的热情度从一个侧面反映出农民家庭的经济情况，后文我们会对该项指标专门进行统计分析。此外，知道“扶贫标准上调”的有97人，响应百分比为19.2%，个案百分比为44.1%；知道“农村低保基本实现应保尽保”的有93人，响应百分比为18.4%，个案百分比为42.3%。知道人最少的是“开辟返乡农民工创业绿色通道”，有30人，响应百分比仅为5.9%，个案百分比仅为13.6%。

表7-34

		响应		个案百分比
		N	百分比	
HN1[a]	你知道“提高粮食最低收购价，加大补贴”的惠农政策吗	142	28.1	64.5
	你知道“扶贫标准上调”的惠农政策吗	97	19.2	44.1
	你知道“开辟返乡农民工创业绿色通道”的惠农政策吗	30	5.9	13.6
	你知道“家电下乡”的惠农政策吗	144	28.5	65.5
	你知道“农村低保基本实现应保尽保”的惠农政策吗	93	18.4	42.3
总计		506	100.0	230.0

a：值为“是”时制表的二分组。

在享受过的国家各项补贴中，如表7-35所示，在211人的有效应答中，惠及范围最广的是“粮食补贴”，有132人，响应百分比为26.6%，个案百分比为62.6%。这是因为粮食仍然是农民最主要的种植作物和收入来源，种植的人多，所以享受补贴也就相对较多。排名前三的另外两种分别是：“水稻良种补贴”，有66人，响应百分比为13.3%，个案百分比为31.3%；“油菜、棉花补贴”，有54人，响应百分比为10.9%，个案百分比为25.6%。其他享受补贴的情况依次是：“农机具购置补贴”，有46人，响应百分比为9.3%，个案百分比为21.8%；“菜良种补贴”和“教育方面贫困生等补贴”，各有 45 人，响应百分比均为 9.1%，个案百分比均为 21.3%；“农资综合补贴”，有 31 人，响应百分比为 6.2%，个案百分比为 14.7%；“母猪补贴”，有 33 人，响应百分比为 6.6%，个案百分比为 15.6%。还有几项补贴因为针对的是特定的农民群体，所以享受到的人相对较少：“生态公益林、退耕还林补贴”，有 29 人，响应百分比为 5.8%，个案百分比为 13.7%；“民政养老、低保补贴”，有 16 人，响应百分比为 3.2%，个案百分比为 7.6%。

表 7-35

		响应		个案百分比
		N	百分比	
HN2[a]	你家里享受过“粮食补贴”吗	132	26.6	62.6
	你家里享受过“农机具购置补贴”吗	46	9.3	21.8
	你家里享受过“农资综合补贴”吗	31	6.2	14.7
	你家里享受过“水稻良种补贴”吗	66	13.3	31.3
	你家里享受过“菜良种补贴”吗	45	9.1	21.3
	你家里享受过“油菜、棉花补贴”吗	54	10.9	25.6
	你家里享受过“母猪补贴”吗	33	6.6	15.6
	你家里享受过“生态公益林、退耕还林补贴”吗	29	5.8	13.7
	你家里享受过“教育方面贫困生等补贴”吗	45	9.1	21.3
	你家里享受过“民政养老、低保补贴”吗	16	3.2	7.6
总计		497	100.0	235.5

a：值为“是”时制表的二分组。

（三）农民消费由基础性消费向实用性消费过渡

近年来，为了提高农民家庭的生活质量，国家通过财政补贴的方式对农民进行购买家电的补贴。我们在调查中发现，领取家电下乡补贴的方式比较简便，对于农民而言手续也并不十分烦琐，相对于当前农民群体的购买力而言，10%的优惠力度也比较能够带动农民的购买热情。通过农民对这一政策参与度的分析，可以从某一层面反映出当前农民群体的购买力和经济状况。在表 7-36 关于农民群体受访者是否通过家电下乡政策购买过电器的统计中，共有 226 个有效应答，选择“没有买过”的有 80 人，占有效应答总数的 35.4%；选择“买过”的有 146 人，占有效应答总数的 64.6%。

表 7 - 36

		频率	百分比	有效百分比	累积百分比
有效	没有买过	80	33.3	35.4	35.4
	买过	146	60.8	64.6	100.0
	合计	226	94.2	100.0	
缺失	系统	14	5.8		
合计		240	100.0		

如表 7 - 37 所示，对通过家电下乡政策买过家电的 146 名农民群体受访者的购买项目进行统计，除 1 个缺失值外，剩余 145 名农民群体受访者的统计结果如下：购买过彩电的共 42 人，响应百分比为 18.3%，个案百分比为 29.0%；购买过冰箱的共 73 人，响应百分比为 31.9%，个案百分比为 50.3%；购买过洗衣机的共 45 人，响应百分比为 19.7%，个案百分比为 31.0%。应该说彩电、冰箱、洗衣机已经成为很多家庭基础配备的三大件家电，所以这三件是家电下乡中农民群体购买最多的，属于基础性消费；而相对于冰箱和洗衣机，彩电在农村家庭中拥有的比例更高一些，所以通过家电下乡购买的比例相对较小。其他购买的家电分别是：购买过手机的共 13 人，响应百分比为 5.7%，个案百分比为 9.0%；购买过摩托车的共 19 人，响应百分比为 8.3%，个案百分比为 13.1%；购买过电脑的共 9 人，响应百分比为 3.9%，个案百分比为 6.2%；购买过电磁炉的共 11 人，响应百分比为 4.8%，个案百分比为 7.6%。手机和电脑等数码产品这些年已经逐步普及开来，并且价位不断降低，更为亲民，摩托车则是适应农村地区特殊的路况条件而深受农民欢迎的代步工具，而电磁炉则由于其便捷和物美价廉在城市和农村地区都较为流行，这些消费属于实用性消费。还有一些家电的购买人数则相对较少，如：购买过热水器的共 6 人，响应百分比为 2.6%，个案百分比为 4.1%；购买过空调的共 5 人，响应百分比为 2.2%，个案百分比为 3.4%；购买过微波炉的共 4 人，响应百分比为 1.7%，个案百分比为 2.8%。这几项家电偏向于享受型消费，加之在一定程度上不适用于农村的居住环境，所以购买比例较低。此外还

有购买其他家电的2人，响应百分比为0.9%，个案百分比为1.4%。通过对这些家电下乡购买项目的统计，我们可以基本看出农民消费正处于从基础性消费向实用性消费过渡的阶段。

表7-37

		响应		个案百分比
		N	百分比	
a	你通过家电下乡政策购买过彩电吗	42	18.3	29.0
	你通过家电下乡政策购买过冰箱吗	73	31.9	50.3
	你通过家电下乡政策购买过洗衣机吗	45	19.7	31.0
	你通过家电下乡政策购买过手机吗	13	5.7	9.0
	你通过家电下乡政策购买过摩托车吗	19	8.3	13.1
	你通过家电下乡政策购买过电脑吗	9	3.9	6.2
	你通过家电下乡政策购买过热水器吗	6	2.6	4.1
	你通过家电下乡政策购买过空调吗	5	2.2	3.4
	你通过家电下乡政策购买过微波炉吗	4	1.7	2.8
	你通过家电下乡政策购买过电磁炉吗	11	4.8	7.6
	你通过家电下乡买过其他家电吗	2	0.9	1.4
总计		229	100.0	157.9

a：值为“是”时制表的二分组。

（四）农民群体受访者对社会保险满意度一般

如表7-38所示，在对农民群体受访者享有社会保险情况的考察中，当我们问及农民群体受访者对社会保障体系了解情况时，表示“非常了解”和“知道一些”的农民群体受访者各有20人和132人，分别占227个有效应答总数的8.8%和58.1%，共计占有效应答总数的66.9%，合计152人；表示“听说过，但不是很了解”和“没有听说过”的则分别占有效应答总数的26.4%和6.6%，共计占33.0%，分别有60人和15人。

表7-38

		频率	百分比	有效百分比	累积百分比
有效	非常了解	20	8.3	8.8	8.8
	知道一些	132	55.0	58.1	67.0
	听说过，但不是很了解	60	25.0	26.4	93.4

续前表

		频率	百分比	有效百分比	累积百分比
	没有听说过	15	6.3	6.6	100.0
	合计	227	94.6	100.0	
缺失	系统	13	5.4		
合计		240	100.0		

我们以1分为最低分，7分为最高分，让农民群体受访者对社会保险缴付费用是否过高打分，如表7-39显示，214个有效应答的平均分为4.33，即农民群体受访者较为满意。

我们以1分为最低分，7分为最高分，让农民群体受访者对参加的现有社会保险对基本生活水平的满足度打分，如表7-39显示，213个有效应答的平均分为4.14，即农民群体受访者认为一般。

最后我们以1分为最低分，7分为最高分，让农民群体受访者对社会保障的满意度打分，如表7-39显示，189个有效应答的最终统计平均分为4.28，即农民群体受访者对现有社会保障较为满意。

表7-39

	N	极小值	极大值	均值	标准差
你觉得你的社会保险缴付费用是否过高	214	1	7	4.33	1.103
你所参加的现有社会保险能否满足你的基本生活水平	213	1	7	4.14	1.180
你对社会保障的满意度是	189	1	7	4.28	1.076
有效的N（列表状态）	187				

（五）农民群体受访者的住房情况好于城市弱势群体受访者，对居住状况满意度较高

农村的住房问题有其不同于城市的特殊性，因为村民通常情况下都有自己的宅基地，而在农民群体的普遍意识中，房屋是自己的脸面，所以在经济条件许可的情况下通常都会比较重视房屋的修建，所以对农民住房问题的统计分析就有着重要的指示性意义。

如表 7－40 所示，在有效应答的 229 名农民群体受访者中，正屋住房的类型是楼房的有 77 人，占有效应答总数的 33.6%；是砖瓦平房的有 125 人，占有效应答总数的 54.6%；是土坯房的有 19 人，占有效应答总数的 8.3%；还有占有效应答总数 3.5%的为其他类型。由此，砖瓦平房是农村住房的最一般形态，而随着农村经济的发展，土坯房所占比例已很小。

表 7－40

		频率	百分比	有效百分比	累积百分比
有效	楼房	77	32.1	33.6	33.6
	砖瓦平房	125	52.1	54.6	88.2
	土坯房	19	7.9	8.3	96.5
	其他	8	3.3	3.5	100.0
	合计	229	95.4	100.0	
缺失	系统	11	4.6		
合计		240	100.0		

另外通过表 7－41 可以看到，楼房的比例是与地域有直接关系的，比例最高的广州甚至达到 32 人，超过该地农民群体受访者的半数，占该地有效应答总数的 57.14%；武汉则为 29 人，也超过该地农民群体受访者的半数，占该地有效应答总数的 51.79%。这组数字与我们实地调查中所看到的景象比较符合，我们认为这一现象的出现与不同地域间的经济发展差异和风俗习惯有关。

表 7－41

		你家正屋住房的类型是				合计
		楼房	砖瓦平房	土坯房	其他	
所在地区	广州	32	19	5	0	56
	武汉	29	22	5	0	56
	贵阳	9	34	6	8	57
	曹县	7	50	3	0	60
合计		77	125	19	8	229

如表 7－42 所示，在对农民群体受访者所居正屋的年数进行统计中，我们统计得出 214 个有效应答者的正屋年限最少的 1 年，最多的 60 年，平均为 11.93 年。

表 7－42

	N	极小值	极大值	均值	标准差
你现居正屋的年数	214	1	60	11.93	0.786
有效的 N（列表状态）	214				

我们探索正屋类型和建成年限之间的关系，如表 7－43 所示，其中楼房平均为 8.85 年，砖瓦平房平均为 11.10 年，土坯房平均为 21.60 年，通过这一组数据可以大致看到农民经济状况分化的时间段。

表 7－43

你家正屋住房的类型是	你现居正屋的年数		统计量	标准误
楼房	均值		8.85	0.838
	均值的 95% 置信区间	下限	7.18	
		上限	10.53	
	5%修整均值		8.31	
	中值		8.00	
	极小值		1	
	极大值		30	
砖瓦平房	均值		11.10	1.016
	均值的 95% 置信区间	下限	9.09	
		上限	13.11	
	5%修整均值		9.53	
	中值		6.00	
	极小值		1	
	极大值		60	
土坯房	均值		21.60	3.650
	均值的 95% 置信区间	下限	13.77	
		上限	29.43	

续前表

你家正屋住房的类型是	你现居正屋的年数	统计量	标准误
	5%修整均值	20.39	
	中值	20.00	
	极小值	5	
	极大值	60	

同时，如表 7-44 所示，不算厨房和厕所，218 名有效应答的农民群体受访者住的房子平均有 4.48 间，远多于城市弱势群体受访者的平均 1.67 间。而如表 7-45 所示，对农民群体受访者关于住房的主观评价进行调查，当问及觉得自己家的住房状况如何时，在 213 个有效应答中，认为“比较拥挤”和“很拥挤”的农民群体受访者各有 28 人和 6 人，分别占有效应答总数的 13.1%和 2.8%；认为“一般”的有 123 人，占有效应答总数的 57.7%；认为“比较宽敞”的有 51 人，占有效应答总数的 23.9%；认为“很宽敞”的则为 5 人，占有效应答总数的 2.3%。

表 7-44

	N	极小值	极大值	均值	标准差
你们住的房子不算厨房和厕所共有几间	218	1	16	4.48	2.656
有效的 N（列表状态）	218				

表 7-45

		频率	百分比	有效百分比	累积百分比
有效	很宽敞	5	2.1	2.3	2.3
	比较宽敞	51	21.3	23.9	26.3
	一般	123	51.3	57.7	84.0
	比较拥挤	28	11.7	13.1	97.2
	很拥挤	6	2.5	2.8	100.0
	合计	213	88.8	100.0	
缺失	系统	27	11.3		
合计		240	100.0		

再以 1 分为最低分，7 分为最高分，让农民群体受访者为自己的居住

条件分事件打分时，如表 7-46 所示，227 名有效应答的农民群体受访者对各项进行评估的结果如下："安全条件"平均得分为 3.93，"卫生条件"平均得分为 3.92，"配套设施"平均得分为 3.94，"周边环境"平均得分为 4.83，"人际关系"平均得分为 5.56。我们能够发现，农民群体受访者对自己住房的"安全条件"、"卫生条件"和"配套设施"等所持态度均比较一般；对于"周边环境"持较为满意的态度，对于"人际关系"则满意，这种结果主要是农村熟人社会的特殊环境造成的。

以 1 分为最低分，7 分为最高分，让农民群体受访者按程度对住房情况满意度打分，如表 7-46 所示，219 名有效应答的农民群体受访者反馈所得的平均分为 4.28，这表明农村群体受访者对自己当前的住房情况较为满意。

表 7-46

	N	极小值	极大值	均值	标准差
你居住的社区安全条件如何	227	1	7	3.93	1.505
你居住的社区卫生条件如何	227	1	7	3.92	1.604
你居住的社区配套设施如何	227	1	7	3.94	1.485
你居住的社区周边环境如何	227	1	7	4.83	1.367
你居住的社区人际关系如何	227	1	7	5.56	1.320
你对你们家的住房情况满意度如何	219	1	7	4.28	1.292
有效的 N（列表状态）	214				

四、农民群体受访者获得的福利性公共服务与支出水平分析

在考察农民群体受访者获得的福利性公共服务与支出水平时，除却国家和各级政府每年的各项福利性公共服务与财政支出这类宏观指标外，我们同样着重实地调查了与农民群体受访者关系密切的农村社区服务和新农村建设。

（一）农村公共设施过于稀少，公共文化服务欠缺

考察农民群体受访者所在社区有没有公共设施，如表 7-47 所示，在 231 个有效应答中仅分别有 1.3%和 6.5%的农民群体受访者回答"很多"和"比较多"，共占有效应答总数的 7.8%，合计 18 人；认为"一般"的

为 64 人，占有效应答总数的 27.7%；另有分别占有效应答总数 12.6%和 17.7%的回答“比较少”和“很少”，各为 29 人和 41 人；回答“没有”的则占到了有效应答总数的 34.2%，为 79 人。由此可见农村的社区公共设施过于稀少。

表 7-47

		频率	百分比	有效百分比	累积百分比
有效	很多	3	1.3	1.3	1.3
	比较多	15	6.3	6.5	7.8
	一般	64	26.7	27.7	35.5
	比较少	29	12.1	12.6	48.1
	很少	41	17.1	17.7	65.8
	没有	79	32.9	34.2	100.0
	合计	231	96.3	100.0	
缺失	系统	9	3.8		
合计		240	100.0		

在对农民群体受访者所在社区有没有组织过集体文化活动的统计中，如表 7-48 所示，232 个有效应答总数中回答“经常有”的仅占 6.0 %，有 14 人；94 人认为“偶尔有”，占有效应答总数的 40.5%；回答“没有”的多达 112 人，占有效应答总数的 48.3%；另有占有效应答总数 5.2%的回答“不知道”，有 12 人。可想而知农村的公共文化服务比较欠缺，农民的精神文化生活相对匮乏。

表 7-48

		频率	百分比	有效百分比	累积百分比
有效	经常有	14	5.8	6.0	6.0
	偶尔有	94	39.2	40.5	46.6
	没有	112	46.7	48.3	94.8
	不知道	12	5.0	5.2	100.0
	合计	232	96.7	100.0	
缺失	系统	8	3.3		
合计		240	100.0		

（二）农民群体受访者对农村公共服务状况关注度较低

我们着重分析填答“经常有”或“偶尔有”集体文化活动的108名农民群体受访者对于社区开展的仅有的一些公共活动的满意度。如表7－49所示，在这108名农民群体受访者中，仅有12人表示“满意”，占有效应答总数的11.1%；有26人表示“比较满意”，占有效应答总数的24.1%；53人认为“一般”，占有效应答总数的49.1%；占有效应答总数11.1%和4.6%的分别表示“不很满意”和“很不满意”，分别为12人和5人。农民群体受访者对于社区开展的仅有的这些公共活动的满意度也并不高。

表7－49

		频率	百分比	有效百分比	累积百分比
有效	满意	12	11.1	11.1	11.1
	比较满意	26	24.1	24.1	35.2
	一般	53	49.1	49.1	84.3
	不很满意	12	11.1	11.1	95.4
	很不满意	5	4.6	4.6	100.0
	合计	108	100.0	100.0	

我们以1分为最低分，7分为最高分，让农民群体受访者对所在社区整体服务满意度打分。如表7－50所示，225个有效应答的农民群体受访者所给出的平均分为4.14。这表明农民群体受访者对社区的整体服务评价为一般。然而，在农村社区公共设施稀少、公共文化活动欠缺且受访者对于公共活动满意度不高的情况下，农民群体受访者对社区的整体服务评价仍为中规中矩的一般，说明农民群体受访者对于这些公共服务的数量和质量持一种无所谓的态度。

表7－50

	N	极小值	极大值	均值	标准差
你对所在社区整体服务满意度是	225	1	7	4.14	1.190
有效的N（列表状态）	225				

（三）农民群体受访者对新农村建设满意度一般，农村基础建设力度需进一步加大

对于更为宏观的评价范围，如果我们仍然像对城市弱势群体的调查那

样统计农民群体受访者对所在城市的公共设施的评价，这显然是不合理的，所以我们选取了近年来广泛开展的新农村建设作为调查切入点。

对于新农村建设应该主要依靠什么的调查中，如表7-51所示，233名有效应答的农民群体受访者中，认为新农村建设应该主要依靠“发展农村集体经济”和“靠政府项目资金扶持”的最多，分别占有效应答总数的30.0%和27.0%，各有70人和63人；“村民和政府集体努力”和“靠村民自身努力”的，分别占有效应答总数的18.5%和11.2%，各有43人和26人；“靠招商引资”和“靠国家政策正确引导”的，仅占有效应答总数的2.1%和3.4%，各有5人和8人；另有占有效应答总数7.7%的农民群体受访者表示“不清楚”，有18人。这表明农民群体受访者对于搞活农村经济、发展农村集体经济的期盼，同时他们希望有政府资金扶持以发展“内功”来致富，而不是仅仅依靠招商引资。

表7-51

		频率	百分比	有效百分比	累积百分比
有效	靠政府项目资金扶持	63	26.3	27.0	27.0
	发展农村集体经济	70	29.2	30.0	57.1
	靠村民自身努力	26	10.8	11.2	68.2
	村民和政府集体努力	43	17.9	18.5	86.7
	靠招商引资	5	2.1	2.1	88.8
	靠国家政策正确引导	8	3.3	3.4	92.3
	不清楚	18	7.5	7.7	100.0
	合计	233	97.1	100.0	
缺失	系统	7	2.9		
合计		240	100.0		

我们统计了农民群体受访者对于新农村建设主要推进落实方面的认识。如表7-52所示，在233人的有效应答中，认为新农村建设的主要推进落实方面应该是“加大农村基础建设投入”、“加大扶贫力度”和“建设和完善农村社会保障体系”的较多，各有124人、97人和93人，响应百分比分别为29.4%、23.0%和22.0%，个案百分比分别为53.2%、41.6%和39.9%。除这三项之外，“加大农村基础教育投入，提高农民素

质”、“鼓励扶持优惠外出务工人员回乡创业”、“组织农民参加职业培训，扩大劳务输出”和“大力推进村务公开和农民自治自理”各有35人、28人、18人和16人，响应百分比分别为8.3%、6.6%、4.3%和3.8%，个案百分比分别为15.0%、12.0%、7.7%和6.9%。选择最少的是“大力发展绿色产业”和“开展电子农务解决农民信息不畅的问题”，各有6人和5人，响应百分比分别为1.4%和1.2%，个案百分比分别为2.6%和2.1%。

表7-52

		响应		个案百分比
		N	百分比	
a	你认为新农村建设应该主要是从“建设和完善农村社会保障体系”方面推进落实吗	93	22.0	39.9
	你认为新农村建设应该主要是从“加大农村基础建设投入”方面推进落实吗	124	29.4	53.2
	你认为新农村建设应该主要是从“大力推进村务公开和农民自治自理”方面推进落实吗	16	3.8	6.9
	你认为新农村建设应该主要是从“大力发展绿色产业”方面推进落实吗	6	1.4	2.6
	你认为新农村建设应该主要是从“组织农民参加职业培训，扩大劳务输出”方面推进落实吗	18	4.3	7.7
	你认为新农村建设应该主要是从“加大扶贫力度”方面推进落实吗	97	23.0	41.6
	你认为新农村建设应该主要是从“鼓励扶持优惠外出务工人员回乡创业”方面推进落实吗	28	6.6	12.0
	你认为新农村建设应该主要是从“加大农村基础教育投入，提高农民素质”方面推进落实吗	35	8.3	15.0
	你认为新农村建设应该主要是从“开展电子农务解决农民信息不畅的问题”方面推进落实吗	5	1.2	2.1
总计		422	100.0	181.1

a：值为“是”时制表的二分组。

而如表7-53所示，我们以1分为最低分，7分为最高分，让230名有效应答的农民群体受访者对所在社区新农村建设状况满意度打分，平均分为4.13，满意度同样为一般。

表 7－53

	N	极小值	极大值	均值	标准差
你对你们社区新农村建设状况的满意度是	230	1	7	4.13	1.135
有效的 N（列表状态）	230				

五、农民群体受访者发展公平与机会均等水平分析

由于农村的教育水平相对于城市差一些，所以我们格外关注农村地区的教育公平，对此的统计分析也就要详细一些。我们对于发展公平水平的统计分析主要从对教育培训的资源配置和评价以及闲暇时间的利用两方面着手。同时，我们通过让农民群体受访者对于自身发展机会进行预期评估和与其他人群进行比较，来分析农民群体受访者的机会均等水平。

（一）农村辍学主要因为贫困和厌学，女生辍学更为严重

针对现在农村的外出务工现象，我们对学生辍学出去打工的原因做了统计。如表 7－54 所示，学生辍学出去打工原因为："家里贫穷没有能力支付高等教育的费用"，占 225 个有效应答总数的 52.9%，有 119 人；"学生厌学自己选择辍学"，占 225 个有效应答总数的 29.3%，有 66 人；"学生基础差，学习成绩不理想"，占 225 个有效应答总数的 8.0%，有 18 人；"大学生就业困难"，占 225 个有效应答总数的 5.3%，有 12 人；"读书没有用，不读书照样赚大钱"，占 225 个有效应答总数的 3.6%，有 8 人；"现在的高等教育问题很多"，占 225 个有效应答总数的 0.9%，仅有 2 人。由此可见学生辍学外出打工的最根本原因还是经济情况不好。

表 7－54

		频率	百分比	有效百分比	累积百分比
有效	家里贫穷没有能力支付高等教育的费用	119	49.6	52.9	52.9
	学生厌学自己选择辍学	66	27.5	29.3	82.2
	学生基础差，学习成绩不理想	18	7.5	8.0	90.2
	读书没有用，不读书照样赚大钱	8	3.3	3.6	93.8
	现在的高等教育问题很多	2	0.8	0.9	94.7

续前表

		频率	百分比	有效百分比	累积百分比
	大学生就业困难	12	5.0	5.3	100.0
	合计	225	93.8	100.0	
缺失	系统	15	6.3		
合计		240	100.0		

对于辍学学生的性别比，如表7-55所示，234个农民群体受访者所了解的其所在社区女生辍学率与男生辍学率的比例大致为6∶4，女生辍学现象更为严重。但如表7-56所示，值得欣慰的是，有141名农民群体受访者（占有效应答总数的62.7%）根据自己了解的情况，认为学生这种辍学情况的今后趋势是会“逐步下降”的。

表7-55

	女生/男生辍学率比	频率	百分比	有效百分比	累积百分比
有效	9/1	6	2.5	2.6	2.6
	8/2	11	4.6	4.7	7.3
	7/3	42	17.5	17.9	25.2
	6/4	123	51.3	52.6	77.8
	5/5	37	15.4	15.8	93.6
	4/6	11	4.6	4.7	98.3
	3/7	2	0.8	0.9	99.1
	1/9	2	0.8	0.9	100.0
	合计	234	97.5	100.0	
缺失	系统	6	2.5		
合计		240	100.0		

表7-56

		频率	百分比	有效百分比	累积百分比
有效	迅速上升	4	1.7	1.8	1.8
	逐步上升	33	13.8	14.7	16.4
	不变	42	17.5	18.7	35.1
	逐步下降	141	58.8	62.7	97.8

续前表

		频率	百分比	有效百分比	累积百分比
	迅速下降	5	2.1	2.2	100.0
	合计	225	93.8	100.0	
缺失	系统	15	6.3		
合计		240	100.0		

（二）农民群体受访者同样关心子女教育，农村师资条件普遍较差

我们同样问到农民群体受访者“假如你的子女学习很优秀，但是家里很贫困，你会怎么做”，如表 7－57 所示，有 148 名农民群体受访者选择“借款、贷款使孩子上学”，占 232 个有效应答总数的 63.8%；选择“变卖东西使孩子上学”的占 232 个有效应答总数的 23.3%，有 54 人；选择“让孩子一边上学一边打工”的占 232 个有效应答总数的 7.8%，有 18 人；只有占 232 个有效应答总数 5.2%的农民群体受访者选择“只好让孩子退学”，有 12 人。

表 7－57

		频率	百分比	有效百分比	累积百分比
有效	借款、贷款使孩子上学	148	61.7	63.8	63.8
	变卖东西使孩子上学	54	22.5	23.3	87.1
	只好让孩子退学	12	5.0	5.2	92.2
	让孩子一边上学一边打工	18	7.5	7.8	100.0
	合计	232	96.7	100.0	
缺失	系统	8	3.3		
合计		240	100.0		

如表 7－58 所示，在调查中，农民群体受访者对农村教育最关心的同样是“师资队伍及教育质量”，占 229 个有效应答总数的 58.1%，占了应答总数的一半多，有 133 人；选择“教育的经费”的占 229 个有效应答总数的 17.0%，有 39 人；选择“教学设备”的占 229 个有效应答总数的 11.4%，有 26 人；选择“教育管理体制”的占 229 个有效应答总数的 10.9%，有 25 人；另有 6 人选择了“其他”，占 229 个有效应答总数的 2.6%。

表 7－58

		频率	百分比	有效百分比	累积百分比
有效	教学设备	26	10.8	11.4	11.4
	师资队伍及教学质量	133	55.4	58.1	69.4
	教育的经费	39	16.3	17.0	86.5
	教育管理体制	25	10.4	10.9	97.4
	其他	6	2.5	2.6	100.0
	合计	229	95.4	100.0	
缺失	系统	11	4.6		
合计		240	100.0		

如表 7－59 所示，在对农民群体受访者所关注的师资情况的调查中，据农民群体受访者所知，附近几个社区学校一名任课老师兼任多门不同课程的情况还是有些普遍的。其中认为“非常普遍”占 227 个有效应答总数的 4.4%，有 10 人；认为“比较普遍”的占 227 个有效应答总数的 25.6%，有 58 人；认为“一般”的占 227 个有效应答总数的 36.6%，有 83 人；认为“不太普遍”的占 227 个有效应答总数的 17.6%，有 40 人；认为“没有”的占 227 个有效应答总数的 7.5%，有 17 人；还有 19 名农民群体受访者表示“不知道”，占 227 个有效应答总数的 8.4%。

表 7－59

		频率	百分比	有效百分比	累积百分比
有效	非常普遍	10	4.2	4.4	4.4
	比较普遍	58	24.2	25.6	30.0
	一般	83	34.6	36.6	66.5
	不太普遍	40	16.7	17.6	84.1
	没有	17	7.1	7.5	91.6
	不知道	19	7.9	8.4	100.0
	合计	227	94.6	100.0	
缺失	系统	13	5.4		
合计		240	100.0		

众所周知，城市与农村之间的教育水平存在显著的差异，而即使在农

村地区，其所在的区域不同，水平也会显著不同，那么同一地区农村之间教育水平的差异是否明显呢？我们认为这对于发展公平和机会均等水平同样产生重要影响。就此我们专门对农民群体受访者所在附近几个社区的农村义务教育的差异情况进行了调查。如表 7－60 所示，在调查中，样本群体中了解情况的农民群体受访者认为，附近几个社区的农村义务教育存在“差距非常大”和“差距比较大”的，分别占 217 个有效应答总数的 4.6％和 25.8％，各有 10 人和 56 人；认为“差距比较小”、“差距很小”和“没有差距”的则分别占 217 个有效应答总数的 39.6％、22.1％和 7.8％，分别有 86 人、48 人和 17 人，共占有效应答总数的 69.5％。由此看来，同一农村地区内的教育水平差距还是相对较小的。

表 7－60

		频率	百分比	有效百分比	累积百分比
有效	差距非常大	10	4.2	4.6	4.6
	差距比较大	56	23.3	25.8	30.4
	差距比较小	86	35.8	39.6	70.0
	差距很小	48	20.0	22.1	92.2
	没有差距	17	7.1	7.8	100.0
	合计	217	90.4	100.0	
缺失	系统	23	9.6		
合计		240	100.0		

如表 7－61 所示，我们以 1 分为最低分，7 分为最高分，让 230 名有效应答的农民群体受访者对农村义务教育的综合评价打分，平均分是 4.37，即较为满意；如表 7－62 所示，235 名有效应答的农民群体受访者对接受高等教育与个人的良好发展之间关系密切度打分，平均分为 5.38，即认为关系比较密切。

表 7－61

	N	极小值	极大值	均值	标准差
你对农村义务教育的综合评价	230	1	7	4.37	1.151
有效的 N（列表状态）	230				

表 7－62

	N	极小值	极大值	均值	标准差
你认为接受高等教育与个人的良好发展之间关系密切吗	235	3	7	5.38	1.150
有效的 N（列表状态）	235				

（三）农民工返乡创业较少

如表 7－63 所示，调查中，195 名有效应答的农民群体受访者家里有成员参加农民工返乡创业绿色通道的仅有 22 人，仅占有效应答总数的 11.3%；有 173 人没有参加，占有效应答总数的 88.7%。

表 7－63

		频率	百分比	有效百分比	累积百分比
有效	有	22	9.2	11.3	11.3
	没有	173	72.1	88.7	100.0
	合计	195	81.3	100.0	
缺失	系统	45	18.8		
合计		240	100.0		

结合前面的各项惠农政策，知道开辟农民工返乡创业绿色通道的人最少，只有占有效应答总数 13.6%的 30 名农民群体受访者表示听说过，这就反映出该项政策的宣传推广力度相当不够且农民工回乡创业的较少。如表 7－64 所示，分析这 30 名农民群体受访者对参加绿色通道的效果评价，在其中 27 个有效应答中，平均分为 3.89（1 分为最低分，7 分为最高分），评价比较一般。

表 7－64

	N	极小值	极大值	均值	标准差
你对参加绿色通道的效果评价是	27	1	5	3.89	1.013
有效的 N（列表状态）	27				

（四）农民群体受访者闲暇时间满意度高于城市弱势群体受访者

在闲暇时间的考察中，如表 7－65 所示，我们可以看到，在 232 人的有效应答中，从事“观赏旅游”的，有 13 人，响应百分比为 4.5%，个案百分比为5.6%；从事“社交”的，有116人，响应百分比为40.4%，个案百分比为50.2%；从事“自学、阅读或自修”的，有28人，响应百分比为9.8%，个案百分比为12.1%；从事“教育孩子”的，有92人，响应百分比为32.1%，个案百分比为39.8%；从事“体育锻炼”的，有23人，响应百分比为8.0%，个案百分比为10.0%；从事“其他”活动的，有15人，响应百分比为5.2%，个案百分比为6.5%。农民群体受访者在闲暇时间所从事活动中最突出的是“社交”，这与农村的熟人社会环境密切相关，且务农人群每年只有集中的几次农忙时节，农闲时间比较多，串门、聊天、打牌下棋成为他们的主要休闲方式。同样，农民群体受访者从事“自学、阅读或自修”等创造性活动的较少，且限于经济条件，也较少进行“观赏旅游”一类消费性活动。

表7-65

		响应		个案百分比
		N	百分比	
a	你在闲暇时间主要做“观赏旅游”吗	13	4.5	5.6
	你在闲暇时间主要做“社交”吗	116	40.4	50.2
	你在闲暇时间主要做“自学、阅读或自修”吗	28	9.8	12.1
	你在闲暇时间主要做“教育孩子”吗	92	32.1	39.8
	你在闲暇时间主要做“体育锻炼”吗	23	8.0	10.0
	你在闲暇时间主要做“其他”吗	15	5.2	6.5
总计		287	100.0	124.2

a：值为“是”时制表的二分组。

如表7-66所示，以1分为最低分，7分为最高分，农民群体受访者按程度对闲暇生活的满意度打分，平均分为4.25，较为满意，较城市弱势群体受访者稍高。

表7-66

	N	极小值	极大值	均值	标准差
你对你的闲暇生活的满意度是	235	1	7	4.25	1.220
有效的N（列表状态）	235				

（五）农民群体受访者对于自身发展机会的评价和预期较为乐观

我们让农民群体受访者将其在社会中所得到的发展机会与大多数人群相比较，如表7-67所示，认为“非常少”和“比较少”的分别占230个有效应答总数的10.0%和30.0%，各有23人和69人；认为“大致一样”的占230个有效应答总数的49.6%，有114人；认为“比较多”和“非常多”的，分别占230个有效应答总数的8.7%和1.7%，分别为20人和4人，合计共占有效应答总数的10.4%。这说明大部分农民群体受访者认为自己在社会中得到了应有的发展机会，这个结果远较城市弱势群体受访者乐观。

表7-67

		频率	百分比	有效百分比	累积百分比
有效	非常少	23	9.6	10.0	10.0
	比较少	69	28.8	30.0	40.0
	大致一样	114	47.5	49.6	89.6
	比较多	20	8.3	8.7	98.3
	非常多	4	1.7	1.7	100.0
	合计	230	95.8	100.0	
缺失	系统	10	4.2		
合计		240	100.0		

而如表7-68所示，这些农民群体受访者对上述发展机会的预期是：认为“大幅下降”的占231个有效应答总数的3.9%，有9人；认为“有所下降”的占231个有效应答总数的14.7%，有34人；认为“不变”的占231个有效应答总数的27.7%，有64人；认为“有所上升”的占231个有效应答总数的51.5%，有119人；认为“大幅上升”的仅占231个有效应答总数的2.2%，只有5人。其中认为“大幅下降”、“有所下降”和“不变”的共占231个有效应答总数的46.3%，这个结果也远较城市弱势群体受访者乐观。

表 7-68

		频率	百分比	有效百分比	累积百分比
有效	大幅下降	9	3.8	3.9	3.9
	有所下降	34	14.2	14.7	18.6
	不变	64	26.7	27.7	46.3
	有所上升	119	49.6	51.5	97.8
	大幅上升	5	2.1	2.2	100.0
	合计	231	96.3	100.0	
缺失	系统	9	3.8		
合计		240	100.0		

我们将农民群体受访者在社会中所得到的发展机会和大多数人群相比较的情况与农民群体受访者对上述发展机会的预期情况，进行交叉分析。如表 7-69 所示，可以清楚地看到，与城市弱势群体受访者一样，对自己当前在社会中所得到的发展机会与大多数人群相比较，比较悲观的农民群体受访者，绝大部分对自己发展机会的预期同样悲观；而相对乐观的农民群体受访者，绝大部分对发展机会的预期也同样乐观。这个有趣的现象值得引起关注。

表 7-69

		你对上述发展机会的预期是					合计
		大幅下降	有所下降	不变	有所上升	大幅上升	
你认为你在社会中所得到的发展机会与大多数人群相比较	非常少	7	6	0	9	0	22
	比较少	1	24	21	23	0	69
	大致一样	1	4	39	69	1	114
	比较多	0	0	4	16	0	20
	非常多	0	0	0	0	4	4
合计		9	34	64	117	5	229

六、农民群体受访者整体福利状况评价分析

我们也同样对农民群体受访者的总体福利状况进行了主观满意度统

计，以 1 分为最低分，7 分为最高分，让农民群体受访者按程度对自己的总体福利状况打分，如表 7－70 所示，235 个有效应答的平均分为 4.35，说明农民群体受访者对自己的总体福利状况较为满意，高于城市弱势群体受访者的主观评价值。

表 7－70

	N	极小值	极大值	均值	标准差
总的来说，你认为你的总体福利状况如何	235	1	7	4.35	1.120
有效的 N（列表状态）	235				

从动态角度来看，我们也对农民群体受访者最近五年的福利状况的总体趋势的主观感受做了调查。结果，如表 7－71 所示，农民群体受访者中认为近五年的福利状况“有很大的提升”的有 7 人，占 231 个有效应答总数的 3.0%；认为“稍微有点提升”的有 162 人，占 231 个有效应答总数的 70.1%；认为“没变”的有 50 人，占 231 个有效应答总数的 21.6%；认为“有所下降”和“大幅下降”各有 7 人和 5 人，仅分别占 231 个有效应答总数的 3.0%和 2.2%。数据显示，认为有提升的共占 231 个有效应答总数的 73.1%，合计共有 169 人，结果也是比较乐观的。

表 7－71

		频率	百分比	有效百分比	累积百分比
有效	有很大的提升	7	2.9	3.0	3.0
	稍微有点提升	162	67.5	70.1	73.2
	没变	50	20.8	21.6	94.8
	有所下降	7	2.9	3.0	97.8
	大幅下降	5	2.1	2.2	100.0
	合计	231	96.3	100.0	
缺失	系统	9	3.8		
合计		240	100.0		

如表 7－72 所示，我们同样分析了农民群体受访者对总体福利状况的预期，在 1 分为最低分、7 分为最高分的设定下，234 个有效应答的平均分为 4.56，预期比现状有所提高，也高于城市弱势群体受访者的主观预

期值。

表 7-72

	N	极小值	极大值	均值	标准差
你认为你的总体福利状况预期如何	234	2	7	4.56	1.027
有效的 N（列表状态）	234				

在对农民群体受访者身心健康和生活状况主观评价的参照调查中，如表 7-73 所示，农民群体受访者在 1 分为最低分、7 分为最高分的设定下，234 个有效应答的农民群体受访者对自己身心健康状况评价的平均打分为 4.85，评价状况为较为满意，较城市弱势群体受访者的分值要高出 1 分多。在关于农民群体受访者对自己生活状况总体评价的统计中，在 1 分为最低分、7 分为最高分的设定下，如表 7-74 所示，235 个有效应答的农民群体受访者对自己生活状况总体评价的平均打分为 4.41，比城市弱势群体受访者的 3.42 分高出近 1 分，对自己的生活状况较为满意。

表 7-73

	N	极小值	极大值	均值	标准差
你对你身心健康状况的评价是	234	2	7	4.85	1.120
有效的 N（列表状态）	234				

表 7-74

	N	极小值	极大值	均值	标准差
你对你生活状况的总体评价如何	235	1	7	4.41	1.164
有效的 N（列表状态）	235				

第三节 农民群体受访者社会福利指数计算

参照第六章第三节对于城市弱势群体受访者的社会福利指数的计算方法，在计算农民群体受访者的社会福利指数时，我们同样将通过对社会福利评价指标体系各项具体指标的统计分析与国家和各级政府的一些统计数据相结合，来测算出农民群体受访者具体的社会福利指数。

在测算农民群体受访者社会福利综合指数（SWI）时，我们同样应用收入与分配公平、安全水平、社会保障水平、福利性公共服务与支出水平、发展公平与机会均等水平五部分的加权线性和来计算。社会福利综合指数的计算公式同样为：

$$\text{社会福利综合指数(SWI)}=\left(\text{收入与分配公平指数 IDI}+\text{安全指数 SI}+\text{社会保障指数 SSI}+\text{福利性公共服务指数 PSI}+\text{发展公平与机会均等指数 DEI}\right)\times(1-\text{基尼系数 G})$$

具体到对农民群体受访者每一层指标指数的计算，我们亦应用综合评分法将每一个参与计算的具体单项指标无量纲化，来得到层指标指数。计算公式同样为：

$$\text{层指标指数}=\sum a_n/n+\sum b_n/n\text{（其中 } n\geqslant 1\text{，}a\text{ 为客观单项指标，}b\text{ 为主观单项指标）}$$

同前面对城市弱势群体受访者社会福利指数的计算一样，一、二、三、四线城市的大致比为：1∶4∶55∶390，则一、二、三、四线城市的权重系数分别为：1/450，4/450，55/450，390/450。

下面，我们就对农民群体受访者具体每一层指标指数及社会福利综合指数进行测算。

一、农民群体受访者收入与分配公平指数（IDI）计算

在 IDI 的计算中，我们同样设定了三个单项指标，即人均年纯收入（ID1）、人均年生活消费支出（ID2）、经济状况主观满意度（ID3）。之所以用人均年生活消费支出来代替恩格尔系数，是因为我们认为，农民群体是中国最主要的农产品生产者，很多主要的农产品是可以自给自足的，所以恩格尔系数的指示性在中国农村并不显著。我们在计算农村的 IDI 时同样应用城市样本的 IDI 计算公式：

IDI＝(ID1＋ID2)/2＋ID3

（一）ID1 得分的计算

根据《中国统计年鉴 2011》中的“农村居民家庭平均每人纯收入(2010 年)”和国研网“2010 年农村居民家庭收支基本情况（按人均纯收入五等分分组)”①，2010 年农村居民人均纯收入为 5 919.01 元，其中最低的是最低收入户中的困难户，人均 1 869.8 元；最高的是最高收入户，人均 14 049.7 元。考虑到中国国情，我们以最高收入户人均 14 049.7 元减去人均 5 919.01 元，再除以 2，得出组间距为 4 065.35 元；以人均 5 919.01 元减去最低收入户人均 1 869.8 元，再除以 3，得出组间距为 1 349.74 元。由此可得出一组间隔点：1 869.8 元，3 219.54 元，4 569.28 元，5 919.01 元，9 984.36 元，14 049.7 元。我们根据实际情况并考虑到收入极差，将各数值及赋分具体调整为如表 7－75 所示：

表 7－75

得分	1	2	3	4	5	6	7
元	(0, 1 900)	[1 900, 3 200)	[3 200, 4 500)	[4 500, 6 000)	[6 000, 10 000)	[10 000, 15 000)	[15 000, +∞)

具体到每个城市的农民群体受访者的纯收入状况，如表 7－76 所示，广州、武汉、贵阳、曹县的农村群体受访者的年均家庭纯收入分别为 30 567.80 元、30 177.97 元、17 576.67 元和 30 328.33 元。

表 7－76

所在地区	你的家庭年收入是多少		统计量	标准误
广州	均值		30 567.80	2 403.924
	均值的 95% 置信区间	下限	25 755.82	
		上限	35 379.77	
	5%修整均值		29 289.08	
	中值		25 000.00	

① http://edu.drcnet.com.cn/eDRCnet.common.web/docview.aspx?version=data&docId=2845387&leafId=16676&chnId=4364.

续前表

所在地区	你的家庭年收入是多少		统计量	标准误
	方差		3.410E8	
	标准差		18 464.892	
	极小值		1 500	
	极大值		100 000	
	范围		98 500	
	四分位距		20 000	
	偏度		1.409	0.311
	峰度		2.676	0.613
武汉	均值		30 177.97	2 363.972
	均值的 95% 置信区间	下限	25 445.96	
		上限	34 909.97	
	5%修整均值		28 730.70	
	中值		25 000.00	
	方差		3.297E8	
	标准差		18 158.014	
	极小值		1 500	
	极大值		100 000	
	范围		98 500	
	四分位距		20 000	
	偏度		1.561	0.311
	峰度		3.134	0.613
贵阳	均值		17 576.67	2 509.055
	均值的 95% 置信区间	下限	12 509.53	
		上限	22 643.81	
	5%修整均值		16 447.09	
	中值		10 000.00	
	方差		2.644E8	
	标准差		16 260.532	
	极小值		0	
	极大值		60 000	
	范围		60 000	
	四分位距		25 250	
	偏度		1.059	0.365
	峰度		0.065	0.717

续前表

所在地区	你的家庭年收入是多少		统计量	标准误
曹县	均值		30 328.33	3 208.491
	均值的 95% 置信区间	下限	23 908.16	
		上限	36 748.51	
	5%修整均值		29 527.78	
	中值		30 000.00	
	方差		6.177E8	
	标准差		24 852.863	
	极小值		1 200	
	极大值		80 000	
	范围		78 800	
	四分位距		45 000	
	偏度		0.281	0.309
	峰度		−1.404	0.608

如表 7－77 所示，结合广州、武汉、贵阳、曹县四城市农民群体受访者的平均家庭常住人口数分别为 5.00 人、4.95 人、4.67 人和 3.22 人，则可计算出广州、武汉、贵阳、曹县的农民群体受访者的人均年纯收入分别为 6 113.56 元、6 096.56 元、3 763.74 元、9 418.74 元。由此，广州、武汉、贵阳、曹县四城市的 ID1 得分分别为 5 分、5 分、3 分、5 分。

表 7－77

所在地区	你家有几口人		统计量	标准误
广州	均值		5.00	0.207
	均值的 95% 置信区间	下限	4.59	
		上限	5.41	
	5%修整均值		4.94	
	中值		5.00	
	方差		2.576	
	标准差		1.605	
	极小值		1	
	极大值		9	
	范围		8	
	四分位距		2	
	偏度		0.382	0.309
	峰度		0.222	0.608

续前表

所在地区	你家有几口人		统计量	标准误
武汉	均值		4.95	0.209
	均值的 95% 置信区间	下限	4.53	
		上限	5.37	
	5%修整均值		4.89	
	中值		5.00	
	方差		2.625	
	标准差		1.620	
	极小值		1	
	极大值		9	
	范围		8	
	四分位距		2	
	偏度		0.455	0.309
	峰度		0.161	0.608
贵阳	均值		4.67	0.232
	均值的 95% 置信区间	下限	4.21	
		上限	5.14	
	5%修整均值		4.63	
	中值		5.00	
	方差		2.965	
	标准差		1.722	
	极小值		1	
	极大值		12	
	范围		11	
	四分位距		1	
	偏度		1.141	0.322
	峰度		5.224	0.634

续前表

所在地区	你家有几口人		统计量	标准误
曹县	均值		3.22	0.137
	均值的 95% 置信区间	下限	2.94	
		上限	3.49	
	5%修整均值		3.17	
	中值		3.00	
	方差		1.122	
	标准差		1.059	
	极小值		1	
	极大值		7	
	范围		6	
	四分位距		2	
	偏度		0.611	0.309
	峰度		1.350	0.608

（二）ID2 得分的计算

根据国研网“2010 年农村居民家庭收支基本情况（按人均纯收入五等分分组）”①，我们通过计算可以得出，2010 年农村居民平均生活消费支出为 4 381.8 元，其中最低收入户为 2 535.4 元，最高收入户为 8 190.4 元。考虑到中国国情，我们以最高收入户 8 190.4 元减去平均支出 4 381.8 元，再除以 2，得出组间距为 1 904.3 元；以平均支出 4 381.8 元减去最低收入户的 2 535.4 元，再除以 3，得出组间距为 615.47 元。由此可得出一组间隔点：2 535.40 元，3 150.87 元，3 766.34 元，4 381.80 元，6 286.10 元，8 190.40 元。我们根据实际情况并考虑到收入极差，将各数值及赋分具体调整为如表 7－78 所示：

表 7－78

得分	1	2	3	4	5	6	7
元	(0, 2 600)	[2 600, 3 200)	[3 200, 3 800)	[3 800, 4 400)	[4 400, 6 300)	[6 300, 8 200)	[8 200, +∞)

① http://edu.drcnet.com.cn/eDRCnet.common.web/docview.aspx?version=data&docId=2845387&leafId=16676&chnId=4364.

如表 7－79 所示，具体到每个城市的农民群体受访者的家庭年均生活消费支出状况，广州、武汉、贵阳、曹县的农民群体受访者的家庭年均生活消费支出分别为 24 305.08 元、24 271.19 元、12 876.32 元、13 221.67 元。

表 7－79

所在地区	你家庭平均每年支出多少		统计量	标准误
广州	均值		24 305.08	1 676.714
	均值的 95% 置信区间	下限	20 948.78	
		上限	27 661.39	
	5%修整均值		23 593.22	
	中值		20 000.00	
	方差		1.659E8	
	标准差		12 879.085	
	极小值		3 000	
	极大值		70 000	
	范围		67 000	
	四分位距		15 000	
	偏度		1.230	0.311
	峰度		1.857	0.613
武汉	均值		24 271.19	1 656.475
	均值的 95% 置信区间	下限	20 955.39	
		上限	27 586.98	
	5%修整均值		23 427.50	
	中值		20 000.00	
	方差		1.619E8	
	标准差		12 723.628	
	极小值		5 000	
	极大值		70 000	
	范围		65 000	
	四分位距		15 000	
	偏度		1.337	0.311
	峰度		2.004	0.613

续前表

所在地区	你家庭平均每年支出多少		统计量	标准误
贵阳	均值		12 876.32	1 412.379
	均值的 95% 置信区间	下限	10 014.56	
		上限	15 738.07	
	5%修整均值		12 286.55	
	中值		10 000.00	
	方差		75 802 937.411	
	标准差		8 706.488	
	极小值		300	
	极大值		40 000	
	范围		39 700	
	四分位距		14 000	
	偏度		1.028	0.383
	峰度		1.346	0.750
曹县	均值		13 221.67	1 419.073
	均值的 95% 置信区间	下限	10 382.11	
		上限	16 061.23	
	5%修整均值		12 574.07	
	中值		10 000.00	
	方差		1.208E8	
	标准差		10 992.094	
	极小值		1 000	
	极大值		40 000	
	范围		39 000	
	四分位距		17 000	
	偏度		0.759	0.309
	峰度		−0.527	0.608

结合广州、武汉、贵阳、曹县的农民群体受访者的平均家庭常住人口数，则可计算出人均年生活消费支出分别为 4 861.02 元、4 903.27 元、2 757.24 元、4 106.11 元。由此，广州、武汉、贵阳、曹县的 ID2 得分分别为 5 分、5 分、2 分、4 分。

（三）ID3 得分的计算

如表 7－80 所示，对于每个城市的农民群体受访者的经济状况主观满意度，广州、武汉、贵阳、曹县的农民群体受访者的 ID3 经济状况主观满意度得分分别为 4.17 分、4.10 分、3.34 分和 4.17 分。

表 7－80

所在地区	你对自己的经济状况的满意度		统计量	标准误
广州	均值		4.17	0.149
	均值的 95% 置信区间	下限	3.87	
		上限	4.47	
	5%修整均值		4.17	
	中值		4.00	
	方差		1.316	
	标准差		1.147	
	极小值		1	
	极大值		7	
	范围		6	
	四分位距		1	
	偏度		－0.131	0.311
	峰度		2.012	0.613
武汉	均值		4.10	0.167
	均值的 95% 置信区间	下限	3.77	
		上限	4.44	
	5%修整均值		4.11	
	中值		4.00	
	方差		1.645	
	标准差		1.282	
	极小值		1	
	极大值		7	
	范围		6	
	四分位距		1	
	偏度		－0.145	0.311
	峰度		1.342	0.613

续前表

所在地区	你对自己的经济状况的满意度		统计量	标准误
贵阳	均值		3.34	0.158
	均值的 95% 置信区间	下限	3.02	
		上限	3.66	
	5%修整均值		3.36	
	中值		4.00	
	方差		1.392	
	标准差		1.180	
	极小值		1	
	极大值		6	
	范围		5	
	四分位距		1	
	偏度		−0.357	0.319
	峰度		−0.286	0.628
曹县	均值		4.17	0.068
	均值的 95% 置信区间	下限	4.03	
		上限	4.30	
	5%修整均值		4.19	
	中值		4.00	
	方差		0.277	
	标准差		0.526	
	极小值		3	
	极大值		5	
	范围		2	
	四分位距		0	
	偏度		0.187	0.309
	峰度		0.317	0.608

（四）IDI 得分的计算

综上，广州、武汉、贵阳、曹县的综合得分分别为 9.17 分、9.10 分、5.84 分和 8.67 分。由此，经过城市加权，求得：

$$\begin{aligned}IDI &= 1/450[(ID1+ID2)/2+ID3]_{\text{广州}}\\ &\quad +4/450[(ID1+ID2)/2+ID3]_{\text{武汉}}\\ &\quad +55/450[(ID1+ID2)/2+ID3]_{\text{贵阳}}\\ &\quad +390/450[(ID1+ID2)/2+ID3]_{\text{曹县}}\\ &= 8.33\text{ 分}\end{aligned}$$

二、农民群体受访者安全指数（SI）计算

在SI的计算中，我们设定了四个与城市相同的单项指标，即生活垃圾无害化处理率（SL1）、每万人刑事案发率（SL2）、每十万人意外死亡率（SL3）和主观安全感（SL4）。由于农村位于城市周边，对SL1、SL2、SL3这三个指标的统计通常是将城市与农村看作一个整体进行统计的，而SL4则是单独针对农民群体的主观安全感统计。其中，SL1为正向单项指标，SL2、SL3都是逆指标，SL4是居民分事件主观满意度的测量项。所以，安全指数的计算公式构成如下：

SI＝(SL1＋SL2＋SL3)/3＋SL4

（一）SL1得分的计算

对于SL1，根据城市安全指数中SL1的赋值表（表6－73），具体到每个城市的生活垃圾无害化处理率，根据《2011广州统计年鉴》，广州市2010年生活垃圾无害化处理率为91.96%。根据《2011武汉统计年鉴》，武汉市2010年生活垃圾无害化处理率为85.01%。根据《2011贵阳统计年鉴》，贵阳市2010年生活垃圾无害化处理率为90%。根据《2011菏泽统计年鉴》，曹县2010年生活垃圾无害化处理率为80.53%。由此，广州、武汉、贵阳、曹县四个样本城市每个城市的SL1得分分别为6分、5分、5分、4分。

（二）SL2得分的计算

对于SL2，根据城市安全指数中SL2的赋值表（表6－74），具体到每个城市的每万人刑事案发率，根据《2011广州统计年鉴》，广州市2010年刑事案发总数为53 738起，全市2010年末人口数为8 061 370人，则每万人刑事案发率为66.66。根据《2011武汉统计年鉴》，武汉市2010年刑事案发总数为72 020起，全市2010年末人口数为8 367 323人，则每万人刑事案发率为86.07。根据《2011贵阳统计年鉴》，贵阳市2010年刑事案发总数为5 725起，全市2010年末人口数为432.93万人，则每万人刑事案发率为13.22。根据《2011菏泽统计年鉴》，曹县2010年刑事案发总数为2 007起，全县2010年末人口数为1 562 186人，则每万人刑事案发率为12.84。由此，广州、武汉、贵阳、曹县的SL2得分分别为3分、2分、6分、6分。

（三）SL3得分的计算

对于SL3，根据城市安全指数中SL3的赋值表（表6-75），具体到每个城市的每十万人意外死亡率，根据《2011广州统计年鉴》，广州市2010年交通事故死亡和火灾事故死亡人数为1 031人，全市2010年末人口数为8 061 370人，则每十万人意外死亡率为12.79。根据《2011武汉统计年鉴》，武汉市2010年交通事故死亡和火灾事故死亡人数为373人，全市2010年末人口数为8 367 323人，则每十万人意外死亡率为4.46。根据《2011贵阳统计年鉴》，贵阳市2010年交通事故死亡和火灾事故死亡人数为223人，全市2010年末人口数为432.93万人，则每十万人意外死亡率为5.15。根据《2011菏泽统计年鉴》，曹县2010年交通事故死亡和火灾事故死亡人数为53人，全市2010年末人口数为1 562 186人，则每十万人意外死亡率为3.39。由此，广州、武汉、贵阳、曹县四个样本城市每个城市的SL3得分分别为2分、4分、3分、5分。

（四）SL4得分的计算

如表7-81所示，对于每个城市的农民群体受访者的主观安全感，广州、武汉、贵阳、曹县的农民群体受访者的得分分别为5.00分、5.00分、3.86分和3.88分。

表7-81

所在地区	你所感觉的安全程度是		统计量	标准误
广州	均值		5.00	0.179
	均值的95%置信区间	下限	4.64	
		上限	5.36	
	5%修整均值		5.04	
	中值		5.00	
	方差		1.897	
	标准差		1.377	
	极小值		1	
	极大值		7	
	范围		6	
	四分位距		2	
	偏度		0.000	0.311
	峰度		−0.280	0.613

续前表

所在地区	你所感觉的安全程度是		统计量	标准误
武汉	均值		5.00	0.179
	均值的 95% 置信区间	下限	4.64	
		上限	5.36	
	5%修整均值		5.04	
	中值		5.00	
	方差		1.897	
	标准差		1.377	
	极小值		1	
	极大值		7	
	范围		6	
	四分位距		2	
	偏度		0.000	0.311
	峰度		−0.280	0.613
贵阳	均值		3.86	0.191
	均值的 95% 置信区间	下限	3.47	
		上限	4.24	
	5%修整均值		3.86	
	中值		4.00	
	方差		2.052	
	标准差		1.432	
	极小值		1	
	极大值		7	
	范围		6	
	四分位距		2	
	偏度		0.106	0.319
	峰度		−0.331	0.628

续前表

所在地区	你所感觉的安全程度是		统计量	标准误
曹县	均值		3.88	0.076
	均值的 95% 置信区间	下限	3.73	
		上限	4.03	
	5%修整均值		3.87	
	中值		4.00	
	方差		0.342	
	标准差		0.585	
	极小值		3	
	极大值		5	
	范围		2	
	四分位距		0	
	偏度		0.014	0.309
	峰度		−0.046	0.608

（五）SI 得分的计算

综上，广州、武汉、贵阳、曹县四个样本城市每个城市的综合得分分别为 8.67 分、8.67 分、8.53 分、8.88 分。由此，经过城市加权，求得：

$$
\begin{aligned}
SI =& 1/450[(SL1+SL2+SL3)/3+SL4]_{广州} \\
&+4/450[(SL1+SL2+SL3)/3+SL4]_{武汉} \\
&+55/450[(SL1+SL2+SL3)/3+SL4]_{贵阳} \\
&+390/450[(SL1+SL2+SL3)/3+SL4]_{曹县} \\
=& 8.83 \text{ 分}
\end{aligned}
$$

三、农民群体受访者社会保障指数（SSI）计算

在 SSI 的计算中，我们设定了四个单项指标，即社会保障和就业支出占财政支出比例（SS1）、新农村合作医疗参保率（SS2）、居住状况主观满意度（SS3）、社会保障状况主观满意度（SS4）。其中，SS1 用来测量地方社会保障性财政支出占地方财政支出比例，SS2 用来度量新农村合作医疗的覆盖范围，SS3 和 SS4 是同一聚类指标，都是居民分事件主观满意度

的测量项。所以，社会保障指数的计算公式构成如下：

SSI＝(SS1＋SS2)/2＋(SS3＋SS4)/2

（一）SS1 得分的计算

根据《中国统计年鉴 2011》中的“中央和地方财政主要支出项目（2010 年)”，2010 年地方财政支出为 73 884.43 亿元，其中社会保障与就业支出 8 680.32 亿元，占地方财政支出比例为 11.75%。我们根据《中国统计年鉴 2011》中的“各地区财政支出（2010 年)”，可以计算得出各地区各项财政支出占其一般性财政支出的比例。其中，社会保障与就业支出占财政支出比例的统计中，出现极大值：青海为 25.49%，我们将其作为最高值的参考值。其余各地区中，比值最低的是西藏，为 5.79%；比值最高的是辽宁，为 18.14%。考虑到中国国情，我们以青海之外的最高值 18.14%减去总均值 11.75%，再除以 2，得出组间距为 3.20%；以总均值 11.75%减去最低值 5.79%，再除以 3，得出组间距为 1.99%。由此可得出一组间隔点：5.79%，7.78%，9.77%，11.75%，14.95%，18.14%，25.49%。我们根据实际情况，将各数值及赋分具体调整为如表 7－82 所示：

表 7－82

得分	1	2	3	4	5	6	7
%	(0，6)	[6，8)	[8，10)	[10，12)	[12，15)	[15，19)	[19，26)

具体到每个城市的社会保障和就业支出占地方财政支出比例，根据《2011 广州统计年鉴》“6－4 地方财政支出”，可以看到广州市 2010 年地方财政支出为 13 613 207 万元，其中社会保障和就业支出为 1 052 349 万元，占地方财政支出比为 7.73%。根据《2011 武汉统计年鉴》“8－1 财政收入与支出”，可以看到武汉市 2010 年地方财政支出为 9 899 466 万元，其中社会保障和就业支出为 918 973 万元，占地方财政支出比为 9.28%。根据贵阳市统计局公布的《2010 年贵阳市国民经济和社会发展统计公报》①，可以看到贵阳市 2010 年地方财政支出为 2 043 801 万元，其中社

① http://www.gz.stats.gov.cn/SysHTML/ArticleHTML/43878_1.shtml.

会保障和就业支出为169 311万元，占地方财政支出比为8.28%。根据《2011菏泽统计年鉴》“各县市区财政总支出情况”，可以看到曹县2010年地方财政支出为225 540万元，其中社会保障和就业支出为30 150万元，占地方财政支出比为13.37%。由此，广州、武汉、贵阳、曹县四个样本城市每个城市的SS1得分分别为2分、3分、3分、5分。

（二）SS2得分的计算

根据城市社会基本医疗保险参保率（SS2）赋值表（表6-78），98%及以上为7分，具体到每个城市的新农村合作医疗参保率，如表7-83所示，广州、武汉受访者新农村合作医疗参保率为93.22%，贵阳为89.47%，曹县为95.00%。由此，广州、武汉、贵阳、曹县的SS2得分分别为6分、6分、5分、6分。

表7-83

		你有没有参加新农村合作医疗		合计
		参加	不参加	
所在地区	广州	55	4	59
	武汉	55	4	59
	贵阳	51	6	57
	曹县	57	3	60
合计		218	17	235

（三）SS3得分的计算

如表7-84所示，对于SS3居住状况主观满意度，广州、武汉、贵阳、曹县的农民群体受访者的居住状况主观满意度分别为4.34分、4.26分、4.08分和4.42分。

表7-84

所在地区	你对你们家的住房情况满意度如何		统计量	标准误
广州	均值		4.34	0.212
	均值的95%置信区间	下限	3.91	
		上限	4.77	

续前表

所在地区	你对你们家的住房情况满意度如何		统计量	标准误
	5%修整均值		4.38	
	中值		4.00	
	方差		2.382	
	标准差		1.544	
	极小值		1	
	极大值		7	
	范围		6	
	四分位距		1	
	偏度		−0.143	0.327
	峰度		0.406	0.644
武汉	均值		4.26	0.218
	均值的 95% 置信区间	下限	3.82	
		上限	4.70	
	5%修整均值		4.29	
	中值		4.00	
	方差		2.573	
	标准差		1.604	
	极小值		1	
	极大值		7	
	范围		6	
	四分位距		1	
	偏度		−0.157	0.325
	峰度		0.190	0.639
贵阳	均值		4.08	0.171
	均值的 95% 置信区间	下限	3.73	
		上限	4.42	
	5%修整均值		4.11	
	中值		4.00	
	方差		1.523	
	标准差		1.234	

续前表

所在地区	你对你们家的住房情况满意度如何		统计量	标准误
	极小值		1	
	极大值		7	
	范围		6	
	四分位距		2	
	偏度		—0.281	0.330
	峰度		0.343	0.650
曹县	均值		4.42	0.080
	均值的 95% 置信区间	下限	4.26	
		上限	4.58	
	5%修整均值		4.39	
	中值		4.00	
	方差		0.383	
	标准差		0.619	
	极小值		3	
	极大值		7	
	范围		4	
	四分位距		1	
	偏度		1.217	0.309
	峰度		3.537	0.608

（四）SS4 得分的计算

对于 SS4 社会保障状况主观满意度，如表 7－85 所示，广州、武汉、贵阳、曹县的农民群体受访者的社会保障状况主观满意度分别为 4.63 分、4.56 分、3.79 分和 4.05 分。

表 7－85

所在地区	你对社会保障的满意度是		统计量	标准误
广州	均值		4.63	0.183
	均值的 95% 置信区间	下限	4.26	
		上限	4.99	
	5%修整均值		4.61	

续前表

所在地区	你对社会保障的满意度是		统计量	标准误
广州	中值		4.00	
	方差		1.601	
	标准差		1.265	
	极小值		2	
	极大值		7	
	范围		5	
	四分位距		2	
	偏度		0.561	0.343
	峰度		−0.388	0.674
武汉	均值		4.56	0.176
	均值的 95% 置信区间	下限	4.21	
		上限	4.92	
	5%修整均值		4.54	
	中值		4.00	
	方差		1.485	
	标准差		1.219	
	极小值		2	
	极大值		7	
	范围		5	
	四分位距		1	
	偏度		0.621	0.343
	峰度		−0.159	0.674
贵阳	均值		3.79	0.169
	均值的 95% 置信区间	下限	3.45	
		上限	4.13	
	5%修整均值		3.82	
	中值		4.00	
	方差		1.090	
	标准差		1.044	
	极小值		1	
	极大值		6	
	范围		5	
	四分位距		1	
	偏度		−0.456	0.383
	峰度		0.379	0.750

续前表

所在地区	你对社会保障的满意度是		统计量	标准误
曹县	均值		4.05	0.060
	均值的 95% 置信区间	下限	3.93	
		上限	4.18	
	5%修整均值		4.07	
	中值		4.00	
	方差		0.201	
	标准差		0.448	
	极小值		2	
	极大值		5	
	范围		3	
	四分位距		0	
	偏度		−1.022	0.322
	峰度		9.083	0.634

（五）SSI 得分的计算

综上，广州、武汉、贵阳、曹县的综合得分分别为 8.49 分、8.91 分、7.94 分、9.74 分。由此，经过城市加权，求得：

$$
\begin{aligned}
SSI = & 1/450[(SS1+SS2)/2+(SS3+SS4)/2]_{广州} \\
& +4/450[(SS1+SS2)/2+(SS3+SS4)/2]_{武汉} \\
& +55/450[(SS1+SS2)/2+(SS3+SS4)/2]_{贵阳} \\
& +390/450[(SS1+SS2)/2+(SS3+SS4)/2]_{曹县} \\
= & 9.51 \text{ 分}
\end{aligned}
$$

四、农民群体受访者福利性公共服务指数（PSI）计算

在 PSI 的计算中，我们设定了四个与城市相同的单项指标，即每千人拥有医疗卫生机构床位数（PS1）、医疗卫生支出占财政支出比例（PS2）、环境保护支出占财政支出比例（PS3）、社区服务状况主观满意度（PS4）。同样，由于农村位于城市周边，而农民的医疗就诊通常也会在其所属的城市中进行，因此 PS1、PS2、PS3 这三个指标的统计通常是将城市与农村

看作一个整体进行统计的，而 PS4 则是单独针对农民群体的社区服务状况主观满意度统计的。其中，PS1 为单独计算的单项指标；PS2 和 PS3 是同一聚类指标，用来测量公共服务性财政支出状况；PS4 是关于居民分事件主观满意度的测量项。所以，福利性公共服务指数的计算公式构成如下：

$$PSI=(PS1+PS2+PS3)/3+PS4$$

（一）PS1 得分的计算

对于 PS1 每千人拥有医疗卫生机构床位数，根据《中国统计年鉴 2011》，2010 年全国每千人拥有医疗卫生机构床位数为 3.56 个，其中各地区每千人拥有医疗卫生机构床位数最高的是上海，为 7.44 个；每千人拥有医疗卫生机构床位数最低的是贵州，为 2.51 个。考虑到中国国情，我们以最高值 7.44 减去全国均值 3.56，再除以 2，得出组间距为 1.94；以全国均值 3.56 减去最低值 2.51，再除以 3，得出组间距为 0.35。由此可得出一组间隔点：2.51，2.86，3.21，3.56，5.50，7.44。我们根据实际情况，将各数值及其赋分具体调整为如表 7－86 所示：

表 7－86

得分	1	2	3	4	5	6	7
个/千人	(0, 2.6)	[2.6, 2.9)	[2.9, 3.2)	[3.2, 3.5)	[3.5, 5.5)	[5.5, 7.5)	[7.5, +∞)

具体到每个城市的每千人拥有医疗卫生机构床位数，根据《2011 广州统计年鉴》，广州市 2010 年医疗卫生机构床位数为 62 552 个，全市 2010 年末人口数为 8 061 370 人，则每千人拥有医疗卫生机构床位数为 7.76 个。根据《2011 武汉统计年鉴》，武汉市 2010 年医疗卫生机构床位数为 51 199 个，全市 2010 年末人口数为 8 367 323 人，则每千人拥有医疗卫生机构床位数为 6.12 个。根据《2011 贵阳统计年鉴》，贵阳市 2010 年医疗卫生机构床位数为 21 826 个，全市 2010 年末人口数为 432.93 万人，则每千人拥有医疗卫生机构床位数为 5.04 个。根据《2011 菏泽统计年鉴》，曹县 2010 年医疗卫生机构床位数为 4 124 个，全县 2010 年末人口数为 1 562 186 人，则每千人拥有医疗卫生机构床位数为 2.64 个。由此，广州、武汉、贵阳、曹县每个城市的 PS1 得分分别为 7 分、6 分、5

分、2分。

（二）PS2得分的计算

根据《中国统计年鉴2011》中的“中央和地方财政主要支出项目（2010年）”，2010年地方财政支出为73 884.43亿元，其中医疗卫生支出4 730.62亿元，占财政支出比例为6.40%。我们根据《中国统计年鉴2011》中的“各地区财政支出（2010年）”，可以计算得出各地区各项财政支出占其一般性财政支出的比例，其中，医疗卫生支出占财政支出比例的统计中，最低的是辽宁，为4.74%；最高的是河北，为8.35%。考虑到中国国情，我们以最高值8.35%减去总均值6.40%，再除以2，得出组间距为0.98%；以总均值6.40%减去最低值4.74%，再除以3，得出组间距为0.55%。由此可得出一组间隔点：4.74%，5.29%，5.84%，6.40%，7.38%，8.35%。我们根据实际情况，将各数值及其赋分具体调整为如表7-87所示：

表7-87

得分	1	2	3	4	5	6	7
%	(0，4.7)	[4.7，5.3)	[5.3，5.8)	[5.8，6.3)	[6.3，7.3)	[7.3，8.3)	[8.3，+∞)

具体到每个城市的医疗卫生支出占财政支出比例，根据《2011广州统计年鉴》“6-4地方财政支出”，可以看到广州市2010年地方财政支出为13 613 207万元，其中医疗卫生支出为513 908万元，占财政支出比例为3.78%。根据《2011武汉统计年鉴》“8-1财政收入与支出”，可以看到武汉市2010年地方财政支出为9 899 466万元，其中医疗卫生支出为383 280万元，占财政支出比例为3.87%。根据《2011贵阳统计年鉴》，贵阳市2010年地方财政支出为2 043 801万元，其中医疗卫生支出为122 073万元，占财政支出比例为5.97%。根据《2011菏泽统计年鉴》“各县市区财政总支出情况”，可以看到曹县的2010年地方财政支出为225 540万元，其中医疗卫生支出为18 313万元，占财政支出比例为8.12%。由此，广州、武汉、贵阳、曹县每个城市的PS2得分分别为1分、1分、4分、6分。

（三）PS3 得分的计算

根据《中国统计年鉴 2011》中的“中央和地方财政主要支出项目（2010 年）”，2010 年地方财政支出为 73 884.43 亿元，其中环境保护支出 2 372.5 亿元，占财政支出比例为 3.21%。我们根据《中国统计年鉴 2011》中的“各地区财政支出（2010 年）”，可以计算得出各地区各项财政支出占其一般性财政支出的比例。其中，环境保护支出占财政支出比例的统计中，最低的是上海，为 1.43%；最高的是宁夏，为 5.52%。考虑到中国国情，我们以最高值 5.52%减去总均值 3.21%，再除以 2，得出组间距为 1.16%；以总均值 3.21%减去最低值 1.43%，再除以 3，得出组间距为 0.59%。由此可得出一组间隔点：1.43%，2.02%，2.61%，3.21%，4.37%，5.52%。我们根据实际情况，将各数值及其赋分具体调整为如表 7－88 所示：

表 7－88

得分	1	2	3	4	5	6	7
%	(0，1.4)	[1.4，2)	[2，2.6)	[2.6，3.2)	[3.2，4.4)	[4.4，5.6)	[5.6，+∞)

具体到每个城市的环境保护支出占财政支出比例，根据《2011 广州统计年鉴》“6－4 地方财政支出”，可以看到广州市的 2010 年地方财政支出为 13 613 207 万元，其中环境保护支出为 243 259 万元，占财政支出比例为 1.79%。根据《2011 武汉统计年鉴》“8－1 财政收入与支出”，可以看到武汉市 2010 年地方财政支出为 9 899 466 万元，其中环境保护支出为 105 928 万元，占财政支出比例为 1.07%。根据《2011 贵阳统计年鉴》，贵阳市 2010 年地方财政支出为 2 043 801 万元，其中环境保护支出为 54 123 万元，占财政支出比例为 2.63%。根据《2011 菏泽统计年鉴》“各县市区财政总支出情况”，可以看到曹县的 2010 年地方财政支出为 225 540 万元，其中环境保护支出为 4 864 万元，占财政支出比例为 2.16%。由此，广州、武汉、贵阳、曹县的 PS3 得分分别为 2 分、1 分、4 分、3 分。

（四）PS4 得分的计算

对于 PS4 社区服务状况主观满意度，如表 7－89 所示，广州、武汉、贵阳、曹县的农民群体受访者的社区服务状况主观满意度分别为 4.66 分、4.57 分、3.66 分和 3.68 分。

表 7-89

所在地区	你对所在社区整体服务满意度是		统计量	标准误
广州	均值		4.66	0.151
	均值的 95% 置信区间	下限	4.36	
		上限	4.96	
	5%修整均值		4.62	
	中值		4.00	
	方差		1.283	
	标准差		1.133	
	极小值		3	
	极大值		7	
	范围		4	
	四分位距		1	
	偏度		0.714	0.319
	峰度		−0.137	0.628
武汉	均值		4.57	0.169
	均值的 95% 置信区间	下限	4.23	
		上限	4.91	
	5%修整均值		4.56	
	中值		4.00	
	方差		1.595	
	标准差		1.263	
	极小值		2	
	极大值		7	
	范围		5	
	四分位距		1	
	偏度		0.367	0.319
	峰度		−0.248	0.628

续前表

所在地区	你对所在社区整体服务满意度是		统计量	标准误
贵阳	均值		3.66	0.183
	均值的 95% 置信区间	下限	3.29	
		上限	4.03	
	5%修整均值		3.68	
	中值		4.00	
	方差		1.767	
	标准差		1.329	
	极小值		1	
	极大值		6	
	范围		5	
	四分位距		2	
	偏度		−0.360	0.327
	峰度		−0.359	0.644
曹县	均值		3.68	0.069
	均值的 95% 置信区间	下限	3.54	
		上限	3.82	
	5%修整均值		3.67	
	中值		4.00	
	方差		0.288	
	标准差		0.537	
	极小值		3	
	极大值		5	
	范围		2	
	四分位距		1	
	偏度		−0.109	0.309
	峰度		−0.676	0.608

（五）PSI 得分的计算

综上，广州、武汉、贵阳、曹县的综合得分分别为 7.99 分、7.24 分、7.99 分、7.35 分。由此，经过城市加权，求得：

$$\begin{aligned}PSI &= 1/450[(PS1+PS2+PS3)/3+PS4]_{广州}\\ &\quad +4/450[(PS1+PS2+PS3)/3+PS4]_{武汉}\\ &\quad +55/450[(PS1+PS2+PS3)/3+PS4]_{贵阳}\\ &\quad +390/450[(PS1+PS2+PS3)/3+PS4]_{曹县}\\ &= 7.43 分\end{aligned}$$

五、农民群体受访者发展公平与机会均等指数（DEI）计算

在 DEI 的计算中，我们设定了五个与城市相同的单项指标，即人均受教育程度（DE1）、教育支出占财政支出比例（DE2）、受教育程度与发展机会关联主观评价度（DE3）、发展机会均等主观评价度（DE4）、闲暇生活质量主观满意度（DE5）。同样，由于农村位于城市周边，因此我们统计 DE2 指标时通常是将城市与农村看作一个整体进行统计的，而 DE1、DE3、DE4、DE5 则是单独针对农民群体的主观评价进行统计的。其中，DE1 为采用评分法计算的单项指标；DE2 用来测量教育财政支出状况；DE3、DE4 和 DE5 是同一聚类指标，都是关于居民分事件主观评价度的测量项。所以，发展公平与机会均等指数的计算公式构成如下：

$$DEI=(DE1+DE2)/2+(DE3+DE4+DE5)/3$$

（一）DE1 得分的计算

DE1 人均受教育程度的测算，我们通过表 7-90，求出广州、武汉、贵阳、曹县的农民群体受访者的平均受教育程度，然后将 5 分制的结果换算为 7 分制，以便于统分计算，得出广州、武汉、贵阳、曹县的农民群体受访者的平均受教育程度分别为 3.23 分、3.25 分、2.80 分、2.55 分。

表 7-90

所在地区	你的文化程度		统计量	标准误
广州	均值		3.23	0.096
	均值的 95% 置信区间	下限	3.04	
		上限	3.43	
	5%修整均值		3.19	
	中值		3.00	
	方差		0.555	
	标准差		0.745	
	极小值		2	
	极大值		6	
	范围		4	
	四分位距		1	
	偏度		1.117	0.309
	峰度		2.728	0.608
武汉	均值		3.25	0.105
	均值的 95% 置信区间	下限	3.04	
		上限	3.46	
	5%修整均值		3.20	
	中值		3.00	
	方差		0.665	
	标准差		0.816	
	极小值		2	
	极大值		6	
	范围		4	
	四分位距		1	
	偏度		0.860	0.309
	峰度		1.481	0.608

续前表

所在地区	你的文化程度		统计量	标准误
贵阳	均值		2.80	0.136
	均值的 95% 置信区间	下限	2.53	
		上限	3.07	
	5%修整均值		2.80	
	中值		3.00	
	方差		1.112	
	标准差		1.054	
	极小值		1	
	极大值		5	
	范围		4	
	四分位距		2	
	偏度		−0.212	0.309
	峰度		−0.536	0.608
曹县	均值		2.55	0.137
	均值的 95% 置信区间	下限	2.28	
		上限	2.82	
	5%修整均值		2.48	
	中值		2.00	
	方差		1.133	
	标准差		1.064	
	极小值		1	
	极大值		6	
	范围		5	
	四分位距		1	
	偏度		1.086	0.309
	峰度		1.369	0.608

同样根据《中国统计年鉴 2011》，2010 年全国每十万人口受教育程度分别为：文盲或半文盲 8 930 人，小学 14 032 人，初中 38 788 人，高中

或中专 26 779 人，大专及以上 4 800 人。以文盲或半文盲为 1 分，大专及以上为 5 分，则平均分为 3.05 分。我们以最高值 5 减去全国均值 3.05，再除以 3，得出组间距为 0.65；以全国均值 3.05 减去最低值 1，再除以 4，得出组间距为 0.51。由此可得出一组间隔点：1.00，1.51，2.02，2.53，3.05，3.70，4.35，5.00。我们根据实际情况，将各数值及其赋分具体调整为如表 7－91 所示。

表 7－91

得分	1	2	3	4	5	6	7
元	[1.00，1.51）	[1.51，2.02）	[2.02，2.53）	[2.53，3.05）	[3.05，3.70）	[3.70，4.35）	[4.35，5.00]

换算为 7 分制，广州、武汉、贵阳、曹县的农民群体受访者的平均受教育程度分别为 5 分、5 分、4 分、4 分。

（二）DE2 得分的计算

根据《中国统计年鉴 2011》中的“中央和地方财政主要支出项目（2010 年）”，2010 年地方财政支出为 73 884.43 亿元，其中教育支出为 11 829.06 亿元，占财政支出比例为 16.01%。我们根据《中国统计年鉴 2011》中的“各地区财政支出（2010 年）”，可以计算得出各地区各项财政支出占其一般性财政支出的比例。其中，教育支出占财政支出比例的统计中，最低的是西藏，为 11.03%；最高的是福建，为 19.34%。考虑到中国国情，我们以最高值 19.34%减去总均值 16.01%，再除以 2，得出组间距为 1.67%；以总均值 16.01%减去最低值 11.03%，再除以 3，得出组间距为 1.66%。由此可得出一组间隔点：11.03%，12.69%，14.35%，16.01%，17.68%，19.34%。我们根据实际情况，将各数值及其赋分具体调整为如表 7－92 所示：

表 7－92

得分	1	2	3	4	5	6	7
元	（0，11）	[11，12.7）	[12.7，14.4）	[14.4，16）	[16，17.7）	[17.7，19.4）	[19.4，100）

具体到每个城市的教育支出占财政支出比例，根据《2011 广州统计

年鉴》"6－4 地方财政支出"，可以看到广州市 2010 年地方财政支出为 13 613 207 万元，其中教育支出为 1 126 343 万元，占财政支出比例为 8.27%。根据《2011 武汉统计年鉴》"8－1 财政收入与支出"，可以看到武汉市 2010 年地方财政支出为 9 899 466 万元，其中教育支出为 752 936 万元，占财政支出比例为 7.61%。根据《2011 贵阳统计年鉴》，贵阳市 2010 年地方财政支出为 2 043 801 万元，其中教育支出为 352 990 万元，占财政支出比例为 17.27%。根据《2011 菏泽统计年鉴》"各县市区财政总支出情况"，可以看到曹县的 2010 年地方财政支出为 225 540 万元，其中教育支出为 48 804 万元，占财政支出比例为 21.64%。由此，广州、武汉、贵阳、曹县每个城市的 DE2 得分分别为 1 分、1 分、5 分、7 分。

（三）DE3 得分的计算

对于 DE3 受教育程度与发展机会关联主观评价度，如表 7－93 所示，广州、武汉、贵阳、曹县的农民群体受访者的受教育程度与发展机会关联主观评价度分别为 5.53 分、5.63 分、5.58 分和 4.82 分。

表 7－93

所在地区	你认为接受高等教育与个人的良好发展之间关系密切吗		统计量	标准误
广州	均值		5.53	0.163
	均值的 95%置信区间	下限	5.20	
		上限	5.85	
	5%修整均值		5.55	
	中值		5.00	
	方差		1.564	
	标准差		1.251	
	极小值		3	
	极大值		7	
	范围		4	
	四分位距		3	
	偏度		—0.060	0.311
	峰度		—1.458	0.613

续前表

所在地区	你认为接受高等教育与个人的良好发展之间关系密切吗		统计量	标准误
武汉	均值		5.63	0.164
	均值的 95%置信区间	下限	5.30	
		上限	5.95	
	5%修整均值		5.66	
	中值		6.00	
	方差		1.583	
	标准差		1.258	
	极小值		3	
	极大值		7	
	范围		4	
	四分位距		3	
	偏度		−0.217	0.311
	峰度		−1.436	0.613
贵阳	均值		5.58	0.156
	均值的 95%置信区间	下限	5.27	
		上限	5.89	
	5%修整均值		5.64	
	中值		6.00	
	方差		1.391	
	标准差		1.179	
	极小值		3	
	极大值		7	
	范围		4	
	四分位距		2	
	偏度		−0.534	0.316
	峰度		−0.624	0.623

续前表

所在地区	你认为接受高等教育与个人的良好发展之间关系密切吗		统计量	标准误
曹县	均值		4.82	0.081
	均值的95%置信区间	下限	4.66	
		上限	4.98	
	5%修整均值		4.80	
	中值		5.00	
	方差		0.390	
	标准差		0.624	
	极小值		4	
	极大值		6	
	范围		2	
	四分位距		1	
	偏度		0.145	0.309
	峰度		−0.467	0.608

（四）DE4得分的计算

对于DE4发展机会均等主观评价度，如表7-94所示，广州、武汉、贵阳、曹县的农民群体受访者的发展机会均等主观评价度分别为2.75分、2.60分、2.24分和2.88分，然后将5分制的结果换算为7分制，广州、武汉、贵阳、曹县的农民群体受访者的发展机会均等主观评价度分别为3.85分、3.64分、3.14分和4.03分。

表7-94

所在地区	你认为你在社会中所得到的发展机会与大多数人群相比较		统计量	标准误
广州	均值		2.75	0.120
	均值的95%置信区间	下限	2.51	
		上限	2.99	
	5%修整均值		2.73	
	中值		3.00	
	方差		0.786	
	标准差		0.886	

续前表

所在地区	你认为你在社会中所得到的发展机会与大多数人群相比较		统计量	标准误
	极小值		1	
	极大值		5	
	范围		4	
	四分位距		1	
	偏度		−0.129	0.322
	峰度		0.864	0.634
武汉	均值		2.60	0.122
	均值的95%置信区间	下限	2.36	
		上限	2.84	
	5%修整均值		2.57	
	中值		3.00	
	方差		0.888	
	标准差		0.942	
	极小值		1	
	极大值		5	
	范围		4	
	四分位距		1	
	偏度		0.015	0.309
	峰度		0.250	0.608
贵阳	均值		2.24	0.100
	均值的95%置信区间	下限	2.04	
		上限	2.44	
	5%修整均值		2.22	
	中值		2.00	
	方差		0.554	
	标准差		0.744	
	极小值		1	
	极大值		4	
	范围		3	
	四分位距		1	
	偏度		0.142	0.322
	峰度		−0.215	0.634

续前表

所在地区	你认为你在社会中所得到的发展机会与大多数人群相比较		统计量	标准误
曹县	均值		2.88	0.086
	均值的95%置信区间	下限	2.71	
		上限	3.06	
	5%修整均值		2.87	
	中值		3.00	
	方差		0.444	
	标准差		0.666	
	极小值		2	
	极大值		4	
	范围		2	
	四分位距		1	
	偏度		0.134	0.309
	峰度		−0.691	0.608

（五）DE5 得分的计算

对于 DE5 闲暇生活质量主观满意度，如表 7-95 所示，广州、武汉、贵阳、曹县的农民群体受访者的闲暇生活质量主观满意度分别为 4.56 分、4.53 分、4.02 分和 3.88 分。

表 7-95

所在地区	你对你的闲暇生活的满意度是		统计量	标准误
广州	均值		4.56	0.170
	均值的95%置信区间	下限	4.22	
		上限	4.90	
	5%修整均值		4.57	
	中值		4.00	
	方差		1.699	
	标准差		1.303	
	极小值		1	
	极大值		7	
	范围		6	
	四分位距		1	
	偏度		0.301	0.311
	峰度		0.407	0.613

续前表

所在地区	你对你的闲暇生活的满意度是		统计量	标准误
武汉	均值		4.53	0.174
	均值的 95%置信区间	下限	4.19	
		上限	4.88	
	5%修整均值		4.56	
	中值		4.00	
	方差		1.812	
	标准差		1.346	
	极小值		1	
	极大值		7	
	范围		6	
	四分位距		1	
	偏度		0.229	0.309
	峰度		0.205	0.608
贵阳	均值		4.02	0.147
	均值的 95%置信区间	下限	3.72	
		上限	4.31	
	5%修整均值		4.00	
	中值		4.00	
	方差		1.218	
	标准差		1.104	
	极小值		2	
	极大值		7	
	范围		5	
	四分位距		2	
	偏度		0.216	0.319
	峰度		0.189	0.628
曹县	均值		3.88	0.124
	均值的 95%置信区间	下限	3.64	
		上限	4.13	
	5%修整均值		3.81	
	中值		4.00	
	方差		0.918	
	标准差		0.958	
	极小值		3	

续前表

所在地区	你对你的闲暇生活的满意度是	统计量	标准误
	极大值	6	
	范围	3	
	四分位距	2	
	偏度	0.718	0.309
	峰度	−0.592	0.608

（六）DEI 得分的计算

综上，广州、武汉、贵阳、曹县的综合得分分别为 7.65 分、7.60 分、8.75 分和 9.74 分。由此，经过城市加权，求得：

$$
\begin{aligned}
DEI =& 1/450[(DE1+DE2)/2+(DE3+DE4+DE5)/3]_{广州} \\
&+4/450[(DE1+DE2)/2+(DE3+DE4+DE5)/3]_{武汉} \\
&+55/450[(DE1+DE2)/2+(DE3+DE4+DE5)/3]_{贵阳} \\
&+390/450[(DE1+DE2)/2+(DE3+DE4+DE5)/3]_{曹县} \\
=& 9.60 \text{ 分}
\end{aligned}
$$

六、农民群体受访者社会福利综合指数（SWI）得分的计算

$$
\begin{aligned}
\begin{matrix}\text{社会福利综合}\\ \text{指数(SWI)}\end{matrix} =& \left(\begin{matrix}\text{收入与分配公平}\\ \text{指数 IDI}\end{matrix} + \begin{matrix}\text{安全指数}\\ \text{SI}\end{matrix} + \begin{matrix}\text{社会保障}\\ \text{指数 SSI}\end{matrix}\right. \\
&\left. + \begin{matrix}\text{福利性公共}\\ \text{服务指数 PSI}\end{matrix} + \begin{matrix}\text{发展公平与机会}\\ \text{均等指数 DEI}\end{matrix}\right) \\
&\times(1-\text{基尼系数 G})
\end{aligned}
$$

$$SWI=(IDI+SI+SSI+PSI+DEI)\times(1-G)=22.68 \text{ 分}$$

其中，关于基尼系数，我们同样采用 2013 年 1 月 18 日国家统计局局长马建堂记者招待会上公布的 2003—2012 年十年间的全国居民收入基尼系数，其中 2010 年与 2011 年均为 0.481，我们此处依然以此官方数据为准。由此，广州、武汉、贵阳、曹县的农村 SWI 得分分别为：

$$
\begin{aligned}
SWI_{广州} =& (IDI_{广州}+SI_{广州}+SSI_{广州}+PSI_{广州}+DEI_{广州})\times(1-G) \\
=& 21.78 \text{ 分}
\end{aligned}
$$

$$SWI_{武汉}=(IDI_{武汉}+SI_{武汉}+SSI_{武汉}+PSI_{武汉}+DEI_{武汉})\times(1-G)$$
$$=21.55\text{分}$$

$$SWI_{贵阳}=(IDI_{贵阳}+SI_{贵阳}+SSI_{贵阳}+PSI_{贵阳}+DEI_{贵阳})\times(1-G)$$
$$=20.27\text{分}$$

$$SWI_{曹县}=(IDI_{曹县}+SI_{曹县}+SSI_{曹县}+PSI_{曹县}+DEI_{曹县})\times(1-G)$$
$$=23.03\text{分}$$

第八章　总结与思考

在前面实证分析的基础上，本章通过两个方面来对数据分析的结果进行总结与思考。第一个方面是通过分析实证研究所得到的调查数据，来总结其所揭示出的我国社会福利存在的几个问题。马克思将人的自由全面发展作为未来社会的愿景，而罗尔斯的分配正义理论也尤为关注最弱势群体的最大利益。因此，虽然我们调查研究的是中国弱势群体的福利状况，但却从本质上反映了中国社会福利的核心问题所在。第二个方面是继续延续马克思的人的自由全面发展理论和罗尔斯的分配正义理论，结合实证数据分析，对中国的社会福利问题进行伦理思考。

第一节　调查数据所揭示的几个层面的问题

通过上面的数据分析，我们可以看出我国社会福利在就业、收入、消费、自我发展与公共服务五个方面存在的问题。

一、在就业方面存在的问题

就业是人们获取经济资源、参与社会生活的重要途径。通过调查数据分析，我们发现弱势群体受访者的就业问题不容乐观。首先，城市弱势群体家庭支持缺乏现象突出，处于未婚、离婚和丧偶状态的受访者有 114 人，占有效应答总数的 48.8%，这一数值相对于我国 25.8% 的未婚、离婚和丧偶比例显得非常突出。对城市弱势群体的职业调查显示，无职业者为 162 人，占有效应答总数的 68.9%；此外从事服务业和其他职业的占到有效应答总数的 20.8%，而这些人所从事的具体工作也几乎都是家政、勤杂、零工之类。同时，在所有应答的 215 户受访家庭中，有 119 户家庭无人工作和就业，占有效应答总数的 55.3%。就业状况严峻的同时，受访者职业满意度也非常低，参加就业的城市弱势群体对自己所从事职业感到“一般”、“不太满意”或“很不满意”的，占到了有效应答总数的 80.5%。

调查中，初中及以下文化程度的访谈对象占有效应答总数的 70.4%，文化程度较低使得他们的就业难度增大，同时职业培训普及率较低，又进一步加剧了他们的就业难度。调查中，219 名有效应答的城市弱势群体受访者家里参加过职业培训的仅有 56 人，占有效应答总数的 25.6%；占有效应答总数 74.4%的受访者家庭没有成员参加过职业培训。分析这 56 名受访者对参加职业培训的效果评价，结果大多数人认为培训效果有待提高。

总体而言，弱势群体在就业方面的主要问题可概括为：户均就业人口少，就业难度大，职业培训不足，社会支持偏低。

二、在收入方面存在的问题

通过对调查数据的分析，弱势群体的收入来源特点是：城市弱势群体收入来源单一，以低保收入为主；农民群体收入来源相对多样化，但以务农和务工为主。在对城市弱势群体收入来源的统计中，个案百分比为 80.3%的受访者的收入来源是“低保”；除“低保”外，排名前三位的另外两项收入来源是“工资”和“社会救助”，但个案百分比仅为 20.2%和 10.1%。考察农民群体收入来源，在 239 人的有效应答中，172 名受访者选择的收入来源包含“务农”，个案百分比为 72.0%；除“务农”外，排名前三位的另外两项收入来源是“进城或其他地方打工”和“工资”，个案百分比为 29.3%和 21.8%。同时，受访者中选择收入来源最少的选项是“存款利息或投资红利”，个案百分比仅为 0.8%；而“低保”个案百分比仅为 6.3%，在收入来源中排名第 5 位，位于“家禽、畜牧养殖”之后。

分析受访者的收支结余，发现弱势群体的年结余较少，绝大部分家庭没有结余。考察样本城市弱势群体的家庭月均可支配收入和月均消费支出，可以看到城市弱势群体受访者的家庭月均可支配收入为955.02元，月均消费支出为1 032.76元，支出大于收入，处于入不敷出的状态。在统计分析受访者每年的结余时，发现240个有效数据中的平均结余为441.41元。统计结果中城市弱势群体受访者家庭年结余为0元的应答频次最多，达172次，占有效应答总数的71.7%。这说明城市弱势群体受访者在年尾时基本没有结余。由此可见，弱势群体家庭普遍存在入不敷出情形。

三、在消费方面存在的问题

分析调查数据，发现弱势群体在消费方面的问题可以概括为：食品、医疗保健和子女受教育消费比重大，恩格尔系数过高。

在对样本城市弱势群体的家庭支出项目进行的统计中，最重要的三项支出中排名第一位的是食品消费，响应百分比为36.5%，个案百分比为94.4%；排名第二位的是医疗保健消费，响应百分比为20.6%，个案百分比为53.2%；排名第三位的是子女受教育消费，响应百分比为18.3%，个案百分比为47.2%。

同样，考察农民群体受访者的家庭支出项目，在重要的支出中排名第一位的同样是食品消费，响应百分比为28.8%，个案百分比为82.3%；排名第二位的是子女受教育消费，响应百分比为18.2%，个案百分比为51.9%；排名第三位的是衣着消费，响应百分比为15.5%，个案百分比为44.3%；排名第四位的是医疗保健消费，响应百分比为15.4%，个案百分比为43.9%。

对比城市弱势群体和农民群体对消费支出的应答，可以发现，虽然具体排名稍有差异，但食品消费、医疗保健消费和子女受教育消费都是三项重要支出。可以说生存、看病、教育已经成为压在弱势群体头上的三座大山。

在这三项最重要支出中，食品消费直接关系到恩格尔系数。我们可以发现城市弱势群体受访者的所有家庭消费中食品消费所占平均百分比是65.4%，可以得出城市弱势群体的家庭恩格尔系数大致也在65%，按照联合国粮农组织的标准，我们调查的城市弱势群体应处于贫困状态。在农民群体受访者的所有家庭消费中食品消费所占平均百分比是46.18%，可以得出样本农民群体的家庭恩格尔系数大致也在46%，作为食品尤其是农产品主要生产者的农民，恩格尔系数虽没有超过警戒线，但也高达46%，且对于食品消费占家庭消费比重预期会“增加”或“不变”的受访者比例高达有效应答总数的90.8%，可见对于农民群体而言，恩格尔系数也是偏高的。

四、在自我发展方面存在的问题

对于人的自我发展的论述，基于对闲暇时间的调查数据进行分析。如前文所述，人的自由全面发展，人在文化享受和创造方面的活动，大部分是在闲暇中实现的。

在调查中，城市弱势群体受访者闲暇时间最主要从事的是“社交”“体育锻炼”等消遣休闲型活动和“教育孩子”等非创造性活动，从事“自学、阅读或自修”等创造性活动的较少。同时，限于经济条件，城市弱势群体受访者也较少进行“观赏旅游”一类消费性活动。而农民群体在闲暇时间里主要从事活动中最突出的是“社交”，这与农村的熟人社会环境密切相关，且务农人群每年只有集中的几次农忙时节，农闲时间比较多，串门、聊天、打牌下棋成为他们的主要休闲方式。同样，农民群体受访者从事“自学、阅读或自修”等创造性活动的较少，且限于经济条件也较少进行“观赏旅游”一类消费性活动。

据此可见，弱势群体受访者在闲暇时间从事创造性活动较少，而且受访者普遍对自身闲暇时间的满意度评价较低。

从教育公平方面来看，农村的教育水平相对于城市要差一些，且在农村中存在一定程度的辍学现象，而农村辍学主要因为贫困和厌学，其中女生辍学更为严重。在调查中，现在农村存在一定程度的辍学外出务工现象，而学生辍学出去打工主要原因为：“家里贫穷没有能力支付高等教育的费用”占225个有效应答总数的52.9%，有119人；“学生厌学自己选择辍学”占225个有效应答总数的29.3%，有66人；“学生基础差，学习成绩不理想”占225个有效应答总数的8.0%，有18人；“大学生就业困难”占225个有效应答总数的5.3%，有12人；“读书没有用，不读书照样赚大钱”占225个有效应答总数的3.6%，有8人；“现在的高等教育问题很多”占225个有效应答总数的0.9%，仅有2人。由此可见学生辍学外出打工的最根本原因还是经济情况不好。对于辍学学生的性别比，我们调查到农村女生辍学率与男生辍学率的比例大致为6∶4，女生辍学现象更为严重。

最后，从个人发展机会来看，弱势群体普遍认为自身发展机会较少，对自身发展预期悲观。弱势群体普遍认为自己在社会中所得到的发展机会与大多数人群相比较“非常少”或“比较少”，大部分弱势群体受访者认为自己没有在社会中得到应有的发展机会，社会提供给自己的自我实现的可能性小于其他人。城市弱势群体受访者对发展机会的预期认为“大幅下降”、“有所下降”和“不变”的共占有效应答总数的60.8%，这说明大部分受访者对于自我实现的预期比较悲观。

五、在公共服务方面存在的问题

相对于城市社区公共设施和服务较为完善，居民满意度较高的情况，农村公共设施则过于稀少，公共文化服务较为欠缺。考察农村社区公共设施的情况，在231个有效应答中仅分别有1.3%和6.5%的受访者回答“很多”和“比较多”，共占有效应答总数的7.8%，合计18人；认为“一般”的为64人，占有效应答总数的27.7%；另有分别占有效应答总数12.6%和17.7%的回答“比较少”和“很少”，各为29人和41人；回答“没有”的则占到了有效应答总数的34.2%，为79人。由此可见农村社区公共设施过于稀少。在农村社区集体文化活动的统计中，232个有效应答总数中回答“经常有”的仅占6.0 %，有14人；94人认为“偶尔有”，占有效应答总数的40.5%；回答“没有”的多达112人，占有效应答总数的48.3%；占有效应答总数5.2%的回答“不知道”，有12人。在调查中农村的公共文化服务普遍比较欠缺，农民的精神文化生活相对匮乏。

以上从就业、收入、消费、自我发展和公共服务几个层面来分析弱势群体生活状况中所面临的突出问题，能够大致分别对应家庭、市场、社会、国家四个福利多元主义常用的分析维度，从而大致勾勒出弱势群体所享有的广义的社会福利现状和在生活中面临的几个主要层次的问题。

第二节 对中国社会福利问题的伦理思考

我们通过采用个人问卷调查、社区调查与统计文献调查等方式，对全国四个样本城市以低保户等城市弱势群体和农民群体为主要调查对象，从所进行的抽样调查和分析结果来看，当前我国在社会保障、农民福利等方面还存在问题，这揭示了我国福利制度安排中的不足。应当说，在我国社会转型的大背景下，社会福利领域存在一些社会不公、价值取向不明的问题在某种程度上是不可避免的，但要顺利建设和谐社会，我们就必须正视并解决这些问题。从伦理学的角度思考这些问题，无疑能为这些问题的解决提供价值方面的参考。

从中西方传统福利制度与伦理观念的演化，以及福利国家、新中国的社会福利制度建设与伦理观念的冲突中可以看出，任何一种社会福利制度的建设与福利模式的选择，都是多种互竞价值冲突与妥协的结果。因此，探索合乎一国国情的社会福利制度固然重要，找寻能够为民众接受的、合乎社会发展需要的社会福利伦理价值也同样重要。在我们看来，马克思的分配正义思想与当代西方以罗尔斯为代表的分配正义理论中的一些“基本共识”，可以成为我国构建社会福利制度、解决社会福利问题的价值依托。

在我们看来，马克思的分配正义思想与罗尔斯的分配正义理论在许多方面都是从不同的前提出发得出相似的结论。在此，我们将马克思的分配正义思想，特别是人的自由全面发展理论与罗尔斯的分配正义理论进行分析、比较，并将其与我国的具体实际相结合，用以思考我国社会福利制度中存在的问题及其解决方式。

马克思与罗尔斯都从现实社会环境出发，探讨社会正义所关注的两个基本问题：其一，谁受到了不公平对待；其二，不公平对待体现在哪些方面。① 马克思把社会成员分为资产阶级和无产阶级两个群体，罗尔斯则把社会成员划分为更有利者和最不利者两个群体。尽管两人分属不同时代，

---

① 姚大志．正义的张力：马克思和罗尔斯之比较．文史哲，2009（4）．

但他们的视线都投向了社会底层民众。严格地说，作为社会主义国家，我国目前已不适用资产阶级和无产阶级的划分。为了更为现实地理解马克思的分配正义思想，我们在调查研究中以弱势群体代之，以便尽可能地体现马克思对底层人民人道关怀的一面。而弱势群体在某种意义上也是罗尔斯所说的“最不利者”或“最少受惠者”。对于马克思和罗尔斯而言，受到不公平对待的是社会底层民众，也就是所谓的弱势群体，这在我们的调查中指向城市弱势群体和农民群体。至于不公平对待的体现，在马克思那里是异化和剥削，是劳动者与生产资料的分离，是创造社会财富的人的贫困；而在罗尔斯那里，不公平的对待是对缔结社会初衷的背离，是受不正义制度保护的人的不平等的自由。要改变这种不公平的状况，对个人而言，需要平等地享有社会资源，以争取最大的自由；对社会而言，需要为每个人的自由全面发展提供健康的社会背景。

一、从马克思的人的自由全面发展看我国社会福利问题

人的自由全面发展是马克思为未来社会所设定的愿景。马克思在将社会性规定为人的本质的同时，将自由理解为人的类属性。他指出：“一个种的全部特性、种的类特性就在于生命活动的性质，而人的类特性恰恰就是自由的自觉的活动。”① 然而，在资本主义社会，人的自由属性却被异化所代替。劳动不是人的自由自觉的活动，而是一种令劳动者失去自由的活动，甚至是劳动者异化的媒介。劳动产品“作为一种异己的力量同工人相对立……他是把这种活动看作替他人服务的、受他人支配的、处于他人的强迫和压制之下的活动”②。而马克思认为，在作为共产主义社会初级阶段的社会主义社会中，虽然劳动还不能完全摆脱谋生意义，但至少可以摆脱异化，个体因此而有了较大的自由空间。目前我国尚处于社会主义初级阶段，由于市场经济的作用，劳动或多或少还带有异化色彩。但是，这并不影响我们以马克思的人的自由全面发展为目标，纠正当下社会福利事业中存在的问题。就我们的实证调查所揭示的社会福利问题而言，可以从

① 马克思恩格斯全集：第42卷. 北京：人民出版社，1979：96.

② 同①99.

三个方面对照马克思的人的自由全面发展目标予以调整：

第一，根据马克思的人的自由全面发展思想，劳动在为人的自由全面发展创造物质财富的同时，也为劳动者提高素质、获取更大的自由空间提供了可能。因为劳动改变着劳动者，为他们“炼出新的品质，通过生产而发展和改造着自身，造就新的力量和新的观念，造就新的交往方式，新的需要和新的语言”①。就此而言，劳动不仅是一种谋生手段，更是人的自由全面发展的一种需要。然而，我们在调查中发现，中国的弱势群体普遍存在就业状况严峻、职业满意度低的问题。对城市弱势群体受访者的职业调查显示，无职业者占有效应答总数的 68.9%，有工作的人所从事的具体工作也几乎都是家政、勤杂、零工之类。占有效应答总数 80.5%的受访者对自己的职业现状感到“一般”、“不太满意”或“很不满意”。无职业者面临的是生存困境，他们或者没有劳动能力，或者没有谋生手段，从而根本没有以劳动提高自身、获取自由的机会；而有职业者从事的是不愿意从事的工作，那么劳动对他们而言就是一种异己的活动，是被迫为之。无论哪种，都离人的自由全面发展意义上的劳动非常遥远。为此，我们需要有针对性地分析导致这种结果的原因，以便逐步改善。

第二，人的自由全面发展只有在社会中才有可能，而“社会关系实际上决定着一个人能够发展到什么程度”②。因此，社会能否为每个人的自由全面发展提供支持，是马克思的这一目标能否实现的关键。社会对个体的支持表现在两个方面：一为对人的基本需要的满足，二为对人的社会关系、社会交往的支持。

满足人的基本需要是人的自由全面发展的门槛。一个以人的自由全面发展为目标的社会，在社会总资源相对有限的情况下，首先要做的就是满足每个社会成员的最基本需要，否则根本无从谈起人的自由全面发展。这里所说的人的基本需要具体到社会福利方面，对应的正是包括收入公平、安全保障、教育保障在内的生存型社会福利。我国在这三个方面保障的不足，可以从我们的调查结果中看出来。

---

① 马克思恩格斯全集：第 46 卷上. 北京：人民出版社，1979：494.

② 马克思恩格斯全集：第 3 卷. 北京：人民出版社，1960：295.

首先是收入公平不足。在调查中，受访家庭年结余普遍较少，绝大多数受访家庭没有结余，有些家庭甚至入不敷出。调查结果显示，样本城市弱势群体受访者的家庭月均可支配收入为 955.02 元，月均消费支出为 1 032.76 元，支出大于收入，处于入不敷出的状态。而这种入不敷出的家庭是我们在实地访谈中经常遇到的。同时，我们也计算出样本城市弱势群体受访者的人均年可支配收入为 4 292.2 元，人均年可支配支出为 4 641.6 元。这一结果并不只在我们的调查中显示，国研网基于人口普查数据公布的“2010 年按收入等级分城镇居民家庭基本情况”也是一样。该调查显示，2010 年最低收入户中的困难户的人均年可支配收入为 4 739.15 元，人均年消费支出为 4 715.33 元。由此可见，中国社会底层基本没有结余，且入不敷出的现象非常普遍。在调查过程中，当我们要求受访者综合评估自己的经济状况时，受访者对自身经济状况的主观满意度普遍较低。从上面的数据中，我们完全可以解释为何他们的主观满意度较低。

其次是安全保障不足。随着民众生活水平的提高，人们对生活质量的要求也越来越高。然而，近几年来安全保障问题频发，包括食品安全保障、身体健康保障、儿童安全保障等等，这些问题的凸显与人们日益提高的生活质量要求形成了较大的反差。自 2008 年三鹿奶粉事件后，食品安全保障问题已成为社会的一大焦点；改革开放以来，老百姓“看病难”与“看病贵”的问题屡屡成为社会热议话题，是社会福利改革的主要目标；这几年儿童安全问题（校车安全、拐卖儿童事件等）日益受到社会瞩目，2015 年已经出现在两会的提案中。从马斯洛对需求层次的界定看，安全属于人的生存层面的需求，因此，它应该成为生存型福利的一个重要指标，更应该成为社会福利首先保障的对象。

最后是教育保障与社会公共文化福利的提供。我们对于发展公平水平的统计分析主要是从对教育培训的资源配置和评价以及闲暇时间的利用两方面着手的。在受访者对自身发展机会的评估中，大部分受访者认为自己没有在社会中得到应有的发展机会，社会提供给自己的自我实现的可能性小于其他人，且对自身发展预期感到悲观。在调查中，受访者普遍对教育关注度高，认为教育与个人发展关系密切。但现实是，中国的社会底层民众普遍存在文化程度低、脱贫难度大的问题。在对城市弱势群体受访者的文化程度进行调查时我们发现，初中及以下文化程度的占有效应答总数的70.4%。农民群体受访者中，文化程度为“文盲或半文盲”的占有效应答总数的6.3%，文化程度为“小学”的占有效应答总数的22.5%，文化程度为“初中”的占有效应答总数的47.1%，文化程度为“高中或中专”的占有效应答总数的18.8%，文化程度为“大学或大专”的占有效应答总数的4.2%，文化程度为“大学以上”的占有效应答总数的1.3%。农民群体受访者的文化程度结构与国研网公布的全国数据基本一致：文盲或半文盲5.9%，小学程度24.7%，初中程度52.7%，高中或中专程度14.6%，大专及大专以上程度2.1%。即使是非正规教育的职业培训，也存在职业培训普及率低、培训效果差的问题。我们在第四章提出的底线公平社会福利模式中，教育保障也是体现社会福利的底线公平的一个指标。人无差等是人的自由全面发展的前提。在社会因贫富分化而导致的诸多不公平现象中，人的平等的社会身份或多或少会受到经济资源占有份额的影响。与提供最低生活保障相比，教育无疑在缩小人的身份差异方面能做得更多。在闲暇时间方面，马克思在谈及人的自由全面发展时指出，共产主义社会应该尽量缩短工作时间，让人们有充分的闲暇时间去发展自己。在闲暇时间里，人们可以利用社会所提供的公共福利，积极参加各项娱乐活动，不断提高自己的生活情趣与精神境界；也可以从事科研活动，在学习中不断发展。每一个社会成员正是在充分享有自由时间的情况下，变成了马克思所说的“另一主体”，即身心得到全面的、充分的发展的个人。① 但是，在马克思那里，从闲暇走向个人发展需要一个条件，就是社会为个人提供了在闲暇中发展的服务，即公共文化福利服务。只有这样，个人才有充分利用闲暇时间的可能。然而，我们的调查显示，弱势群体在闲暇时间从事“自学、阅读或自修”一类创造性活动和“观赏旅游”一类消费性活动较少，受访者对闲暇时间满意度评价较低。城市弱势群体很多人业余时间主要是做零工赚钱以补贴家用。而农民群体由于农闲时间比较多，串门、聊天、打牌下棋成为他们的主要休闲方式。尽管我们以共产主义为参照有点不切合实际，但是加强社会文化福利的建设工作却无须等到实现共

① 马克思恩格斯全集：第46卷下．北京：人民出版社，1980：225-226.

产主义才开始实行。

社会对个人的支持的第二个方面表现为对人的社会关系、社会交往的支持。社会关系的全面性关乎人的发展的全面性。马克思指出："个人的全面性不是想象的或设想的全面性，而是他的现实关系和观念关系的全面性。"① 健康的社会交往是一个人正常发展的必要条件，因为"一个人的发展取决于和他直接或间接进行交往的其他一切人的发展"②。从这个角度看，社会关系的不足是阻碍我国弱势群体自由全面发展的一大因素。我们的调查数据显示，我国弱势群体在社会交往上普遍存在不足。一些弱势群体因为生活在恶劣环境中，要么没有体面的社交活动，要么他们的社交环境不能为其发展提供任何裨益。如媒体报道的 2016 年甘肃母亲因贫困而杀子后自杀的案件，该贫困家庭之所以没有获得低保资格，很大程度上是因为社会交往不足。社会交往是人的一种情感需要。我国很多低保户除了获得国家提供的最低生存保障外，几乎没有机会得到其他情感上的关怀。而西方一些福利国家已将弱势者的情感需要纳入社会服务工作的范围内。鉴于此，我国社会福利工作今后应该关注弱势群体的社交境况，使弱势者能够获得在社会中、在集体中发展的机会。

需要指出，马克思的人的自由全面发展不是针对哪些人或是哪几个群体来说的，而是以每一个社会成员的自由全面发展为目标。我国城市弱势群体和农民群体的社会福利状况是衡量社会福利水平的底线，保障弱势群体的生存和发展是实现马克思的人的自由全面发展目标的第一步。

二、从分配正义理论看中国的社会福利问题

分配正义问题，一直是福利伦理学中占据核心位置的重大课题。如何缩小社会贫富分化差距，以及尽可能消除社会在利益分配取向上的不明及分配过程中的不公，已成为当前中国社会最大的理论和实践课题。马克思和罗尔斯的分配正义理论，无论是从理论层面上还是从现实层面

① 马克思恩格斯全集：第 46 卷下. 北京：人民出版社，1980：36.

② 马克思恩格斯全集：第 3 卷. 北京：人民出版社，1960：515.

上，都具有广泛且深远的影响。分析和比较马克思与罗尔斯的分配正义理论，并使之相联系和结合，对我国解决现实问题具有很好的借鉴意义。马克思与罗尔斯的分配正义理论至少在以下两个方面有其共同点：

（一）马克思与罗尔斯都将社会制度作为其分配正义理论的首要关注点

马克思和罗尔斯都十分关注社会结构和社会制度对人的影响，将对制度正义的分析作为其分配正义理论的重中之重。马克思对资本主义的批判便是首先从制度问题展开的，他认为："以商品生产和商品流通为基础的占有规律或私有权规律，通过它本身的内在的、不可避免的辩证法转变为自己的直接对立物。……最初，在我们看来，所有权似乎是以自己的劳动为基础的。……现在，所有权对于资本家来说，表现为占有别人无酬劳动或产品的权利"①。罗尔斯也将社会制度问题作为其分配正义理论的出发点，他认为，正义的"首要主题是社会的基本结构，或更准确地说，是社会主要制度分配基本权利和义务，决定由社会合作产生的利益之划分的方式"②。他提出："正义是社会制度的首要德性，正像真理是思想体系的首要德性一样。"③ "作为公平的正义的一个显著特征是，它将基本结构当作它的主题。"④ 罗尔斯认为："即使在秩序良好的社会里，我们人生前景也深受社会偶然性、自然偶然性和幸运偶然性的影响，以及受基本结构（及其不平等）使用这些偶然性来满足社会需要之方式的影响。"⑤ 由此，罗尔斯希望通过平等的、开放的受教育的机会和权利来规避自然的或社会的偶然因素对人的影响，他希望通过诉诸这样一种强约束性条件来实现一种合理的、可辩护的社会的和经济的不平等。事实上，这种强约束条件很大程度上只是一种理想状态，现实中很难实现，但正因为这是一种理想状

---

① 马克思恩格斯全集：第23卷．北京：人民出版社，1972：640.

② 约翰·罗尔斯．正义论．何怀宏，何包钢，廖申白，译．北京：中国社会科学出版社，2009：6.

③ 同②1.

④ 约翰·罗尔斯．作为公平的正义——正义新论．姚大志，译．上海：上海三联书店，2002：84.

⑤ 同④89.

态，有着逻辑上的合理性，所以才是我们所要努力寻求和接近的。中国由于特有的城乡二元结构，从马克思或罗尔斯的理论视角来看，社会结构上有着巨大的不正义性，城乡差别对于个人命运的影响是显著的。不仅如此，长久以来传统社会所形成的性别歧视也深刻地影响着社会，进而影响到个人。在调查中，为了获得农民群体发展公平与机会均等水平的数据，我们对于农村的教育状况做了调查。由于农村的教育水平相对于城市差一些，所以我们格外关注农村地区的教育公平。结果显示，第一，农村地区辍学现象较城市更为普遍。针对现在农村的外出务工现象，我们对学生辍学出去打工的问题做了统计，分析学生辍学出去打工原因的结果为："家里贫穷没有能力支付高等教育的费用"占有效应答总数的52.9%，"学生厌学自己选择辍学"占有效应答总数的29.3%，"学生基础差，学习成绩不理想"占有效应答总数的8.0%，"大学生就业困难"占有效应答总数的5.3%，"读书没有用，不读书照样赚大钱"占有效应答总数的3.6%，"现在的高等教育问题很多"占有效应答总数的0.9%。由此可见学生辍学外出打工的最根本原因还是经济情况不好，但值得注意的是，虽然调查中许多城市弱势群体受访者经济情况远逊于农民群体，但城市弱势群体家庭中出现辍学现象非常少。第二，女生辍学现象严重。对于辍学学生的性别比，我们调查到234个受访者其所在社区女生辍学率与男生辍学率的比例大致为6∶4，女生辍学现象更为严重。第三，农村地区基础教育水平普遍较差。调查显示，城市与农村之间的教育水平存在显著的差异，在农村地区的学校中经常出现一个老师身兼几门不同课程的现象，并且在对受访者所在附近几个社区的农村义务教育的差异情况的调查中，69.5%受访者认为同一地区的农村之间的教育水平差距非常小，普遍较差。

（二）马克思与罗尔斯关注程序正义，也更重视实质正义

马克思批判资本主义制度，是因为其实质上的不正义导致其程序正义的无效性，在这一批判中他严格区分了程序正义与实质正义。罗尔斯在其代表作《正义论》中提出了两个正义原则："第一个原则要求平等地分配基本的权利和义务；第二个原则认为社会和经济的不平等（例如财富和权力的不平等）只有在其结果能给每一个人，尤其是那些最少受惠的社会成

员带来补偿利益时，它们才是正义的。"[①] 罗尔斯的第一原则和第二原则分别蕴涵了程序正义和实质正义，在他那里，程序正义是首要的，同时也是实质正义的基础，而实质正义则是程序正义的延伸和发展。马克思和罗尔斯都非常重视经济分配上的平等在整个制度正义中的作用。马克思把唯物史观作为其方法论的基础，他认为经济基础决定上层建筑，换句话说经济分配上的正义问题决定了整个社会的实质正义问题。罗尔斯则要求平等地分配财富和收入，并按照差别原则来满足最弱势群体的最大利益，他试图利用差别原则来限制和缩小实际存在的不平等，从而寻求一种相对的平等。但现实生活中，往往更多呈现给我们的是"富者愈富，贫者愈贫"的马太效应。所谓"最少受惠者"不仅在经济收入上，乃至在社会保障上都是名副其实的最少受惠者。在调查中，城市弱势群体受访者收入来源非常单一，以低保收入为主，个案百分比为 80.3%；除"低保"外，排名前三位的另外两项收入来源是"工资"和"社会救助"，但个案百分比仅为 20.2%和 10.1%。农民群体虽收入来源相对多样化，但仍以务农为主，个案百分比为 72.0%；除"务农"外，排名前三位的另外两项收入来源是"进城或其他地方打工"和"工资"，个案百分比为 29.3%和 21.8%。农民收入来源最少的选项是"存款利息或投资红利"，个案百分比为 0.8%；而"低保"收入个案百分比为 6.3%，在收入来源中排名第 5 位，位于"家禽、畜牧养殖"之后。而我们考察城市弱势群体受访者的社会保障水平主要从两方面着手：一是考察受访者对社会保障体系中的各项社会保险的享有情况，二是考察受访者的居住情况。在对受访者享有社会保障体系中各项社会保险情况的考察中，受访者对于享受到了哪些社会保险，应答最多的三个选项是"城镇居民基本医疗保险"、"养老保险"和"都没有享受过"，个案百分比为 55.6%、25.1%和 19.7%；其他各项个案百分比分别为："工伤保险" 6.3%，"失业保险" 14.8%，"城镇职工基本医疗保险" 10.8%，"公费医疗" 4.0%，"生育保险" 3.1%，"住房公积金" 6.3%。并且受访者认为

---

① 约翰·罗尔斯. 正义论. 何怀宏，何包钢，廖申白，译. 北京：中国社会科学出版社，2009：12.

他们参加的现有社会保险不太能满足自己的基本生活水平。由于近年来房价持续提高，房子已经成为一个热门的社会话题，而且在国际上通常也将住房问题作为重要的社会保障问题，我们的统计显示，城市弱势群体受访者平均每人居住面积为12.85平方米，房屋多以租住为主，近几年政府也提供了一些公租房和廉租房给他们，尽管居住条件比较差，但"总算有个住处"。我们再以1分为最低分，7分为最高分，让受访者为自己的居住条件进行分事件打分，结果显示受访者对自己住房的"安全条件""卫生条件""配套设施""周边环境""人际关系"等条件持比较一般的态度，较为不满的是"配套设施"，而对住房情况满意度平均分为3.18，这表明城市弱势群体受访者对自己当前的住房情况不太满意。

三、马克思理论与罗尔斯的分配正义理论对中国社会福利问题的启示

（一）应承认社会结构对人的影响，并通过调整社会结构来规避其负面影响

正如前文所论述的，马克思和罗尔斯将社会结构问题作为其分配正义理论的首要关注点，社会结构对于生活在其中的人无疑会产生重大而深远的影响。马克思认为："人们在自己生活的社会生产中发生一定的、必然的、不以他们的意志为转移的关系，即同他们的物质生产力的一定发展阶段相适合的生产关系。这些生产关系的总和构成社会的经济结构，即有法律的和政治的上层建筑竖立其上并有一定的社会意识形式与之相适应的现实基础。物质生活的生产方式制约着整个社会生活、政治社会和精神生活的过程。不是人们的意识决定人们的存在，相反，是人们的社会存在决定人们的意识。"① 罗尔斯也认为："正义的主要问题是社会的基本结构，或更准确地说，是社会主要制度分配基本权利和义务，决定由社会合作产生的利益之划分的方式。"② "在作为公平的正义中，分配正义的问题永远是这样的：基本结构的制度作为一种统一的制度体系应该加以调整，以使

---

① 马克思恩格斯文集：第2卷. 北京：人民出版社，2009：591.

② 约翰·罗尔斯. 正义论. 何怀宏，何包钢，廖申白，译. 北京：中国社会科学出版社，1988：5.

一种公平的、有效的和富有生产力的社会合作体系能够得以持续维持、世代相继。”① “首要的分配问题是基本权利和义务的分配，是社会和经济的不平等以及以此为基础的合法期望的调节。”② 通过对比马克思和罗尔斯的观点，我们可以发现，马克思和罗尔斯都将社会结构作为对人有重大影响的关键所在，并把经济问题、分配问题看作是社会基本结构的首要问题。具体到中国而言，中国最大的群体是农民群体，从这个意义上说，中国最大的问题之一是三农问题。中国建立社会主义制度的初始目的之一是解放农民，但是由于历史原因形成的城乡二元社会结构，这一初始的正义慢慢发生了改变。城乡发展的不均衡和矛盾突出地反映在我们所做福利性公共资源供给调查中。正如前文数据分析中的统计显示，城市社区公共设施和服务较为完善，居民满意度较高：在问及受访者所在社区有没有福利性公共设施时，占有效应答总数 70.4％的城市弱势群体受访者回答“很多”、“比较多”或“一般”；在对受访者所在社区有没有组织过集体的文化活动的统计中，占有效应答总数 80.0％的城市弱势群体受访者回答“经常有”或“偶尔有”，回答“没有”的占有效应答总数的 11.9％；关于受访者对社区开展的公共活动是否满意，仅占有效应答总数 3.4％和 5.6％的受访者分别“不很满意”和“很不满意”；我们以 1 分为最低分，7 分为最高分，让受访者对所在社区整体服务满意度打分，平均分为 4.89，这表明受访者对社区的整体服务还是比较满意的。与此形成鲜明对比的是，农村公共设施过于稀少，公共文化服务欠缺。同样考察农民群体受访者所在社区有没有福利性公共设施，在 231 个有效应答中仅分别有 1.3％和 6.5％的受访者回答“很多”和“比较多”，共占有效应答总数的 7.8％，合计 18 人；认为“一般”的为 64 人，占有效应答总数的 27.7％；另有分别占有效应答总数 12.6％和 17.7％的受访者回答“比较少”和“很少”，各为 29 人和 41 人；回答“没有”的则占有效应答总数的 34.2％，为 79 人。在对受访者所在社区有没有组织过集体的文化活动的统计中，232 个有效应答中回答“经常有”的仅占有效应答总数的 6.0 ％，有

① 约翰·罗尔斯. 正义论. 何怀宏，何包钢，廖申白，译. 北京：中国社会科学出版社，1988：80.

② 同①.

14人；94人认为“偶尔有”，占有效应答总数的40.5%；回答“没有”的多达112人，占有效应答总数的48.3%；另有占有效应答总数5.2%的受访者回答“不知道”，有12人。只此一例可以体现出中国城乡间的巨大差别和社会结构的影响。

（二）应关注平等和分配正义，让底层人民享受到改革发展的红利

马克思和罗尔斯都关注平等和分配正义问题，他们都将分配不公问题作为社会矛盾产生的根本原因。马克思从社会生产的四个环节来考察平等和分配正义问题，认为资本家通过剥削劳动者的剩余价值来赚取利润，在生产和分配中出现了巨大的不平等。而正如前文所述，罗尔斯从“无知之幕”中引出两个正义原则，并试图以此来平等分配各种基本权利和义务，尽可能实现最弱势群体的最大利益。而在前文数据分析中，我们对城市弱势群体受访者收入与分配公平指数（IDI）进行了计算，在IDI的计算中，我们设定了三个单项指标，即人均年可支配收入（ID1），主要用来测量居民收入状况；恩格尔系数（ID2），用来度量居民的消费结构；经济状况主观满意度（ID3），则是居民分事件主观满意度的测量项。测算结果表明：广州、武汉、贵阳、诸城的城市弱势群体受访者的ID1人均年可支配收入分别为4 767.45元、4 399.65元、3 901.56元、4 264.58元，ID2得分均为1分，ID3经济状况主观满意度得分分别为2.97分、3.10分、2.31分和3.00分，IDI得分分别为3.97分、4.10分、3.31分和4.00分，经过城市加权，求得全国IDI平均分为3.92。这一结果表明两个问题：第一，处在西部地区的贵阳市城市弱势群体，无论在作为客观指标的ID1人均年可支配收入（3 901.56元）方面，还是在作为主观指标的ID3经济状况主观满意度（2.31分）方面，都远远低于其他三个东部和中部城市。尽管贵阳市是省会城市，各种条件可能要优于西部其他中小城市，但其IDI综合得分（3.31分）不仅远低于其他三个城市，也低于全国IDI平均分（3.92分），这显示了中国区域发展的不均衡性和区域间的不平等。第二，广州、武汉、诸城三个城市在城市规模、国家定位、发展水平上截然不同，但三者的各项指标得分与三个城市在城市发展水平、居民收入水平上的明显不同相比并没有显著差异，这表明中国的社会底层并没有充分享受到国家经济增长、城市发展所带来的

红利。

（三）应重视经济正义，缩小社会各阶层的收入差距

马克思认为经济关系是所有社会关系中最基本的一种，是具有决定作用的。在马克思看来，经济活动包含生产环节、分配环节、交换环节和消费环节四个环节，因此经济关系包含生产关系、分配关系、交换关系和消费关系等多重关系，由此生产正义、分配正义、交换正义和消费正义共同构成了经济正义这一有机整体。罗尔斯的所谓“作为公平的正义”之中的重要组成部分便是作为分配正义的经济平等。尽可能地规避自然的或是社会的偶然因素和自然差异所导致的不平等，改善最弱势群体的境遇是罗尔斯一切理论思考的最终落脚点。而我们在调查中也发现，经济收入的弱势，导致中国的底层群众将可支配的大部分资源投入到了基本的温饱满足中；温饱消费挤占了个人生活和发展的其他消费，导致其获取经济资源的能力不足，并形成恶性循环。具体表现在弱势群体食品、医疗保健和子女受教育消费比重大，受访家庭恩格尔系数过高。在调查中，我们专门对样本城市弱势群体受访者的家庭支出项目进行了统计，在最重要的三项支出中，排名第一位的是食品消费，响应百分比为36.5%，个案百分比为94.4%；排名第二位的是医疗保健消费，响应百分比为20.6%，个案百分比为53.2%；排名第三位的是子女受教育消费，响应百分比为18.3%，个案百分比为47.2%。考察农民群体受访者的家庭支出项目，在重要的支出中，排名第一位的同样是食品消费，响应百分比为28.8%，个案百分比为82.3%；排名第二位的是子女受教育消费，响应百分比为18.2%，个案百分比为51.9%；排名第三位的是衣着消费，响应百分比为15.5%，个案百分比为44.3%；排名第四位的是医疗保健消费，响应百分比为15.4%，个案百分比为43.9%。与城市弱势群体受访者对消费支出的应答进行对比，可以发现，虽然具体排名稍有差异，但“食品消费”、“医疗保健消费”和“子女受教育消费”都是三项重要支出。根据联合国粮农组织提出的标准，恩格尔系数在59%以上为贫困，50%～59%为温饱，40%～50%为小康，30%～40%为富裕，低于30%为最富裕。在前文中，我们已经发现样本城市弱势群体的所有家庭消费中食品消费所占平均百分比是65.4%，

其中广州、武汉、贵阳、诸城的城市弱势群体受访者的家庭恩格尔系数分别为69.53%、63.21%、66.21%和62.63%。按照联合国粮农组织的标准，我们调查的城市弱势群体应处于贫困状态。根据国研网公布的“2010年按绝对收入分组城镇居民家庭基本情况”及“1978—2010年城镇居民家庭人均消费性支出及恩格尔系数”，2010年全国的城镇居民家庭恩格尔系数为35.7%。城市弱势群体家庭食品消费占总消费的比例接近一般家庭的2倍。同时，在对农民群体的调查发现，作为食品尤其是农产品主要生产者的农民，其家庭恩格尔系数大致也在46%，而且对于食品消费占家庭消费比重预期会“大幅增加”、“稍微增加”或“不变”的受访者比例高达有效应答总数的90.8%。

（四）应借助国家权力规范分配秩序

在马克思看来，利用国家公权力规范社会分配秩序是社会主义初级阶段实现公平正义的必要途径，也是促进公平与效率相统一的必要手段，有助于社会公共利益的实现。罗尔斯也认为，国家权力对经济和市场的合理介入既是政府职能的表现形式，又是促进分配公正的合理手段，将会有助于分配结果的公正。在罗尔斯看来，通过国家公权力来介入对公共物品的分配，将有利于实现最弱势群体的最大利益。具体到当前中国而言，虽然中国在社会福利、分配公平等方面还存在种种问题和不足，但政府也确实在努力去弥补这些不足，而且绝大多数民众也将希望寄托在政府身上。例如，我们统计了受访者对于新农村建设主要推进落实方向的认识。233名有效应答的受访者中，认为新农村建设应该主要依靠“发展农村集体经济”和“靠政府项目资金扶持”的最多，分别占30.0%和27.0%，各有70人和63人；“村民和政府集体努力”和“靠村民自身努力”的，分别占有效应答总数的18.5%和11.2%，各有43人和26人；“靠招商引资”和“靠国家政策正确引导”的，仅占有效应答总数的2.1%和3.4%，各有5人和8人；另有占有效应答总数7.7%的受访者表示“不清楚”，有18人。这表明了农民群体对于政府的期望。对于近几年政府大力推广的新农村合作医疗，调查也表明实施状况较好，对于新农村合作医疗，我们调查的受访者除1个缺失值外，其余239人均表示听说过。其中表示“非常了解”的占有效应答总数的

15.1%，表示“知道一些”的占有效应答总数的76.6%；表示“听说过，但不知道咋回事”的占有效应答总数的8.4%。这表明国家和各级政府对“新农合”的宣传还是比较到位的。我们以1分为最低分，7分为最高分，让受访者对“新农合”的满意度打分，平均分为4.71，说明农民群体受访者对新农村合作医疗的评价是较为满意的。同时，调查显示，政府的惠农政策宣传力度较大，覆盖面也较广。有效的232个受访者中，占有效应答总数10.3%的受访者对惠农的政策“非常了解”，占有效应答总数73.3%的受访者“知道一些”，“听说过，但不知道咋回事”的受访者占有效应答总数的10.3%，另占有效应答总数6.0%的受访者则表示“听都没有听说过”。还有8人没有应答。针对具体的惠农措施，“家电下乡”的知晓度最高，在220人的有效应答中，“家电下乡”的知晓度最高，响应百分比为28.5%，个案百分比为65.5%。其次是“提高粮食最低收购价，加大补贴”，响应百分比为28.1%，个案百分比为64.5%。此外，知道“扶贫标准上调”和“农村低保基本实现应保尽保”这两项政策的响应百分比分别为19.2%和18.4%，个案百分比分别为44.1%和42.3%。最少人知道的是“开辟返乡农民工创业绿色通道”，响应百分比只有5.9%，个案百分比只有13.6%。在国家规定的各项补贴中，惠及范围最广的是“粮食补贴”，在211人的有效应答中响应百分比为26.6%，个案百分比为62.6%。这是因为粮食仍然是农民最主要的种植作物和收入来源，种植的人多，享受补贴也就相对较多。排名前三位的另外两种分别是：“水稻良种补贴”，响应百分比为13.3%，个案百分比为31.3%；“油菜、棉花补贴”，响应百分比为10.9%，个案百分比为25.6%。另外，“农机具购置补贴”，响应百分比为9.3%，个案百分比为21.8%；“菜良种补贴”和“教育方面贫困生等补贴”，响应百分比均为9.1%，个案百分比均为21.3%；“农资综合补贴”，响应百分比为6.2%，个案百分比为14.7%；“母猪补贴”，响应百分比为6.6%，个案百分比为15.6%。还有几项补贴因为针对的是特定的农民群体，所以享受到的人相对较少，分别是：“生态公益林、退耕还林补贴”，响应百分比为5.8%，个案百分比为13.7%；“民政养老、低保补贴”，响应百分比为3.2%，个案百分比为7.6%。同时，近年来，国家为了提高农民家庭的生活质量，通过财政补贴的方式对农民进行购买家电的补贴。我们在调查中发现，领取家电下乡补贴的方式比较简便，对于农民而言手续也并不十分烦琐，相对于当前农民群体的购买力而言，10%的优惠力度也比较能够带动农民的购买热情。通过对家电下乡购买项目的统计，我们发现农民群体正处于从基础性消费向实用性消费过渡的阶段。对城市弱势群体而言，中国的经济持续增长和对弱势群体扶助力度的不断加大，使受访者对经济状况预期也较为乐观：48.8%的受访者认为自己最近五年经济状况与过去几年相比有所提升。农民群体受访者预期自己今后五年收入状况会“大幅增加”、“稍微有所增加”和“不变”的分别占234个有效应答总数的3.0%、76.5%和13.2%，认为“稍微有所下降”和“大幅下降”的仅分别占有效应答总数的5.6%和1.7%。

总而言之，马克思和罗尔斯的理论的焦点都集中于对分配正义的探讨，而福利问题恰恰是分配正义问题在现实实践中最凸显的领域。但正如前文所述，功利主义由于符合我们日常生活中的直觉而具有极大的吸引力，虽然因为缺乏对权利的考量而不得不面对诸多质疑与批评，但仍然是迄今为止最直接的福利伦理理论。而在自由和平等二者何者优先的争论中，罗尔斯尝试以“反思的平衡”平衡平等与自由的关系。阿马蒂亚·森和玛莎·纳斯鲍姆作为当代致力于人类福祉研究的代表性学者，一直关注如何以能力为核心促进人类发展。虽然阿马蒂亚·森的能力理论主要是从经济学或经济学与伦理学交叉的视角出发，而纳斯鲍姆则侧重于从政治哲学的角度论证这一理论的可行性，但他们所提出的无论是基于获取福利自由的能力的福利正义观，还是基于核心能力的福利正义观，都因其具有实践意义而引起了人们的关注。而在共同体主义、社群主义愈发兴盛的今天，马克思基于对人的自由全面发展所提出的分配正义思想正受到愈来愈多的关注。

在福利伦理领域内，各种不同的价值观念体系都有其意义和不足，这已是一个不争的事实。正如前文中我们所希冀的那样，将这些不同的价值体系统合到所有基本共识的价值范围之中，是值得期待的。罗尔斯在《正义论》中提及“重叠共识”这个概念后，后期的政治哲学越来越将其作为一个主要的工具，甚至将“重叠共识”列为政治自由主义的三个主要观念

之首 。正因为人们即使秉持着合理的具有完备性的学说，但仍存在着许多难以完全克服的困难所导致的罗尔斯所谓的“判断的负担”，从而使人们难以避免有可能会对同一个问题做出不同判断。因此不同的人们需要在持有不同观点和立场的同时，承认现有观念所存在的分歧，努力在和平交往和彼此理解中寻求共识乃至“视域融合”。正如我们在本章所极力阐述的那样，在我们看来，罗尔斯的分配正义理论与马克思的分配正义观是具有代表性的、能够达成“重叠共识”的两种理论代表。这两种分配正义思想在某种意义上可被称为是“重叠的共识而不是严格的共识”，换句话说，马克思理论与罗尔斯的分配正义理论在很大程度上是在不同的前提下推导出了相似的结论。我们认为，对这两种理论进行一种广义的反思平衡是具有理论和实践意义的。在这一层面的意义上，罗尔斯的分配正义理论可以在很大程度上成为马克思理论的有力注脚。

而同样可以看作马克思理论的延伸及具体化的是纳斯鲍姆的能力理论。正如前文所论述过的，纳斯鲍姆的能力理论是基于马克思的人的自由全面发展的思想以及亚里士多德关于人的功能观念而阐发的。她的能力理论关注的不是每个人以收入、财富与基本善为指标的福利，而是作为目的的人本身，人由选择空间大小反映出的拥有实质自由的多少，以及我们这个社会能够为每一个人提供的真实机会。纳斯鲍姆所建构的基于能力的社会基本正义理论至少在两个层面上继承和发展了马克思的人的自由全面发展理论，第一，以保障“核心能力”作为底线；第二，以人的尊严作为目的。而她相较于阿马蒂亚·森的能力理论所做出的独特贡献在于她把尊严本身作为发展的目标，同时将能力具体化为十种核心能力清单，并将其作为与人类尊严相配的生活的“最低门槛”。作为与人类尊严相配的生活的“核心必要条件”，这十种核心能力在某种程度上可以看作是对人的自由全面发展理论的具体化与可操作化。同时在核心能力的培养上，纳斯鲍姆尽可能避免以家庭或团体为单位进行福利核算的弊端，在将个人作为目的而非手段的意义上对人的自由全面发展做了注解。纳斯鲍姆所阐发的具有可操作意义的能力理论相当于为社会提供了社会规划的总体目标，并在HDI（人类发展指数）等具体操作中得到了应用，也为本文实证部分的设计提供了具有实践意义的参考。尤为值得注意的是，正如纳斯鲍姆自己所阐述的那样，她所提出的核心能力并非始终是封闭的，而是开放的，其内容原本就应是“重叠共识”与“反思平衡”的结果。这也正是马克思理论所蕴涵的科学性和实践性之所在。

同时，值得注意的一点是：无论是马克思、罗尔斯的，抑或是阿马蒂亚·森及纳斯鲍姆的理论，它们都是以对社会底层人群的深切同情为出发点来探讨平等的，关注并牢记这一点对于当下的中国尤为重要。最后，可以预见的是：如何调和不同的分配正义理论，将成为今后福利伦理研究的重要课题。

参考文献

一、中文文献

（一）外文译著

1. 马克思恩格斯全集：第 2 卷. 北京：人民出版社，1957.

2. 马克思恩格斯全集：第 3 卷. 北京：人民出版社，1960.

3. 马克思恩格斯全集：第 4 卷. 北京：人民出版社，1958.

4. 马克思恩格斯全集：第 19 卷. 北京：人民出版社，1963.

5. 马克思恩格斯全集：第 23 卷. 北京：人民出版社，1972.

6. 马克思恩格斯全集：第 25 卷. 北京：人民出版社，1974.

7. 马克思恩格斯全集：第 42 卷. 北京：人民出版社，1979.

8. 马克思恩格斯全集：第 46 卷上. 北京：人民出版社，1979.

9. 马克思恩格斯全集：第 46 卷下. 北京：人民出版社，1980.

10. 马克思. 1844 年经济学哲学手稿. 刘丕坤，译. 北京：人民出版社，1979.

11. 亚里士多德全集：政治学. 北京：中国人民大学出版社，1994.

12. 柏拉图. 理想国. 郭斌和，张竹明，译. 北京：商务印书馆，1995.

13. 洛克. 政府论. 瞿菊农，叶启芳，译. 北京：商务印书馆，1982.

14. 边沁. 道德与立法原理导论. 时殷弘，译. 北京：商务印书馆，2000.

15. 约翰·穆勒. 功用主义. 唐钺，译. 上海：商务印书馆，1957.

16. 卢梭. 论人类不平等的起源和基础. 李常山，译. 北京：商务印书馆，1962.

17. 卢梭. 社会契约论. 何兆武，译. 北京：商务印书馆，1982.

18. 亚当·斯密. 国民财富的性质和原因的研究. 郭大力，王亚楠，译. 北京：商务印书馆，1974.

19. 亚当·斯密. 道德情操论. 蒋自强，钦北愚，朱钟棣，等译. 北京：商务印书馆，2002.

20. 弗雷德里希·奥古斯特·冯·哈耶克. 自由宪章. 杨玉生，冯兴元，陈茅，等译. 北京：中国社会科学出版社，1998.

21. F. A. 冯·哈耶克. 个人主义与经济秩序. 贾湛，文跃然，等译. 北京：北京经济学院出版社，1989.

22. 弗里德里希·奥古斯特·冯·哈耶克. 通往奴役之路. 王明毅，冯兴元，马雪芹，等译. 北京：中国社会科学出版社，1997.

23. 米尔顿·弗里德曼. 资本主义与自由. 张瑞玉，译. 北京：商务印书馆，1999.

24. 米尔顿·弗里德曼，罗斯·弗里德曼. 自由选择. 胡骑，席学媛，安强，译. 北京：商务印书馆，1982.

25. 阿马蒂亚·森. 贫困与饥荒. 王宇，王文玉，译. 北京，商务印书馆，2001.

26. 阿马蒂亚·森. 以自由看待发展. 任赜，于真，译. 北京：中国人民大学出版社，2002.

27. 阿马蒂亚·森. 身份与暴力. 李风华，陈昌升，袁德良，译. 北京：中国人民大学出版社，2009.

28. 阿马蒂亚·森，刘民权，夏庆杰，王小林，等. 从增长到发展. 北京：中国人民大学出版社，2015.

29. 约翰·罗尔斯. 正义论. 何怀宏，何包钢，廖申白，译. 北京：中国社会科学出版社，1988.

30. 约翰·罗尔斯. 正义论. 何怀宏，何包钢，廖申白，译. 北京：中国社会科学出版社，2009.

31. 约翰·罗尔斯. 作为公平的正义——正义新论. 姚大志，译. 上海：上海三联书店，2002.

32. 罗伯特·诺齐克. 无政府、国家与乌托邦. 何怀宏，等译. 北京：中国社会科学出版社，1991.

33. 罗纳德·德沃金. 至上的美德. 冯克利，译. 南京：江苏人民出版社，2003.

34. 罗纳德·德沃. 认真对待权利. 信春鹰，吴玉章，译. 北京：中国大百科全书出版社，1998.

35. 威尔·金里卡. 当代政治哲学. 刘莘，译. 上海：上海译文出版社，2015.

36. 戴维·米勒. 社会正义原则. 应奇，译. 南京：江苏人民出版社，2001.

37. 阿瑟·奥肯. 平等与效率. 王奔洲，等译. 北京：华夏出版社，1999.

38. G. A. 科恩. 为什么不要社会主义?. 段忠桥，译. 北京：人民出版社，2011.

39. G. A. 柯亨. 如果你是平等主义者，为何如此富有?. 霍政欣，译. 北京：北京大学出版社，2009.

40. R. W. 米勒. 分析马克思——道德、权力和历史. 张伟，译. 北京：高等教育出版社，2009.

41. 史蒂文·卢克斯. 个人主义. 阎克文，译. 南京：江苏人民出版社，2001.

42. 阿拉斯代尔·麦金太尔. 追寻美德. 宋继杰，译. 南京：译林出版社，2003.

43. 玛莎·C. 纳斯鲍姆. 正义的前沿. 陈文娟，谢惠媛，朱慧玲，译. 北京：中国人民大学出版社，2016.

44. 以赛亚·伯林. 自由四论. 陈晓林，译，台北：联经出版事业公司，1986.

45. 丹尼尔·贝尔. 社群主义及其批评者. 李琨，译. 北京：三联书店，2002.

46. 理查德·蒂特马斯. 蒂特马斯社会政策十讲. 江绍康，译. 长春：吉林出版集团有限责任公司，2011.

47. 理查德·布隆克. 质疑自由市场经济. 林季红，译. 南京：江苏人民出版社，1999.

48. 查尔斯·威尔伯，肯尼思·詹姆森. 经济学的贫困. 范恒山，郑红亮，译. 北京：北京经济学院出版社，1993.

49. 皮埃尔·勒鲁. 论平等. 王允道，译. 北京：商务印书馆，1996.

50. 莱昂内尔·罗宾斯. 经济科学的性质和意义. 朱泱，译. 北京：商务印书馆，2000.

51. 德尼·古莱. 发展伦理学. 高铦，温平，李继红，译. 北京：社会科学文献出版社，2003.

52. 艾伦·肯迪. 福利视角：思潮、意识形态及政策争论. 周薇，译. 上海：上海人民出版社，2011.

53. 尼古拉斯·巴尔，大卫·怀恩斯. 福利经济学前沿问题. 贺晓波，王艺，译. 北京：中国税务出版社，2000.

54. 罗伯特·赖克. 国家的作用——21世纪的资本主义前景. 上海市政协编译组，东方编译所，编译. 上海：上海译文出版社，1998.

55. 莱斯特·瑟罗. 资本主义的未来. 周晓钟，译. 北京：中国社会科学出版社，1998.

56. R. 米什拉. 资本主义社会的福利国家. 郑秉文，译. 北京：法律出版社，2003.

57. 道格拉斯·C. 诺思. 经济史中的结构与变迁. 陈郁，罗华平，等译. 上海：三联书店上海分店，1991.

58. 道格拉斯·C. 诺思. 制度、制度变迁与经济绩效. 刘守英，译. 上海：三联书店上海分店，1994.

59. 亚历克斯·卡利尼克斯. 平等. 徐朝艺，译. 南京：江苏人民出版社，2003.

60. 美洲开发银行. 经济发展与社会公正. 林晶，宋林峰，周丽霞，译. 北京：中国社会科学出版社，2002.

61. 诺曼·巴里. 福利. 储建国，译. 长春：吉林人民出版社，2005.

62. 丹尼尔·豪斯曼，迈克尔·麦克弗森. 经济分析、道德哲学和公共政策. 纪如曼，高红艳，译. 上海：上海译文出版社，2008.

63. 克劳斯·奥菲. 福利国家的矛盾. 郭忠华，等译. 长春：吉林人民出版社，2006.

64. 罗伯特·E. 古丁. 保护弱势：社会责任的再分析. 李茂森，译. 北京：中国人民大学出版社，2008.

65. 诺尔曼·金斯伯格. 福利分化：比较社会政策批判导论. 姚俊，张丽，译. 杭州：浙江大学出版社，2010.

66. 弗吉利亚斯·弗姆. 道德百科全书. 戴杨毅，等译. 长沙：湖南人民出版社，1988.

67. 施脱克马尔. 十六世纪英国简史. 上海外国语学院编译室，译. 上海：上海人民出版社，1958.

68. 康芒斯. 制度经济学. 于树生，译. 北京：商务印书馆，1962.

69. 庇古. 福利经济学. 朱泱，张胜纪，吴良健，译. 北京：商务印书馆，2006.

70. 曼弗雷德·诺瓦克. 民权公约评注. 毕小青，孙世彦，译. 北京：三联书店，2003.

71. 乔治·恩德勒. 面向行动的经济伦理学. 高国希，吴新文，等译. 上海：上海社会科学院出版社，2002.

72. 史蒂文·卢坡尔. 伦理学是什么. 陈燕，译. 北京：中国人民大学出版社，2014.

73. 安东尼·吉登斯. 第三条道路：社会民主主义的复兴. 郑戈，译. 北京：北京大学出版社，2000.

74. 国际社会福利协会日本国委员会. 各国的社会福利. 张萍，译. 北京：华夏出版社，1988.

（二）中文专著

1. 邓小平文选：第2卷. 北京：人民出版社，1994.

2. 周辅成. 西方伦理学名著选辑. 北京：商务印书馆，1996.

3. 罗国杰，宋希仁. 西方伦理思想史. 北京：中国人民大学出版社，1988.

4. 焦国成. 中国伦理学通论. 太原：山西教育出版社，1997.

5. 何怀宏. 公平的正义. 济南：山东人民出版社，2002.

6. 何怀宏. 契约伦理与社会正义. 北京：中国人民大学出版社，1993.

7. 林火旺. 正义与公民. 长春：吉林出版集团有限责任公司，2008.

8. 巫宝三. 先秦经济思想史. 北京：中国社会科学出版社，1996.

9. 厉以宁，吴易风，李懿. 西方福利经济学述评. 北京：商务印书馆，1984.

10. 石元康. 当代西方自由主义理论. 上海：上海三联书店，2000.

11. 石元康. 罗尔斯. 桂林：广西师范大学出版社，2004.

12. 汪行福. 分配正义与社会保障. 上海：上海财经大学出版社，2003.

13. 彭华民，等. 西方社会福利理论前沿：论国家、社会、体制与政策. 北京：中国社会出版社，2009.

14. 景天魁. 底线公平福利模式. 北京：中国社会科学出版社，2013.

15. 陈银娥. 社会福利. 北京：中国人民大学出版社，2004.

16. 王子今，刘悦斌，常宗虎. 中国社会福利史. 武汉：武汉大学出版社，2013.

17. 张佳生. 十六世纪英国的贫困问题与民间济贫. 北京：中国社会科学出版社，2012.

18. 丁建定. 英国济贫法制度史. 北京：人民出版社，2014.

19. 钟仁耀. 社会救助与社会福利. 上海：上海财经大学出版社，2005.

20. 王晓升. 价值的冲突. 北京：人民出版社，2003.

21. 忠东. 平等与效率的对话. 北京：中国社会科学出版社，1993.

22. 宋则行，樊亢. 世界经济史. 北京：经济科学出版社，1994.

23. 傅殷才，颜鹏飞. 自由经营还是国家干预. 北京：经济科学出版社，1995.

24. 晏智杰. 西方经济学说史教程. 北京：北京大学出版社，2002.

25. 高培勇. 收入分配：经济学界如是说……. 北京：经济科学出版社，2002.

26. 李世安. 欧美资本主义发展史. 北京：中国人民大学出版社，2004.

27. 卢现祥. 西方新制度经济学. 北京：中国发展出版社，2003.

28. 郭忠华，刘训练. 公民身份与社会阶级. 南京：江苏人民出版社，2007.

29. 葛四友. 正义与运气：自由与平等的统一. 北京：中国社会科学出版社，2007.

30. 陈燕. 公平与效率：一种经济伦理的分析. 北京：中国社会科学出版社，2007.

31. 陈国刚. 福利权研究：一个公法的视角. 北京：中国民主法制出版社，2009.

32. 陈红霞. 社会福利思想. 北京：社会科学文献出版社，2002.

33. 张军. 社会保障制度的福利文化解析：基于历史和比较的视角. 成都：西南财经大学出版社，2010.

34. 范斌. 福利社会学. 北京：社会科学文献出版社，2006.

35. 白益华，吴忠泽. 社会福利. 北京：中国社会出版社，1994.

36. 孙洁. 英国的政党政治与福利制度. 北京：商务印书馆，2008.

37. 齐延平. 社会弱势群体的权利保护. 济南：山东人民出版社，2006.

38. 李强. 社会分层与贫富差别. 厦门：鹭江出版社，2002.

39. 陆学艺. 当代中国社会结构变迁研究. 北京：社会科学文献出版社，2001.

40. 厉以宁. 社会主义政治经济学. 北京：商务印书馆，1986.

41. 朱庆芳. 社会指标的应用. 北京：中国统计出版社，1992.

42. 国家统计局小康课题组. 中国小康标准. 北京：中国统计出版社，1992.

43. 李培林，朱庆芳. 中国小康社会. 北京：社会科学文献出版社，2003.

44. 白和金，林兆木. 21世纪初期中国经济和社会发展战略. 北京：中国统计出版社，2000.

45. 中国社会科学院经济研究所. 政治经济学大辞典. 北京：经济科学出版社，1998.

46. 王晓梅，张晶. 不可不知的2 000个人文常识. 北京：中央编译出版社，2009.

（三）论文

1. 阿马蒂亚·森. 什么样的平等?. 闲云，译. 世界哲学，2002（2）.

2. G.A. 科恩. 自由与平等能否调和. 王列，编译. 马克思主义与现实，1996（2）.

3. J.P. 斯特巴. 为什么自由要求平等. 东方柏，译. 鲁旭东，校. 哲学译丛，1997（4）.

4. C.M. 麦克留德. 批判自由式平等. 朱学平，译. 世界哲学，2002（3）.

5. M. 沃尔泽. 论复合平等. 李剑，译. 哲学译丛，2001（4）.

6. P. 辛格. 所有动物都是平等的. 江娅，译. 哲学译丛，1994（5）.

7. 罗国杰. 关于公平与效率的道德思考. 求是，2002（1）.

8. 西季威克. 沙夫茨伯里的伦理思想. 薛燕，译. 哲学译丛，1986（5）.

9. 刘国光. 向实行效率与公平并重的分配原则过渡. 新华文摘，2003（9）.

10. 高兆明. 论改革进程中的社会公正问题. 江海学刊，1995（2）.

11. 杨宗元. 论公平范畴. 道德与文明，2003（5）.

12. 彭定光. 论平等的根据. 湖南师范大学社会科学学报，2003（3）.

13. 郑秉文. “福利模式”比较研究与福利改革实证分析. 学术界，2005（3）.

14. 常宗虎. 聆听历史的教诲——近50年来中国社会福利史的三点启示. 社会福利，2001（4）.

15. 成海军，陈丽晓. 改革开放以来中国社会福利制度的嬗变. 当代中国史研究，2011（3）.

16. 宋士云. 新中国社会福利制度发展的历史考察. 中国经济史研究，2009（3）.

17. 林卡. “福利社会”：社会理念还是政策模式?. 学术月刊，2010 (4).

18. 曹玉涛. “分析马克思主义”的正义论述评. 哲学动态，2008 (4).

19. 赵博阳. 中世纪教会济贫法律研究. 上海：华东师范大学，2015.

20. 罗萍，殷燕敏，张学军，张建设，梁玉兰. 国内生活质量指标体系研究现状评析. 武汉大学学报（社会科学版），2000 (9).

21. 赵彦云，王作成. 我国生活质量的国际比较. 统计与信息论坛，2003 (4).

22. 刘长生，郭小东，简玉峰. 社会福利指数、政府支出规模及其结构优化. 公共管理学报，2008 (3).

23. 杨缅昆. 社会福利指数构造的理论和方法初探. 统计研究，2009 (7).

24. 田凯. 关于社会福利的定义及其与社会保障关系的再探讨. 上海社会科学院学术季刊，2001 (1).

25. 王思斌. 改革中弱势群体的政策支持. 北京大学学报（哲学社会科学版），2003 (6).

26. 王思斌. 社会转型中的弱势群体. 中国党政干部论坛，2002 (3).

27. 李丽. 我国居民生活质量的统计分析. 长沙：湖南大学，2003.

28. 李银星. 吉林省农村居民生活质量评价研究. 长春：吉林大学，2006.

29. 王凤芹. 中国恩格尔系数失真现状及对策探析. 改革与战略，2012 (6).

30. 姜国刚. 恩格尔系数失灵的若干影响因素分析. 华东经济管理，2012 (3).

31. 成海军. 当代中国社会福利政策研究：以民政社会福利为视角. 中国发展研究基金会报告，第 60 期，2009 年 8 月.

二、外文文献

1. B. A. Ackerman. Social Justice in The Liberal State. New Ha-

ven: Yale University Press, 1980.

2. L. W. Sumner. Welfare, Happiness, and Ethics. Oxford: Clarendon Press, 1996.

3. Amartya Sen. The Idea of Justice. Cambridge, Massachusetts: The Belknap Press of Harvard University Press, 2009.

4. Martha C. Nussbaum. Creating Capabilities: The Human Development Approach. Cambridge, Massachusetts: The Belknap Press of Harvard University Press, 2011.

5. Martha C. Nussbaum. Women and Human Development. Cambridge, Massachusetts: Cambridge University Press, 2001.

6. Tim Mulgan. Understanding Utilitarianism. London: Acumen Publishing Limited, 2007.

7. Nicholas White. A Brief History of Happiness. London: Blackwell Publishing, 2006.

8. J. Milly Deborah. Poverty, Equality, and Growth. Cambridge, Mass.: Harvard University East Asian Center, 1999.

9. James S. Fishkin. The Dialogue of Justice. New Haven: Yale University Press, 1992.

10. Nicholas Deakin. The Politics of Welfare. London: Methuen, 1987.

11. S. K. Nath. A Perspective of Welfare Economics. London: The Macmillan Press Ltd., 1973.

12. Amartya Sen. Choice, Welfare and Measurement. Oxford: Basil Blackwell. 1982.

13. Amartya Sen. On Economic Inequality. London: Oxford University Press, 1985.

14. Robert B. Talisse. On Rawls: A Liberal Theory of Justice and Justification. Belmont, CA: Wadsworth /Thomson Learning, 2001.

15. John Bonner. Economic Efficiency and Social Justice. Cheltenham: Edward Elgar Publishing Company, 1995.

16. James Buchanan. The Limits of Liberty：Between Anarchy and Leviathan. Chicago：The University of Chicago Press，1975.

17. Anne Phillips. Which Equalities Matter? Cambridge：Polity Press，1999.

18. Karl Polanyi. The Great Transformation：The Political and Economic Origins of Our Time. Boston：Beacon Press，1944.

19. John Rawls. Political Liberalism. New York：Columbia University Press，1996.

20. Kenneth Arrow. Social Choice and Justice. Cambridge，Massachusetts：The Belknap Press of Harvard University Press，1983.

21. James Rachels，Stauart Rachels. The Elements of Moral Philosophy. London：The McGraw-Hill Companies，2011.

22. Elizabeth Ashford，Tim Mulgan. Contractualism. The Stanford Encyclopedia of Philosophy，Fall 2012.

23. Julia Driver. The History of Utilitarianism. The Stanford Encyclopedia of Philosophy，Winter 2014.

24. Ann Cudd. Contractarianism. The Stanford Encyclopedia of Philosophy，Winter 2013.

25. Robert Johnson，Adam Cureton. Kant's Moral Philosophy. The Stanford Encyclopedia of Philosophy，Fall 2016.

后　记

本书是国家社科基金项目“和谐社会的福利伦理问题研究”（项目批准号：10BZX070）的最终成果，其中第一部分为基本理论，由陈燕完成；第二部分为实证研究，由臧政完成。

福利伦理是一个庞大博杂的领域，涉及的问题极多，其中正义、公平、平等、自由、权利等无一不是与伦理相关的大问题。这样看来，基本理论部分本该呈现更丰富的内容，但由于笔者精力不足、视野有限，完成课题时对这方面的研究还不够充分，不能不说有些遗憾。交稿之时，笔者已在英国雷丁大学访学三个多月，其间接触了更多的相关研究资料，深感西方学者在此领域思考的细致与深邃。希望访学结束后，笔者能够学习与积累更多的相关知识，为今后的进一步研究打下基础，也有机会弥补上述遗憾。

在课题进行过程中，曾就读中南财经政法大学伦理学专业的硕士研究生曹彦娜同学为本书第四章的写作搜集梳理了大量历史资料，在此表示感谢。

感谢中国人民大学出版社学术出版中心主任杨宗元老师将本书纳入“当代中国社会道德理论与实践研究丛书”。感谢中国人民大学出版社吕鹏军老师的辛勤付出，尤其是在交稿出错后吕老师不厌其烦，对第二部分做了反复的编辑和校对。

陈燕

2018 年 12 月记于英国雷丁

图书在版编目（CIP）数据

福利与伦理：基本理论与实证研究/陈燕，臧政著. —北京：中国人民大学出版社，2019.3
（当代中国社会道德理论与实践研究丛书）
ISBN 978-7-300-26821-7

Ⅰ. ①福… Ⅱ. ①陈… ②臧… Ⅲ. ①社会福利制度-伦理学-研究-中国 Ⅳ. ①D632.1

中国版本图书馆 CIP 数据核字（2019）第 045537 号

国家出版基金项目
当代中国社会道德理论与实践研究丛书
主编　吴付来
福利与伦理：基本理论与实证研究
陈燕　臧政　著
Fuli yu Lunli：Jiben Lilun yu Shizheng Yanjiu

出版发行	中国人民大学出版社		
社　　址	北京中关村大街 31 号	**邮政编码**	100080
电　　话	010－62511242（总编室）		010－62511770（质管部）
	010－82501766（邮购部）		010－62514148（门市部）
	010－62515195（发行公司）		010－62515275（盗版举报）
网　　址	http://www.crup.com.cn		
	http://www.ttrnet.com（人大教研网）		
经　　销	新华书店		
印　　刷	天津中印联印务有限公司		
规　　格	160 mm×230 mm　16 开本	**版　　次**	2019 年 3 月第 1 版
印　　张	26 插页 3	**印　　次**	2019 年 3 月第 1 次印刷
字　　数	397 000	**定　　价**	78.00 元